汪文学学术作品集

汪文学 著

扬雄与六朝之学

贵州出版集团
贵州人民出版社

图书在版编目（CIP）数据

扬雄与六朝之学 / 汪文学著 . -- 贵阳 : 贵州人民出版社，2019.4
（汪文学学术作品集）

ISBN 978-7-221-15148-3

Ⅰ.①扬… Ⅱ.①汪… Ⅲ.①扬雄（前 53-18）-学术思想-研究
②中国文学-古典文学研究-六朝时代Ⅳ.① B234.995 ② I206.35

中国版本图书馆 CIP 数据核字 (2019) 第 007447 号

扬雄与六朝之学

汪文学 / 著

责任编辑：刘泽海　黄　伟

封面设计：陈　电

封面题签：李华年

出版发行：贵州人民出版社有限公司

地　　址：贵阳市观山湖区会展东路 SOHO 办公区 A 座

印　　刷：深圳市新联美术印刷有限公司

开　　本：787 毫米 × 1092 毫米　1/16

字　　数：330 千字

印　　张：28.25

版　　次：2019 年 4 月第 1 版

印　　次：2019 年 4 月第 1 次印刷

书　　号：ISBN 978-7-221-15148-3

定　　价：113.00 元

作者简介

汪文学，男，1970年生，苗族，贵州思南人，文学博士，教授。现任贵州省文化和旅游厅副厅长、九三学社贵州省委副主委、贵州省政协委员。曾任贵州民族大学图书馆副馆长、文学院院长、教务处处长，全国青联第十、十一届委员。曾获得"全国各族青年团结进步优秀奖""贵州青年五四奖章"和"国务院全国民族团结模范个人""贵州省甲秀文化人才"称号，被评为贵州省高校哲学社会科学学术带头人、贵州省教学名师。主讲的"中国人的精神传统"被评为国家级中国大学精品视频公开课，获得贵州省哲学社会科学优秀成果奖、贵州省文艺奖多项。主要从事中国古代文化与文学、贵州地域文化与文学研究，独立承担国家社科基金课题研究2项，发表学术论文60余篇，出版学术著述10余种，即《正统论——发现东方政治智慧》（2002）、《汉晋文化思潮变迁研究》（2003)、《传统人伦关系的现代诠释》（2004）、《汉唐文化与文学论集》（2008)、《贵州古近代文学理论辑释》（2009)、《诗性风月——中国古典文学中的情爱》（2011)、《中国古代性别与诗学研究》（2012）、《中国人的精神传统》（2012）、《道真契约文书汇编》（2014）、《边省地域与文学生产》（2016）、《扬雄与六朝之学》（2019）、《蟫香馆使黔日记（点校）》（2019）等，主编大型地域文献丛书《中国乌江流域民国档案丛刊》《贵州古近代名人日记丛刊》《中国西南布依摩经丛刊》等数种。

"汪文学学术作品集"序

在新近出版的一本学术专著的"后记"中，我曾写下这样一段话："人到中年，经营一些大的课题，常感力不从心。但此生已无改行的可能，学问之路还得继续走下去，只能勉力为之。孤灯夜伴，展玩书卷，摆弄文字，后半生的日子大概只能这样去过了。"（《边省地域与文学生产——文学地理学视野下的黔中古近代文学生产和传播研究》，上海古籍出版社2016年版）落款时间是2016年4月。当时提笔写下这段文字的时候，我的内心是真诚的，绝无半点矫情。可大大出乎意料的是，在我写下这段文字之后不到三个月，不可能的事情终于发生了，我真的改行了，从工作了二十三年的大学教师岗位，调到政府部门做公务员，从事文化和旅游管理工作。说实在的，这个变动完全出乎我的意料，真的是人世变幻，沧海桑田，人在江湖，身不由己。二十三年的学术生涯，几乎占去了一个人可以正常工作时间的三分之二，剩下三分之一的时间得从头开始去做一件完全陌生的工作，想起来确是心有余悸。从专业的学术研究者转身为职业的行政工作者，师友间戏称为是"学而优则仕"，或者称之为"华丽转身"。这个"转身"是否可称作"华丽"？现在很难断言。

在这样一个人生与学术之重要转折时期，对既往的学术工作进行总结，对未来的业余学术研究进行规划，当是一件很有意义的事情。因此，编辑个人学术作品集的计划便提上议事日程，并得到出版界朋友的积极支持和大力襄助。

在过去二十余年的学术经历中，我先后出版专题研究著述五种（《正统论——发现东方政治智慧》《汉晋文化思潮变迁研究——以尚通意趣为中心》《传统人伦关系的现代诠释》《诗性风月——中国古典文学中的情爱》《边省地域与文学生产——文学地理学视野下的黔中古近代文学生产和传播研究》），学术论文集二种（《汉唐文化与文学论集》《中国古代性别与诗学研究》），文献整理著述三种（《贵州古近代文学理论辑释》《道真契约文书汇编》《蟬香馆使黔日记》），学术普及读物一种（《中国人的精神传统》），主编地域文献丛刊两种（《贵州古近代名人日记丛刊》《中国乌江流域民国档案丛刊·沿河卷》），待出版的专题学术著述三种（《扬雄与六朝之学》《温柔敦厚：中国古典诗学理学》《贵州地域文化精神研究》），等等

如今编选个人学术作品集，并非是对个人学术作品的汇编，而是选择其中自认为比较重要，有再版之价值，围绕某问题进行专题研究并提出核心观点且能自圆其说的专题学术著述。经过慎重选择，共计八种：《正统论——中国古代政治权力合法性理论研究》《汉晋文化思潮变迁研究——以尚通意趣为中心》《中国传统人伦关系的现代诠释》《诗性风月之光华——传统中国语境中的情爱精神研究》《中国人的精神传统》《边省地域与文学生产——文学地理学视野下的黔中古近代文学生产和传播研究》《扬雄与六朝之学》《温柔敦厚：中国古典诗学理想》。以下，略述各书要旨，以便读者选择阅读。

《正统论——中国古代政治权力合法性理论研究》。此书于2002年由陕西人民出版社首次出版，原名为《正统论——发现东方政治智慧》，这是当时应出版社的要求改定，现更名为《正统论——中国古代政治权力合法性理论研究》，如此与书稿本身的内容更加吻合。与传统学者仅仅将正统论视为一种史学观念不同，本书认为，作为一种观念或理论，正统论既属于史学范畴，又属于政治学范畴。准确地说，它首先是一种政治观念，然后才是一种史学观念。虽然古代中国的正统之争多以史书为载体，通过史家的褒贬书法表现出来。但是，史学上的正统之争是政治上的正统之争的一种手段，并且不是惟一的手段。所以，正统论，本质上是一种政治理论；正统之争，本质上是一种政治权力的合法与非法之争；正统论是具有古代中国特色的权力合法性理论。本书分析其产生的社会根源，探讨其本身的理论结构及其对中国古代政治文化的影响，辨析其与西方权力合法性理论之异同。通过这项研究，一方面试图对中国历史上遗留下来的一些聚讼不已的政治、文化问题提供一种可能的解释，另一方面是藉此发掘出中国古代的政治智慧，为当代中国的政治文化建设提供一些可资借鉴的制度文化资源。本书是我的第一本学术著作，写作于十五年前，虽然文字表述不免稚嫩，但其基本观点至今仍然坚持。本次再版，仅作部分文字上的修订和润饰，基本内容和框架结构未作大的改动。

《汉晋文化思潮变迁研究——以尚通意趣为中心》。此书于2003年由贵州人民出版社首次出版。本书研究汉晋文化思潮之变迁，以汉末魏初为转折点，以汉朝四百年为一阶段，以魏晋六朝四百年为一整体。汉晋文化思潮发生根本性的改变，是在东汉末年，与当时盛行的人物品鉴和尚通意趣，有密切关系。或者说，魏晋之学始于汉末，始于汉末之人物品鉴，起于汉末知识界盛行的尚通意趣。本书力图从汉末魏晋六朝之知识界广泛盛行的尚通意趣之角度，对汉晋八百年间文化思潮之变迁作总体的考察，探讨其变迁之"内在理路"。揭示出在汉末魏晋六朝知识界普遍盛行而又被现当代学术界普遍忽略的尚通意趣，分析这种具有时代精神特点的尚通意趣，对其间人物品鉴、士风、学风和文风的影响。本书的目的在于，通过尚通意趣这个独特的视角，对汉晋文化思想史上的若干分歧问题，对汉晋文化思潮变迁之"内在理路"问题，增加一个理解的层面，提供一种可能的诠释。此次再版，在引用的材料上做了部分增减和再次核实，在文字上做了一些润饰和调整，但基本观点未作任何变动。

《中国传统人伦关系的现代诠释》。此书于 2004 年由贵州民族出版社首次出版，原名为《传统人伦关系的现代诠释》，现更名为《中国传统人伦关系的现代诠释》。本书研究传统中国社会的人伦关系，以儒家五伦（君臣、父子、夫妇、兄弟、朋友）为基础，旁及由父子伦理衍生而来的祖父、母子、父女、师徒伦理，援用现代社会心理学、民俗学等理论，对其伦理现状形成之原因，从历史、文化、心理、习俗等方面，进行追本溯源的诠释。尤其是对传统民间社会诸多隐而不显的人伦现状，或者是被道德家有意掩饰的人伦关系的真面目，进行充分的揭示和深入的阐释，从而展示传统中国民间社会秩序的真实状态。真实地展现传统人伦关系的本来面目，并用现代观点予以充分诠释，是本书的宗旨。本次再版，在章节题目上做了较大的变动，使之更为醒目；删去部分略显枝蔓的文字，使之更为紧凑；在文字表述上做了一些润饰，使之更为简练；在材料上做了部分补充，使之更为充实。至于其基本观点，则未作任何改动。

《诗性风月之光华——传统中国语境中的情爱精神研究》。此书于 2011 年由中央编译出版社首次出版，原名为《诗性风月——中国古典文学中的情爱》，这是当时应出版社的要求改定，现更名为《诗性风月之光华——传统中国语境中的情爱精神研究》。本书综论传统中国社会两性情爱关系之现状，研究传统中国人情爱生活的理想追求与现实现状的反差，讨论传统中国人诗意化、审美化的人生态度，探讨华夏民族文化心理中的诗性精神。传统中国人的诗性精神，在其情爱生活中得到最充分的体现。研究华夏族人的文化心理和诗性精神在其情爱生活中的具体呈现，是本书的主要目的。我们认为：诗性精神是传统中国社会情爱生活的基本特征。古典艺术作品是传统中国人诗性精神的直接体现，传统情爱生活是古代中国人诗性精神的间接展现。研究传统中国人的诗性精神，艺术作品是文本依据，情爱生活是鲜活证据。本次再版，在不影响整体阅读的情况下，删去了与《中国传统人伦关系的现代诠释》雷同的部分，增补了部分材料，在文字表述上做了一些修改。

《中国人的精神传统》。此书于 2012 年由武汉大学出版社首次出版。本书非专题研究著作，而是将自己过去从事的几项专题研究成果中，比较适合大众接受的十个专题，如中国人的盛世情怀、家国观念、经典意识、诗学理想、诗性精神、山水情怀、逐鹿策略、英雄崇拜、师道传统、父子伦理等等，以通俗易懂、生动有趣的形式，呈现给读者。因此，本书介于专业研究与学术普及之间，论题的专业性与表述的通俗化，是我的工作目标和努力方向。因此，本书虽非专题学术著作，但论题的专业性是可以保证的，论题之观点亦非常识介绍，而是基于个人独立的学术见解。在表述上亦非原文照抄，而是做了尽量的通俗化和趣味性处理。本书曾作为大学文科学生通识课教材，部分内容录制成教学视频，发布在教育部"爱课程""网易公开课"等网站，被评为"中国大学精品视频公开课"。所以，作为"作品集"中的一种单独出版，亦有一定的价值。

《边省地域与文学生产——文学地理学视野下的黔中古近代文学生产和传播研究》。此书是 2012 年度立项的国家社科基金课题"边省地域对文学生产和传播的影响研究"的研究报告，于 2016 年由上海古籍出版社首次出版。本书以黔中古近代文学为例，依据文学地理学的理论和方法，研究边省地域空间对文学活动的影响，探讨边省地理环境、地域区位和地域文化对文学生产和传播的影响。以为"多山多石"之黔中地理特征和"不边不内"之黔中地域区位为特点的黔中"大山地理"，孕育了多姿多彩、五方杂处、和而不同的黔中"大山文化"。在黔中"大山地理"和"大山文化"之影响下产生的黔中"大山文学"，它的传播不仅受到"大山地理"和"大山文化"之影响和制约，它的生产亦深深地打上了"大山地理"和"大山文化"的烙印。黔中"大山地理"和"大山文化"赋予了黔中"大山文学"的创新精神和"边缘活力"，制约了黔中"大山文学"的文体选择，影响了"大山文学"的题材取舍，铸就了"大山文学"的"大山风格"。本次再版，在引用的资料上做再次核实，在文字表述上稍作修改，其他则未作大的改动。

《扬雄与六朝之学》。此书是我的博士论文，尚未公开出版。本书研究之论域有二：一是关于扬雄学术思想文化及其影响的研究，二是关于六朝之学之渊源的研究。简言之，就是关于扬雄与六朝之学之渊源影响关系的研究。通过对扬雄之生平经历、家族背景、师友网络、人生哲学、性情好尚等方面的研究，揭示其影响六朝之学的个人可能性；通过对其学术渊源、思想背景、学术观念、学术方法、学术思想、文学创作和文学理论等方面研究，揭示其对六朝之学的具体影响。其最终目的，就是证实"六朝之学始于扬雄"这个学术"假说"。本书是在《汉晋文化思潮变迁研究——以尚通意趣为中心》一书之基础上，在尚通意趣这个大背景下，对汉晋文化思潮变迁的持续研究，其基本观点亦有进一步的深化和修正（即从"魏晋之学始于汉末"发展至"六朝之学始于扬雄"）。

《温柔敦厚：中国古典诗学理想》。此书尚未公开出版，部分内容在研究生课程上讲授过。本书在区分中国古代诗学之"古典美"和"现代性"之基础上，力图呈现中国古典诗学之理想品格——"温柔敦厚"产生的理论基础、思想背景，分析其基本内涵和在诗歌创作中的体现，探讨其对中国文化特质之形成和中国人的精神传统之涵养所发生的影响，以及对当代国民教育的借鉴意义，对当代精神文化建设的现代价值。中国古典诗学以均衡、和谐为主要特征，以雅、厚、和为最高追求，以"温柔敦厚"为理想品格。本书即是从"温柔敦厚"这个理想品格的角度讨论中国古典诗学的一般性特征，包括审美特征和教化功能。彰显"温柔敦厚"说的现实意义，消除长期以来积压在"温柔敦厚"之上的偏见和误解，还"诗教"说以本来面目，阐释"诗教"说的社会价值，是本书的主要目的。

从事学术研究，尤其是从事博大精深、积淀深厚的中国传统文化的研究，学术积累是一个长期的过程，传统经典文本和学者研究著述，堪称汗牛充栋，需要大量的时间去理解、消化和思考。所以，在这个学科领域，"晚成"是必然的。在一般情况下，"不惑"之年方可"登堂"，"知天命"之年才算"入室"，"耳顺"之年才渐入佳境。而我在尚未步入"知天命"之年，就着手治学反思和学术总结，并编辑出版个人学术作品集。我深知这种做法有欠妥当，但亦是不得已而为之。在个人学术经历由"专业"转身"业余"之际，反思过往，展望未来，编选作品集，于自己是一个总结，亦是一个纪念；于长期以来关心、鼓励和支持我的师友，亦是一个交待。

汪文学

二〇一八年五月二十日

目 录

绪 论

一、选题缘起

学术研究之成败得失，往往与学术选题有特别密切的关系。能捕捉到一个有价值、有新意、值得深度开掘、能推动学术进步的课题来研究，于学者和读者来说，皆是一件幸事。一般而言，选题水平与学者的学术素养有关，与学者是否具备敏锐的学术洞察力有关。学术研究不是命题作文，选择某个课题作长期、深入的研究，一定与学者之学术生命历程有某种因缘关系。以"扬雄与六朝之学"作为博士论文选题，[1] 与我过去的学术积淀有关，与我近年来的治学反思有关，亦与我一贯的学术追求有关。以下从治学反思、学术追求和学术积淀三

---

[1] 本书原题为"扬雄与六朝之学"，但是，在博士论文预答辩会议上，专家对"六朝之学"的提法有异议，于是遵从答辩专家之建议，改名为"扬雄论——兼论扬雄学术和文学对六朝的影响"，并以此为题提交正式答辩。但是，在论文正式答辩会上，又有专家认为论文不是综论扬雄的学术和文学，而是重点讨论扬雄学术和文学对六朝的影响，即论文标题和论文内容实有不吻合之处。思虑再三，我还是觉得"扬雄与六朝之学"这个标题比较具有概括性，能够涵盖本书讨论的问题和阐释的内容。故在本书即将付梓之际，经过认真思考，确定改回原初状态，以"扬雄与六朝之学"为书名出版。

方面，略述笔者选择本论题之缘起。

1. 治学反思与学术追求

回顾过去二十余年的学术历程，反思已往的治学方法和学术追求，总结过去的学术研究，下述三个问题常常萦绕于心，可能成为影响我今后学术生涯的重要因素，亦是决定我以"扬雄与六朝之学"作为博士论文选题的主要原因。

其一，学术创新与问题意识之关系。在旧著《汉晋文化思潮变迁研究——以尚通意趣为中心》之"绪论"中，我曾经说过：

> 学术研究要在前代和当代学者研究成果的基础上有所突破和创新，大致有两个渠道：一是新材料的发现；二是新方法、新视角的选择和运用。古今中外的学术创新和进步，概莫能外。[1]

创新是学术研究之灵魂，没有创新价值的学术研究就是伪学术，就是制造学术垃圾。我至今依然深信，新材料的发现和新方法、新视角的运用是推动学术创新的重要途径。但是，尚需补充的是，新问题的捕捉，亦是促进学术创新的重要动力。比如，一条大家都耳熟能详的史料摆在面前，有的人匆匆读过，不曾有任何发现，而有的人却能从常见的材料中发现新问题、大问题，通过研究进而推动学术发展。这关键在于学者是否具备独到的学术眼光和敏锐的学术洞察力。有独到学术眼光和敏锐洞察力的学者，常常具有强烈的问题意识，因而能够在常见材料中捕捉到有价值的学术新问题，开展具有创新价值的学术研究。

学者必须具备强烈的问题意识。问题意识推动学术创新，在他人

---

[1] 汪文学：《汉晋文化思潮变迁研究——以尚通意趣为中心》，贵州人民出版社2003年版。

没有发现问题的地方发现问题，在他人信以为真的地方产生怀疑，这就是问题意识。我甚至以为，学者的学术生命应该由问题构成，一辈子解决几个学术难题，在几个学术大问题上有独特见解，便算是没有枉费此生。在问题研究中，我追求"一句话结论"的学术境界，即一部数十万字的研究著作，最终当能用一句话来概括结论，如此方才算有见解，有结论。即使这个见解有问题，这个结论有偏颇，亦略胜于通过数十万字的讨论而没有任何结论的著作。比如，我在旧著《正统论——发现东方政治智慧》中，[1] 用了二十余万字的篇幅讨论唐宋以来影响广泛的"正统论"。与以梁启超、饶宗颐为代表的学者以"正统论"为中国古代史学理论之观点不同，我提出"正统论是古代中国政治权力合法性理论"的观点，基本实现了"一句话结论"的学术追求。在旧著《汉晋文化思潮变迁研究——以尚通意趣为中心》中，我用了近三十万字的篇幅，讨论汉晋文化思潮之变迁，得出"尚通意趣是汉晋间学风、士风和文风变迁之关键"的结论，亦大体实现了"一句话结论"的学术追求。在旧著《传统人伦关系的现代诠释》中，[2] 用了二十余万字的篇幅诠释传统中国社会的人伦关系，亦试图从某一个视角或者用某一种理论如美学上的"距离说"解释之，希望得出"一句话结论"。但最终未能实现，至今引为憾事。其他如旧著《诗性风月——中国古典文学中的情爱》《边省地域与文学生产——文学地理学视野下的黔中古近代文学生产和传播研究》等等，亦大体体现了此种"一句话结论"的学术追求。

　　我并不反对其他形式的学术表述，仅是出于个人学术兴趣而偏爱以问题切入研究的学术表达，乐于以问题意识构建自己的学术生命，

[1]　汪文学：《正统论——发现东方政治智慧》，陕西人民出版社 2002 年版。
[2]　汪文学：《传统人伦关系的现代诠释》，贵州民族出版社 2004 年版。

偏爱"一句话结论"的学术研究模式。选择以"扬雄与六朝之学"为博士论文选题，亦是基于个人学术上的一贯追求，即试图证成"六朝之学始于扬雄"这样的"一句话结论"。至于结论之正确与否，读者自有明鉴。

其二，学术高度与研究深度的统一。在2012年9月，笔者负笈桂林，游学胡门，初入胡府，大雷先生一一点评我的旧著，以为"学术研究当是高度与深度的统一"。此语于我犹如醍醐灌顶，使我茅塞顿开。先生以为，我过去的学术研究，总体上是高度有余，深度不足。认为我擅长做宏观问题的研究，但宏观问题之研究尚需有一个落脚点。即以某人或某书为出发点，研究一个时代、一种思潮或者一个流派，如此既有微观的研究以示其深度，又以宏观的展现以示其高度。比如，旧著《诗性风月——中国古典文学中的情爱》，先生以为，若以《玉台新咏》为落脚点研究中国古代的诗性风月，《玉台新咏》是深度，中国古代诗性风月是高度，便能达到深度与高度的统一。又如，旧著《传统人伦关系的现代诠释》，虽然很具体地探讨了传统中国社会诸种人伦关系之现状及其生成原因，但是，先生认为，若以《红楼梦》为落脚点研究传统中国社会的人伦关系，才能达致深度与高度的统一。又如，旧文《说"直致"——关于钟嵘〈诗品〉中的一个诗学概念的诠释》，[1]是对钟嵘《诗品》中一个词语的解释，是很微观的研究。先生以为，若能因此而升华到讨论六朝诗学或者中国古典诗学中的某个问题，便是由小见大的研究，就达到了深度与高度的统一。大雷先生的用意，我能理解，传统中国的学问博大精深，过于宏观的论述往往流于空疏，过于细微的研究容易陷入琐碎。你必须成为某一局部领域的研究者，

---

[1] 汪文学：《说"直致"——关于钟嵘〈诗品〉中的一个诗学概念的诠释》，《齐鲁学刊》2003年第5期。

你必须是古代某位学者文人或专书的研究专家，你在学术界才有立足之地。宏观的研究应当从某人或某书出发，才能达到高度与深度的统一。

其实，学术研究的深度与高度的统一，就是以小见大、以点带面的问题。对此，我亦曾有所反思，在旧著《中国人的精神传统》中，我曾说过：

> 西方人做学问，喜欢小题大做，如埃利阿斯《文明的进程》那样的著作，通过研究琐碎的日常生活细节，如吐口水、上厕所、就餐习惯等等，讨论西方文明的进程，很是新奇，很能给人启发。后来看到西方学者研究毛发、研究放屁、研究沐浴、研究乳房、研究眼泪等等，都能写成博大精深的专门著作，很是让人佩服。其实，学问就应该这样做，这样的学问才是真学问。与西方人相反，近现代以来的中国学者做学问，喜欢大题小做，所以，常常是空话连篇，往往不得要领。[1]

旧著《汉晋文化思潮变迁研究——以尚通意趣为中心》，我从当时知识界普遍流行的尚通意趣这个被一般学者普遍忽略的视角，对汉晋八百年间的文化思潮之变迁，进行通盘诠释。虽然不是以专书或专人为出发点，但亦基本上做到了小题大做，以点带面，自认为是既有高度、亦有深度的作品。今后的学术追求和努力方向，应当在专书和专人的研究上下功夫。选择"扬雄与六朝之学"作为博士论文选题，正是基于高度与深度相统一的治学理念。因为，若专注于扬雄之研究，亦许有深度，但可能没有高度；若专注于六朝之学的研究，则有可能流于空疏，有高度而无深度。而研究扬雄与六朝之学之渊源影响关系，

---

[1] 汪文学：《中国人的精神传统》第 34 页，武汉大学出版社 2012 年版。

则或可能达到高度与深度的统一。

其三，接着做或者另起炉灶的问题，或者说是打游击战还是打阵地战的问题。我常常将学术研究比喻成行军打仗。打仗有两种类型：一是阵地战，二是游击战。正规军一般打的是阵地战，虽然偶尔亦打游击战。学术研究亦是如此，以学术为职志之学者往往打的是阵地战，即以一两个学术问题为中心向周边延展，或者以一个问题为起点向前延伸。虽然亦偶尔对其他问题发生兴趣，打打游击，但其重点则主要是在一两个阵地上。

回顾过去二十余年的学术研究，我主要是在三个阵地上经营。一是以"正统论"研究为起点的学术阵地。在2002年出版的《正统论——发现东方政治智慧》一书，是我花了近四年时间，从权力合法性理论的角度，对古代中国政治权力合法性理论的研究，对古代中国上层政治权力和政治秩序的研究。为了全面认识古代中国社会的结构特点，必需对民间社会秩序和网络有一个全面的研究。于是，我又有近两年的时间潜心于传统社会人伦关系的研究，著成《传统人伦关系的现代诠释》一书，这是学术研究的自然拓展。在《传统人伦关系的现代诠释》中，我用一章的篇幅讨论传统社会的婚姻关系和爱情理想，但因论题、体例和篇幅的限制，许多问题尚未完全展开讨论，尤其是爱情理想和情人关系。于是，我又有近四年时间"脑想男女事"，专注于传统社会情爱关系之研究，企图通过传统中国人的情爱生活之视角，研究华夏族人的文化心理和诗性精神，著成《诗性风月——中国古典文学中的情爱》一书。[1] 传统中国人的情爱生活中有浓厚的诗性精神，传统中国人的诗学理想有明显的女性化特征，于是，性别诗学又进入到我

---

[1] 汪文学：《诗性风月——中国古典文学中的情爱》，中央编译出版社2011年版。

的学术视野，因而有了《中国古代性别与诗学研究》一书。[1] 再进一步，"温柔敦厚：中国古典诗学理想""想象的诗学：传统中国语境中的孤独诗学研究"等等，亦渐次进入我的学术视野，成为我当下特别关注、近期可能开展的研究课题。此研究阵地，将来可能发生的延展，目前尚难预料。

二是以贵州地域文化和地方文学为中心的研究阵地。作为一位贵州本土学者，关注和研究本土地域文化，是情理中事。在旧著《贵州古近代文学理论辑释》一书之"绪论"中，我曾经说过这样一段话：

> 作为一名黔中子弟，作为一位在黔中这块古老而神秘的土地上教书育人并研治中国古代思想文化史的学者，关注本土文化，搜集、整理和传承乡邦文献，追寻和探讨黔中先民在这块土地上的曲折经历和心路历程，是一项义务，亦是一种责任，更是一位真正的学者必须具备的一种学术姿态。[2]

因此，我用了近三年的时间从贵州古近代地方文献中辑录文学理论资料，进行分类整理和诠释研究，著成《贵州古近代文学理论辑释》一书。因此项工作而涉猎较多的地方文献，在偶然情况下发现一批数量可观且自成体系的民间契约文书，并产生浓厚兴趣，于是又有近两年时间投入到契约文书的整理工作中，著成《道真契约文书汇编》一书。[3] 因辑释贵州古近代文学理论资料，从地域角度思考文学的生产和传播，文学地理学研究自然进入我的学术视野，于是又有近两年的时间投入到边省地域对文学生产和传播的影响研究中，著成《边省地

[1] 汪文学：《中国古代性别与诗学研究》，台湾花木兰文化出版社 2012 年版。
[2] 汪文学：《贵州古近代文学理论辑释》，民族出版社 2009 年版。
[3] 汪文学：《道真契约文书汇编》，中央编译出版社 2014 年版。

域与文学生产——文学地理学视野下的黔中古近代文学生产和传播研究》一书。[1] 地域文化与文学的研究空间相当广阔，目前"贵州地域文化精神研究""作为地域空间的贵州形象史研究""明清贵州方志艺文经籍资料整理与研究""南明王朝与贵州明清之际的社会变迁和士人心态研究"等课题亦纷纷进入我的学术视野，"中国乌江流域民国档案丛刊"、[2] "贵州古近代名人日记丛刊"、[3] "中国西南布依摩经丛刊"等大型文献整理项目，亦渐次开展。支撑"多彩贵州"形象品牌的"黔学研究"学术品牌的谋划，亦次第展开。在贵州区域文化与地方文学这个学术阵地上要做的事情还很多，要走的路还很长。

三是汉晋文化与文学研究领域。我在 2000 年前后约有近三年的时间，着力于从汉末魏晋时期知识界普遍流行的尚通意趣之视角，对汉晋八百年间学术文化思潮之变迁，作通盘的诠释，撰成《汉晋文化思潮变迁研究——以尚通意趣为中心》一书，提出"尚通意趣是汉晋间学风、士风和文风转移之关键"的新说。虽然之后仍然持续关注着此领域的研究进展，但是，由于种种原因，未能在此领域持续耕耘下去，研究重心主要转移到前两个阵地上去了。

回顾过去二十余年的学术历程，我的学术研究主要是打阵地战，侧重于上述三个阵地上，重点关注着前两个阵地。因在学术研究上主张打阵地战，所以在接着做还是另起炉灶的问题上，我主张接着做。如果另起炉灶，重新开辟一个新阵地，则将面临诸多问题：一是知识储备不足，白手起家，做起来将会捉襟见肘，无法得心应手；二是我

[1] 汪文学：《边省地域与文学生产——文学地理学视野下的黔中古近代文学生产和传播研究》，上海古籍出版社 2016 年版。

[2] 汪文学：《中国乌江流域民国档案丛刊·沿河卷》，共 55 册，贵州人民出版社 2017 年版。

[3] 汪文学：《贵州古近代名人日记丛刊》，贵州人民出版社 2018 年版。

依然还对上述三个阵地保持着高度的兴趣，以为还有足够的空间可以耕耘；三是人到中年，精力有限，不想阵地过多，战线太长。所以，选择"扬雄与六朝之学"作为博士论文选题，正是在汉晋文化与文学这个阵地上的持续耕耘，是接着《汉晋文化思潮变迁研究》的进一步拓展和延伸。

2. 学术积累与选题缘起

"扬雄与六朝之学"课题，就其论域而言，主要有两个方面：一是扬雄学术文化思想及其影响，二是六朝之学的渊源。按照前文说的"接着做"，即需要在此论域之两个方面皆有相当的学术积累或者先期的阅读思考，方才可能比较便利地进入课题研究。实际上，我选择此课题作为博士论文选题，正是缘于自己先期在此论域之两个方面皆有一定的学术积累。

就扬雄研究而言。我在读硕士研究生阶段，受何宁先生的启发和影响，曾有志于扬雄《法言》的校注和疏解。何宁先生以研究《淮南子》名家，穷数十年之力著成《淮南子集释》，列入"新编诸子集成"，由中华书局出版。先生在"《淮南子》研究"课上关于"一辈子认真读一本书"的教诲，至今铭记在心。记得当时受先生影响，曾打算一辈子就读扬雄的《法言》和《太玄》，以校释这两本书为终身职志。大约读了半年的《法言》，写下了数万字的读书笔记。后因读到汪荣宝《法言义疏》，叹服其博大精深，丰富详赡，感觉可继续耕耘的空间较小，超越《义疏》之可能性不大，因而放弃。半年的阅读和沉潜，对扬雄其人其思想、文化、学术和文学有了大致的理解，当时即著有《扬雄美新新论》一文，[1] 讨论扬雄"美新"一事，有为历代批评扬雄"美

[1]　汪文学：《扬雄美新新论》，《四川社科界》1994 年第 2 期。

新"翻案之意图。其基本观点，至今依然保持。同时，于《法言》的语言风格饶有兴致，甚至怀疑扬雄是否是用四川古方言进行创作。因不治语言学科，故而未能深究。以上是我关于扬雄研究的先期积累，虽然不深入，但总算是有了一个大体的了解。

　　与关于扬雄研究的先期积累相比，我在六朝之学之渊源问题上的学术积累要丰富和深入一些。还是在读硕士研究生期间，我的学位论文选题是"汉唐雄风共性论——唐人慕学汉人风范之历史文化心态研究"，写了十五六万字。在论文中，我以王勃提出的"唐承汉统"说为依据，探讨在唐代社会具有普遍意义的慕学汉人风范之文化心态的形成原因及其影响，解释唐代文学中普遍存在的"以汉代唐"现象之成因。后来修改成论文《"唐承汉统"说的理论意义和实践意义》发表。[1]在此项研究中，我发现自唐代以来，文人学士常常将东汉六朝视为一个自成一体的历史单元加以探究，强调西汉与东汉之区别，以为西汉与先秦相近，东汉与六朝相近，重视两汉之际在中国学术文化思想史上的转扭意义。今日看来，早期学习中提出的这些观点，具有比较重要的学术意义，只是当时浅尝辄止，未予深究。后又因学术兴趣转移而无暇顾及。如关于唐代文学中普遍存在的"以汉代唐"现象，后来便有学者做专门的研究。[2]而关于东汉六朝自成一历史单元的观点，以及两汉之际是中国古代学术思想之重要转折点的见解，实为我今日捕捉"扬雄与六朝之学"为博士论文选题的重要触媒。

　　当然，更重要的学术积累还是《汉晋文化思潮变迁研究》一书。

[1]　汪文学：《"唐承汉统"说的理论意义和实践意义》，《西南民族大学学报》2004 年第 2 期。

[2]　如刘明华：《唐代诗人"以汉喻唐"的表现手法及政治内涵》，《杜甫研究学刊》2000 年第 3 期；杜玉俭：《唐诗以汉代唐的方式、演变及原因》，《唐代文学与汉代文化精神研究》，商务印书馆 2012 年版。

在这本个人比较珍视的学术旧著中，我接受并论证了六朝之学起于汉末的观点，并从尚通意趣之视角对汉晋文化思潮之变迁进行通盘诠释。至今依然自信此项研究具有一定的学术价值，尽管目前我已经动摇了六朝之学起于汉末的观点，而更加相信六朝之学起于两汉转折之际，始于扬雄。尽管目前之见解与旧著之观点有了很大的不同，但这种不同并不是本质上的，而是在原来观点之基础上向前推进了一步。或者如我在本书中将要阐释的，六朝之学的渊源有远源与近源之分，其近源是东汉末年，其远源是两汉之际。因此，两者并不矛盾。所以，旧著依然是我开展"扬雄与六朝之学"研究的重要学术积累和学术起点。

基于东汉六朝自成一历史单元的认识，以及两汉之际是中国学术思想史转扭之关键的见解，我将六朝之学的渊源向前推进两百年。至于何以将扬雄与六朝之学联系起来，以扬雄为个案讨论六朝之学的渊源，进而提出"六朝之学起于两汉之际、始于扬雄"的"假说"，亦是有先期的学术思考作铺垫。首先，阅读陆侃如《中古文学系年》，其书系年中古文学，为何以扬雄的生年为起点，引起我的特别关注。虽然陆氏未曾著文说明其用意，但我深信，此种做法并非率意而为。对扬雄之生平经历和学术思想有过专门研究的陆侃如，一定是有充分的理由才会做如此安排。我以为，《系年》此举，实有为中古文学探本溯源之深意在。或者说，在陆侃如看来，扬雄实为中古文学之起点。陆氏此论，或可在刘勰《文心雕龙》中找到依据。刘勰论文，以扬雄文论为准绳，以扬雄作品为"选文定篇"之范本。可见，在刘勰那里，扬雄实有开风气之先的意义。陆氏《系年》以扬雄为起点，或者便是本于《文心》而彰显之。

其次，有一段时间，我因受汤用彤《读〈人物志〉》一文的影响，对刘劭《人物志》有浓厚兴趣，当校释《法言》的计划因读到汪荣宝的《法言义疏》而暂时放弃时，我便有选择《人物志》作校释的想法，有一段日子还把背诵《人物志》作为每日晨读之功课，至今依然没有完全放弃为《人物志》作笺证的宿愿。而在研究《人物志》时，受汤用彤之启发而撰写的《从〈人物志〉论汉晋学风之变迁》一文，[1] 发现刘劭之"重聪明"与扬雄之"尚智"有密切关系，刘劭"质性平淡，思心玄微，能通自然"的学术路径，与扬雄的"玄思"方法有密切关系。依据汤用彤的说法，刘劭《人物志》实乃六朝玄学之先驱。如此，扬雄与六朝玄学之间的关系，便逐渐明朗。还有，六朝玄学之"玄"与扬雄《太玄》之"玄"，有无关系？有何关系？亦曾引起我的高度关注。基于上述学术思考和积累，将扬雄与六朝之学联系起来考察，提出"六朝之学始于扬雄"之"假说"，便是顺理成章的事情。

总之，基于过去二十余年的学术积累，我选择"扬雄与六朝之学"作为博士论文选题。这项选题以问题切入研究，有较强的问题意识，符合我一贯追求的以问题意识推动学术创新的治学旨趣。通过分析论证，用"六朝之学始于扬雄"这句话结论整项研究，符合我"一句话结论"的学术追求。既有以个案为基础的深度研究，亦有以个案彰显六朝之学之渊源的高度，符合高度与深度相统一的学术理念。是在我过去关于汉晋文化思潮变迁研究之基础上的进一步拓展和深化，符合我打阵地战和"接着做"的治学路径。

---

[1] 汪文学：《从〈人物志〉论汉晋学风之变迁》，《毕节学院学报》2014 年第 2 期。

二、研究现状

本书以"扬雄与六朝之学"为题，但并不是对扬雄学术思想、文学创作和六朝之学的综合研究，而是着重于扬雄与六朝之学之渊源影响关系的研究。所以，综述本课题之研究现状，亦主要是侧重于综述学术界关于二者之渊源影响关系的研究现状。

大体而言，学术界关于扬雄学术思想和文学创作的研究之深度与广度，与其在思想史和文学史上的影响程度是不相称的。其原因主要有两个方面：一是扬雄因"美新"事件而颇受后人轻薄。中国人一向喜欢以人论文，以人品论文品，因人废文是屡见不鲜的事情。扬雄因为"美新"事件而遭遇后人的因人废文，因此其受学术界的重视程度，远不如同时代的其他学者如董仲舒、司马迁、王充、班固等人，关于他的研究成果亦算不上丰富。二是因为扬雄之学术研究和文学创作均以模仿的形式展开，如《法言》仿《论语》、《太玄》仿《周易》、赋作仿相如等等，学者往往因为其形式上的模仿而忽略其内容上的创新，并进而否定其学术价值和文学成就，因而对其关注和研究之深度和广度，就往往不及同时期的其他思想家和文学家。总之，学术界对扬雄学术价值和文学成就及其对后世影响的研究，总体上是研究不深入，估计不充分。以下从人生性情、学术思想和文学艺术三个方面略述学术界之研究现状。

1. 关于扬雄人生性情与六朝名士风范之关系的研究

概括地说，关于扬雄人生性情之研究，学者主要集中在扬雄生平经历之考订和由《剧秦美新》引发的"美新"事件之评论两个方面。而于扬雄之个人性情好尚的研究，则比较欠缺；于其对六朝名士风范之影响的研究，则更少见。

扬雄之生平经历，首见其本人之《自叙》。此文因班固《汉书·扬雄传》的载录而得以传世，是为今日研究扬雄生平经历最基本的原始资料。但其叙述比较简略，多有未详和讹误之处。今人汤炳正《扬雄年谱》、董作宾《方言学家扬雄年谱》、[1] 陆侃如《中古文学系年》、[2] 郑文《对扬雄生平与作品的探索》等等，[3] 考证精审，可资参考。另外，张岱年《扬雄评传》、[4] 沈冬青《扬雄》、[5] 王青《扬雄评传》等评传类著作，[6] 亦有一定的参考价值。学者关于扬雄生平事迹之考察，主要集中在以下几个问题上：其一，扬雄之姓是"扬"还是"杨"的问题。王先谦《汉书·扬雄传补注》、汪荣宝《法言义疏》、徐复观《两汉思想史·扬雄论究》、刘韶军《杨雄与〈太玄〉研究》等等，皆有详密考证。因与本书论旨无关，故不申论。其二，扬雄入京的时间问题。《汉书·扬雄传》以为是在 42 岁时，周寿昌《汉书注校补》则以为是在 32 岁时，"四"为"三"之误。王先谦《汉书·扬雄传补注》、徐复观《两汉思想史·扬雄论究》有详考，可资参考。其三，扬雄"美新"的动机和目的问题。此为扬雄生平研究之大问题，直接影响扬雄在中国文化思想史上的地位和评价。宋元以来的学者多有辩论，许结《〈剧秦美新〉非"谀文"辨》一文，[7] 代表当代学者对此问题之认识，以为将此文写作之目的和扬雄"美新"之动机放在当时特定的历史背景下去考察，其"谀文"之讥或可不攻自破。笔者二十年前著有《扬雄

[1] 董作宾：《方言学家扬雄年谱》，《中山大学语言历史研究所周刊》第 85～87 期合刊。

[2] 陆侃如：《中古文学系年》，人民文学出版社 1985 年版。

[3] 郑文：《对扬雄生平与作品的探索》，《文史》1985 年总 24 辑。

[4] 张岱年：《扬雄评传》，《中国哲学史研究》1984 年第 3 期。

[5] 沈冬青：《扬雄》，台湾幼狮文化事业公司 1993 年版。

[6] 王青：《扬雄评传》，南京大学出版社 2000 年版。

[7] 许结：《〈剧秦美新〉非"谀文"辨》，《学术月刊》1983 年第 6 期。

美新新论》一文，[1] 亦认为应当在两汉之际这个特定的背景下，联系扬雄的人生哲学和人生理想，研究其"美新"之动机。若以宋元以来的观念观照此事件，则有以今泥古之嫌疑。其四，历代关于扬雄人品与文品的评价问题。关于扬雄的评价，历史上出现过较大的起落与争议。大体而言，自东汉至唐代，扬雄声誉日隆，至北宋得到的好评臻于极点；自南宋起，其声誉陡然下落，甚至成为反面人物，其人品和文品皆遭否定。杨世明《扬雄身世褒贬评说考议——林贞爱〈扬雄集校注〉序》言之甚详，[2] 对其大起大落之原因，有详细分析，可资参考。刘成国《论唐宋间的"尊扬"思潮与古文运动》，[3] 讨论中唐以来兴起的"尊扬"思潮与古文运动之间的互动影响关系，堪称力作。

　　关于扬雄的人生形态和性情好尚，最有见地且自成一家之言者，是徐复观《两汉思想史·扬雄论究》。[4] 徐氏以为扬雄是"以好奇好异之心，投下他整个生命去追求知识"，是"知识型"的人生形态，近似于西方所谓"智者"形态的人物，在性情上有好奇、好胜、好博、好深等特点。与一般的泛泛而谈不同，此论确有启人心智之处，笔者讨论扬雄之性情好尚，颇受其启发，而常有取资。郭君铭《扬雄〈法言〉思想研究》论定扬雄为"成圣型"人生形态，[5] 亦自成一说，可与徐复观之"知识型"人生形态说互补。因为对于扬雄而言，追求知识与企望成圣，恰恰是其人生追求的两个层次，即通过对纯粹知识的追求而达于圣人之境界。于迎春《试论汉代文人的政治退守与文学私

[1]　汪文学：《扬雄美新新论》，《四川社科界》1994 年第 2 期。
[2]　杨世明：《扬雄身世褒贬评说考议——林贞爱〈扬雄集校注〉序》，《四川师范学院学报》2001 年第 2 期。
[3]　刘成国：《论唐宋间的"尊扬"思潮与古文运动》，《文学遗产》2011 年第 3 期。
[4]　徐复观：《两汉思想史》，九州出版社 2014 年版。
[5]　郭君铭：《扬雄〈法言〉思想研究》，巴蜀书社 2006 年版。

人性》，[1] 虽然不是以扬雄为主要研究对象，但他发现"西汉晚期以来，士人们尝试着发展起具有退守功能的人生观念和行为体系"，这种政治退守以扬雄为显著代表。由政治退守而带来的文学之私人性，亦体现在扬雄的创作中。因为"文学对于扬雄来说，就从当初庄重的政教手段，成了真正贴己的人生安慰"。其实，应当进一步推演的是，扬雄开启的此种政治退守及其带来的文学私人性，对六朝社会和文学所发生的影响。孙少华《扬雄投阁的文化美学与生命悲情》，[2] 对扬雄"投阁"事件的文化美学意义进行了深度的阐释，以为扬雄"投阁"事件是中国古代文人对生命悲情的诗意阐释，其背后的生命悲情和人生态度，对两汉之际的桓谭、王充有重要影响，亦是东汉"疾虚妄"学风形成的思想根源。笔者认为，扬雄"投阁"事件所体现的悲情意识，个人与社会的悬隔关系以及"不媚俗儒，好学深思，闭家自守，清静无为"的人格特点，于六朝名士亦有相当明显的影响，最突出地体现在陶渊明的身上。

关于扬雄与陶渊明的影响关系，学者研究不多。从经验上看，扬雄敦厚纯谨之儒者风范与陶渊明率真自然的名士风度，有很大的不同，似乎很难将二者联系起来。但是，事实上，二人在人生趣味和性情好尚上有诸多相似之处，吴国富《"五柳先生"及"无弦琴"的守穷守默——从扬雄看陶渊明的"愤宋"》、[3] 范子烨《"游目汉庭中"：陶渊明与扬雄之关系发微——以〈饮酒〉其五为中心》两文，[4] 对此

---

[1] 于迎春：《试论汉代文人的政治退守与文学私人性》，《文学评论》2003 年第 1 期。

[2] 孙少华：《扬雄投阁的文化美学与生命悲情》，《山西师大学报》2009 年第 6 期。

[3] 吴国富：《"五柳先生"及"无弦琴"的守穷守默——从扬雄看陶渊明的"愤宋"》，《九江师专学报》2001 年第 2 期。

[4] 范子烨：《"游目汉庭中"：陶渊明与扬雄之关系发微——以〈饮酒〉其五为中心》，《四川师范大学学报》2013 年第 2 期。

进行了探讨。吴文具体考察了陶渊明《五柳先生传》和无弦琴与扬雄的关系，认为《五柳先生传》是模仿扬雄《自叙》（即《汉书·扬雄传》之前部分）写成，其自号"五柳"与扬雄《太玄》有关，其所蓄之无弦琴与扬雄《解嘲》"弦者放于无声"有关，其"愤宋"与扬雄"守穷""守默"之影响有关。范文以陶渊明《饮酒》（其五）为中心，讨论扬雄与陶渊明的关系，以为其诗是陶渊明以扬雄自况之作，认为诗中"问君何能尔"句之"君"，是指扬雄；"结庐在人境"之"结庐"，典出扬雄《解嘲》"结以倚庐"句；"心远地自偏"之"心远"，典出桓谭评价扬雄之"其心玄远与道合"句。认为扬雄与陶渊明是"隔着历史的河岸而莫逆于心"，"前者乃是后者最重要的理性源泉之一"。二文之探讨虽然稍显琐碎，但实有重要发现，在两个看似不相干的历史人物之间寻找到渊源关系，于本书讨论扬雄与六朝名士风范之关系多有启发。

2. 关于扬雄学术思想及其对六朝之学的影响研究

自近代以来，已有不少学者注意到扬雄学术思想对六朝之学的影响，并予以揭示。如章太炎《论中古哲学》注意到西汉学者"专意于治术"，而"言哲学者少"；东汉学者渐开言论哲学玄理之新风尚。此种由实入虚、由具体到抽象之学风的转变是在两汉之际，与扬雄、桓谭之"屏绝巫史"和"文质论核"直接相关。[1] 吕思勉《秦汉史》以为"中国之文化，有一大转变，在乎两汉之间。自西汉以前，言治者多对社会政治，竭力攻击；东汉以后，此种议论，渐不复闻"。[2]虽未明言扬雄，而扬雄在其中所起的重要引领作用，不能忽略。汤用

---

[1] 傅杰编校：《章大炎学术史论集》第 262 页，中国社会科学出版社 1997 年版。

[2] 吕思勉：《秦汉史》，上海古籍出版社 2006 年版。

彤《魏晋玄学论稿》亦注意到扬雄在"由汉学到魏晋玄学的变动"中所起的开创作用，一是开启"企慕玄远"之风，二是开启追踪道家之先河。[1] 贺昌群《魏晋清谈思想初论》虽然特重马融于六朝文化风尚之影响，但亦认为扬雄《太玄》是"一革命之思想"，"代表汉晋间宇宙观之进展"，于汉末思想之影响甚巨。[2] 冯友兰《中国哲学史》认为扬雄"结两汉思想之局，开魏晋思想之路"，从扬雄学术思想可见"魏晋两时代思想转变之迹"。[3] 侯外庐《中国思想通史》指出扬雄"在玄学的研究上，一方面开魏晋玄学作风之先河，另一方面在两汉之际也是有其独立的贡献"。[4] 以上观点，于本书之研究有重要启示，惜其语焉不详，未有详细周密之论证。

当代学者研究扬雄的学术思想，影响较大的著作，有黄开国《一位玄静的儒学伦理大师——扬雄思想初探》，[5] 徐复观《两汉思想史·扬雄论究》，[6] 郑万耕《扬雄及其太玄》，[7] 郭君铭《扬雄〈法言〉思想研究》，[8] 解丽霞《扬雄与汉代经学》，[9] 刘韶军《杨雄与〈太玄〉研究》等等。[10] 本书之研究，于上述著作亦多有引述。

学术界关于扬雄学术思想的研究，远不如同时期的其他思想家深入。大体上主要围绕《法言》《太玄》和《方言》三部著作展开。关于《方言》及其影响的研究，限于学力，本书暂不讨论，故对其研究现状亦

[1] 汤用彤：《魏晋玄学论稿》第 3 页，中华书局 1962 年版。

[2] 贺昌群：《魏晋清谈思想初论》第 47 ~ 48 页，辽宁教育出版社 1998 年版。

[3] 冯友兰：《中国哲学史》下册第 58 页，华东师范大学出版社 2000 年版。

[4] 侯外庐：《中国思想通史》第二卷第 211 页，人民出版社 1957 年版。

[5] 黄开国：《一位玄静的儒学伦理大师——扬雄思想初探》，巴蜀书社 1989 年版。

[6] 徐复观：《两汉思想史》，九州出版社 2014 年版。

[7] 郑万耕：《扬雄及其太玄》，北京师范大学出版社 2009 年版。

[8] 郭君铭：《扬雄〈法言〉思想研究》，巴蜀书社 2006 年版。

[9] 解丽霞：《扬雄与汉代经学》，广东人民出版社 2011 年版。

[10] 刘韶军：《杨雄与〈太玄〉研究》，人民出版社 2011 年版。

略而不论。本节主要概述学术界关于《法言》《太玄》及其对六朝之学的影响之研究现状，而又侧重于本书重点研究的尚智论、太玄论、品藻论和地域乡土意识等几个主要问题。

首先，关于扬雄学术方法及其影响的研究。扬雄的学术方法，择其要者而言，主要有"不述而作""约卓简要"和"玄思大义"三个方面。"不述而作"体现了扬雄的创造意识，学者于扬雄述作态度之研究，如解丽霞《扬雄与汉代经学》以为：《太玄》经是述的，传是作的，《太玄》有述有作的撰著风格，独立于汉代今文学系统之外，有开风气之先的意义。于迎春《汉代文人与文学观念的演进》，[1] 于汉代文人述作态度之研究比较深入，认为汉代文人敢于突破身份地位之限定而勇于承认自己之"作"者，当自扬雄始。"约卓简要"体现了扬雄治学的博通取径，笔者在旧著《汉晋文化思潮变迁研究》中，对东汉以来知识界约卓简要的治学风格和博通自由的知识取径，有比较详细的讨论，提出尚通意趣是汉末魏晋知识界之时代精神的观点，而其源头就是两汉之际以扬雄为代表的学者。"玄思大义"体现了扬雄的思辨精神，张君劢《义理学十讲纲要》，[2] 指出孟子"去学而重思"，与孔子之"学思并重"不同；认为孟子之重"思"实开中国观念论之先河，宋明理学和心学皆由此引申而出。实际上，需要补充的是，在孟子之重"思"与宋明理学、心学之间有一个中间环节，就是扬雄之重"思"与论"心"。徐复观《扬雄论究》对扬雄之"思"有比较集中的阐释，认为"《太玄》以'思'代表人的特性"。[3] 刘韶军《杨雄与〈太玄〉研究》对扬雄以"玄思"为特点的抽象思辨精神于六朝玄学之影响，有深入研究，认为老子、扬雄、六朝玄学家是一脉相承

[1] 于迎春：《汉代文人与文学观念的演进》，东方出版社 1997 年版。

[2] 张君劢：《义理学十讲纲要》，中国人民大学出版社 2006 年版。

[3] 徐复观：《两汉思想史》（二）第 465 页，九州出版社 2014 年版。

的具有较强思辨性的思想家。

其次，关于扬雄尚智论及其影响的研究。在扬雄的学术思想中，比较重要且对六朝之学产生重要影响的，是他的尚智论。较早对之进行具体研究并给予高度评价的，是徐复观《两汉思想史·扬雄论究》，他认为："智性是扬雄真正的出发点。"扬雄于儒家仁、义、礼、智、信五者之中，真正有得者乃在"智"的一面。[1] 金春峰《汉代思想史》亦专门探讨了扬雄的"智论"，认为"《法言》思想的极有价值的贡献是对'智'的重视和强调，以及由此显示的理性精神"。[2] 陈启云在《剑桥中国秦汉史》中亦强调"尚智"在扬雄思想体系中的重要价值，认为在扬雄的思想中明显有智力高于德行的表现。[3] 而对此问题为专文加以讨论的，则有侯文学《扬雄智论发微》，[4] 她认为扬雄在吸纳前代及时代思想之基础上形成了自己的智论，智获得了超越仁、义、礼、信之上的地位，把先秦儒家服务于伦理道德的智转化成服务于生命本身；与传统儒家重人轻天之取向不同，他的智论重视天道自然。以上诸家对扬雄尚智论之本身有深入研究，然于其对后世文人如徐干、刘劭之影响以及对六朝理性精神之启发，则是普遍未曾注意。

第三，关于扬雄太玄论及其影响的研究。扬雄太玄论与六朝之学到底有何关联？这是关于扬雄与六朝之学研究的一个重要问题，亦是一个悬而未决的问题。前述汤用彤、贺昌群、侯外庐、冯友兰等学者皆曾注意到这种关联，但都未有专门的探讨，或者是出于印象或经验，

[1] 徐复观：《两汉思想史》（二）第 478 页，九州出版社 2014 年版。

[2] 金春峰：《汉代思想史》（增补第二版）第 374 页，中国社会科学出版社 2006 年版。

[3] （英）崔瑞德、鲁惟一编：《剑桥中国秦汉史》第 744～747 页，中国社会科学出版社 1992 年版。

[4] 侯文学：《扬雄智论发微》，《宁夏社会科学》2008 年第 2 期。

而未予以实证。讨论此问题而著为专论的，有李军《扬雄与玄学》一文，[1]
他认为：扬雄上承贾、马、严遵，下启荆州学派，在哲学论点与思辨
方式上为玄学导夫先路；扬雄建立了两汉时期第一个完备的儒道调和
的太玄理论体系，对魏晋玄学之产生不啻有开启门径之意义；扬雄以
浑天说取代盖天说，不仅是一个天文学理论的变革，其文化意义在于
由此直接开启了一种全新的宇宙模式和哲学思辨，对魏晋玄学之产生
有重要影响；扬雄突出玄的幽深莫测、玄妙神奥的特点，对魏晋之际
玄学"无"本体的提出有直接的启迪作用；认为荆州学派是直接推动
正始玄学生成的学术渊源之一，而扬雄太玄学说通过荆州学派对王弼
等产生影响。应该说，此项关于扬雄与玄学之关系的研究，比较全面，
虽然在一些具体问题的论述上尚欠深入。对扬雄太玄论之研究做得比
较深入而透彻的，是刘韶军《扬雄与〈太玄〉研究》，尤其是关于《太
玄》传文的解读和体例、版本的考察，做得相当精细，甚至有过于繁
琐之嫌。此书当是今日研读《太玄》最重要的参考文献。其受石峻启发，
于书中著"《太玄》与魏晋玄学"一节，讨论二者之关系，但其主要
内容，则是侧重对《太玄》在自《老子》至玄学这个中国哲学史中"思
辨性链条"上的承上启下意义的探讨，其他则未予深论。

　　第四，关于扬雄品藻论及其影响的研究。人物品鉴是六朝时期影
响广泛的一项精神文化活动，扬雄的品藻论对其有相当重要的影响。
较早注意到二者之间的关联，是民国学者刘咸炘，他认为："东汉以降，
品藻之风盛行，儒家书由扬雄《渊骞篇》而推之，臧否当时人物。"[2]
但未予深论。徐复观《两汉思想史·扬雄论究》对扬雄《法言》之《渊骞》
《重黎》二篇甚为重视，以为是扬雄模仿《春秋》所作的人物品评之

---

[1]　李军：《扬雄与玄学》，《中华文化论坛》1997 年第 1 期。
[2]　刘咸炘：《刘咸炘学术论集·子学编上》第 460 页，广西师范大学出版社 2007 年版。

专篇，于班固《汉书》有"巨大影响"，"在两汉任何一部思想性的著作中，找不出一部像《法言》这样以大量的篇幅来品评人物的"[1]。徐复观花了大量的笔墨研究扬雄人物品评对班固《汉书》的影响，而于六朝人物品鉴却只字不提。郑万耕《扬雄及其太玄》亦甚重扬雄的人物品评，并列有专章讨论，但大体不出徐复观讨论的范围。虽然他最后指出扬雄"开启的品评人物的风气，对魏晋玄学实有重要影响"，[2]但其影响之具体表现，却只字不提。日本学者冈村繁于六朝人物品鉴有深入研究，对刘劭《人物志》之刘注有专门的校笺。他将此种品鉴风尚之渊源追溯到光武帝时期，对桓谭《新论》中的人物品评亦高度重视，而于与桓谭同时且有专篇品评人物的扬雄，亦是只字不提。[3]将扬雄的人品评与六朝人物品鉴联系起来考察，认为前者对后者有重要影响的，是许结的《汉代文学思想史》，[4]但亦无具体的分析和论证。或许因为许结专注于文学思想之研究，故其特重扬雄人物品藻的文学化倾向对六朝人物品鉴的影响，但是，于二者之关联的研究，其深度和广度亦相当有限。总之，学术界虽有部分学者认识到扬雄人物品评的重要价值，但很少将其与六朝人物品鉴联系起来考察，即便注意到二者之间的关联，其研究亦做得相当简略。基本上未见有学者将扬雄与刘劭联系起来考察，尽管前者对后者有重要影响。本书将对此做比较深入的探讨。

第五，关于扬雄的乡土意识、家族意识和地域文化观念及其对六朝社会之影响的研究。可以说这方面的研究是相当的薄弱，据笔者所见，关于扬雄作品中巴蜀地域文化内容的研究，做得比较全面而深入

---

[1] 徐复观：《两汉思想史》（二）第 462～463 页，九州出版社 2014 年版。

[2] 郑万耕：《扬雄及其太玄》第 169 页，北京师范大学出版社 2009 年版。

[3] （日）冈村繁：《汉魏六朝的思想与文学》，陆晓光译，上海古籍出版社 2002 年版。

[4] 许结：《汉代文学思想史》，人民文学出版社 2010 年版。

的，是唐妤《扬雄与巴蜀文化》一文。[1] 论文辨析了《蜀都赋》《蜀王本纪》之真伪，分析了《蜀王本纪》《蜀都赋》有关蜀都建设、蜀人社会生活的记录，讨论了扬雄对巴蜀地域文化的贡献。但是，于扬雄之地域文化意识、乡土观念和家族观念及其对六朝社会的影响，没有展开讨论。事实上，六朝社会浓厚的乡土意识、地域观念，以及因此而产生的大量地记、郡书作品，均与扬雄及其《蜀都赋》《蜀王本纪》等作品的影响有关。刘韶军在《扬雄与〈太玄〉研究》中，比较注重从扬雄的家族背景、家庭生活方面考察其思想感情和性格特征，考证了世传扬雄《家牒》之真伪，然于扬雄的家族意识亦未予深论。因其断定世传扬雄《家牒》为伪作，故其对六朝谱牒创作之兴盛与扬雄《家牒》的关系，亦就未予讨论。实际上，据笔者考察，扬雄《家牒》并非伪作，其浓厚的家族意识，对六朝社会有重要影响。

3. 关于扬雄文学创作、理论及其影响的研究

学术界关于扬雄文学创作和文学理论研究的论著较多，全面评述这方面的成果，不是本篇之任务。本篇所欲评述者，是与本课题相关的论著，即关于扬雄文学创作、理论对六朝文学之影响的研究成果，以此彰明本课题研究之起点、价值和意义。

关于扬雄在两汉文学史上的转折意义，在中古文学史上的起点意义，前贤时彦均有详略不同的指示和研究。如刘勰《文心雕龙·才略》说："自卿、渊已前，多俊（役）才而不课学；雄、向以后，颇引书以助文。"[2] 明确指出扬雄、刘向之文风与相如、王褒之区别，揭示了扬雄在两汉文学史上的转折意义。刘咸炘以为扬雄是早期"文

---

[1] 唐妤：《扬雄与巴蜀文化》，四川师范大学硕士论文，2008 年。

[2] 范文澜：《文心雕龙注》第 699～700 页，人民文学出版社 1978 年版。

儒"的代表人物，认为儒者"骜文自扬雄始"，[1] 揭示了扬雄在中国文学史上之开创意义。陆侃如《中古文学系年》以扬雄之生年（公元前 53）为起点，亦是大有深意的安排，其所标示的亦是扬雄在中古文学史上的起点意义。关于这个问题的研究，最有启发意义的当数傅斯年，他在《中国古代文学史讲义》中，提出"西汉扬子云的古典主义与东汉近，反和西汉初世中世甚远；东汉的文章又和魏晋近，和西汉远"，视扬雄为"古代文学"到"古典文学"之间的转折性人物。他以为中国古代文学语言经历了"语言""文言"和"古文"三个发展阶段，而扬雄在此演进过程中，实为"文言"到"古文"之间的过渡性人物，于六朝文学语言之影响至关重要。[2] 傅斯年之论精彩绝伦，自成一家。遗憾的是，他的《中国古代文学史讲义》是一部尚未完成的著作，计划表达上述新观点的第三篇《扬雄章》，并未写出，故其具体分析论证不得详知。

从有限的资料中可以看到傅斯年特别重视扬雄文学语言风格的变化，以为扬雄在中国文学史上之重要意义，就在于他在文学语言风格上的创造性变化。当代学者从语言风格之角度讨论扬雄文学，并不多见，仅有数篇论文。如张兵《扬雄〈法言〉语言艺术特色初探》，[3] 以为《法言》有一种刻意追求语言文字之美的倾向，大量使用比喻、排比、典故、对比、反复、反问、设问等方法，丰富和发展了散文语言，在由散文到骈文之演进过程中具有不可替代的重要意义。扬雄是中国文学史上第一位有意整饬文字的文人，韩兆琦就认为"扬雄的这种刻意为文的确是发展了中国文字的表现能力"。[4] 路广《从语言运用看

---

[1] 刘咸炘：《刘咸炘学术论集·子学编上》第 162 页，广西师范大学出版社 2007 年。

[2] 傅斯年：《中国古代文学史讲义》，时代文艺出版社 2009 年版。

[3] 张兵：《扬雄〈法言〉语言艺术特色初探》，《西华师范大学学报》2004 年第 2 期。

[4] 韩兆琦：《汉代散文二题》，《安徽大学学报》2000 年第 6 期。

文学风格的差异——以〈法言〉〈扬雄集〉为例》，[1] 具体研究了扬雄《法言》《扬雄集》语言风格上的差异，以为《法言》的语言是拟古文的风格，而《扬雄集》则是文人书面语的典型代表，产生此种差异之原因，与扬雄的话语策略和创作意旨密切相关。此项研究为扬雄"有意为文"之态度在语言运用上的表现，提供了一个实证。曹建国、张玖青《赋心与〈诗〉心》，[2] 对扬雄辞赋创作中通过引《诗》化《诗》以促进"词雅义皎"艺术风格之形成，做了具体详实的研究，以为扬雄是汉赋作者中第一个自觉引《诗》化《诗》入赋的作家，在扬雄以前，这种情况很少见。此项研究为《文心雕龙·才略》"雄、向以后，颇引书以助文"的说法，对傅斯年所谓扬雄文学语言是"古文"之说，提供了实证。扬雄的语言是独特的，这种独特语言所具有的文学价值，及其对六朝尚深重雅文风之影响，均缺乏深度研究。从语言角度研究扬雄的文学创作，尚有较大的空间值得经营。

扬雄文论于东汉六朝有重要影响，此已为学者的共识。如朱东润《中国文学批评史大纲》说："东汉一代，文学论者，首推桓谭、班固，其后则有王充。谭、固皆盛称子云，充之论出于君山，故谓东汉文论，全出于扬雄可也。"[3] 关于扬雄于东汉文论之具体影响，汪耀明《扬雄文学思想对东汉文论的影响》有比较详细的讨论，[4] 以为扬雄潜心著书立说以成一家之言的著述态度，常为东汉人所推崇；其尚用的文学主张在东汉文论中发展成为更为详明的理论；其提出的华实相副、事辞相称等文学观点，在不同程度上为桓谭、王充所继承和发展；

[1] 路广：《从语言运用看文学风格的差异——以〈法言〉〈扬雄集〉为例》，《社会科学家》2011 年第 7 期。
[2] 曹建国、张玖青：《赋心与〈诗〉心》，《文学评论》2008 年第 2 期。
[3] 朱东润：《中国文学批评史大纲》第 16 页，古典文学出版社 1957 年版。
[4] 汪耀明：《扬雄文学思想对东汉文论的影响》，《重庆教育学院学报》2010 年第 1 期。

其评论作家的意见，在王充、班固的著作中得到反映和发挥。此文大体上是对朱东润"东汉文论，全出于扬雄"一语的具体阐释。许结《论扬雄与东汉文学思潮》一文，[1] 从三个方面讨论扬雄对东汉文学思潮的影响：一是扬雄独立于汉代经师之外，标新立异，自创学术体系，自立文学观，对东汉文学思想有重要影响；二是扬雄立"玄"，开东汉学术玄远旨趣的同时，亦开东汉文风中崇尚自然的思想情趣和达观玄览的艺术新境界；三是扬雄在时代变革时期对儒家传统和辞赋艺术的反思，促进了东汉文学观念的演变。这些观点在他后来撰著的《汉代文学思想史》中有更详实的讨论。

扬雄文学思想在六朝时期的影响，学者比较关注的是扬雄对刘勰的影响，如徐复观认为："扬雄的文学活动，给刘彦和以莫大的影响。……扬雄有关文学的言论，皆成为彦和论文的准绳。扬雄与文学生活的有关的片断，彦和心目中皆为文坛的掌故。扬雄的各种作品，《文心雕龙》无不论到。我以为最能了解扬雄文学的，古今无如彦和。"[2] 对于二者间之影响关系的具体研究，有方铭的《扬雄与刘勰》一文，[3] 该文比较详细地讨论了刘勰对扬雄赋论观，对屈原的评价，心画心声论，以宗经、征圣为准则的文学评论标准等方面的继承和发展。魏鹏举《"雕虫"与"雕龙"的故事——兼论扬雄与刘勰的文学观》一文，[4] 考察了扬雄"雕虫"论与刘勰"雕龙"论之间的影响关系，认为刘勰论文之所以追踪扬雄，是由于他们在人生观、问题意识、崇儒观念、论文标准上有近似之处。从"雕虫"论到"雕龙"论，是在"文弊"

[1] 许结：《论扬雄与东汉文学思潮》，《中国社会科学》1988 年第 1 期。

[2] 徐复观：《两汉思想史》（二）第 289 页，九州出版社 2014 年版。

[3] 方铭：《扬雄与刘勰》，《中国文化研究》1997 年秋之卷。

[4] 魏鹏举：《梳理体制化的书写——扬雄写作的文化诗学研究》，北京师范大学博士论文，2003 年。

忧患意识之影响下，文学批评由"破"到"立"的发展过程。

事实上，中国文人对文的重视，对文的偏爱，对有意为文的自觉追求，在扬雄这里是一个重要起点。故而学者论中国文学自觉意识之觉醒，或认为起于两汉之际的刘歆，如张少康《论文学的独立和自觉非自魏晋始》；[1] 或以为扬雄之"以文立命"，比屈原之"以文抒情"、贾谊之"以文自广"、司马迁之"以文立言"，更能体现文学自觉意识。[2] 因为扬雄对文的偏爱，于是有对传统"文质"说之改造，束景南、郝永《论扬雄文学思想之"文质相副"论》，[3] 以为在中国文学思想史上，首次系统提出"文质"说的，不是孔子和刘勰，而是汉代扬雄。扬雄通过对传统"文质"说的改造而提出"文质相副"说，是为了拯救汉儒以文害质和汉赋作家文丽用寡之弊端，是中国古代文学思想史上的一个重要突破，对刘勰的"文质"说有重要影响。

讨论扬雄对六朝文论的影响，学者多集中的刘勰身上。如关于扬雄"明道"论与刘勰"明道"论之关系，就常为学者所关注。当代学者讨论古代文学中的"明道"论，大体清理出自荀子、扬雄、刘勰、韩愈和宋明理学家这样一个一脉相承的发展线索。学者于刘勰《文心》之"道"有深入研究，如郭绍虞《中国文学批评理论中"道"的问题》一文，[4] 于"道"之诠释，特别是对刘勰"道"之解读，通达而精审。邓国光《〈文心雕龙〉文理研究——以孔子、屈原为枢纽轴心的要义》

[1] 张少康：《论文学的独立和自觉非自魏晋始》，《北京大学学报》1996 年第 2 期。
[2] 钟志强：《扬雄的"以文立命"及其对文学自觉的影响》，《四川教育学院学报》2009 年第 3 期。
[3] 束景南、郝永：《论扬雄文学思想之"文质相副"论》，《文艺理论研究》2007 年第 4 期。
[4] 郭绍虞：《照隅室古典文学论集》（下），上海古籍出版社 1983 年版。

一书，[1] 于刘勰"明道"论之文学本体意义，有深度阐释。而学者于扬雄"明道"论之探讨，则是语焉不详，或者略而不论。实际上，扬雄之"道"与刘勰之"道"非常近似，刘勰论文之道论的直接源头可能就在扬雄这里。故本书讨论扬雄于六朝文论之影响，即选择这样一个被学者普遍忽略的影响个案加以深度研究。

在《文心雕龙》研究中，刘勰的"神思"论历来就是一个被重点关注的问题，各种文学批评史和龙学研究论著，都有关于"神思"问题的讨论，单篇论文更多。但是，对"神思"论之理论渊源展开的研究，基本上未有将之与扬雄的"诗心"说、"神化"论、"玄思"论以及司马相如的"赋心"说联系起来考察。实际上，据笔者推测，它们之间或有比较重要的渊源影响关系。笔者曾著有《司马相如赋论发微》一文，[2] 于相如之"赋心"说有专门探讨，以为相如"赋心"，指的是作家的修养和构思，认为司马相如是中国文学史上第一个从艺术角度阐述想象构思问题的作家，并注意到他对陆机和刘勰的影响，而忽略了扬雄这个中间环节。曹建国、张玖青《赋心与〈诗〉心》一文，[3] 讨论相如"赋心"与扬雄"《诗》心"之关系，认为相如"赋心"说奠定了汉大赋的理论基石，亦造成了汉大赋"欲风反劝"的两难处境。出于纠偏的目的，扬雄提出"《诗》心"说，强化《诗》与赋的关系，促进赋的诗化，同时亦改变了汉大赋的发展进程，使大赋衰而小赋兴。但是，他们亦忽略了相如"赋心"、扬雄"《诗》心"对刘勰"文心"的影响。扬雄开启的"玄思"方法，于六朝学术和文学的影响，学者已有讨论，如许结《汉代文学思想史》就专门讨论过扬雄立"玄"及

---

[1] 邓国光：《〈文心雕龙〉文理研究——以孔子、屈原为枢纽轴心的要义》，上海古籍出版社 2012 年版。

[2] 汪文学：《司马相如赋论发微》，《贵州民族学院学报》2003 年第 1 期。

[3] 曹建国、张玖青：《赋心与〈诗〉心》，《文学评论》2008 年第 2 期。

"玄思"方法对东汉文论的影响。罗根泽《中国文学批评史》专门讨论过扬雄的"赋神"论，探讨相如"赋心"和扬雄"赋神"论的区别。[1]考虑到"神""心""思"是扬雄思想中的核心概念，其"玄思"方法和"神化"赋论，与"神思"论有相近似的地方。因此，笔者认为，扬雄之论与刘勰"神思"论之间，可能有某种渊源关系。但是，这种影响关系，至今未有揭示。故本书讨论扬雄对六朝文论之影响，即以此为个案展开研究。

三、本书要旨

1. "六朝"界定与论域说明

本书以"扬雄与六朝之学"为题，研究扬雄与六朝之学之间的渊源影响关系，"六朝"和"六朝之学"是本书的关键词，一涉及研究时段，一涉及研究论域，需要作具体的界定和说明。

"六朝"一词最早见于唐代许嵩的《建康实录》，唐宋以来便成为文人学士之常用语，古今以"六朝"命名的著作很常见，但大体皆沿习惯而使用，如张溥《汉魏六朝百三家集》、许梿《六朝文絜》、严可均《全上古三代秦汉三国六朝文》等古人著述，如袁济喜《六朝美学》、吉川忠夫《六朝精神史研究》、盛源《六朝清音》等今人著述，但都较少对"六朝"一词做具体的界定。王启发在吉川忠夫《六朝精神史研究》一书之"译者前言"中，对"六朝"所指有一个比较全面的概括，其云：

> 说到"六朝"之称，大概有四种说法。以历史上公元3~6世纪

[1] 罗根泽：《中国文学批评史》（上），上海古籍出版社1957年版。

建都于建业后称建康（即今江苏南京）的六个王朝东吴、东晋、宋、齐、梁、陈而名之的是一种说法，又被称作"南朝六朝"；以与上述历史时间大致相当，朝代上有重叠的魏、晋、宋、齐、梁、陈而名之的是又一种说法。前一种说法据说源于唐代许嵩的《建康实录》，《宋史》卷三七五《张守传》中张守也说"建康自六朝为帝王都"。后一种说法据说出自北宋司马光《资治通鉴》编年所体现的正统论。再有一种说法是，与建都于南方的六个王朝相对应的北方六个王朝三国魏、西晋、北魏、北齐、北周及隋，因为均建都于北方，也合称"六朝"，又被称作"北朝六朝"。还有一种比较常用的说法，就是区别于上述三种说法而泛指整个三国到隋统一之前的魏晋南北朝时期的六朝，这已经是一种历史时间的表述。[1]

概括地说，"六朝"之称，有两层含义和四种说法。所谓两层含义，即历史朝代和历史时间。从历史朝代方面看，"六朝"有三种说法，即"南朝六朝""北朝六朝"和"正统六朝"。从历史时间方面看，就是指三国至隋统一前的约四百年时间，空间上包括南朝和北朝。学者在一般意义上使用"六朝"一词，多指历史时间，如袁济喜在《六朝美学》中界定其研究论域说："本书所言'六朝'系宽泛的历史概念，包括魏晋和南朝，又因有些南朝文人兼跨南北，如庾信、颜之推，故有时又将它与魏晋南北朝通用。"[2] 袁氏虽持"正统六朝"之观念，但在具体操作中又是持历史时间之说法，实际上就是包括自建安至隋统一前的约四百年历史。盛源、袁济喜《六朝清音》亦说：

---

[1] 王启发：《〈六朝精神史研究〉译者前言》，吉川忠夫《六朝精神史研究》书首，江苏人民出版社 2012 年版。

[2] 袁济喜：《六朝美学》第 1 页，北京大学出版社 2000 年版。

在中国历史上，人们习惯于将公元 2 世纪末建安时期至公元 6 世纪末隋灭周亡陈这四百余年的历史阶段称为六朝时期，其中孙吴、东晋、宋、齐、梁、陈，因相继建都于建康而被称为南六朝；曹魏、西晋、后魏、北齐、北周、隋，因建都于北方而被称为北六朝。一般所谓六朝，则兼指南北六朝而言。[1]

本书使用的"六朝"一词，亦是一个宽泛的历史时间概念，概指从建安至隋统一前，包括南北双方约四百年的历史时间。

"六朝"作为一个特指概念，虽然在内涵上有"南朝六朝""北朝六朝"和"正统六朝"等不同的界定，但是作为一个固定的概念，已经被学术界普遍接受，并被学者广泛采纳和经常使用，因而不会引发歧义。而"六朝之学"这个概念，前此并未见学者使用，而为笔者所创造，则容易引发歧义，故需略加说明。笔者创造"六朝之学"这个概念，主要是基于两个方面的原因：其一，"六朝"作为中国历史上的一个特殊时段，其在政治、经济、文化、学术、思想和文学等方面，皆呈现出显著的时代性特征，并对中国历史之进程和中国文化之特征产生过重要影响，在中国文化史上有自成一体之价值和意义，故而命名为"六朝学"或"六朝之学"，从学理上讲，应当不会有太大问题，亦有一定的依据。其二，本书所谓的"六朝之学"，概指六朝时期的思想、学术、文化、文学、历史、语言等人类精神领域里的事项。在"六朝之学"未被学界普遍接受而成为约定俗成的专用概念之前，本书自铸新词，并贸然使用，主要是为了行文之方便，并无其他特别的目的。读者有心，当鉴谅之。

---

[1] 盛源、袁济喜：《华夏审美风尚史》第四卷《六朝清音》第 2 页，河南人民出版社 2000 年版。

本书研究之论域有二：一是关于扬雄学术思想文化及其影响的研究，二是关于六朝之学之渊源的研究。归纳起来，就是关于扬雄与六朝之学之渊源影响关系的研究。需要说明的是，本书研究扬雄的学术思想和文学创作，并不是对扬雄其人其学术其思想其文学的综合研究，因为这既非笔者学力所能担当，亦为事实所不可能。因此，本书研究扬雄，重点是探讨扬雄其人其学术其思想其文学与六朝之学相关的问题，或者说，是对六朝之学发生引领和影响的问题，侧重于经过笔者研究而略有心得的问题。其他与六朝之学关涉不大，或者虽有关涉而又限于笔者之学力与水平，无力展开研究的问题，则略而不论，留作今后作进一步的探讨。本书重点考察扬雄的人生性格、治学方法、文学创作、文学理论和学术思想之部分内容对六朝之学的影响。本书研究六朝之学，亦不是对六朝之学作全面系统的综合研究，而是侧重于六朝之学与扬雄有关联的问题，或者说，重点研究的是六朝之学与扬雄之间有渊源影响关系的问题。因此，六朝之学中与扬雄关联度不大的问题如佛教，或者虽有关联而因笔者学力不足而无法讨论的问题，如语言学、历史学方面的问题，亦略而不论。本书重点考察的是六朝士风、文学创作、文学理论、治学方法和学术思想中的部分内容，与扬雄的关联。

2. 本书要旨

本书通过对扬雄与六朝之学之间的渊源影响关系的研究，尝试提出"六朝之学始于扬雄"的新观点，具体分为七章若干节，其要旨如下：

六朝之学起始于东汉末年，抑或是西汉末年，这是本书讨论的关键问题。近代以来，学术界普遍认为六朝之学始于东汉末年，甚至以其时之马融为转变时代风气之关键人物。当然，亦有部分学者意识到两汉之际的学术文化风尚之变化及其对六朝之学的影响，亦关注到扬雄在其中所起的引领作用，但大多语焉不详。本书第一章"六朝之学之起始：东汉末年抑或是西汉末年"，列举并评述近代以来学者关于六朝之学之渊源的若干观点，在此基础上提出"六朝之学始于扬雄"的观点，以为六朝之学的渊源有远源和近源之分，其远源在西汉末年，其近源在东汉末年。

本书第二章"汉晋间学术文化思想发展之大势与扬雄影响六朝之学的可能性"，从士风、学风、文风三个方面概述汉晋学术文化思想发展之大体趋势，重点讨论扬雄在此发展大趋势中所发挥的引领作用。其具体内容，将在各章分别讨论。本章所欲侧重探讨的，是扬雄影响六朝之学的可能性。笔者认为，独特的家族背景和家庭生活养成了扬雄的寂寞清静和深沉之思，具有"异端"特质的师友网络培植了扬雄思想的"异端"特色，富于"边缘活力"的地域环境涵育了扬雄的创新精神。上述三个因素，决定了扬雄具有引领和影响六朝之学的可能性。

概括地话，六朝士人新风尚主要体现在通侻、雅远、旷达诸方面。此种风尚与汉代崇尚经明行修、讲求砥砺名节之士风甚为不同。在汉晋士风之变迁过程中，扬雄起着重要的引领作用。本书第三章"企慕玄远：扬雄与六朝名士风范"，讨论扬雄之人生行事、性情好尚、人生哲学、处世理念、人生理想，对六朝名士风范之形成的影响。以为扬雄在人生行事上的简易侻荡，性情好尚上之一往情深，人生哲学上之明哲保身，处世理念上之俟时而动，人生理想上之安贫乐道，是对个体自由生命和生命真实情感的珍爱与重视，此与汉人之精神风貌大有区别，而与六朝名士风范有诸多相似之处。本章以陶渊明为例，通过陶渊明与扬雄之间的知音相赏关系的个案研究，呈显扬雄与六朝名士风流之间的渊源影响关系。

本书第四章讨论"扬雄的学术思想渊源与方法创新"。在概述扬雄学术研究的大背景和小环境之基础上，探讨扬雄学术思想之远源和近源，重点讨论他在学术观念和治学方法上的创新。认为扬雄以圣人姿态从事著述，提出"因革""损益""新敝"诸论，其儒道兼综的学术取资和出入今古的学术取径，皆有明显的"异端"特色。而以"不述而作"为核心的创新意识，以"约卓简要"为核心的博通取径，以"玄思大义"为内容的思辨精神，使他成为汉代章句之学的掘墓人和六朝之学的开创者。

扬雄于六朝之学的引领是多方面的，本书第五章"扬雄的学术思想与六朝之学"，采取个案研究方式，选取扬雄学术思想中比较重要的几个问题，如尚智论、太玄论、品藻论、乡土意识与地域观念等等，研究其与六朝之学的渊源影响关系。以为扬雄的尚智论，直接启发了六朝文人的理性精神；扬雄的太玄论，特别是其玄思方法，对六朝玄学有重要影响；扬雄的品藻论，于六朝时期影响深远的人物品鉴活动，于刘劭《人物志》之创作，有直接影响；扬雄浓厚的乡土意识和地域观念，对六朝时期自觉地域意识之形成，有重要启示；扬雄的《蜀都赋》《蜀王本纪》《扬氏家谱》，于六朝地记、郡书和谱牒的创作，亦有较大影响。

本书第六章"扬雄在中古文学史上的转折性意义"，以为扬雄是"文儒"传统的开创者，他在两汉文学史上之转折意义和在中古文学史上的起点意义，就在于他对文的偏好，对文的重视，有意为文的态度，以及其文士与儒士合二为一的"文儒"身份。在中国古代文学语言从"语言"到"文言"至"古文"之演进过程中，扬雄起着重要的推动作用。本章以《法言》为例，阐释扬雄文学简涩深雅之文体特征，归纳其有意为文的几种形式，用俄国形式主义批评家的"陌生化"理论，阐释其有意为文在中国文学史上的影响和意义。

　　扬雄的文学创作，尤其是在文学语言上，引领了六朝文学创作新发展，在文学理论上亦是如此。本书第七章"扬雄文论与六朝文论新观念"，重点研究扬雄的"明道"论、"玄思"论和"赋神"论对以刘勰为代表的六朝文论家之影响。以为扬雄的"明道"论在中国文学批评史上有承上启下之意义，对《文心雕龙》的"文之枢纽"说，有重要影响。以为扬雄的"赋神"论和"玄思"说，对刘勰《文心雕龙》之"神思"论，有直接影响。

　　综上，本书从士风、学术观念、学术方法、学术思想、文学创作和文学理论等方面研究扬雄与六朝之学的渊源影响关系，其最终目的，就是要证实"六朝之学始于扬雄"这个学术"假说"。至于是否达到目的？结论能否成立？读者有心，当自鉴之。

第一章 六朝之学之起始: 东汉末年抑或是 西汉末年

任何一种学术思想之发生, 或者一代学术思潮之发展, 皆是一个渐进的过程, 皆有一个学术或思想源头。学术研究的目的之一, 就是为新兴的学术思想或学术思潮之产生寻找源头, 开展追本溯源的探索, 呈现其渐进演变之过程。作为中国古典学术的重要组成部分——六朝之学, 关于它的渊源, 学术界已有较为深入的探讨, 或以为起于东汉末年, 或笼统地称之为东汉时期, 以马融为标志性人物; 或以为始于西汉末年, 以扬雄为标志性人物。综合各方面的观点, 经过深入的思考和探索, 笔者认为: 六朝之学起于西汉末年, 准确地说, 始于西汉末年之扬雄, 渐进演绎于东汉, 至六朝而成为一代之思潮。在本章, 笔者在评述学术界关于六朝之学之源起的各种观点的基础上, 提出六朝之学起于西汉末年、始于扬雄的观点, 以作为全书研究之基本论点。

一、六朝之学始于东汉末年, 起于马融

1. 六朝之学始于东汉末年

六朝之学始于汉末, 自东晋南朝以来, 已渐成学者之共识。如刘义庆《世说新语》反映六朝名士之风流意趣, 记录六朝社会的时代风尚,

往往追溯至汉末，以汉末名士为开端人物。如《德行篇》以陈蕃、徐稺、黄宪、李膺等汉末名士开头，《言语篇》以边让、孔融、祢衡开头，《政事篇》以陈寔开头，《文学篇》以马融、郑玄开头，正有一种直探本源的意义。可以说，《世说新语》追溯六朝风流意趣之源头而归本于汉末名士，正体现了刘义庆对六朝之学起于汉末的认识。

《世说新语》此种将六朝之学的源头追溯于东汉末期的观点，已引起学者的关注和重视。余嘉锡《世说新语笺疏》就常有此说，如《德行篇》"王戎、和峤同时遭大丧"条，余氏笺注说："盖魏、晋人一切风气，无不自后汉开之。"[1]《德行篇》"客有问陈季方"条，余氏笺注又说："魏、晋诸名士不独善谈名理，即造次之间，发言吐词，莫不风流蕴藉，文采斐然，盖自后汉已然矣。"[2]《伤逝篇》"王仲宣好驴鸣"条，余氏笺注说："此可见一代风气，有开必先。虽一驴鸣之微，而魏、晋名士之嗜好，亦袭自后汉矣。况名教礼法，大于此者乎？"[3] 余氏之说，需申论者有二：其一，余氏所谓"后汉"，乃概括言之。推其文意，具体而言，实指汉末。其二，在余氏看来，六朝时期的"一切风气"，小至"名士之嗜好"，"造次之间，发言吐词"，大至"名教礼法"等等，皆"袭自后汉"。此乃对刘义庆关于六朝之学始于汉末的具体而微的阐释。

《世说新语》此种探本溯源之学术意义，亦受到陈寅恪的重视，他在《陶渊明之思想与清谈之关系》一文中说：

> 《世说新语》纪录魏晋清谈之书也。其书上及汉代者，不过追溯原起，以期完备之意。惟其下迄东晋之末刘宋之初迄于谢灵运，

[1] 余嘉锡：《世说新语笺疏》（修订本）第21页，上海古籍出版社1993年版。
[2] 余嘉锡：《世说新语笺疏》（修订本）第10页，上海古籍出版社1993年版。
[3] 余嘉锡：《世说新语笺疏》（修订本）第635页，上海古籍出版社1993年版。

固由其书作者只能述至其所生时代之大名士而止，然在吾国中古思想史，则殊有重大意义。盖起自汉末之清谈适至此时代而消灭，是临川康王不自知觉中却于此建立一划时代之界石及编完一部清谈之全集也。[1]

《世说新语》虽然是一部小说集，或者是魏晋清谈、人物品鉴之资料汇编，但因其有标示六朝文化学术思想之源与流的意义，所以"在吾国中古思想史，则殊有重大意义"，陈氏之言，确为不刊之论。不过，由于陈寅恪此文重在讨论陶渊明与清谈之关系，因此尤其重视《世说新语》下限的思想史意义。但他指出的《世说新语》之上限具有"追溯原起"的意义，亦为确论。于此，余英时在《汉晋之际士之新自觉与新思潮》一文中说：

> 《世说》所收士大夫之言行始于陈仲举、李元礼诸人者，殆以其为源流之所自出，故其书时代之上限在吾国中古社会史与思想史上之意义或尤大于其下限也。
>
> 陈先生注重清谈思想之流变，故重视《世说》年代之下限，其说诚不可易。但若从士大夫新生活方式之全部着眼则尤当注重其上限，清谈特其一端耳！而《世说》所载固不限于清谈也。[2]

其实，陈寅恪和余英时的观点并不矛盾，仅是注重点之不同而已。若注重六朝之学之源，则《世说》之上限最堪注意；若注重六朝之学之流，则《世说》之下限尤有价值。

追随陈寅恪以《世说》为"魏晋清谈之书"的学者侯外庐，在其《中

---

[1] 陈寅恪：《陈寅恪文学论文选集》第131页，上海古籍出版社1992年版。

[2] 余英时：《士与中国文化》第267、345页，上海人民出版社2003年版。

国思想通史》中亦说：

> 《世说新语》一书，……所引举的人物，凡属汉末者，都是徐
> 稚、黄宪、袁闳、荀淑、陈寔、郭泰以下诸名士。而且许多重要篇目，
> 都自汉末诸名士叙起。我们不难窥测《世说新语》的撰集者，以徐稚、
> 郭泰等乃是清谈的揭幕人物，故撰集从他们开始。

在他看来，"《世说》之撰集者把他们（引者按：即汉末名士）作为
清谈学风的开始者来处理，是十分明显的事实"。"各篇篇首，除魏
晋以下诸人起首外，凡涉魏以前者，必自汉末诸名士始（《规箴篇》
系特例），可知汉末之与魏晋，在《世说新语》撰集者看来，同属于
整个清谈时代"。[1]

　　要之，《世说》追溯六朝名士风范之源头，以汉末为上限。余嘉锡、
陈寅恪、侯外庐、余英时等学者皆以为《世说》以汉末为上限，具有
重要的思想史意义，即标示六朝之学之源头的意义。

　　其实，以汉末为六朝社会风尚之源头，并非刘义庆的独家创说，
乃东晋南朝时有卓见之学者的共识，如葛洪、傅玄推论魏晋社会风尚
之偏失，亦往往归之于汉末。如葛洪《抱朴子·名实篇》说：

> 闻汉末之世，灵、献之时，品藻乖滥，英逸穷滞，饕餮得志，
> 名不准实，贾不本物。以其通者为贤，塞者为愚。……其利口谀辞
> 也似辨，其道听途说也似学，其心险貌柔也似仁，其行污言洁也似廉，
> 其好说人短也似忠，其不知忌讳也似直，故多"通"焉。[2]

---

[1]　侯外庐：《中国思想通史》第二卷第 411、413 页，人民出版社 1957 年版。
[2]　杨明照：《抱朴子外篇校笺》（上）第 486、490 页，中华书局 1991 年版。

"通者为贤，塞者为愚"，此正为六朝时期人物品鉴之普遍原则，而此种品鉴风尚之形成，在葛洪看来，就是起于汉末。其《刺骄篇》又说：

> 闻之汉末，诸无行自相品藻次第，群骄慢傲，不入道检者，为都魁雄伯，四通八达，皆背叛礼教，而从肆邪僻，讪毁真正，中伤非党，口习丑言，身行弊事。凡所云为，使人不忍论也。夫古人所谓通达者，谓通于道德，达于仁义耳，岂所谓通于亵黩，而达于淫邪哉？[1]

"通达"之风，正是六朝名士的普遍风尚。而此种风尚之形成，在葛洪看来，亦是产生于汉末。另外，傅玄《傅子》论魏晋间的奢靡之习，干宝《晋纪总论》述魏晋间的淫佚之风，亦皆归本于汉末。所以，在当时学者看来，不仅是六朝时期的学术思想源于汉末，就是当时的社会风尚亦起于汉末。故章太炎《五朝学》说："魏晋者，俗本之汉，陂陀从迹以至，非能骤溃。"他具体考察了葛洪、干宝、傅玄、范晔等人的言论，以为"傅玄、葛洪去汉近，推迹魏、晋之失，自汉渐染，其言公。范晔离于全汉，固亦远矣，徒道其美，不深迹其瑕眚"。其考论魏晋间社会风尚之形成，亦归本于汉末。其云：

> 汉季张邈从政，号为坐不窥堂，孔伷亦清谈耳。孔融刺青州，为袁谭所攻，流矢雨集，犹隐几读书，谈笑自若，城陷而奔。阮简为开封令，有劫贼，外白甚急，简方围棋，长啸曰：局上有劫，甚急。斯数子者，盖王导、谢安所从受法。及夫蓬发亵服，嘲弄蚩妍，反经诡圣，顺非而博，在汉已然。魏、晋因之，犹时有乐广、嵇绍之伦。[2]

---

[1] 杨明照：《抱朴子外篇校笺》（上）第43页，中华书局1991年版。

[2] 傅杰编校：《章太炎学术史论集》第264～266页，中国社会科学出版社1997年版。

更进一步，晚近学者推论六朝学术、文学之源头，亦常常是归本于汉末。如汤用彤《言意之辨》说："大凡欲了解中国一派之学说，必先知其立身行己之旨趣。汉晋中学术之大变迁亦当于士大夫之行事求之。"准此，他认为："世风虽有迁移，而魏晋之学固出于汉末，而在在与人生行事有密切之关系也。"[1]

六朝学术思想和社会风尚始于汉末，此种观点，经傅玄、葛洪、干宝、刘义庆等当时学者提出来后，经晚近著名学者如章太炎、余嘉锡、陈寅恪、侯外庐、余英时等人的申论和阐述，已成学界之共识。

2. 六朝之学起于马融

学术文化思想之发展，虽经各种综合因素之刺激而呈现出必然发展之趋势，但不可忽略的是，其中必有一关键人物以倡导之，引领之，以助其发生发展。

讨论六朝学术思想和社会风尚起于汉末，学者常常注意到马融在其时所起之关键性的引领作用，认为汉末马融是汉晋间学风、士风转移之关键，如贺昌群在《魏晋清谈思想初论》一书中指出：

> 东汉中叶以后，外戚之专横，宦官之祸乱，西羌之侵扰，灾害之流行，政治社会呈大不安之状，及黄巾董卓之乱，两京涂炭，典章残落，文教荡然，而人生意义与学术思想之转变，乃必然之趋势。[2]

社会之动荡不安导致人生意义和学术思想之转变，而承担起转变之重任，或者说在转变中起关键作用者，在贺昌群看来，就是马融。他说："汉晋间诸子学之重光，正所以促进其时代思想之解放也，其风约自安帝

---

[1] 汤用彤：《魏晋玄学论稿》第41页，中华书局1962年版。

[2] 贺昌群：《魏晋清谈思想初论》第5页，辽宁教育出版社1998年版。

之世马融始。"[1]他认为：马融于六朝风气的影响，主要体现在两个方面。一是清谈，他说："论清谈之渊源，融盖为一启蒙之人物。"二是推崇老庄，标示达生任性的人生观。他说："东汉史籍中，在马融之前，未见有特标《庄子》达生任性之旨者，亦未见有以老、庄并举者，以老、庄并举，亦马融开其端。"认为马融"固已开魏晋人'达生任性'之先声。汉末魏晋时代之史传，称当时人言论丰彩之美者，以《马融传》为最早。""东京之末，节义渐衰而浮华渐盛，盖始于马融之倡老、庄也。"[2]

受贺昌群上述观点之影响，齐天举在《思潮风尚变迁与东汉后期文学》一文中，又认为马融是汉晋文风变迁之关键人物，六朝文风起于马融。[3]

综上所述，自东晋南朝以来，学者讨论六朝之学的渊源，多归本于东汉末年。或者如余嘉锡、陈寅恪、侯外庐、余英时等人，通过对《世说新语》之上限的诠释，证成六朝清谈风尚起于汉末；或者如葛洪、傅玄、干宝、章太炎等人，通过批评六朝社会风尚而上溯至汉末，证成六朝社会风尚起于汉末；或者如汤用彤、贺昌群、齐天举等人，通过考辩学术源流，证成六朝学风、士风、文风始于汉末，起于汉末之马融。总之，在近现代以来，六朝之学始于汉末，已成学者之共识。

---

[1] 贺昌群：《魏晋清谈思想初论》第6页，辽宁教育出版社1998年版。

[2] 贺昌群：《魏晋清谈思想初论》第14、15、16页，辽宁教育出版社1998年版。

[3] 《中国古典文学论丛》第4辑，人民文学出版社1986年版。

二、六朝之学起于西汉末年，始于扬雄

1. 六朝之学起于西汉末年

笔者在十余年前曾著有《汉晋文化思潮变迁研究——以尚通意趣为中心》一书，[1] 通过尚通意趣这个汉末魏晋时期具有时代精神性质的独特视角，讨论汉晋八百年间学风、士风、文风之变迁，以为尚通意趣是促进汉晋文化思潮变迁之关键因素。在这本旧著中，笔者曾明确提出本书研究的出发点是"魏晋之学始于汉末，魏晋之学起于汉末之人物品鉴"。[2] 这是笔者十余年前对六朝之学之渊源的认识，或者说是基于对上述学术界普遍观点之认同下采取的一个研究出发点。近十余年来，笔者一直关注着汉晋文化思潮变迁的研究，随着阅读的拓展和思考的深入，逐渐对过去认同并作为自己研究之出发点的"魏晋之学始于汉末"的观点，产生了质疑。或者说，对六朝之学的源头，更向前推进了一步，初步形成"六朝之学起于西汉末年，始于扬雄"的观点。

这个观点的提出，还应该回溯到二十多年前笔者撰写的硕士学位论文《汉唐雄风共性论——唐人慕学汉人风范之历史文化心态研究》。在这篇论文中，笔者指出，唐人普遍存在着一种追慕汉人、鄙弃六朝的观念，认为"魏晋渺小，齐隋蝘蜓"，"魏晋已降，事不师古"，"后汉曹魏，气象萎薾。司马氏已来，规范荡悉"。建议"国家革魏晋梁隋之弊，承夏殷周汉之业"，并形成一种具有普遍性的追慕学习汉人风范的历史文化心态。但是，值得注意的是，唐人慕学汉人，然

[1] 汪文学：《汉晋文化思潮变迁研究——以尚通意趣为中心》，贵州人民出版社2003年版。

[2] 汪文学：《汉晋文化思潮变迁研究——以尚通意趣为中心》第22页，贵州人民出版社2003年版。

而他们对西汉和东汉又有不同的态度,他们慕学的对象主要是西汉人。对于东汉人,他们是持批评态度的,甚至认为东汉开启了魏、晋、周、隋这个乱世,因而亦是一个衰弊的时代,不值得效法。产生这种认识的原因是多方面的,而东汉文化思想之偏离正统,又是其主要原因之一。

首先,从文学艺术看,西汉之文质朴近古,东汉之文渐趋骈体,有绮靡化的倾向,开启了六朝文风之先河。如柳宗元《柳宗直〈西汉文类〉序》说:"殷周之前,其文简而野;魏晋以降,则荡而靡;得其中者汉氏。汉氏之东,则既衰矣。"以为"文之近古而尤壮丽,莫若汉之西京"。[1] 李汉《昌黎先生集序》亦说:"秦汉已前,其气浑然。迨乎司马迁、相如、董生、扬雄、刘向之徒,尤所谓杰然者也。至后汉、曹魏,气象萎薾。司马氏已来,规范荡悉。"[2] 韩愈《答刘正夫书》说:"汉朝人莫不能为文,独司马相如、太史公、刘向、扬雄为之最。"[3]《送孟东野序》说:"汉之时,司马迁、相如、扬雄,最其善鸣者也。"[4] 都只说到西汉扬雄为止,不提东汉文人的创作。或者说,在他们看来,从东汉起,文章之道就衰落了。故苏轼称韩愈"文起八代之衰",所谓"八代",据范文澜说,就是从"东汉至隋"这八代,[5] 岑仲勉亦以为"东汉、魏、晋、宋、齐、梁、陈、隋为八代"。[6]

其次,从思想领域看,佛教自东汉明帝时传入中国,唐代的辟佛人士就常常因此批评东汉开启六朝颓风。如韩愈《论佛骨表》说:

[1] 《柳河东集》卷二十一《题序》第 249～250 页,中国书店 1991 年据 1935 年世界书局本影印。

[2] 《韩昌黎全集》卷首,中国书店 1991 年据 1935 年世界书局本影印。

[3] 《韩昌黎全集》卷十八《书》五第 264 页,中国书店 1991 年据 1935 年世界书局本影印。

[4] 《韩昌黎全集》卷六《序》一第 277 页,中国书店 1991 年据 1935 年世界书局本影印。

[5] 范文澜:《中国通史简编》(修订本)第三编第二册第 720 页,人民出版社 1964 年版。

[6] 岑仲勉:《隋唐史》卷下第十七节《文字由骈俪变为散体》,中华书局 1982 年版。

佛者夷狄之一法耳，自后汉时流入中国，上古未尝有也。昔者，黄帝在位百年，年百一十岁，……帝舜及禹年皆百岁，此时天下太平，百姓安乐寿考，然而中国未有佛也。……周文王年九十七岁，武王年九十三岁，穆王在位百年，此时佛法，亦未入中国，非因事佛而致然也。汉明帝时，始有佛法，明帝在位才十八年耳，其后乱亡相继，运祚不长，宋、齐、梁、陈、元魏已下，事佛渐谨，年代尤促。……由此观之，佛不足事，亦可知矣。[1]

他把东汉明帝以来"乱亡相继，运祚不长"之原因，归结于君王之敬事佛法，此论虽未必确切，但亦体现了部分唐人对西汉与东汉的区别态度。

　　所以，在唐代文人的心目中，西汉近古，近于上古三代；东汉则开启魏、晋、周、隋之颓风。故唐人慕学汉人，主要侧重于慕学西汉人。

　　唐人对历史的此种见解，在宋元以来有广泛影响，基于东汉与六朝的相似性而将之并为一体，以作为一个历史单元看待，基本上成为宋元以来学者之共识。反思此种历史见解之形成和被接受，对学术文化思想之研究有重要启发，即从学术思想之变迁看，东汉六朝实为一个有连续性的整体，两汉之际是中国古代学术文化思想之重要转折时期。

2. 六朝之学始于扬雄

　　通过对唐宋以来学者于汉魏六朝历史文化之诸种评论的考察与反思，笔者逐渐接受了学者关于东汉与六朝实为一整体的说法，因而对

[1] 《韩昌黎全集》卷三十九《表状》二第 456~457 页，中国书店 1991 年据 1935 年世界书局本影印。

旧著《汉晋文化思潮变迁研究》中作为立论之出发点的"魏晋之学始于汉末"的观点，发生了动摇，逐渐意识到两汉之际在学术思想史上的重要意义和转折性影响，并尝试着提出"六朝之学起于西汉末年"的新说，并且尤其重视扬雄在其中的引领作用。

提出六朝之学起于西汉末年，始于扬雄，并非笔者之独创新说，乃是近现代以来部分学者之共识。这种共识，因未能得到充分的阐释，故隐而不显；或者因为扬雄本人美新丧节一事，学者因人废文，而未予以充分张扬；或者由于《世说新语》影响甚大，学者普遍接受了其上限之思想史意义，未能作追本溯源之探讨，因而忽略了西汉末年之扬雄的思想史意义。本书之目的，就是力图对六朝之学作追本溯源的探讨，研究扬雄对六朝之学的影响，揭示扬雄在六朝文化学术思想史上的开创性意义。

六朝之学起于西汉末年，始于扬雄。近现代以来之学者多有论说，以下择其要者略述之。

首先，在学术思想上。学者以为，扬雄是汉晋学术文化思想变迁之转折点，是他总结了汉学，开启了六朝之学。如章太炎《论中古哲学》说：

> 所谓中古者，指汉至隋言。西京之言哲学者甚少，盖公之流专意于治术，杨王孙唯见裸葬一事，虽本之黄老，其实至浅。若黄生与辕固争汤武革命事，乃似法家言，其于哲学，亦不相涉。西京儒者，仲舒、更生之伦为著。仲舒即谶纬之先驱；更生所长乃在目录，若《新序》《说苑》诸书，特一时纪录，亦于哲学无与。此事造端，定在西京之末。《法言》《新论》，亦是常言，惟《法言》屏绝巫史，

《新论》文质论核，廓清氛障，二家之功；然未能自持一说。[1]

按：章太炎对扬雄的评价有所保留，甚至说他"未能自持一说"。但是，他注意到，西汉学者"专意于治术"，而"言哲学者甚少"，"于哲学无与"；东汉学者开启言论哲学玄理之风。章氏以为，此种由具体（"治术"）到抽象（"哲学"）的学术风尚之演变，其造端"定在西京之末"，即两汉之际。之所以如此，是因为其时有扬雄、桓谭等学者通过"屏绝巫史"和"文质论核"的方式为新学之发生"廓清氛障"。因为即便扬雄"未能自持一说"，然其"廓清氛障"之功劳亦不可抹灭。

学者尤重扬雄于玄学上的开创之功，如冯友兰《中国哲学史》说扬雄"结两汉思想之局，开魏晋思想之路。……以见魏晋两时代思想转变之迹"。[2] 汤用彤虽然提出"魏晋之学固出于汉末"的观点，但在具体的论述中，他又发现扬雄对六朝之学的重要影响，他在《魏晋玄学流别略论》一文中说："溯自扬子云以后，汉代学士文人即间尝企慕玄远。"[3] 其《读〈人物志〉》亦说："正始以后之学术兼接汉代道家（非道教或道术）之绪（由严遵、扬雄、桓谭、王充、蔡邕以至于王弼）。"[4] 即正始之学者追踪道家以建构玄学，亦是受到严君平和扬雄师徒之影响。后来，他在《魏晋玄学论稿》之《小引》中反思他关于魏晋玄学之研究时说：

由汉学到魏晋玄学的变动，无疑应注意到汉代唯物主义的哲学家对当时正统哲学的斗争所起的巨大作用，例如扬雄、桓谭、王充、

[1] 傅杰编校《章太炎学术史论集》第262页，中国社会科学出版社1997年版。
[2] 冯友兰：《中国哲学史》下册第58页，华中师范大学出版社2000年版。
[3] 汤用彤：《魏晋玄学论稿》第48页，中华书局1962年版。
[4] 汤用彤：《魏晋玄学论稿》第16页，中华书局1962年版。

仲长统等人，但在我的文章中这些人的思想就没有怎么谈到，这实在是一种抹杀唯物主义的思想。[1]

这种观点，虽不免有时代思潮影响之痕迹，但亦与他的基本观点大体上是一脉相承的，即注意到扬雄在"汉学到魏晋玄学的变动"中的引领作用。贺昌群著《魏晋清谈思想初论》，特别彰显马融于六朝文化思想之影响，以马融为六朝之学的起点。但是，在具体的阐释中，亦甚重扬雄在六朝思想史上的开创意义，他说：

> 与《易》注新义相应而起之思潮，为扬雄《太玄经》注，此代表汉晋间宇宙观之进展，亦清谈者主题之一也。……夫《易》推阴阳，《老子》明吉凶，此固汉代学术之本色也，而雄则以玄论天道、王政、人事、法度，不可谓非一革命之思想。……晋常璩《华阳国志》卷十《蜀郡士女扬雄赞》云：其玄渊源懿，后世大儒张平子（衡）、崔子玉（瑗）、宋仲子（忠）、王子雍（肃）皆为注解，吴郡陆公纪（绩）尤善于玄，称雄圣人。可知其影响汉末思想之巨也。[2]

以为扬雄的思想在两汉之际是"革命之思想"，其"太玄"代表了"汉晋间宇宙观之进展"，认识到扬雄对汉末思想界的重要影响。所以，对于贺昌群而言，六朝之学是起于马融或者是始于扬雄，二说并不矛盾，只是有远源与近源之分而已。侯外庐亦甚重扬雄对六朝玄学的影响，他说：

> 在汉代儒术神学化并庸俗化的时代，扬雄敢于怀疑"俗"的一

---

[1] 汤用彤：《魏晋玄学论稿》第3页，中华书局1962年版。

[2] 贺昌群：《魏晋清谈思想初论》第47～48页，辽宁教育出版社1998年版。

方面，部分采取了老子的思想，自有其异端的倾向，又通过老与易的模拟而表示出部分的唯物主义色彩。同时，他在玄学的研究上，一方面开魏晋玄学作风的先河，另一方面在两汉之际也有其独立的贡献。[1]

当代学者刘韶军更注意到扬雄对玄学思辨性特征的影响，其云：

> 把杨雄"太玄"与魏晋玄学放在一起进行分析，有重要的意义。从《老子》的道论开始，到杨雄的"太玄"论，是一个发展，再到魏晋玄学的思辨，又是一个发展。……把这几个思想史的代表作放在一起来看，就会发现这是中国古代思想史的发展长河中的一个重要链条，即思辨性的链条。……《老子》、杨雄与魏晋玄学是一脉相承的思辨性的思想家，这个中国古代思想史中的独特链条，既有老子这样的开创者，也有扬雄这样的中继者，更有魏晋玄学家如王弼等人那样的创新义者。[2]

两汉之际在思想史上的转折性意义，非仅局限于唐前时期，实有关于整个中国古代。吕思勉《秦汉史》说：

> 自来治史学者，莫不以周秦之间为史事之一大界，此特就政治言之耳。若就社会组织言，实当以新、汉之间为大界。
> 中国之文化，有一大转变，在乎两汉之间。自西汉以前，言治者多对社会政治，竭力攻击；东汉以后，此等议论，渐不复闻。汉魏之间，玄学起，继以佛学，乃求专所以适合社会者，而不复思改

---

[1] 侯外庐：《中国思想通史》第二卷第 211 页，人民出版社 1992 年版。
[2] 刘韶军：《杨雄与〈太玄〉研究》第 370 页，人民出版社 2011 年版。

革社会矣。[1]

在他看来，两汉之际不仅是汉晋间学术之转折点，甚至是整个中国文化史上的"一大转变"，社会组织上之一"大界"。此论颇有启发性，但尚需进一步申论。

其次，在文学创作上。学者以为，扬雄在文学理论和文学创作两方面影响东汉文学，开启六朝文风之先河。在文学理论方面，如朱东润说：

> 东汉一代，文学论者，首推桓谭、班固，其后则有王充。谭、固皆盛称子云，充之论出于君山，故谓东汉文论，全出于扬雄可也。[2]

此论确为不刊之论。进一步说，非仅东汉文论，乃至整个六朝文论，甚至刘勰《文心雕龙》的诸多重要见解，皆可追溯到扬雄。在文学创作方面，近代学者刘咸炘特别注意到扬雄在汉晋文学风尚上的转折性意义，他说：

> 章学诚曰：东汉儒者通专门而趣博览，著述收子、史而开文集。此说至精，故东汉之儒谓之文儒而已。西汉儒者犹有质行之意，能持宗旨，无骛于文者，骛文自扬雄始，桓谭继之。王充极称雄、谭，几拟之孔、孟，品第儒士，以文儒为高。[3]
>
> 子云著书非无所为，然词义陈泛实际，罕所发明，徒为品藻，下启桓谭诸人杂论博考之体，混列儒家而无宗要可持，故子云者，

[1] 吕思勉：《秦汉史》第1页、第174页，上海古籍出版社2006年版。

[2] 朱东润：《中国文学批评史大纲》第16页，古典文学出版社1957年版。

[3] 刘咸炘：《刘咸炘学术论集·子学篇上》第162页，广西师范大学出版社2007年版。

实儒之衰而文儒之祖也。自汉至北宋之儒家，大氐文人杂论，故皆称誉子云，以并荀、杨，至程、朱然后窥其底里焉。[1]

刘氏批评扬雄"陈泛实际，罕所发明"，是否符合实际，暂且不论。他认为：儒者"骛文自扬雄始"，扬雄开启"博考之体"。他断言："大氐宋儒未出以前，儒者醇谨多文者皆扬雄之流。""东汉以后，儒者大抵荀、扬之流。"[2]这些观点，发人深省，值得申论。而尤其引起我们关注的，是他强调的扬雄在古代文学风尚上的转扭作用。

傅斯年讨论中国古代文学发展变迁之大势，亦认为扬雄是古今文学变迁之关键人物。他将中国古代文学分为"古代文学"和"古典文学"两种类型，以为"古代文学起于殷周之际，下到西汉哀平王莽时"，以扬雄为"古代文学"之殿军，为"古典文学"之开创者。他指出："西汉扬子云的古典主义和东汉近，反和西汉初世中世甚远；东汉的文章又和魏晋近，和西汉远。"[3]或者说，扬雄是"古代文学"到"古典文学"之间的转折性人物。另外，陆侃如的《中古文学系年》亦以扬雄为中古文学之起点，尽管陆氏并未说明他以扬雄为中古文学之起始人物的原因，但可以肯定的是，他必有如上述刘咸炘、傅斯年一样的理由。许结亦说："扬雄由语言文学口语型向文字型转变"，堪称汉代文学"由正而变的转扭"。[4]

其三，在学术方法上。学者认为，扬雄在汉代学术方法和运思方式上亦有转折性的意义，这主要体现在以下两个方面。首先，在运思

[1] 刘咸炘：《刘咸炘学术论集·子学篇下》第426～427页，广西师范大学出版社2007年版。

[2] 刘咸炘：《刘咸炘学术论集·子学篇上》第157页、第162页，广西师范大学出版社2007年版。

[3] 傅斯年：《中国古代文学史讲义》第3页，时代文艺出版社2009年版。

[4] 许结：《汉代文学思想史》第194、203页，人民文学出版社2010年版。

方式上，扬雄之立玄，开启学术研究中"玄思大义"的学术新思维。如汤用彤说："溯自扬子云以后，汉代学士文人即间尝企慕玄远。"[1] 或如许结所说："扬雄立'玄'，于开启东汉学术玄远旨趣的同时，亦开东汉文风中崇尚自然的思想情趣和达观玄览的艺术境界。"[2] 其次，在学术方法上，扬雄博通的知识主义取径，影响及于东汉六朝学者，扩展其学术取径和研究范围。如葛兆光说：

> 东汉思想界与学术界有知识主义风气的滋生，这种追求博学的风气正好越过正统经典的樊篱，给处在边缘的老、庄思想的卷土重来提供了一个契机。因为这种知识主义的风气恰好沿着两个方向展开，一个方向是在经典诠释的传统之内，尽可能地在诠释中充实历史、名物与语言知识，一个方向是在经典诠释范围之外，尽可能汲取与获得更广泛的思想与知识资源，前者是西汉旧传统的延续，后者是东汉新传统的建立，从扬雄好《易》作《太玄》，郑均"少好黄、老书"，王充好道家之学，晚年作养性之书，张衡作《思归》《归田》《骷髅》三赋，马融好《老》《庄》之学，一直到仲长统明显的道家知识趣味，其实已经暗示了时代思想与学术兴趣的变化。[3]

扬雄在学术方法和治学路径上的转变，解丽霞总结说："他（扬雄）努力构建的经学体系以及自身思想的变迁，记载着汉代经学在经典渊源上的从'专究一经'到'数经兼通'，在解释资源上从'以儒解经'到'儒道互补'，在解释方式上从'固守章句'到'训诂大义'，在

---

[1] 汤用彤：《魏晋玄学论稿》第 1962 页，中华书局 1962 年版。

[2] 许结：《汉代文学思想史》第 214 页，人民文学出版社 2010 年版。

[3] 葛兆光：《中国思想史》第一册第 433 ~ 434 页，复旦大学出版社 1998 年版。

解经目的上从'学为利禄'到'经为立法'的发展轨迹。"[1]概括地说，在汉代经学史上，扬雄无论是在经典渊源、解释资源方面，还是在解释方式、解经目的上，皆具有革命性的意义。

三、结语：六朝之学的远源与近源

综上所述，在中古学术文化思想史上，两汉之际是一个重要转折点，扬雄则是这个转折点上的关键人物。无论是在学术思想和学术方法上，还是在文学风尚和知识取径上，扬雄皆是一位承上启下的重要人物。或者说，扬雄体现了汉代"正宗思想的危机和异端思想的萌芽"。[2]以上所列举的前贤时彦的观点，皆从不同角度发现了扬雄在这段文化思想史上的转扭作用。笔者认同徐复观的说法：

> 扬雄一生的学术活动，可以代表西汉学术风气演变的三大阶段。由文帝经景帝到武帝中期，学术风气的主流是辞赋。这是扬雄"少而好赋"的阶段。由景末武初的董仲舒开其端，到武帝中期以后迄于宣、元而极盛的学术风气主流是傅会经义，以阴阳术数讲天人性命的合一。这是扬雄中年后草《玄》的阶段。从成帝时起，开始有人对由术数所讲的天人性命之学发生怀疑，渐渐要回到五经的本来面目，以下开东汉注重五经文字本身了解的训诂学，并出现了以桓谭为先河的一批理智清明的思想家，此在西汉末期，虽未能成为学术风气的主流，但实开始了一个新的阶段。扬雄末年的《法言》，担当了开辟此新阶段的责任。

[1] 解丽霞：《扬雄与两汉经学》第 12 页，广东人民出版社 2011 年版。

[2] 许结：《汉代文学思想史》第 195 页，人民文学出版社 2010 年版。

生于西汉末年的扬雄，其学术"可以代表西汉学术风气演变的三大阶段"。因此，不妨说扬雄有集西汉学术文化之大成的性质，在两汉之际的学术思想史上有承上启下之意义。所以，徐复观指出："假定讲汉代思想史而不及扬雄，我觉得便没有掌握到两汉思想演变的大关键。"[1] 在此基础上，笔者认为，六朝之学的发生与发展，如果没有扬雄，则将是无源之水或无本之木。因此，对六朝之学之渊源的追溯，必将跨越东汉末年或马融而上，直抵西汉末年之扬雄，方能达其本源，究其根底。正是在这层意义上，笔者深信：六朝之学始于扬雄。

总之，讨论六朝之学的渊源，或有起于西汉末年之说，或有始于东汉末年之说。或诠释《世说新语》而以为六朝之学起于东汉末年，或泛论六朝社会风尚和政治局势之变迁而以为六朝之学起于两汉之际。事实上，这两种说法并不矛盾，仅有泛论与确论之别，或者说有远源和近源之分。比如，贺昌群以为六朝之学起于马融，此可谓六朝之学的近源，泛论之，或者认为六朝之学起于东汉末年，更宽泛一点，说六朝之学源于东汉，皆为切近实情之论，并无高下轩轾之别。所以，笔者认为：以为六朝之学起于东汉末年，始于马融，此就六朝之学的近源立论。以为六朝之学始于西汉末年，起于扬雄，此就六朝之学的远源立论。就两汉之际和汉魏之际在中国历史上发生影响的程度及其侧重点而言，笔者以为，汉魏之际在中国历史上的转折意义，主要侧重于政治格局；两汉之际在中国历史上的转折意义，则主要侧重于文化思想。或者说，两汉之际涌动出现的文化思想之新变化，恰逢汉魏之际政治格局的大变动而得以全面彰显。换言之，产生于两汉之际的文化思想新风尚在东汉是暗流涌动，至汉魏转折之际，则因遭遇政治格局之新变动而得以由暗流变成明流，所以尤其引人注目。故就其明者言之，六朝之学始于东汉末年；就其暗者言之，六朝之学始于西汉末年。就其近源言，六朝之学始于东汉末年；就其远源言，六朝之学始于西汉末年。

---

[1] 徐复观：《两汉思想史》（二）第400页，九州出版社2014年版。

第二章 汉晋间学术文化思想发展之大势 与扬雄影响六朝之学的可能性

　　学术文化思想之发展与变迁，是由诸种因素之合力共同完成的。其中既有因政治格局之改变、经济秩序之变化和社会风尚之迁转，所导致的学术文化思想的发展，此可称为"外缘影响"论；亦有因学理之自然演进、思想之必然发展和文化之变通迁转，所导致的学术文化思想之发展，此可称为"内在理路"论。无论是"外缘影响"，还是"内在理路"，必有一关键之人物把握契机，在"外缘影响"之背景下，引领思想文化发展的"内在理路"，从而推动学术文化思潮的新发展。汉晋间学术文化思想的发展变迁，就是在"外缘影响""内在理路"和重要学术思想家的引领推动这三大因素的合力作用下完成的。

　　关于汉晋文化思潮之变迁，过去的研究者多从社会、政治、经济等"外缘影响"的角度，探讨当时政治格局、社会风尚和经济秩序之变化对汉晋文化思潮变迁的影响，其中可以侯外庐的《中国思想通史》为代表。当学者普遍意识到仅从"外缘影响"研究文化思想之变迁存在着严重的缺陷时，"内在理路"之研究便逐渐受到重视，如汤用彤、贺昌群、余英时、李泽厚等学者关于汉晋文化思潮变迁的研究，就在充分重视"外缘影响"的前提下，侧重于从"内在理路"揭示汉晋文化思潮发展的"自主性"。笔者十余年前著《汉晋文化思潮变迁研究——以尚通意趣为中心》一书，亦是从尚通意趣之角度，揭示汉晋文化思潮变迁的"自主性"和"内在理路"。需要特别强调的是，在"外缘影响"和"内在理路"之综合作用下，必有一杰出的思想家或学者在其中起着引领作用，以激发各种因素之合力，从而推动学术思想之发展。如贺昌群在《魏晋清谈思想初论》一书中，从老庄之学的复兴、诸子学之重光，以及由此造成的人生观之转变等"内在理路"来研究汉晋文化思潮之变迁，而又特别重视马融在其中的引领推动作用。笔者在旧著之基础上，旧事重提，旧题重做，就是力图在尚通意趣这个内在视角之基础上，彰显扬雄在此阶段文化思潮之变迁中的引领和促进作用。因此，本章在概述汉晋文化思潮变迁之大势的情况下，着重讨论扬雄引领时代学术新风尚的可能性。笔者认为，历史之必然发展和个体之可能参与，是导致汉晋文化思潮变迁之主要因素。

一、汉晋间学术文化思想发展变迁之大势及其历史必然性

在中国历史上，从汉高祖刘邦建国（公元前206）到隋文帝杨坚开国的开皇元年（581），共计约八百年时间，学者或泛称为中古时期，或习惯性地称之为汉魏晋六朝。学术界一般是将此八百年视为一个完整的历史时期进行研究，并且将之分成两个相对独立的阶段，即以汉朝四百余年（前206年—220年）为第一阶段，以魏晋六朝（220年—581年）约四百年为第二个阶段。这种划分，不仅是为了时间上的整齐划一，实则是因为以建安、曹魏为转折点的汉朝四百年与以晋为中心的六朝四百年，在政治、经济、文化等方面皆存在着极为显著的差异，

在士风、学风、文风等方面的差异尤其明显。[1]

1. 汉晋间士风、学风、文风之差异概说

汉晋社会历史之变迁，所导致的学术文化思想之差异，主要体现在士风、学风和文风之显著区别上。

汉晋士风之差异，总体上说，呈现出经明行修、砥砺名节与简易通侻、率真自由、浮华玄虚之不同。主要体现在当时士人不同的价值取向和人生行为方式上。一般而言，汉代以察举取士，其察举之科目有孝廉、明经、贤良方正、质朴敦厚逊让有行等，其所重者在言与行，而士人进身之途径亦在言与行。于是，当时士人最重德行操守，以经明行修、砥砺名节为人生的最高追求，故当时多有修廉隅异操、苦读经书以徼名者。当时之清议名流，月旦人物，尚实际，重功业，贵德行，尊经术，实为传统儒家品鉴人物的道德标准。六朝时期，清议名流月旦人物，则普遍倾向于贵通博，尚浮华，重交游，贱名节，鄙俗功，尚超脱，贵放逸，尊识度，重清简。儒家的德行操守虽然未被完全废弃，但已明显让位于姿容言行、风神韵致，谨守儒学已经被儒道兼综所取代，特别是道家达生任性、贵生轻节、旷而且真的人生追求成为当时人们的兴趣所在，"不是人的行为节操，而是人的内在精神性（亦即被看作是潜在的无限可能性）成了最高的标准和原则"，"讲求脱俗的风度气貌成了一代美的理想。不是一般的、世俗的、表面的、外在的，而是必须能表达出某种内在的、本质的、特殊的、超脱的风貌

[1] 笔者以汉魏转折之际为界线，讨论汉晋学术文化思想之变迁，与笔者提出的六朝之学始于西汉末年的观点，并不矛盾。笔者在第一章之结尾说过："两汉之际涌动出现的文化思想之新变化，恰逢汉魏之际政治格局的大变动而得以全面彰显。换言之，产生于两汉之际的文化思想新风尚在东汉是暗流涌动，至汉魏转折之际，则因遭遇政治格局之新变动而得以由暗流变成明流，所以尤其引人注目。故就其明者言之，六朝之学始于东汉末年；就其暗者言之，六朝之学始于西汉末年。就其近源言，六朝之学始于东汉末年；就其远源言，六朝之学始于西汉末年。"

姿容，才能为人们所欣赏、所评价、所议论、所鼓吹的对象"。[1] 所以，裴颜《崇有论》批评当时士人"薄综世之务，贱功烈之用，高浮游之业，埤经实之贤"。又说其时士人"立言借其虚无，谓之'玄妙'；处官不亲所司，谓之'雅远'；奉身散其廉操，谓之'旷达'"。[2] 干宝《晋纪总论》亦说当时"学者以老庄为宗而黜六经，谈者以虚薄为辩而贱名俭，行身者以放浊为通而狭节信，进仕者以苟得为贵而鄙居正，当官者以望空为高而笑勤恪"。[3] 裴、干二氏虽说是在批评时弊，但亦颇为中肯。

一般而言，汉人尚功业，重德行，其风度是庄严、雄伟的。六朝人尚通倪，贵简易，则以放达、文雅为特点。如果说汉人的人生是一种道德境界、道德人生，追求的是外在的功业操守；那末，六朝人的人生则是一种艺术境界、艺术人生，追求的是一种内在的人生神韵。汤用彤说："汉人朴茂，晋人超脱。朴茂者尚实际。"[4] 超脱者重玄虚。宗白华说："晋人之美，美在神韵。"[5] 六朝人的这种神韵之美，被后世学者称为"魏晋风度"或"魏晋风流"。

汉晋学风之差异，概括地说，呈现出渊综广博、繁琐拘泥与清通简要、自由活泼的区别。汉代经学，无论是古文经学，还是今文经学，皆注重名物考证和文字训诂，是一种重据守实的考据之学。六朝玄学，虽与经学相关，但它却是儒道兼综，而又以道家为主，因而与汉代经学之重据守实不同，它是一种寄言出意的义理之学。具体而言，汉代

[1] 李泽厚：《美的历程》第 92 页，文物出版社 1981 年版。

[2] 严可均：《全上古三代秦汉三国六朝文》之《全晋文》卷三十三，中华书局1958 年版。

[3] 《文选》卷四十九，上海书店 1988 年影印胡克家刻本。

[4] 汤用彤：《言意之辨》，见《魏晋玄学论稿》第 40 页，中华书局 1962 年版。

[5] 宗白华：《论〈世说新语〉和晋人的美》，见《美学散步》第 185 页，上海人民出版社 1981 年版。

经学与六朝玄学，在学术取径、治学方法和学术目的等方面，皆存在着显著的差异。

其一，在学术取径上的差异。汉代章句之学，拘于儒经，默守师法，重实尚用，学者"率多不便属辞，守其章句，迟于通变，质于心用"，[1] 执障、拘泥、繁琐是它的最大特点。六朝玄学，祖尚玄虚，探求大义，"以老庄为宗而黜六经"，"以博依为急务，谓章句为专鲁"。[2] 其所讨论的问题，如才性之辨、本末之辨和言意之辨，都是超越经验世界的玄远问题，即形而上的问题。讨论之范围亦不限于儒家之六经，老庄哲学和佛教经典亦逐渐成为学术思想的重要资源，"性与天道"这些儒家不曾精研的命题亦成为学界的热点。

其二，在治学方法上的差异。汉人治学，重师法家法，层层相因，述而不作，因循守旧，是一种经验性的学术方法。六朝学者治学，不为章句，以探求义理为本，以构建本体之学为旨归（包括玄学本体、人格本体、文学本体），是一种思辨性的学术方法。由此之故，汉人治学，重实守据，博而不能返约，虽有渊综广博的特点，但亦不免深芜繁琐之弊。六朝学者治学，"略其玄黄而取其隽逸"，讲求"寄言出意""寄形出神"，主张以简驭繁，举一统万，有清通简要之特点。

其三，在学术目的上的差异。汉人治学，重在文字训诂和名物考证，简言之，就是重象重言。六朝学者则是重意重神。换言之，汉人重"学"，六朝人尚"识"。重"学"者，识其事而不能通其理，是知识积累型学者；重"识"者，着重阐释义理，辨别是非，是思想思辨型学者。

汉晋文风之差异，总体上说，呈现典雅壮丽、错彩镂金与清新秀逸、清水芙蓉之区别。主要体现在创作方法、抒情方式和文学风格三个方面。

---

[1]　干宝：《晋纪总论》，《文选》卷四十九，上海书店 1988 年影印胡克家刻本。

[2]　裴子野：《雕虫论》，严可均《全上古三代秦汉三国六朝文》之《全梁文》卷三十三，中华书局 1958 年版。

其一，在创作方法上的区别。汉代赋作家，奉行"推类而言"的创作方法，"草区禽族，庶品杂类"，[1] 无不一一罗列，此种与汉代经学相呼应的文风，表现了汉人对自然和社会的大一统式的总结，同时亦说明汉人的艺术概括能力不高，还不善于选取典型来表现一般，对少与多的辩证法缺乏体会。因此，它虽有酣畅淋漓的好处，但亦有一览无余之缺陷。[2] 六朝文人受到玄学家举一统万、以简制繁的学术方法之启示，深明以典型表现一般、以少胜多的道理，因而在创作中亦贯彻着"片言明百意"之方法，如创作佳句秀句，以笼罩全篇，就是一个显明的例子。[3] 另外，汉代文人受经学重师法家法之影响，在创作中摹拟习气特重，千人一面，缺乏个性特点。六朝时期，文人创新求变的意识特别浓厚，文学发展的阶段性特点特别明显，"若无新变，不能代雄"，是当时文人的一个创作原则。

其二，在抒情方式上的区别。汉代文学，特别是乐府古辞，往往是按照情感发展的自然顺序来安排诗篇结构，形成一种平铺直叙的、线性的、单一的抒情方式，缺乏变化和曲折。而六朝诗人，其抒情方式往往是网状的、复合的，按照情感起伏的节奏剪裁诗思，让读者从各个侧面去领略诗人的情思。[4]

其三，在艺术风格上的区别。汉代艺术，以大为美，显得古朴、厚重、遒劲、有力，气象混沌，多丈夫气。汉赋的长篇巨制，汉代雕刻的庞大体积，无不如此。同时，还崇尚华丽，以饱满（力量）和绚丽（丽采）厌悦人心，重外在的涂饰，使欣赏者获得一种视觉感官上的满足，是一种"错彩镂金"式的艺术风格。六朝艺术，与汉代尚大

[1] 《文心雕龙·诠赋》，范文澜《文心雕龙注》第 135 页，人民文学出版社 1978 年版。

[2] 王钟陵：《中国中古诗歌史》第 13～14 页，江苏教育出版社 1988 年版。

[3] 汪文学：《试论魏晋六朝时期的佳句创作与欣赏风气》，《贵州民族学院学报》2004 年第 5 期。

[4] 刘跃进：《门阀贵族与永明文学》第 6 页，生活·读书·新知三联书店 1996 年版。

不同，多是小巧玲珑的。亦与汉代艺术之古朴、厚重、遒劲、有力不同，多是清新、秀逸、精致、空灵的。与汉代艺术的丈夫气不同，六朝艺术有女郎气。它虽然亦重外在的涂饰，但主要是一种内在的精神气韵之美。它没有汉代艺术的"陵轹之气"，亦不像汉代艺术那样"叫器夸大""愤怒"，而是"沉静的、是敏感的"，"能以冷静头脑驾驭强烈感情"，"不是力而是韵"。与汉代的"动"相反，它以"静"为特色，[1] 能使读者获得一种精神上的审美愉悦，是一种"清水芙蓉"式的艺术风格。

2. 汉晋间学术文化思想发展之总体趋势

汉晋间学术文化思想之发展，由西汉中期至东汉初期的今文经学，到东汉中期的古文经学，到东汉后期的今古文学，到六朝玄学；由汉末魏初之佛道到晋宋之佛玄。大致呈现出由拘泥、执障而清通、简要的总体发展趋势。

先看在西汉中期至东汉初期占统治地位的今文经学。今文经学最显著的特征，就是拘泥执障、繁琐冗杂。拘泥于师法家法，执障于儒家经典，以穿凿附会为手段，以浮辞繁多为学问，其结果就是支离破碎、繁琐冗杂。第一个提倡古文经学、反对今文经学的学者刘歆，他批评今文经学，就把矛头指向这一点，其云：

> 往者缀学之士，不思废绝之阙，苟因陋就寡，分文析字，烦言碎辞，学者疲老，且不能究其一艺，信口说而背传记，是末师而非往古。至于国家将有大事，若立辟雍、封禅、巡狩之仪，则幽冥而莫知其原。犹欲保残守缺，挟恐见破之私意，而无从善服义之公心，或怀妒嫉，

---

[1]　顾随：《顾随诗文论丛·驼庵文话》，天津人民出版社1995年版。

不考情实，雷同相从，随声是非，……岂不哀哉？ [1]

刘歆批评今文学者"分文析字，烦言碎辞"，"保残守缺"，可谓切中要害。这种学风的结果，是使"学者疲老，且不能究其一艺"。同样的批评亦见于班固的《汉书·艺文志》，其云：

> 古之学者耕且养，三年而通一艺，存其大体，玩经文而已，是故用日少而畜德多，三十而五经立也。后世经传既已乖离，博学者又不思多闻阙疑之义，而务碎义逃难，便辞巧说，破坏形体，说五字之文，至于二三万言。后世弥以驰逐。故幼童而守一艺，白首而后能言，安其所习，毁所不见，终以自蔽，此学者之大患也。 [2]

章句之学，作为一种微观研究，是一切学问之基础，本无可厚非。但微观的章句研究是手段，通古今、明大义才是目的，而今文学者以手段为目的，"一经说至百万余言"，发展到非常繁琐冗杂的境地，以致学者终身不能明一经，这未免本末倒置。所以，自西汉后期，特别是自刘歆争立古文博士以来，学术界即有一股反对章句、崇尚通博的势力发展起来。这股反对势力的代表人物就是古文学者。古文学者批评今文经学，往往以"破坏大体"为口实，如夏侯胜批评"章句小儒，破碎大道也"。 [3] 杨终批评"章句之徒，破坏大体"。 [4] 古文学者治学，往往以求大义、明大道为旨归，如桓谭"博学多通，遍习五经，皆训诂大义，不为章句。能文章，尤好古学，数从刘歆、扬雄辨析疑

---

[1] 《汉书·刘歆传》，王先谦《汉书补注》第968页，中华书局1983年版。

[2] 王先谦：《汉书补注》第865页，中华书局1983年版。

[3] 王先谦：《后汉书·杨终传集解》引惠栋引《汉书》，王先谦《后汉书集解》第562页，中华书局1984年版。

[4] 《后汉书·杨终传》，王先谦《后汉书集解》第562页，中华书局1984年版。

异"。[1] 刘歆治学重大体，反对"烦言碎辞"，其《移书让太常博士》，就体现了他的这种学术追求，他在其父刘向《别录》的基础上著成《七略》，亦充分展示了他通大体、明大义的学术才能。至于深受桓谭推崇，且与桓谭、刘歆过从甚密的扬雄，其治学亦是"不为章句，训诂通而已，博览无所不见"。[2] 所以，桓谭与刘歆、扬雄"辩析疑异"的内容，应当不是名物器械、章句训诂，而是学问之"大体"和"大义"。

与今文学者相比，古文学者治学，不仅简明扼要，识大体，通大义，而且还有兼通博览的特点。如果说，繁琐、拘泥是今文学者的最大特点，那，简和通则是古文经学最明显的特征。古文家之尚通与重简，是互为表里的。因为"博学多通""无不穷究"，所以才能识大体、通大义，进行简明扼要的学术撰述，即由通入简。反之，因为"训诂大义，不为章句"，所以才能摆脱拘泥繁琐的章句局限，采取广览博观的学术取径，此所谓由简入通。

以识大体、通大义为旨归的古文学者，如扬雄、桓谭、刘歆、班固、王充等人，都有"博学多通""无所不究"的特点。他们不像今文学者那样固守一经，而是博通五经，遍注群经，兼述诸子。如古文经学大师马融，他出自班固门下，深受班固通博学风之影响，就注了《孝经》《论语》《毛诗》《周易》《三礼》《尚书》《离骚》等书，还性喜老庄之书，注释过《老子》《淮南子》。出自马融门下的郑玄，是汉代经学研究之集大成者，他不仅遍注群经，而且还可能研究过《老子》。他在《诗谱叙》中阐明他的治学方法说："举一纲而万目张，解一卷而众篇明，于力则鲜，于思则寡，其诸君子，亦有乐于是与？"[3]

---

[1]　《后汉书·桓谭传》，王先谦《后汉书集解》第343页，中华书局1984年版。

[2]　《汉书·扬雄传》，王先谦《汉书补注》第1486页，中华书局1983年版。

[3]　严可均：《全上古三代秦汉三国六朝文》之《全后汉文》卷八十四，中华书局1958年版。

其所著之《诗谱》《三礼图》，正是所谓"纲举目张，力鲜思寡"之作。

　　无论是从学术方法而言还是就学术取径而论，古文经学比起今文经学来，都是一个大的进步。从西汉今文经学发展到东汉古文经学，显示出汉代学风由执障、拘泥、繁琐向通博、简要的发展趋势。但是，随着时代的发展，即使是古文学者的经解亦不足以厌悦人心。因为古文学者专究五经，注重名物训诂，谨守师法，仍有拘泥不开展的弊病。所以，自东汉中期以后，许慎、郑玄诸儒走上了综合古、今的折衷道路，他们不论师法家法，以主观见解为去取，或"考论古今，取其义长者"，或"即下己意"。这种综合古、今的经学，世称"今古文学"。当然，从事具有折衷倾向的今古文学的学者多是古文经学家，事实上，在这个时期，我们亦很难在古文学者和今古文学者之间划出一条明显的界线。古文学者或为学问兼通之需要，或为求得朝廷承认之目的，亦在暗中袭取今文经学之说，据说此风从刘歆已经开始，之后有郑兴、贾逵、许慎、马融都兼治今、古文，东汉的经学家如孙期、张驯、尹敏等人，就很难遽然断定是古文家还是今文家。集汉代今古文学之大成者郑玄，其治经学，以古文学为主，兼治今文学。他遍注群经，在注中兼采今文说和谶纬之说；他混乱了一切古今文学的家法，他师事第五元，通《京氏易》和《公羊春秋》这些今文著作，而作为今文家的第五元却又教他学习刘歆的《三统历》；他师事古文家张恭祖，学习《周官》《左氏春秋》《古文尚书》这些古文著作，而作为古文家的张恭祖却又教他学习《礼记》《韩诗》这些今文著作；他师事古文学大师马融，而马融却"集诸生考论图纬"。所以，他的师学渊源极为庞杂，可以说是彻底打破了今、古文学的师法家法。他之所以取得集汉代经学研究之大成的成就，其原因亦正在于此。

　　以郑玄为代表的经今古文学，在汉魏之际形成独步天下之势。郑玄以后，经学内部的斗争不再是今文经学与古文经学的斗争，而是转为古文经学内部的马融学与郑玄学的斗争。在这两派的斗争中，以王弼、何晏为代表的新兴力量成长起来，他们在郑玄不论师法家法、不讲今古分野之学风的影响下，撰写的经学著作，结束了汉学，创立了玄学。

从今文经学到古文经学，是汉代学风由执障向通博发展的第一步；从古文经学到今古文学，是汉代学风由拘泥向通博演进的第二步。郑玄之所以取得集汉代经学之大成的成绩，就是因为他能不拘家法，广采博观。所以，以郑玄为代表的今古文学派，亦被康有为、周予同称为"通学派"。[1]研治今古文学的学者，亦被当时人称为"通儒"或"大儒"。但是，随着学风日益向通博简要的方向发展，即使像郑玄所著的突破师法家法、兼采今古文学的经解，亦不足以厌悦人心。史称郑玄"质于辞训，通人颇讥其繁。至于经传洽熟，称为纯儒"。[2]即郑玄之学虽然突破了师法家法的局限，摆脱了今、古文的执障，但仍有拘泥不开展的弊端。于是，在东汉后期，具有特定内涵的"通人"知识群体逐渐成长起来。"通人"治学，与传统学者（包括今文、古文和今古文学者）相比，其明显特点是博览古今、胸怀百家、兼综诸子、贯通儒道。"通人"之学是一种真正的识大体、通大义之学，它超越儒学，兼综百家，瓦解了儒家经典在士人知识体系中的独尊地位，大大地拓展了士人的知识取径，使老庄思想和佛教经典成为学术思想的重要资源。

"通人"是汉晋学风转移之关键，是他们向上结束了汉代经学，向下开启了六朝玄学。六朝玄学家贯通儒道，以道释儒，以儒释道，兼采释家的学术取径，正是来自于"通人"超越儒学、兼综百家之学

---

[1] 周予同：《"汉学"与"宋学"》，见《周予同经学史论著选集》第 325～326 页，上海人民出版社 1983 年版。

[2] 《后汉书·郑玄传》，王先谦《后汉书集解》第 427 页，中华书局 1984 年版。

术精神的启示。甚至可以说，"通人"之学就是玄学。由"通儒"之学（今古文学）到"通人"之学（玄学），是汉晋学风由执障、拘泥向清通、简要演进的第三步。玄学家贯通儒道、兼采释家，比起今文家专注于儒家之一经，比起古文家兼通五经，是通是博；比起今古文家，贯通五经，兼采今、古，亦还是通还是博。"通人恶烦，羞学章句"，[1]玄学家不为繁琐之章句，甚至亦不搞古文家那套名物训诂研究，他们讲言意之辨，讲寄言出意，得意忘言，以执一统万、以简驭繁的学术方法构建玄学本体之论。所以，玄学家注经，不拘于名物训诂，或者干脆不做语汇的解释，而是直接从经典中挖掘思想，阐发大意，借以建立玄学的理论体系。如郭象《庄子注》说：

> 鹏鲲之实，吾所未详也。夫庄子之大意在乎逍遥游放，无为而自得，故极小大之致，以明性分之适。达观之士，宜要其会归而遗其所寄，不足事事曲与生说，自不害其弘旨，皆可略之。

玄学家的经注，如王弼《周易注》《老子注》，何晏《论语集解》，郭象《庄子注》，张湛《列子注》，皆有这样的特点。在这种学风的影响下，李轨《法言注》、刘昞《人物志注》，亦不做名物训诂，专门阐发原书之义理。而裴松之《三国志注》、刘孝标《世说新语注》，则是从史料上补充原书，亦基本不做语汇名物的训诂。这比起汉代的经学研究，不仅有简要的特点，而且亦真正地实现了识大体、通大义的学术追求。

总之，汉晋间学风之发展，从今文经学至古文经学，是学风由执障向通博发展的第一步；从古文经学到兼采古、今的今古文学，是学

---

[1] 刘勰：《文心雕龙·论说》，詹锳《文心雕龙义证》第 701 页，人民文学出版社 1989 年版。

风由拘泥向通博演进的第二步；由今古文学到玄学，是学风由执障、拘泥向清通、简要发展的第三步。汉晋学风之演变，显示出由执障、拘泥向清通、简要的发展特点，由具体到抽象、由名物训诂（微观）到贯通义理（宏观）的发展趋势。

汉晋间学术风尚的总体发展趋势，大体如上所述。具体而言，汉晋间学者之治学，其学术取径、治学方法和学术目的，皆呈现出截然不同的特点，大体上呈现出由实而虚、由繁入简、由学而识的发展趋势。

首先，汉晋间学术呈现出由实而虚的发展趋势，逐步形成一种由具体到抽象、由名物训诂到贯通义理的治学取径。

一般而言，汉代之学，固为实学，其治学方法是尚实，其治学目的是尚用，执障、拘泥、繁琐、迷信是它的最大特点。自东汉以来，在古文经学和今古文学之冲击下，"章句渐疏，而多以浮华相尚，儒者之风盖衰矣"。[1] 六朝玄学，祖尚玄虚，探讨大义，乃可视为虚学。其间学者之谈论，由清议转为清谈，"以虚薄为辩而贱名俭"，[2] 所谈论的内容，由具体的政治问题和人事理则，演绎为抽象的才性之辨和三玄义理。其时学者之治学，超越儒学，博综诸子，兼采释家，"埤经实之贤"，[3] "以老庄为宗而黜六经"，[4] "以博依为急务，谓章句为专鲁"。[5] 总之，汉晋间学术风气，由朴实的章句之学演进为浮虚的玄妙之学，有明显的由实入虚的特点。

其次，汉晋间学者之治学方法，有由繁入简的发展趋势。汉人治学，

---

[1] 《后汉书·儒林传》，王先谦《后汉书集解》第 890 页，中华书局 1984 年版。

[2] 干宝：《晋纪总论》，《文选》卷四十九，上海书店 1988 年影印清胡克家刻本。

[3] 裴頠：《崇有论》，严可均《全上古三代秦汉三国六朝文》之《全晋文》卷三十三，中华书局 1958 年版。

[4] 干宝：《晋纪总论》，《文选》卷四十九，上海书店 1988 年影印清胡克家刻本。

[5] 裴子野：《雕虫论》，严可均《全上古三代秦汉三国六朝文》之《全梁文》卷五十三，中华书局 1958 年版。

由今文经学而古文经学而今古文学，虽然逐渐呈现出由繁入简的发展趋势。但是，"通人恶烦，羞学章句"，今文学者的章句之学，固然繁琐，故"通人"鄙之。即使古文家和今古文家虽然在尽力避免今文家的繁琐之弊，但是，亦仍然未能免于繁琐的缺点。因此，像郑玄这样的一代通儒，亦遭"通人"的繁琐之讥。"通人"最明显的特征，就是贵简尚达。他们在人生行为方式上，以"简易佚荡""通侻简易"为特色；在清谈活动中，以"言约旨丰""简而有会""约而能通"为特点；在人物品鉴上，推崇"简至"之美；在文学创作上，崇尚简易自然。"通人"之学就是玄学。玄学家治学，崇尚"清通简要"，如玄学大师王弼说："故自统而推之，物虽众，则可执一以御之也；由本观之，义虽博，是知可一名举也。"[1] 他解释《论语·里仁》"吾道一以贯之"句说："贯，犹统也。夫事有归，理有会。故得其归，事虽殷大，可以一名举；总其会，理虽博，可以至约穷也。譬犹以君御民，执一统众之道也。"[2] 王弼在这里讲的执一统众、以少总多，实际上就是玄学家构建玄学本体论的学术方法。所以，由汉至晋，学者治学由繁入简的趋势相当明显。

其三，汉晋间学者之治学，在学术追求上呈现出由学入识的发展趋势。大体而言，汉人重"学"，晋人尚"识"。汉人重"学"，所谓"学"，据萧绎《金楼子·立言》说："博通子史，但能识其事，不能通其理者，谓之学。"[3] 即偏重于知识之积累者，谓之"学"。故萧绎说："学者率多不便属辞，守其章句，迟于通变，质于心用。学者不能定礼乐之是非，辨经教之宗旨，徒能扬榷前言，抵掌多识。"[4] 汉人治学，重文字训诂，名物考证，即孔子所谓"多识于草木鸟兽之名"

[1] 王弼：《周易略例·明象》，楼宇烈《王弼集校释》（下）第 591 页，中华书局 1999 年版。

[2] 王弼：《论语释疑》，楼宇烈《王弼集校释》（下）第 622 页，中华书局 1999 年版。

[3] 萧绎：《金楼子·立言》，许逸民《金楼子校笺》，中华书局 2011 年版。

[4] 萧绎：《金楼子·立言》，许逸民《金楼子校笺》，中华书局 2011 年版。

者也。汉人拘于言以说经，拘于象以讲易，其所得者乃象数和名物知识，多半不能识大体、通大义。故其所得，可名之曰"学"，其人亦可称为知识积累型学者。

晋人尚"识"，其治学、为人皆以识度相尚，"识"是当时人物品鉴中使用频率最高的品目之一。所谓"识"，据李善注《文选》之《五君咏》"识密鉴亦洞"句说："识，心之别名。湛然不动谓之心，分别是非谓之识。"即偏重于大义之探求者，谓之"识"。据《世说新语·言语篇》载："嵇中散语赵景真：卿瞳子白黑分明，有白起之风，恨量小狭。赵云：尺表能审玑衡之度，寸管能测往复之气，何必在大，但问识如何耳！"[1] 可知"识"不在"大"，不在博，而在于"博而返约"，以简驭繁，以少总多，即赵景真所谓"尺表能审玑衡之度，寸管能测往复之气"。又据《世说新语·贤媛篇》载："山公与嵇、阮一面，契若金兰，……妻曰：君才致殊不如，正当以识度相友耳。公曰：伊辈亦常以我度为胜。"[2] 又孙登谓嵇康曰："今子才多识寡，难免于今之世矣，子无多求。"[3] 可知"识"与"才"不同，如果说"才"是在"学"之基础上形成的一种感性的直觉能力，"识"则是在"学"之基础上形成的一种理性的判断能力，即李善所谓"分别是非谓之识"是也。总之，"识"不在"大"，亦不同于"才"。六朝学者治学，以识大体、通大义为旨归，他们离于象以言《易》，离于言以说经，其所得者是"意"，换言之，是"识"，故其人可名之为思想思辨型学者。

综上，在汉晋时期，在"外缘影响"和"内在理路"之综合作用下，学术风尚整体上呈现出由拘泥、执障向清通、简要的发展趋势，学术

[1]　余嘉锡：《世说新语笺疏》（修订本）第 74～75 页，上海古籍出版社 1993 年版。

[2]　余嘉锡：《世说新语笺疏》（修订本）第 697 页，上海古籍出版社 1993 年版。

[3]　刘孝标：《世说新语·栖逸篇》注引《文士传》，余嘉锡《世说新语笺疏》（修订本）第 649 页，上海古籍出版社 1993 年版。

文化思想具体呈现出由实而虚、由繁而简、由学而识的发展特点。扬雄的学术创新和对六朝之学的引领，就是在这样的文化背景上展开的。

二、扬雄影响六朝之学的可能性

在"外缘影响"和"内在理路"的共同作用下，汉晋间学术文化思想之变迁发展存在着内在的必然性。虽然我们并不主张个人英雄论，但是，笔者认为，在历史发展之必然道路上，个人英雄的引领作用是不能忽略的。在汉晋间学术文化思想变迁之历史必然路径上，扬雄正是这样一位引领发展的文化英雄。扬雄之所以能够开启六朝之学，引领时代文化思潮之新发展，与他个人的家庭背景、个体性格、师友网络以及生存的地域环境皆有密切关系。或者说，扬雄具有引领时代学术新风尚的可能性。

1. 独特的家族背景和家庭生活养成了扬雄的寂寞清静和深沉之思

考察扬雄之出身、生平和经历，现今可依据的可信资料，主要是班固《汉书·扬雄传》。《汉书·扬雄传》记录扬雄之生平与经历，之所以大体可信，是因为它所依据的资料，主要来自于扬雄之《自叙》。虽然如段玉裁所说，《汉书·扬雄传》"为录雄《自序》，不增改一字"，[1] 未免夸大，但说其主要采自《自叙》，则大体可信。试将《汉书·司马迁传》与司马迁《太史公自序》作对照，就可知《汉书》转录《自叙》以成"列传"之体例。故刘知几《史通·杂说》说："班氏于司马迁、扬雄，皆录其《自叙》以为列传也。"颜师古《汉书·扬雄传》注亦说："自《法言》目之前，皆是雄本《自序》之文也。"考察《汉书·扬

---

[1]　王念孙：《读书杂志·汉书第十三》。

雄传》，扬雄出生之地域环境和家庭背景，以及在此环境中的家庭生活、社会活动对其情感性格、思维特点和学术取径所发生的影响，均值得特别注意。

其一，扬雄祖辈为避仇逃难而数次迁徙的家族背景，可能对扬雄的思想性格发生影响。据《汉书·扬雄传》载：

> 其（扬雄）先出自有周伯侨者，以支庶初食采于晋之杨，因氏焉，不知伯侨周何别也。杨在河汾之间。周衰，而杨氏或称侯，号曰杨侯。会晋六卿争权，韩、魏、赵兴，而范中行知伯弊。当是时，逼杨侯，杨侯逃于楚巫山，因家焉。楚汉之兴也，杨氏溯江上处巴江州，而杨季官至庐江太守。汉元鼎间，避仇，复溯江上处岷山之阳曰郫。[1]

扬氏之"扬"，当作"扬"还是"杨"？学者多有辩证，兹不赘言，本书采纳通用之"扬"。值得注意的是，扬氏家族自晚周远祖扬侯以来，一直处于辗转迁徙之中。首先是晋国六卿争权，干戈四起，扬氏无力抗争，为求自保，而迁徙于楚国之巫山，这是由北向南的长途迁徙。其次是在楚汉相争期间，扬氏或为逃避战乱，亦为求自保，便溯江而上，迁居于巴之江州，即今重庆之巴县，这是由东向西的长途迁徙。再次，扬氏家族于江州定居了百余年，且官至庐江太守，却因避仇自保，又再次溯江而上，迁居于岷山之南的郫县。扬氏家族自扬侯以来至扬季，为避仇逃难而进行的自北而南、自东向西的数次长途迁移，这种经历虽然距扬雄已有"五世"之远，[2] 但是，作为一种家族基因，可能会在扬雄的心灵深处留下深刻记忆。扬雄的家族意识，与同时代

---

[1] 王先谦：《汉书补注》第 1485 ～ 1486 页，中华书局 1983 年版。

[2] 《汉书·扬雄传》说："自季至雄，五世而传一子。"（王先谦：《汉书补注》第 1486 页，中华书局 1983 年版）

的其他人相比，显得相当地强烈。这种强烈的家族意识，在一定程度上是由于"亡它杨于蜀"和"五世而传一子"的家族处境所决定的。所以，他不辞辛劳和破费，千里迢迢从长安归葬其子，是因为家族意识；他撰写《自叙》，或者编撰《家录》《家牒》，亦是因为家族意识。

具有浓厚家族意识的扬雄，其心灵深处关于祖辈频繁迁徙的历史记忆，对他个人可能发生的影响，主要表现在以下两个方面：一是避乱自保的家族传统，对扬雄明哲保身的人生观之形成发生影响。扬氏家族的三次大迁徙，均是为了避仇逃难。而这种家族传统犹如种族基因，积淀于扬雄之意识深处，从而对其人生观发生影响。刘韶军已经注意到这一点，他说：

> 杨氏家族遇乱则避之，这可说是其家族自我保护的传统。杨雄生此家族之内，必然要受避乱自保传统的影响。杨雄《太玄·文》篇中说："君子在玄则正，在福则冲，在祸则反。""乱不极则德不形，君子修德以俟时"，《莹》篇中说："君子内正而外驯，每以下人，是以动得福而亡祸也。"每以下人，这是老子的说法，但杨雄引申为其个人及其家族的自保哲学，是他对老子思想的具体运用。……《太玄》的这种思想，与其家族的避乱自保传统可谓一脉相承。[1]

扬雄身上相当明显的明哲保身之人生观的形成，与其避仇逃难自保的家族基因，当有密切的关系。二是频繁迁徙的家族传统，对扬雄的浪漫意识和创新精神可能发生影响。扬氏家族自北而南、自东向西的三次大迁徙，虽有被迫的性质，并非完全出于自愿，但可以肯定的是，在危机时刻，这个家族选择了迁徙，且始终处于变动不居的游走

---

[1] 刘韶军：《杨雄与〈太玄〉研究》第 7 ~ 8 页，人民出版社 2011 年版。

状态中。这种变动不居的游走状态，虽然距扬雄已经有"五世"之遥，但是此种游走的精神，就像家族基因一样遗传在扬雄的心灵深处，对其思想性格发生影响。一般而言，长期处于变动不居之游走状态下的民族，或家族，或个人，往往颇具自由精神和开放胸怀，因而亦尤具浪漫情怀和创新精神。反之，则往往是封闭的，保守的，有比较强烈的现实关怀和浓厚的守旧意识。笔者认为，处于两汉转折之际的扬雄，在学术思想文化领域，呈现出明显的"异端"姿态和浓厚的创造精神，能以"不述而作"的创造意识、"约卓简要"的博通精神、"玄思大义"的思辨特质，开启东汉六朝之新风尚，或许就与此种因变动不居之游走状态而形成的自由、浪漫、创造、开放的家族基因，有密切的关系。

其二，五世单传的家族背景和农桑为业的贫俭生活，对扬雄思想性格的形成发生影响。据《汉书·扬雄传》载：

> （扬氏）处岷山之阳曰郫，有田一廛，有宅一区，世世以农桑为业。自季至雄，五世而传一子，故雄亡它杨于蜀。……清静亡为，少耆欲，不汲汲于富贵，不戚戚于贫贱，不修廉隅以徼名当世。家产不过十金，乏无儋石之储，晏如也。[1]

此段文字，值得注意者有二：

一是其孤寂的家庭生活。孤寂的家庭生活养成扬雄寂寞清静的性格。远道迁徙而来的扬氏家族定居于岷山之南的郫县，"五世而传一子"，"亡它杨于蜀"，可知其家族中没有兄弟，亦很少戚谊往来。如此一种孤家独户的家族背景，对于扬雄孤寂内向性格之形成，一定产生过相当重要的影响。可以想象，在宗法族亲观念逐渐产生深入影响的中国农村，远道迁徙而来且又是五世单传的扬氏家族，并且在政

[1] 王先谦：《汉书补注》第1486页，中华书局1983年版。

治、经济上又无任何影响力，其所遭遇周边族姓之孤立和排斥，是不可避免的。从扬雄《自叙》所谓"自季至雄，五世而传一子，故雄亡它杨于蜀"之语气中，我们似乎能够感受到他那茕茕独立、孤苦无依的凄凉心境。我们亦能体会到青年扬雄徘徊于岷江之滨，独自诵读屈原《离骚》，痛哭流涕，作《反离骚》，"自岷山投诸江流以吊屈原"的寂寞情怀和孤独身影。

非仅早年的乡居生活是孤独的，其实，孤独伴随着扬雄的一生。或者说，扬雄因早年的家庭环境而养成了习惯孤独的生活方式。据《汉书·扬雄传》载：

> （雄）家素贫，嗜酒，人希至其门，时有好事者载酒肴从游学，而巨鹿侯芭常从雄居，受其《太玄》《法言》焉。

即便居京为官，他亦不喜交游，"人希至其门"，所往来者不过二三好友或弟子辈如桓谭、刘歆、侯芭等数人而已。史称："（雄）用心于内，不求于外，于时人皆忽之，唯刘歆及范逡敬焉，而桓谭以为绝伦。"[1]他似乎不太适应那些琐碎繁杂的日常事务，所以，在居京为官时，便申请"留职停薪"，以便潜心学术，据他在《答刘歆书》里说：

> 雄为郎之岁，自奏少不得学，而心好沈博绝丽之文，愿不受三岁之奉，且休脱直事之徭，得肆心广意，以自克就。有诏可不夺奉，令尚书赐笔墨钱六万，得观书于石室。[2]

在普遍为利禄而学的汉代，这种情况是比较少见的，故晋人范望称之

---

[1] 《汉书·扬雄传》，王先谦《汉书补注》第 1512 页，中华书局 1983 年版。

[2] 扬雄：《答刘歆书》，张震泽《扬雄集校注》第 264 页，上海古籍出版社 1993 年版。

为"朝隐"。据《汉书·扬雄传》说："哀帝时，丁傅、董贤用事，诸附离之者，或起家至二千石。时雄方草《太玄》，有以自守，泊如也。"[1]扬雄晚境凄凉，在孤独中离开人世。据其《家牒》说：

> 子云以天凤五年卒，葬安陵阪上，所厚沛郡桓君山，平陵如子礼，弟子巨鹿侯芭，共为治丧，诸公遣世子、朝臣、郎吏行事者会送。桓君山为敛赗，起祠茔。侯芭负土作坟，号曰玄冢。[2]

可以说，扬雄一生皆是在孤独中度过的，以致后世文人提及扬雄，无不言其孤独，如左思《咏史八首》（其四）说："济济京城内，赫赫王者居。……寂寂扬子宅，门无卿相舆。寥寥空宇内，所讲在玄虚。"卢照邻《长安古意》说："寂寂寥寥扬子居，年年岁岁一床书。"当然，扬雄之孤独，或与他"口吃不能剧谈"有关。更值得注意的是，这种孤独的生活处境所造就的特殊性格，对他在学术文化思想创造上有特殊影响（详后）。

二是其贫俭的家庭生活。犹如孤独一样，贫俭的生活亦贯穿扬雄一生之始终。扬雄出生在一个"世世以农桑为业"的传统家庭中，早年家居时，"家产不过十金，乏无儋石之储"；即便居京为官，亦是"家素贫"。故时人及后人谈到扬雄，无不言其生活之贫俭。如桓谭《新论·闵友》说："张子侯曰：扬子云，西道孔子也，乃贫如此？"[3]《识通》说："扬子云在长安，素贫约。比岁已甚，亡其两男，哀痛不已，皆归葬于蜀，遂至困乏。子云达圣道，明于死生，宜不下季札，然而慕恋死子，不能以义割恩，自令多费。为中散大夫，病卒，贫无以办丧事，

[1] 王先谦：《汉书补注》第1505页，中华书局1983年版。

[2] 《艺文类聚》卷四十。

[3] 朱谦之：《新辑本桓谭新论》第62页，中华书局2009版。

以贫困故葬长安，妻子弃其坟墓，西归于蜀，此罪在轻财，通人之敝也。"[1]扬雄本人亦著有《逐贫赋》，其云："扬子遁居，离俗独处。左邻崇山，右接旷野。邻垣乞儿，终贫且窭。礼薄义弊，相与群聚。惆怅失志，呼贫与语。"因生活"终贫且窭"而"逐贫"，后经一番拟人的对白之后，扬雄最终选择"长与汝居，终无厌极"。

值得注意的是，向往富贵奢华之生活，逐贫弃病如弃弊履，是人之常情。可是，扬雄则安于贫穷，正像他习惯孤独一样。即便在"家产不过十金，乏无儋石之储"的情形下，他亦是"晏如也"。其居京为官，亦非为钱财，或者荣华富贵，因为"非其意，虽富贵不事也"。其热心学术，故上书君王，"愿不受三岁之奉，且休脱直事之徭，得肆心广意，以自克就"。他与向往奢华、热衷富贵的司马相如不一样，所以他批评司马相如是"窃赀于卓氏"。[2]据《论衡·佚文》载：

> 杨子云作《法言》，蜀富人赍钱千万，愿载于书，子云不听。曰：夫富无仁义之行，犹圈中之鹿，栏中之牛也，安得妄载？[3]

此事之真实与否？尚难确认。但是，根据扬雄的一向性格，在他身上发生这样的事情，极有可能，因为他原本就是"不汲汲于富贵，不戚戚于贫贱"的纯粹学者。扬雄对于贫与富，自有一番独立的见解。他之安贫乐道似颜回，故于孔门弟子中，最推崇颜回。这与一般汉儒不同，倒与魏晋名士比较接近。[4]这种贫俭的生活处境所造就的特殊性格，对他在学术文化思想之创造上亦有重要影响。

---

[1] 朱谦之：《新辑本桓谭新论》第 44 页，中华书局 2009 版。

[2] 扬雄：《解嘲》，张震泽《扬雄集校注》第 193 页，上海古籍出版社 1993 年版。

[3] 黄晖：《论衡校释》第 869 页，中华书局 1990 年版。

[4] 参见本书第三章第三节之"安贫乐道：扬雄的人生理想"。

其三，特殊的家庭背景和孤独贫俭的生活环境，对扬雄的个人性格和学术思维发生的影响。《汉书·扬雄传》载：

> 雄少而好学，不为章句，训诂通而已，博览无所不见。为人简易佚荡，口吃不能剧谈，默而好深沈之思，清静亡为，少耆欲，不戚戚于富贵，不汲汲于贫贱，不修廉隅以徼名当世。[1]

扬雄之性格特征，一言以蔽之，曰：寂寞清静。此为时人对扬雄之普遍印象，故在王莽即位后，发生扬雄投阁事件，京师为之语曰："惟寂寞，自投阁；爰清静，作符命。"[2] 此谣言虽有抑郁讽刺之意，但说扬雄"寂寞""清静"，倒是颇切实情。此种性格之形成，与其家庭背景和生活环境大有关系。如前所说，数次长途迁徙的家族经历，作为一种家族基因，影响于扬雄，形成他"简易佚荡""自有大度"之性格；影响及于治学，则是"不为章句，训诂通而已，博览无所不见"。五世单传的家庭背景，使他少有戚谊之往来和俗事人情之纠葛，而"口吃不能剧谈"之生理缺陷，又限制了他与外人的交流，故而形成其孤寂内向的性格。贫俭的生活环境，又使他对富贵荣华不能有更多的奢望，只有安贫乐道，以贫自处，"逐贫"而又最终邀"贫"共处，故而忘怀富贵与贫贱，养成清静自守、淡泊晏如之性格。

概言之，在特殊的家族背景和家庭环境中成长起来的扬雄，其性格之主要特征，就是简易佚荡，自有大度。细言之，就是寂寞和清静二端。关于这个问题，笔者赞同刘韶军的说法：

> 杨雄之所以是杨雄，就在于他出生于一个独特的家族环境之中。

---

[1] 王先谦：《汉书补注》第 1486 页，中华书局 1983 年版。

[2] 王先谦：《汉书补注》第 1512 页，中华书局 1983 年版。

其家族以贵族传统，却又不断遭到打击，只好一再躲避，家产属于中等，……好于一般农民，又不及富裕人家，但有贵族传统，且是五世独子，当是非常孤寂的家庭环境。一般农民，缺乏为学的传统及条件，而一般的富户人家，其子弟又多浮华，不喜读书。这样的家庭环境，都不易出优秀的学者或文人。而杨雄这样的家族，加上其独特的内向性格，造成了他好学深思的人生特色。[1]

在独特的家族背景和家庭环境中养成的寂寞清静之性格，在热衷于攀龙附凤以追逐势利者看来，或为一种有缺陷的人生性格。而在扬雄这里，则不失为一种理想的人生境界。他在《解嘲》一文中对这种人生境界做出了深刻的阐释，提出"知玄知默，守道之极；爱清爱静，游神之庭；惟寂惟寞，守德之宅"的人生见解。笔者认为，正是这种寂寞清静的性格，影响了扬雄的学术思维和治学取径，使他能够在当时的学术思想领域独树一帜，进而引领东汉六朝学术文化之新风尚。

扬雄于六朝之学的重要引领和主要贡献，就是开启企慕玄远之境，引领学术玄思之风。如汤用彤说："溯自扬子云以后，汉代学士文人即间尝企慕玄远。"[2]许结说："扬雄'立玄'，于开启东汉学术玄远旨趣的同时，亦开东汉文风中崇尚自然的思想情趣和达观玄览的艺术境界。"[3]或者说，扬雄以其"简易佚荡"，开启六朝之学企慕玄远之境；以其"寂寞清静"，引领六朝之学玄思大义之风。刘劭《人物志·材理》说："质性平淡，思心玄微，能通自然。"[4]唯有"寂寞清静"之"平淡"质性，方能具有"玄微"之"思心"；唯有具备

[1] 刘韶军：《杨雄与〈太玄〉研究》第 12 页，人民出版社 2011 年版。

[2] 汤用彤：《魏晋玄学论稿》第 48 页，中华书局 1962 年版。

[3] 许结：《汉代文学思想史》第 214 页，人民文学出版社 2010 年版。

[4] 刘劭：《人物志》，涵芬楼影印明正德刊本。

"玄微"之"思心",才"能通自然"。[1]扬雄正是因为"寂寞清静",才能忘怀富贵贫贱,才能"用心于内,不求于外",才能"默而好深湛之思",才具备"玄微"之"思心",亦才能体味玄道,建立起"太玄"哲学体系,引领汉代学术由实而虚、由繁而简、由学而识之新发展。所以,桓谭说:

> 贾谊不左迁失志,则文彩不发;淮南不贵盛富饶,则不能广聘骏士,使著文作书;太史公不典掌书记,则不能条悉古今;扬雄不贫,则不能作《玄》《言》。[2]

或者说,扬雄因贫而清静,故有"玄心";因孤而寂寞,故能深思,通"玄微"。具"玄心",能深思,通"玄微",需要具备一定的外在条件,王充的说法是有道理的,其云:

> 或曰:著作者,思虑间也,未必材知出异人也。居不幽,思不至,使著作之人,总众事之凡,典国境之职,汲汲忙忙,或暇著作?试使庸人积闲暇之思,亦能成篇八十数。文王日昃不暇食,周公一沐三握发,何暇优游为丽美之文于笔札?孔子作《春秋》,不用于周也;司马长卿不预公卿之事,故能作《子虚》之赋;扬子云存中郎之官,故能成《太玄经》,就《法言》。使孔子得王,《春秋》不作;长卿、子云为相,赋、《玄》不工。[3]

"居不幽,思不至",扬雄"居幽"而"思至"。故学者讨论扬雄之

---

[1] 参见汪文学《从〈人物志〉论汉晋学风之变迁》,见《汉唐文化与文学论集》,贵州大学出版社 2008 年版。

[2] 朱谦之:《新辑本桓谭新论》第 2 页,中华书局 2009 年版。

[3] 王充:《论衡·书解》,黄晖《论衡校释》第 1152 页,中华书局 1990 年版。

学术成就，皆特别强调其"深思"之功。[1]

避乱自保的家族传统，影响了扬雄明哲保身人生观之形成；数次长途迁徙而导致的变动不居的家族基因，涵育了扬雄的浪漫意识和创造精神；五世单传的孤寂的家族环境，培育了扬雄寂寞清静的人生性格；贫俭的家庭生活，养成了扬雄安贫乐道的人生理想；孤寂的家族环境和贫俭的家庭生活又为他的"玄思大义"创造了条件。

2. 具有"异端"特质的师友网络培植了扬雄思想的"异端"特色

扬雄一生交游甚少，一方面是由其寂寞清静之性格所决定，另一方面亦与其"口吃不能剧谈"而妨碍与他人的交流有关，所以，他因交游而建立起来的师友圈子甚小，交往较为密切的主要有严君平、刘歆、范逡、桓谭、班嗣、侯芭等数人而已。其中，范逡、班嗣、侯芭三人因事迹不详，而无法论其学术取向。严君平、刘歆、桓谭在当时皆有较大影响，并且与主流思想异趣，是有"异端"特质的文人。扬雄与之相处，并乐于与之建立师友关系，其心灵之契合与情感之共鸣，不难想象。

在扬雄的具有"异端"特质之师友网络中，对其影响最大的当数严君平。严君平，名遵，字君平，蜀郡成都人。本姓庄，班固《汉书》为避汉明帝讳，而更之为"严"。其生平经历，据《汉书·王贡两龚鲍传》说：

> 谷口有郑子真，蜀有严君平，皆修身自保，非其服弗服，非其食弗食。……君平卜筮于成都市，以为卜筮者贱业，而可以惠众。人有邪恶非正之问，则依蓍龟为言利害。与人子言依于孝，为人弟

---

[1] 参见本书第四章第三节之"玄思大义：扬雄的思辨精神"。

言依于顺，与人臣言依于忠。各因势导之以善，从吾言者，已过半矣。
裁日阅数人，得百钱，足自养，则闭肆下帘而授《老子》。博览无不通，
依老子、严周之指著书十余万言。扬雄少时从游学，以而仕京师，
显名，数为朝廷在位贤者称君平德。……君平年九十余，遂以其业终，
蜀人爱敬，至今称焉。[1]

其依"老子、严周之指"所著的十余万言，即《道德指归》一书。扬
雄十分敬重他的乡贤导师，他在《法言·问神》中称道说：

蜀庄沈冥，蜀庄之才之珍也，不作苟见，不治苟得，久幽而不
改其操，虽隋、和何以加诸？举兹以旃，不亦宝乎！吾珍庄也，居
难为也。[2]

在西汉中后期的学术思想领域，严君平是一位与主流学界渐趋繁
琐和迷信的今文经学思潮迥然不同的思想家，有明显的"异端"倾向。
首先，他"博览无不通"的治学方法，与当时一般经师默守一经并且
"一经说至百余万言"的拘泥繁琐、执障不通的学风，甚为异趣。其次，
他"修身自保"的处世方式和"日阅数人，得百钱足自养"的清静性格，
亦与当时儒生为利禄而学的功利取向，大为不同。其三，他既究心于老、
庄之学而又不废以忠孝顺善为核心的儒家思想，所体现出来的儒道兼
综之学术取径，亦与当时儒生专注于儒家经典的解读，很不相同。其
四，他在《道德指归》一书中对老子自然思想所展开的具有本体论性
质的思辨性阐释，直接启发了六朝玄学家的自然论思想。[3] 这种做法，

[1] 王先谦：《汉书补注》第 1341 页，中华书局 1983 年版。
[2] 汪荣宝：《法言义疏》第 200 页，中华书局 1987 年版。
[3] 参见金春峰《两汉思想史》（增补第三版）第 352、361 页，中国社会科学出版社
2006 年版。

在西汉中后期的知识界，无疑是独树一帜的。扬雄以如此一位具有明显"异端"倾向的思想家为师，其所受之启发和感染，不难想象。他之所以能转扭两汉之际思想文化的新发展，启发六朝之学的新气象，与其师之启发和影响，有密切关系。

与扬雄同时并且与之交往比较频繁的学术同辈，是刘歆。刘歆虽然长期在"体制"内从事图书文献的整理工作，但从其对当时学术主流风尚之批评看，从其在今文经学占统治地位之背景下鼓吹古文经学之举动看，他确是一位有明显"异端"倾向的人文学者。他批评当时占据主流地位的今文学风说：

> 往者缀学之士，不思废绝之阙，苟因陋就寡，分文析字，烦言碎辞，学者疲老，且不能究其一艺。信口说而背传记，是末师而非往古。至于国家将有大事，若立辟雍、封禅、巡狩之仪，则幽冥而莫知其原，犹欲保残守缺，挟恐见破之私意，而无从善服义之公心。或怀妒嫉，不考情实，雷同相从，随声是非，抑此三学。以《尚书》为备，谓左氏为不传《春秋》，岂不哀哉？[1]

对当时主流学风作如此尖锐的批评，在正统学者看来，确实不免"异端"倾向。或如侯外庐所说，刘歆之"异端"，在于他有"一种与神学系统不能并立的人文主义思想"。[2]更能体现刘歆学术之"异端"倾向者，是他在"神学气息"笼罩了百余年的思想界，今文经学经过统治者的提倡而有百余年历史之坚实根基的背景下，请立古文经学，发表激烈言辞，撰写有强烈战斗色彩的《移书让太常博士》，从而挑起了旷日持久的今古文之争。据载，刘歆请立古文经《左氏春秋》《毛

---

[1] 刘歆：《移书让太常博士》，王先谦《汉书补注》第 968 页，中华书局 1983 年版。

[2] 侯外庐：《中国思想通史》第二卷第 201 页，人民出版社 1992 年版。

诗》《逸礼》《古文尚书》，遭到今文家的强烈抵制，"名儒光禄大夫龚胜以歆移书上疏深自罪责，愿乞骸骨罢。及儒者师丹为大司空，亦大怒，奏歆改乱旧章，非毁先帝所立"，结果，"歆由是忤执政大臣，为众儒所讪，惧诛，求出补吏，为河内大守"。[1] 其强烈的斗争精神以及因此而产生的重大反响，正显现其鲜明的"异端"特质。

虽然扬雄与刘歆之间的相知相遇，未必像与桓谭那般契合相赏，如刘歆致书扬雄求借《方言》，扬雄婉转拒绝不与；扬雄著《太玄》，刘歆似不能理解，而有"覆瓿"之讥。但是，笔者认为，扬雄与刘歆的学术交往颇为频繁，据桓谭说，他们（包括桓谭、扬雄、刘歆）经常在一起就学术问题"辨析疑异"。刘歆身上那种人文气息和"异端"精神，当对扬雄发生过比较重要的影响。值得注意的是，刘歆发表《移书让太常博士》，争立古文经，与扬雄开始着手仿《周易》著《太玄》，这两件事情都发生在哀帝建平元年（公元前6），这不是一个偶然的巧合，其中定有某种相互间的启发、影响和助推关系，值得深究。

年龄略小于扬雄，与扬雄关系比较密切，且交往频繁者，是桓谭。在两汉之际的学术思想界，桓谭作为一位思想家的"异端"身份，已得到学术界的普遍认同。据《后汉书·桓谭传》载：

> 桓谭，字君山，沛国相人也。……好音律，善鼓琴，博学多通，遍习五经，皆训诂大义，不为章句，能文章，尤好古学，数从刘歆、扬雄辨析疑异。性嗜倡乐，简易不修威仪，而喜非毁俗儒，由是多见排抵。[2]

据此可见，桓谭在学术方法、学术取径、行为举止和兴趣爱好等方面，

---

[1] 《汉书·楚元王传》，王先谦《汉书补注》第968页，中华书局1983年版。
[2] 王先谦：《后汉书集解》第343页，中华书局1984年版。

皆与当时主流风尚甚为不同，并且喜欢"非毁俗儒"，由此"多见排抵"，其"异端"倾向相当显明。因此，其所著之《新论》，亦得到同有"异端"特征的王充之高度评价。据黄以周《桓子新论叙》说："王充作《论衡》，睥睨一切，而独折服是书。尝谓君山'作《新论》论世间事，辨昭然否，虚妄之言，伪饰之辞，莫不证定'。"甚至以为"《新论》之义与《春秋》会一，其推誉可谓至矣"。[1]桓谭之"异端"倾向，最突出地体现在他对当时社会普遍流行的谶纬之学的强烈反对。今文学者由繁琐而趋于迷信，遂普遍流于谶纬之途，据《后汉书·桓谭传》载：

> 是时帝方信谶，多以决定嫌疑。又酬赏少薄，天下不时安定。谭复上书曰：……观先王之所记述，咸以仁义正道为本，非有奇怪虚诞之事。盖天道性命，圣人所难言也。自子贡以下不得而闻，况后世浅儒能通之乎？今诸巧慧小才伎数之人，增益图书，矫称谶记，以欺惑贪邪，诖误人主，焉可不抑远之哉？臣谭伏闻陛下穷折方士黄白之术，甚为明矣。而乃欲听纳谶记，又何误也。……其后有诏会议灵台所处，帝谓谭曰："吾欲谶决之，何如？"谭默然良久曰："臣不读谶。"帝问其故，谭复极言谶之非经。帝大怒曰："桓谭非圣无法。"将下斩之。谭叩头流血，良久乃得解。出为六安郡丞，意忽忽不乐，道病卒，时年七十余。[2]

桓谭因反对谶纬而付出了生命代价。反对谶纬，即解蔽去伪，祛假存真，此为桓谭思想中最有价值的部分，《新论》之《谴非篇》《启寤篇》《祛蔽篇》《辨惑篇》皆为此而作，其与王充思想中的"疾虚妄"，是一脉相承的。扬雄与桓谭为友，经常在一起"辨析疑异"，如关于

---

[1] 朱谦之：《新辑本桓谭新论》之"附录"，中华书局2009年版。

[2] 王先谦：《后汉书集解》第344～345页，中华书局1984年版。

雅乐与俗乐的讨论，关于浑天说与盖天说的辨析等等。两人互为师友，求同存异，可谓知音相赏。二人私交亦甚为密切，扬雄去世后之丧事亦由桓谭主持操办。笔者认为，扬雄与这样一位极具"异端"倾向的思想家互为师友，长期相处，其所受之影响和启发，亦是显而易见的。侯外庐说："扬雄处于阴阳家方士思想弥漫的两汉之际而竟能正视历史上的唯物论无神论的遗产，以对抗当时神学家的非常异义可怪之论，这实在是值得我们特别重视的。"[1] 笔者认为，扬雄"对抗当时神学家的非常异义可怪之论"的学术资源或学术背景，当与桓谭的影响有一定的关系。

总之，与扬雄交往颇深的几位学者或思想家，如严君平、刘歆、桓谭等，其思想特质皆与当时主流思想和时代风尚颇为扞格，具有相当明显的"异端"倾向。而这种在当时被视为"异端"的思想，正是后来学术思想发展的主流方向，或者说，正是这些"异端"思想引领了学术思想发展的新方向。扬雄与这些"异端"学者，或以为师，如严君平；或视为友，如刘歆、桓谭。其学术思想相互渗透，彼此影响，因而亦颇具"异端"特色，[2] 故而能够成为引领学术思想发展新方向的代表人物之一。

3. 富于"边缘活力"的地域环境涵孕了扬雄的创新精神

如前所述，扬雄之所以成为扬雄，就在于他出生于一个独特的家族环境中。笔者进一步认为，扬雄之所以成为扬雄，又在于他成长于巴蜀这样一个独特的地域环境中。或者说，是巴蜀这种边省地域环境独具的"边缘活力"，涵孕和培植了扬雄的创新精神，从而决定他具

[1] 侯外庐：《中国思想通史》第二卷第 216 页，人民出版社 1992 年版。

[2] 侯外庐在《中国思想通史》中说："在汉代儒术神学化并庸俗化的时代，扬子敢于怀疑'俗'的一方面，部分采取了老子的思想，自有其异端的倾向。"（第二卷第 216 页，人民出版社 1992 年版）

备引领学术思想新发展的创造能力，进而成为两汉之际学术思想发展之转扭人物，成为开启六朝学术新风尚的重要人物。

"边缘活力"作为当代文化研究的一个重要学术概念，由杨义率先提出和展开讨论。杨义认为：文化和文学的发展皆有一个内在于文化的动力学系统。他将边疆的、边缘的文化动力，命名为"边缘活力"，认为这是文化动力学结构系统中的决定性力量。他说：

> 边缘文化不是只会被动的接受，它充满活性，在有选择接受中原影响的同时反作用于中原文化。少数民族的文明、边疆的文明往往处在两个或多个文化板块结合部，这种文明带有所谓原始野性和强悍的血液，而且带有不同的文化板块之间的混合性，带有流动性，跟中原的文化形成某种异质对峙和在新高度上融合的前景。这么一种文化形态跟中原发生碰撞的时候，它对中原文化就产生了挑战，同时也造成了一种边缘的活力。[1]

杨义慧眼洞见文化和文学发展之动力系统中的"边缘活力"问题，确为不刊之论，故一经提出，即引起学术界的广泛关注，成为当代文化和文学研究中的一个核心概念和重要视角，一些重要学术话题由此引出，一些众说纷纭的问题亦由此得到有效解释。

"边缘活力"的重要表现之一，就是边缘地区的文化和文学，相对于中土或中心地区来说，更具创新性和开放性。这种现象，在中国文学史上有特别明显的表现。比如，纵观中国文学发展史，我们发现，大部分独创性极强、富于浪漫精神、能开创一代新风气的作家，多来自民间或者边省，尤其是来自荆楚或巴蜀文化区，如屈原、司马相如、陈子昂、李白、苏轼、郭沫若等等。浪漫精神与艺术创造犹如一物之

---

[1] 杨义：《从文学史看"边缘活力"》，《人民日报》2010年2月26日。

两面，创造性是浪漫精神之核心，浪漫精神是激发创造性的动力。一个富有浪漫精神的作家，往往就具有比较强盛的创造能力。反之，创新意识强的人，往往不是倾向于现实理性而是热衷于浪漫激情。如屈原这样一位极具浪漫精神的作家，他远离中原主流文化，在楚国民间文学之基础上，创造性地创作出与中原主流文学迥然不同的"楚辞"文学，影响了汉代四百年乃至整个古代中国文学的创作，其创造性和影响力，无与伦比。所以，一般而言，民间或边省文人的艺术创新能力，往往大大超过中土或中心主流文人，中国文学史上的每一次重大进展，都依赖于民间或边省文人的天才创造，这是值得中国文学史研究者特别注意的。这种文艺现象，或许亦只有用"边缘活力"论才能获得合理的解释。

其次，"边缘活力"论可以为古代中国文学体裁的发生发展过程提供有效的解释。鲁迅曾经指出：古代中国的新文体皆来自民间，大体沿着由民间而庙堂的过程发展。关于这个问题，傅斯年有比较详细的讨论，他说：

> 若干文体的生命仿佛是有机体。所谓有机体的生命，乃是由生而少，而壮，而老，而死。……就是这些大文体，也都不像有千年以上的真寿命，都是开头来自田间，文人借用了，遂上台面，更有些文人继续修整扩张，弄得范围极大，技术极精，而原有之动荡力遂衰，以至于只剩了一个躯壳，为后人抄了又抄，失去了扩张的力气；只剩了文字上的生命，没有了语言上的生命。韵文是这样，散文也一般，详细的疏证，待"文体"一章说。这诚是文学史中的大问题，这层道理明白了，文学史或者可和生物史有同样的大节目可观。[1]

[1] 傅斯年：《中国古代文学史讲义》第 7 页，时代文艺出版社 2009 年版。

可惜傅斯年的"讲义"是一个未完成的讲稿，"文体"一章未见，所以"详细疏证"就不见下文。不过，他在这里已经讲得很明白，"文体"犹如"有机体的生命"，产生于"田间"，在"田间"时有"动荡力"，有"扩张的力气"。到了文人手里，"动荡力遂衰"，"失去了扩张的力气"，"只剩下一个躯壳"。换句话说，处于边缘状态时是有活力的，到了中心主流文人手里就逐渐丧失了活力。

的确，在中国古代文学史上，任何一种新兴的文体皆沿着由民间而庙堂、由边缘而主流的历程发展。诗歌是如此，没有国风即无雅颂，没有乐府古诗即无汉魏文人五、七言诗。或者说，庙堂之上的雅颂诗篇是在学习国风之基础上发展起来的，汉魏文人五、七言诗是在仿效乐府诗歌之基础上发展起来的。辞赋是这样，没有边缘文人屈原、司马相如的创作，就没有汉赋创作的繁荣局面。词、曲、小说亦然，它们最初亦产生于民间，是民间文人的创造，如果没有民间曲子词和民间讲唱文学，中土主流文人亦是无能为力的。古代中国文学文体之发展变迁，似乎昭示了这样一个事实，即任何一种新兴文体皆来自于民间或边缘，中土主流文人只能被动地学习和模仿。一种来自民间或边缘的文体，引起中土主流文人之注意，进而学习和模仿，使其日益精致，渐趋典雅。但是，在日益精致、渐趋典雅的同时，又使其逐渐丧失生命力和动荡力，于是又从民间或边缘汲取另一种新文体来学习和模仿。如此循环往复，一部二千多年的中国文学史，大体上就是这样发展过来的。

总之，在二千多年的中国文学发展史上，创造新文体、开创新风气的文士，多是民间或者边省文人，中土主流文人一般只能步其后尘，受其影响，吸其滋养。当然，中土主流文人毋需为自己仅能模仿学习而自惭，民间或边省文人亦不可因其创造新文体和开创新风气而自大。

其实，两者之间可以互相补充，相得益彰（详后）。文学史上的繁荣时代，往往就是二者联动发展的结果。

接下来，笔者需要讨论的是，为什么边省或民间文人能够开创新风气、创造新文体？为什么文学发展之历史会呈现出如此令人费解的局面？笔者认为：此种现象，关涉到文化经验与艺术创造、边缘活力与艺术创新之关系问题。

一般而言，由若干历史年代积累下来的文化经验总是有用的，因为"以古为镜，可以知兴替"；由坎坷曲折之人生经历积累而成的生活经验亦是有价值的，因为它可以避免重蹈覆辙。经验是有用的，但它的适用度是有限的。比如，在科学研究中，丰富的经验积累可以避免少走弯路，尽快达到预期目的，取得预期效果。但是，在艺术创作中，经验的价值却要大打折扣。因为经验犹如传统，它是一种惯性力量，它盘踞在我们的头脑中，往往先入为主，我们甚至常常无法抗拒它的摆布，在经验面前我们往往是被动的。所以，经验具有一定的限制性，它会束缚一个人的创造性思维，限制一个人的创造性活动。大体而言，经验的多寡与创造性的高低成反比例。经验越丰富，创新能力就越低；经验越稀少，创新能力就越强。此正如意大利哲学家维柯《新科学》所揭示的：没有任何经验的儿童的活动，必然是诗的活动。原始民族作为人类的儿童，其创造的文化包括诗、宗教、语言和制度等，都是通过形象思维而不是抽象思维形成的，因而都带有创造和虚构的性质。因此，其活动是诗的活动，其文化是诗的文化。人类进入抽象思维的时代，亦就由童年期进入成年期，形象思维受制于抽象思维，诗亦就失去了原有的强旺的生命力。[1]另外，据英国美学家爱德华·布洛的"心理距离说"，经验总是把事物的同一个面转向我们，突然从另一面，

---

[1] 朱光潜：《西方美学史》上卷第 334 页，人民文学出版社 1979 年版。

即寻常未加注意的一面去看事物，往往能给人一种启示，而这种启示正是艺术的启示。[1] 因此，艺术家成功的秘诀，就是摆脱经验的束缚和抽象思维的拘限，寻求从寻常未加注意的另一个独特视角去观照对象，以获取与众不同的感受。明乎此，就能理解西方理论家为何常常认为儿童是天生的艺术家？中国学者讲创作为何尤重"童心"？古今中外文学大家的代表作为何总是创作于早期而不是晚年？

所以，要辩证地评价文化积淀和历史经验对人类社会生活的影响和意义，对于以创新精神为生命源泉的艺术创作来说，过于丰富的历史经验反而会带来消极影响，特别厚重的文化积淀因限制了人类创造力之发挥而对于艺术创作有负面的意义。而民间或边省文人，生活在文化积淀不算厚重和历史经验不算丰富的"边缘"地区，因而具有特别的活力，拥有较强的开放精神和创新意识。所以，杨义认为：

> 中原文化要维持它的权威性，维持它的官方地位，它在不断的论证和发展过程中，自己变得严密了，也变得模式化、僵化了。这个时候，少数民族的文化带有原始性，带有流动性，带有不同的文明板块结合部特有的开放性，就可能给中原地区输进一些新鲜的，甚至异质的、不同于原来的文明的新因素。[2]

文化积淀太深厚，历史经验太丰富，权威地位得以树立，不再拥有危机性反省意识，自高自大，封闭自守，必然失去创造精神，失去生机和活力，变成僵化和模式的教条。因此，傅斯年的意见值得注意，他说：

---

[1] 朱狄：《当代西方美学》第 295 页，人民出版社 1984 年版。

[2] 杨义：《从文学史看"边缘活力"》，《人民日报》2010 年 2 月 26 日。

文化只增加社会的复杂，不多增加社会的质实。一个民族蕴积他的潜力每在享受高等的物质文化之先，因为一个民族在不曾享受高等的物质文化时，简单的社会的组织，即是保留它的自然和精力的，既一旦享受文化之赐，看来像是上天，实在是用它早岁储蓄下的本钱而已。

所以，在他看来，"一个新民族，一旦震于文化之威，每每一蹶不振。若文化只能化了他的外表，而它的骨肉还能保存了它的'野蛮'，然后这个民族必光大"。[1] 这种观点，虽然稍有反文化的嫌疑，但是，不可否认的是，"文化之威"确有制约创造精神的问题，倒是原始的"精力"和"野蛮"的基因能助其发扬光大。

因此，"边缘"为什么具有"活力"？就是因为"边缘"地区保留着原始"精力"和"野蛮"基因，边缘地区文化积淀不深厚，历史经验不丰富，可以任一己之本性而自由发挥，没有束缚，亦无需有摆脱束缚之挣扎，故能藉其原始"精力"和"野蛮"基因，充分发挥其创造精神，所以，相对于中土主流文化而言，就具有特别的活力。

"边缘"之所以具有强大的"活力"，除了上述的文化传统和历史经验的"负担少"而外，还在于它经常面临着分裂性挑战，往往处于危机反省中，因而能够产生创造性的适应能力。因为随着文化传播和交流的影响，"'发达'对'落后'，'现实'对'原始'的介入，当唤起一种觉醒后，会给本地文化文学，提供超越性发展视野和高度。这是因为外来文化进入，必然会产生排斥和抗拒，这种现象往往成为动力，造成一种创造性的适应"。据朱伟华说，"这种千百年历史生态和文明成果的历时沉淀积聚，在一个共时中被激活的时刻，最易产生转型的新文化和文学创新杰作"。另外，"边缘"之所以具有"活

---

[1] 傅斯年：《中国古代文学史讲义》第 26 页，时代文艺出版社 2009 年版。

力", 还在于它本身具有融旧创新的广阔发展空间, "落后地区'继起'的文学, 对人类精神文明成果占有'前沿'与'传统'之间广阔的领域, 在现实生活中处于多种社会形态共存的立体空间, 有融旧创新后发制人的机会。这种现象的存在, 落后地区'继起'的文学, 给处于劣势的国家和地区发展文学带来信心和启示"。[1] 所以, 在一定程度上, "落后"亦是一种优势, "后发赶超"是有学理依据的。"继起"的文学, "落后"的文化比主流文化或先进文化, 更具发展潜力, 更有发展空间。因为它不仅经常处于危机性反省中, 具有创造性适应的能力; 而且还处在"前沿"与"传统"之交汇点上, 具有广阔的发展空间。

基于上述观点, 我们便能理解边省文人的创新精神和中土主流文人的因循守旧。在文化上, 边省文人犹如人生之童年, 拥有一颗不受文化积淀和历史经验束缚的"童心", 其所处的边省地区文化相对落后, 基本不具备或者少有艺术经验, 文化积淀和历史经验亦不丰厚, 抽象思维亦不发达, 故其创作不受经验之约束, 其举手投足, 一笔一画, 皆真情流露, 自成佳境, 故而能引领艺术发展之新方向。中土主流文人犹如人生之中晚年, 其所处地区的文化积淀和历史经验特别丰厚, 其艺术经验亦非常丰富, 形象思维受制于抽象思维, 渐失童心, 渐丧真淳。因此, 其人所受经验之束缚亦尤其严重, 故其创作常常陈陈相因, 或借鉴边省之作以仿效之, 或就某种文体作精致典雅之纵深开掘。所以, 相对于边省文人的匠心独运, 中土主流文人的确不免因循守旧; 相对于边省文人引领艺术发展之新方向, 中土主流文人仅能适应艺术之新发展。或者说, 边省文人之特点是"开风气", 是"但开风气不为师"; 中土主流文人之特点是精加工, 树典范, 是"不开风气自为师"。相较而言, 边省文人之创作是新颖的, 但因其缺乏艺术经验, 所以其

---

[1] 朱伟华:《地域文化与地域文学之断想》,《山花》1998 年第 3 期。

艺术技巧是古拙的，甚至是粗糙的，不能作优美典雅、精致华赡之表述，虽然能够开创一代之新风气，但不能成为一代之艺术宗师。中土主流文人虽然缺乏创新精神，但是因其拥有深厚的文化积淀和丰富的艺术经验，对艺术技巧的掌握是边省文人无法企及的，故其能作优美典雅、精致华赡之纵深开掘，所以能够成为一代艺术之宗师。

当然，中土主流文人毋需为自己仅能模仿学习而自惭，边省文人亦不可因其创新精神而自大，两者之间可以相互补充，相得益彰。中国文学乃至中华文明历经两三千年的发展依然能够保持旺盛的生命力和经久不衰的影响力，主要原因之一就是得自于两者之间的互相补充，民间文化为主流文化提供活力，主流文化对民间文化进行加工和提升。

在中国文化史上，巴蜀文化区的创新活力是有目共睹的。如，汉代四大赋家，巴蜀地区就占有两位（司马相如和扬雄），再加上一个创作《洞箫赋》的王褒，边省文人几乎占去汉赋创作的半壁江山。此种现象，值得巴蜀文化研究者关注。更值得重视的，是中国文学史上最富浪漫精神因而亦是最具创造性的几位作家，如司马相如、陈子昂、李白、苏轼、郭沫若等人，均来自于地处边缘的巴蜀文化区。这不是一个偶然的巧合，应当是由某种地域文化基因所促成，用杨义的话说，这是一种典型的"边缘活力"。试着设想，汉代文学史上如果没有司马相如，进一步说，中国赋体文学史和中国古代文人心灵史上如果没有司马相如，将会是一个什么样的局面？是来自边省的司马相如拓展了赋体，并代表着赋体文学创作的最高水平，还影响着整个古代中国文人的心灵世界。[1]"一代唐音起射洪"，是来自边省的巴蜀才子陈子昂以其慧眼洞悉初盛唐之交中国诗歌发展之症结，以"汉魏风骨"

[1] 汪文学《传统中国文人的相如情结》，《博览群书》2008 年第 9 期。

改造有齐梁余风之初唐诗，为盛唐诗歌黄金时代的到来开辟了道路。[1] 所以，韩愈《荐士》诗说："国朝盛文章，子昂始高蹈。"还是来自巴蜀的天才诗人李白，以其卓越的天才创造和浪漫激情，以斩断众流的勇气和魄力，创造出中国古典诗歌创作的巅峰时代。没有李白的出现，唐代诗歌、唐代文化必将黯然失色，中国古典诗学亦将失去生机和活力。值得注意的是，与李白双峰并峙并共同推进盛唐诗歌黄金时代到来的诗圣杜甫，亦在四川住了近十年，其诗歌创作技巧之成熟和创造力的充分体现，亦是在边省四川完成的。因此，在一定程度上可以这样说，没有巴蜀文化就没有唐代文化；没有巴蜀才子就没有唐代诗歌。文学史上的"边缘活力"，由此更得一有力之佐证。再说，苏轼之于宋词，郭沫若之于中国现代文学，亦有举足轻重的地位和至关重要的影响，同样以其浪漫激情和天才创造为当时文学创作开创了新局面。

巴蜀地域文化的创新精神是显而易见的，在"边缘活力"说之观照下，其创新精神发生之缘由，亦能得到合理的解释。而扬雄就是成长于这样一个极富创新精神的地域环境中，其所以能够引领时代学术思想新风尚，在士风、学风和文风方面，开启六朝之学，当与此地域环境之创新活力有较大的关系。

综上，汉晋间的学术文化风尚，整体上呈现出由拘泥执障向清通简要的发展趋势，其学术思想具体呈现出由实而虚、由繁而简、由学而识的发展特点。置身于此学术文化发展之必然趋势的背景下，扬雄独特的家族背景和家庭生活养成了他的寂寞清静和深沉之思，具有"异端"特质的师友网络培植了他思想上的"异端"特色，富于"边缘活力"的地域环境涵孕了他的创新精神，从而使他个人具备适应和引领时代

[1] 汪文学：《一代唐音起射洪——论陈子昂在唐代诗文革新运动中的机遇问题》，《唐代文学研究》第 9 辑，广西师范大学出版社 2000 年版。

学术文化思想新风尚的可能性。正是此种时代文化思想发展的历史必然性和扬雄引领时代风尚之个人可能性的有机结合，导致了汉代之学的衰落和六朝之学的兴起。

第三章　企慕玄远：扬雄与六朝名士风范

汤用彤《魏晋玄学流别略论》说："溯自扬子云以后，汉代学士文人即间尝企慕玄远。"[1] 从扬雄开始，东汉以后至六朝时期的学士文人之"企慕玄远"，包括学术思想上的玄远之思和人格风范上的雅尚玄远。或者说，从扬雄开始，时代学风是"渐藻玄思"，时代士风是"简易清远"。本章在概述汉晋间士风之变迁和六朝名士新风尚之基础上，讨论扬雄的人生行事、性情好尚、人生哲学、处世观念和人生理想，及其与六朝名士新风范之关系。

一、汉晋间士风之变迁与六朝名士新风范概说

汉晋士风之变迁，主要体现在汉晋间学士文人在人生行事、性情好尚、价值取向和处世观念之发展上。大体而言，汉人尚实际，重功业，贵德行，尊经术，以经明行修、砥砺名节为特点，是一种道德功利型的人生境界；晋人贵通博，尚浮华，重交游，贵超脱，尚玄远，以浮华玄虚、率真自然为特点，是一种艺术审美型的人生境界。汉晋士风

---

[1]　汤用彤：《魏晋玄学论稿》第48页，中华书局1962年版。

之变迁，在总体上呈现出由经明行修而通侻简易的发展趋势。

六朝名士新风范的总体特点，就是简易通脱，旷达雅远，尚真去伪，一往情深。具体体现在通侻、雅远、旷达等几个方面。

1. "通侻"之风

六朝士风之新特点，如果用一个词来概括，就是"通侻"。其他如浮薄玄虚、迂诞浮华、雅远旷达、任真自然等等，皆是"通侻"之具体表现，或者说，皆是由"通侻"所导致。

"通侻"一词，最早见于《三国志·王粲传》，其云："（王）粲貌寝而体弱通侻。"何谓"通侻"？裴注云："通侻，简易也。"所谓"简易"，即不修威仪、佚荡不守礼法。"通侻"又称"简脱"，如《抱朴子·讥惑》说："简脱之俗成。"杨明照《抱朴子外篇校笺》云："《左传》僖公三十三年：'无礼则脱。'杜注：'脱，易也。'《国语·周语》中韦注：'脱，简脱也。'"[1]是知"简脱"即"简易"。"通侻"又称"轻脱"，如《颜氏家训·风操》说："如此比例，触类慎之，不可陷于轻脱。"王利器《颜氏家训集解》云："本书《养生》篇：'但须精审，不可轻脱。'《后汉书·列女传》：'班昭《女诫》曰：动静轻脱，视听陕输，……此谓不能专心正色矣。'《抱朴子·汉过》篇：'猝突萍骛，骄矜轻侻者，谓之巍峨瑰杰。'轻侻即轻脱，谓轻薄佻脱也。"[2]自东汉以来，凡代表新文化新思潮的人物，其为人皆有简易佚荡之特点，如扬雄为人"简易佚荡"，[3]桓谭"情嗜倡乐，简易不修威仪"，[4]说过"滔荡固大节"的曹植，亦有"性简易"的特点。

[1] 杨明照：《抱朴子外篇校笺》（下）第10页，中华书局1991年版。

[2] 王利器：《颜氏家训集解》第118页，上海古籍出版社1980年版。

[3] 《汉书·扬雄传》，王先谦《汉书补注》第1486页，中华书局1983年版。

[4] 《后汉书·桓谭传》，王先谦《后汉书集解》第343页，中华书局1984年版。

"通侻"士风之形成，与老庄之学的复兴和尚通意趣之流行密切相关。因尚通而不修威仪，不守礼法，故名之曰"通侻"。"通侻"风气之形成，亦与在尚通意趣之影响下形成的崇简之风有关，故前人多以"简易"释"通侻"，而"通侻"亦被称为"简脱"。"通侻"风气之形成，亦与在尚通意趣之影响下，士人尚轻敏而鄙威重有关，故"通侻"亦被名之为"轻脱"。

在老庄之学和尚通意趣之影响下产生的"通侻"士风，用裴頠《崇有论》的话说，就是"薄综世之务，贱功烈之用，高浮游之业，埤经实之贤"，或者说是"立言借其虚无，谓之'玄妙'；处官不亲所司，谓之'雅远'；奉身散其廉操，谓之'旷达'"。[1]亦如干宝《晋纪总论》所说：当时"风俗淫僻，耻尚失所。学者以老庄为宗而黜六经，谈者以虚薄为辩而贱名俭，行身者以放浊为通而狭节信，进仕者以苟得为贵而鄙居正，当官者以望空为高而笑勤恪"。[2]六朝士人尚"玄妙"，重"雅远"，贵"旷达"，皆是"通侻"士风的具体表现。

2. "雅远"之致

所谓"雅远"，即"薄综世之务，贱功烈之用"，或云"处官不亲所司"，亦就是追求一种远离尘务、雅致清远的生活境界。

一般说来，汉人普遍能急国家之难而乐尽人臣之道，这与尚功业、重德行的时代风气相吻合，亦与儒家的修齐观念密切相关。故柳诒徵说："吾谓汉代人民，最能尽国家之义务。汉之国威膨胀，因亦迥绝古今，不可第归美于一二帝王将相。"[3]李泽厚亦说："在汉代，中

---

[1] 裴頠：《崇有论》，严可均《全上古三代秦汉三国六朝文》之《全晋文》卷三十三，中华书局1958年版。

[2] 《文选》卷四十九，上海书店1988年影印胡克家刻本。

[3] 柳诒徵：《中国文化史》（上册）第305页，中国大百科全书出版社1988年版。

华民族是作为一个巨大的整体去征服支配外部世界的，个体的情感欲求的满足和发展处在次要的地位。"[1] "生当封侯，死当庙食"是一代士大夫的人生理想。东汉后期，宦官专权，朝政腐败，纲纪紊乱，文人士大夫的社会责任意识再一次被严酷的社会现实激发出来，如陈蕃说："大丈夫处世，当扫除天下，安事一室乎？"[2] 范滂"登车揽辔，慨然有澄清天下之志"，[3] 岑晊"虽在闾里，慨然有董正天下之志"。[4]

随着大汉帝国的没落，士人不能从外部世界的创造活动中获得满足，便转向于内心，追求生命存在的意义和价值。特别是汉末的两次党锢之祸，截断了士人参政议政的途径，亦沉重打击了士人建功立业的豪情壮志。魏晋之际，"天下多故，名士少有全者"，[5] 士人为了全身，或隐避不仕，或诗酒游宴，使自汉末以来逐渐萌发的道统与政统的分离局面，变成了现实。在此期间，"以天下风教为己任"的精神，被"宅心事外""希心高远"的"雅远"风范所取代，"综世之务"和"功烈之用"遭到唾弃，个体内在的风神情韵，得到前所未有的重视。名士把"论经者谓之俗生，说法理者名为俗吏"。[6] 士大夫以居官自任为"误落尘网"，或居官职，亦不以事务自婴。用干宝的话说，就是"当官者以望空为高而笑勤恪"。至于那些勤于政务、留心王政的官僚，每每遭到名士的讥讽，如"刘颂屡言治道，傅咸每纠邪正，皆谓之俗吏"。[7]言治道者为俗吏，论经术者是俗生。总之，皆未获得彻底的超脱。六

[1] 李泽厚：《中国美学史》（第1卷）第446页，中国社会科学出版社1984年版。

[2] 《后汉书·陈蕃传》，王先谦《后汉书集解》第759页，中华书局1984年版。

[3] 《后汉书·范滂传》，王先谦《后汉书集解》第774页，中华书局1984年版。

[4] 《后汉书·党锢传》，王先谦《后汉书集解》第777页，中华书局1984年版。

[5] 《晋书·阮籍传》，《晋书》（点校本）第1360页，中华书局1974年版。

[6] 《文选·晋纪总论》李善注引王隐《晋书》载傅玄语，上海书店1988年影印胡克家刻本。

[7] 干宝：《晋纪总论》，《文选》卷四十九，上海书店1988年影印胡克家刻本。

朝名士追求的以超脱为核心的"雅远"风范,既是对"优事理乱"之文吏的超越,亦是对"轨德立化"之儒生的超越。

追求"雅远"风范成为六朝名士的一种普遍风尚,如:

乐广与王衍俱宅心事外,名重一时,故天下言风流者,谓王、乐为称首焉。[1]

孙兴公曰:下官才能所经,悉不如诸贤。至于斟酌时宜,笼罩当世,亦多所不及。然以不才,时复托怀玄胜,远咏老、庄,萧条高寄,不与时务经怀,自谓此心无所与让也。[2]

王江州夫人语谢遏曰:汝何以都不复进,为是尘务经心?天分有限?[3]

戴安道中年画行像甚精妙,庾道季看之,谓戴云:神明太俗,由卿世情未尽。[4]

自晋宋以来,宰相皆文义自逸,(何)敬容独勤庶务,为世所嗤鄙。[5]

六朝名士追求的"雅远"风范,实际上就是一种超越的人生境界。超越礼仪的拘狭,超越世俗尘务的束缚,进入一种理想化、艺术化、审美化的人生境界。考察以上所举的例子,乐、王因"宅心事外"而"名重一时",并成为"天下风流"之"称首"。孙兴公以"不以时务经

[1] 《晋书·乐广传》,《晋书》(点校本)第1360页,中华书局1974年版。

[2] 《世说新语·品藻》,余嘉锡《世说新语笺疏》(修订本)第520页,上海古籍出版社1993年版。

[3] 《世说新语·贤媛》,余嘉锡《世说新语笺疏》(修订本)第697页,上海古籍出版社1993年版。

[4] 《世说新语·巧艺》,余嘉锡《世说新语笺疏》(修订本)第719页,上海古籍出版社1993年版。

[5] 《梁书·何敬容传》,《梁书》(点校本)第532页,中华书局1973年版。

怀"为自己的长处。王江州夫人认为谢遏"都不复进"（即没有什么长进）的原因，是因为"尘务经心"。戴安道的人物画"神明太俗"，是因为他"世情未尽"。据此可知，六朝名士所追求的"雅远"风范，是与世情、尘务相扞格的，或者说，是通过超越世情、尘务而实现的。

六朝名士超越尘世，追求雅远，对远情、胜情有特别的偏爱。其时盛行的吃药、饮酒、游赏山水等活动，皆为培养远、胜之情。如何晏说："服五石散，非唯治病，亦觉神明开朗。"[1] 饮酒与吃药有同样的效果，如王蕴说："酒正使人人自远。"[2] 饮酒可以让人超越尘世而入于远境，王荟亦说："酒正自引人著胜地。"[3] 所谓"胜地"，就是人生的"雅远"之境，"饮酒正是他们求得一种超越境界的实践"。[4] 六朝人游赏山水，亦是为了追求"胜情"，如许询"好游山水，而体便登陟，时人曰：许非徒有胜情，实有济胜之具。"[5] 总之，吃药、饮酒、游山水皆是"济胜之具"，皆为着超越尘世而进入"雅远"的人生境界。

3. "旷达"之境

所谓"旷达"，即"高浮游之业"，或云"奉身散其廉操"，亦就是追求一种率性放达、任真自然的人生境界。如果说"雅远"是一种艺术的、审美的人生境界，那末"旷达"则是一种自然的、任真的人生境界。

---

[1] 《世说新语·言语》，余嘉锡《世说新语笺疏》（修订本）第 74 页，上海古籍出版社 1993 年版。

[2] 余嘉锡：《世说新语笺疏》（修订本）第 748 页，上海古籍出版社 1993 年版。

[3] 《世说新语·任诞》，余嘉锡《世说新语笺疏》（修订本）第 759 页，上海古籍出版社 1993 年版。

[4] 王瑶：《文人与酒》，《中古文学史论集》，古典文学出版社 1956 年版。

[5] 《世说新语·栖逸》，余嘉锡《世说新语笺疏》（修订本）第 661 页，上海古籍出版社 1993 年版。

　　一般说来，汉人好修廉隅，尚异操，治威仪，尊气节，讲忠孝节义。此种士风在东汉尤其盛行，其情形如宋人程明道所说："东汉之士知名节，而不知节之以礼，逐至苦节。苦节既极，故魏晋之士变而为旷荡。"[1] 由"苦节"而"旷荡"，自然符合物极必返之常理，但物极必返必有某种因缘以促进之。笔者认为：促使汉晋士风由"苦节"而"旷达"之演进的因缘，是流行于汉末魏晋之尚通意趣。汉人尚名节，甚至流为苦节，这种行为方式的特点就是执障拘泥，执障就是不通，拘泥就是偏狭。在汉末以来的尚通意趣之影响下，士人在行为方式上力求破除执障拘泥，还人生以本来面目，追求放达自然，反对矫砺苦节，崇尚真率深情。用干宝的话说，就是"谈者以虚薄为辩而贱名俭，行身者以放浊为通而狭节信"。与汉代砥砺名节之风相比，此风确有浮薄、迂诞的特点，故而被传统学者斥为"浮华交会之风"，其人亦被责为"浮华交会之徒"。

　　此种旷达、浮华的新士风，在东汉学者马融身上已有明显的表现，史称马融"达生任性，不拘儒者之节"。[2] 至东汉中后期的部分太学诸生中得到进一步的发展。至魏晋，"魏文慕通达而天下贱守节"，遂演绎成一代风尚。如：

　　　　魏末阮籍，嗜酒荒放，露头散发，裸袒箕踞。其后贵游子弟阮瞻、王澄、谢鲲、胡毋辅之之徒，皆祖述于籍，谓得大道之本。故去巾帻，脱衣服，露丑恶，同禽兽。甚者名之为通，次者名之为达也。[3]

　　　　王戎为豫州刺史，遭母忧，性至孝，不拘礼制，饮酒食肉，或

---

[1]　《二程集》卷十八《河南程氏遗书序》。

[2]　《后汉书·马融传》，王先谦《后汉书集解》第686页，中华书局1984年版。

[3]　《世说新语·德行》注引王隐《晋书》，余嘉锡《世说新语笺疏》（修订本）第24页，上海古籍出版社1993年版。

观棋弈，而容貌毁悴，杖而后起。时汝南和峤，亦名士也，以礼法自持，处大忧，量米而食，然憔悴哀毁，不逮戎也。……世祖及时谈以此贵戎也。[1]

稽中散既被诛，向子期举郡计入洛，文王引进，问曰："闻君有箕山之志，何以在此？"对曰："巢、许狷介之士，不足多慕。"王大咨嗟。[2]

阮氏诸人的简易佚荡、任性而行，时人名之为"通"或"达"，足见尚通意趣与浮华士风间的内在联系。王戎、和峤同遭母丧，时谈贵戎轻峤，亦可见时人对苦节之蔑视和对真情之重视。尤其值得注意的，是巢、许这样的"狷介之士"亦遭时人鄙弃。故其时之隐士，亦有轻介尚通之特点，如：

戴逵字安道，……性甚快畅，泰于娱生，好鼓琴，善属文。尤好游燕，多与高门风流者游，谈者许其"通隐"。[3]

（何）点虽不入城府，然遨游人世，不簪不带，或驾柴车，蹑草履，恣心所适，致醉而归，士大夫多慕从之，时人号为"通隐"。[4]

总之，六朝士风之总体特征是"通侻"，具体表现为"雅远"和"旷达"两个方面。如果说"雅远"是一种艺术化、审美化的人生境界，那末，

---

[1] 《世说新语·德行》刘注引《晋阳秋》，余嘉锡《世说新语笺疏》（修订本）第19～20页，上海古籍出版社1993年版。

[2] 《世说新语·言语》，余嘉锡《世说新语笺疏》（修订本）第79页，上海古籍出版社1993年版。

[3] 《世说新语·雅量》注引《晋安帝纪》，余嘉锡《世说新语笺疏》（修订本）第373页，上海古籍出版社1993年版。

[4] 《梁书·何点传》，《梁书》（点校本）第732页，中华书局1973年版。

"旷达"则是一种任真、自然的人生境界，二者皆体现了六朝人的超越意识，超越尘世俗务而入于"雅远"的境界，超越礼仪拘限而入于"旷达"的境界。

二、简易佚荡与一往情深：扬雄的人生行事、性情好尚与六朝名士风范

在西汉中后期的知识群体和官僚队伍中，无论是从人生行事和性情好尚方面看，还是就学术旨趣和治学方法而言，扬雄皆是一个"另类"人物。故晋人范望称其为"朝隐"。近人徐复观认为，汉代文人多为"道德地政治形态"或"政治地道德形态"，而扬雄则是"知识型人生形态"，近似于西方所谓智者形态的人物，有好奇、好胜、好深、好博的特点。[1]扬雄之"另类"，主要体现在人生行事之简易佚荡和性情好尚之一往情深等方面，而这正显示了他与六朝名士风范之间的某种亲缘性。

1. 简易佚荡：扬雄的人生行事

扬雄在《自叙》中自称"为人简易佚荡"。"简易"，即"通侻"，"简易"作为一种人生行为方式，是与繁琐相对而言的。在汉代，一般儒生是拘文牵俗，动如节度，故其行为处事拘泥繁琐。与之相对的是"简易"，即简化礼仪，易于行，如《后汉书·桓谭传》称桓谭"简易不修威仪"。所谓"佚荡"，据玄应《一切经音义》卷五引《苍颉篇》说："佚，荡也。"《论语·季氏》说："乐佚游。"邢疏："乐佚游者，谓好出入不节也。"即"佚荡"乃同义连用，有放纵不节之意。另外，王先谦《汉书补注》注扬雄"为人简易佚荡"句引晋灼云："佚荡，

---

[1] 徐复观：《两汉思想史》（二）第 421 页，九州出版社 2014 年版。

缓也。"[1] 亦有不节制、不拘泥之意。可知"佚荡"亦是与拘文牵俗、动如节度相对而言，有洒脱、不拘泥的意思。如果说"简易"侧重于与礼仪之繁琐相对，那末"佚荡"则侧重于与守礼之拘泥相对。所以，"简易佚荡"，即因"简易"而"佚荡"，因不修威仪而洒脱自由。

扬雄一生之行事，可称为"简易佚荡"者，有如下数端。

其一，不为名所累。其在《自叙》中自称："清静亡为，少耆欲，不汲汲于富贵，不戚戚于贫贱，不修廉隅以徼名当世。"汉代一般学士文人皆有较强的功名意识，往往"汲汲于富贵，戚戚于贫贱"，常常重名尚节，以砥砺名节为人生之最高追求，故其时多有修廉隅异操以徼名当世者，此固为儒家思想影响下的必然产物。修廉隅异操以徼名，砥砺名节以扬世，均不免拘文牵俗，动如节度，实有拘泥繁琐之弊。而扬雄，因其有"清静亡为，少耆欲"之资质，故能忘怀富贵与贫贱，超越繁琐之礼俗，表现出自由洒脱、简易佚荡之特征。当然，扬雄亦因此付出了代价，据其《自叙》说："哀帝时，丁傅、董贤用事，诸附离之者，或起家至二千石。时雄方草《太玄》，有以自守，泊如也。"[2]《汉书·扬雄传》说："（雄）给事黄门，与王莽、刘歆并，哀帝之初，又与董贤同官，当成、哀、平间，莽、贤皆为三公，权倾人主，所荐莫不拔擢，而雄三世不徙官。"[3]

扬雄不为名所累，"不修廉隅以徼名当世"，但是，他并非不看重名，实际上他亦很重名誉。如《法言·学行》说："学以治之，思以精之，朋友以磨之，名誉以崇之，不倦以终之，可谓好学也已矣。"[4]《法言·先知》说："为政日新。或人：敢问日新。曰：使之利其仁，

[1] 王先谦：《汉书补注》第1486页，中华书局1983年版。
[2] 王先谦：《汉书补注》第1505页，中华书局1983年版。
[3] 王先谦：《汉书补注》第1512页，中华书局1983年版。
[4] 汪荣宝：《法言义疏》第12页，中华书局1987年版。

乐其义,厉之以名,引之以美,使之陶陶然之谓日新。"[1]即对于学者,"名誉以崇之",可使之"好学";对于为政者,"厉之以名",可使之"日新"。可见"名"之于治学和为政,皆有极其重要的意义。但是,扬雄所重之"名",是"令名",故《法言·重黎》说:"名者,令名也。"[2]此种"令名",非为"修廉隅以徼名"之"名",即不是通过"修廉隅"之虚伪做作所获得者。他反对通过有意"修廉隅"而获得的虚名,以为"不为名之名,其至矣乎!为名之名,其次也",[3]认为"人必先作,而后名之";[4]于妄毁妄誉尤其反感,以为"妄誉,仁之贼也;妄毁,义之贼也。贼仁近乡原,贼义近乡讪"。[5]批评东方朔是"名过其实者"。[6]他重视之"令名",是"德名"而非"势名"。《法言·问神》说:"或曰:君子疾没世而无名,盍势诸名卿,可几也。曰:君子德名为几,梁、齐、赵、楚之君非不富且贵也,恶乎成名?谷口郑子真,不屈其志,而耕乎岩石之下,名振于京师,岂其卿!岂其卿!"[7]汪荣宝《义疏》解释说:"德名对势名而言,藉势位以传者,为势名;由德行而成者,为德名。"[8]郑子真之"名",乃"德名"。郑子真何许人也?据《华阳国志·汉中士女赞》自注云:"郑子真,褒中人也,玄静守道,履至德之行,乃其人也。"或者说,"势名"是"为名之名",通过"修廉隅"而获得;"德名"是"不为名之名",以"玄静自守,履至德之行"而获得。扬雄追求的是"德名"而非"势名",故能超越富贵

---

[1] 汪荣宝:《法言义疏》第 290 页,中华书局 1987 年版。

[2] 汪荣宝:《法言义疏》第 267 页,中华书局 1987 年版。

[3] 《法言·孝至》,汪荣宝《法言义疏》第 531 页,中华书局 1987 年版。

[4] 《法言·君子》,汪荣宝《法言义疏》第 515 页,中华书局 1987 年版。

[5] 《法言·渊骞》,汪荣宝《法言义疏》第 490 页,中华书局 1987 年版。

[6] 《法言·渊骞》,汪荣宝《法言义疏》第 484 页,中华书局 1987 年版。

[7] 汪荣宝:《法言义疏》第 173 页,中华书局 1987 年版。

[8] 汪荣宝:《法言义疏》第 174 页,中华书局 1987 年版。

贫贱和礼仪廉隅，而呈现出简易佚荡、通侻自由之特点。

其二，不为利所牵。扬雄《自叙》说："家产不过十金，乏无儋石之储，晏如也。"如前所述，贫穷伴随扬雄一生之始终，出身于"有田一廛，有宅一区，世世以农桑为业"之家庭，决定其人生一起步就与贫穷为伴；桓谭为之张罗丧事，侯芭为之负土起坟，其人生之晚境亦是在贫穷中结束。贫穷虽然伴随了扬雄一生，但他并不以贫穷为意。在对待利益、权势、钱财等问题上，他与其前辈同乡司马相如是风格完全不同的两个人。大体上说，司马相如是一位物质欲望比较强烈的文人，他不回避对钱财的欲望和追求，所以在其《自叙》中，我们看到他以近乎敲诈的手段从卓王孙那里获得巨额财产时，他不是自惭形秽，而是多少有点自鸣得意，毫无愧色。而扬雄与之不同，在司马相如自鸣得意的这件事情上，扬雄则是指责他"窃赀于卓氏"。[1]

扬雄不为利所牵，即便是在相当困难的生活处境中，他亦能"晏如"自处，这说明他已经完全超脱了世俗社会的功利得失和富贵贫贱，而这亦正体现了他在情性上"简易佚荡"的一面。所以，千里迢迢从长安归葬其子扬乌于成都，在别人看来是"自令多费，而至贫困"的愚蠢之举。而于扬雄则不然，这是他超越物质的"佚荡"之举。他上书朝廷请求"不受三年之俸，且休脱直事之徭"，以用心于学术，亦体现了他超越功利、忘怀得失的"简易"性情。其实，他辞职以"休脱直事之徭"，与六朝名士之"不以俗务自婴"，确有明显渊源关系。至于他拒绝"蜀富人赍钱千万，愿载于书"的请求，[2] 更能体现他的超越情怀。而一篇《逐贫赋》，虽是游戏文字，亦确是自明心志之作。所以，他自称"自有大度"，"非其意，虽富贵，不事也"。所谓"大度"，

[1] 扬雄：《解嘲》，张震泽《扬雄集校注》第193页，上海古籍出版社1993年版。
[2] 王充：《论衡·佚文》，黄晖《论衡校释》第869页，中华书局1990年版。

就是"简易佚荡"。他之推崇孟子之"勇"，亦在于孟子"不以富贵贫贱死生动其心"。如《法言·渊骞》说："或问勇。曰：轲也。曰：何轲也？曰：轲也者，谓孟轲也。若荆轲，君子盗诸。请问孟轲之勇。曰：勇于义而果于德，不以贫富贵贱死生动其心，于勇也，其庶乎！"[1]

其三，值得注意，亦最能体现其"简易佚荡"之性情者，还有扬雄的嗜酒。据《汉书·扬雄传》称："（子云）家素贫，嗜酒，人希至其门。时有好事者载酒肴从游学，而巨鹿侯芭常从雄居，受其《太玄》《法言》焉。"扬雄"嗜酒"，著有《酒赋》一文。其文或作《酒箴》，如《汉书·陈遵传》；或作《酒赋》，如《太平御览》引《汉书》；或作《都酒赋》，如《北堂书钞》卷四十八。其文已散佚，《汉书·陈遵传》存其片断。张震泽说："据《陈遵传》云：其文为酒客难法度士。则可知赋文内容是设为酒客与法度士相辩难，《汉书·陈遵传》不过仅摘取其中比物一段，而此段正好有箴规之意，故题为《酒箴》，严氏（引者按，即严可均）又见此段专赋瓶，而曰'当以都酒为长'，是以一斑为全貌，错误是明显的。今故依各本定题为《酒赋》。"[2]张氏于此文题名之考察，大体可信；其考证此文的创作时间为扬雄四十三岁左右，亦可采信。其文设为酒客与法度士相辩难，其内容是"酒客难法度士"。所谓"酒客"，即扬雄等"嗜酒"之人。所谓"法度士"，当是指拘守法度之人。现存段落之结尾说："由是言之，酒何过乎？"据此推测，前文必有陈述酒之好处的文字，为酒之过辩护的文字。其与六朝名士刘伶之《酒德颂》，或有一定的渊源关系。

扬雄嗜酒，正如他的孤独和贫俭一样，酒亦成为他的一个具有标志性意义的身份符号。故后世文人说到扬雄，多言其嗜酒。如《抱朴

---

[1] 汪荣宝：《法言义疏》第419页，中华书局1987年版。

[2] 张震泽：《扬雄集校注》第153页，上海古籍出版社1993年版。

子·酒戒》说："扬雄酒不离口，而《太玄》乃就。"陶渊明《饮酒》
（其十八）说："子云性嗜酒，家贫无由得。时赖好事人，载醪祛所惑。
觞来为之尽，是咨无不塞。有时不肯言，岂不在伐国。仁者用其心，
何尝失显默。"刘勰《文心雕龙·程器》说："相如窃妻而受金，扬
雄嗜酒而少算。"在古代中国的礼仪生活中，酒具有十分重要的地位。
俗话说：无酒不成礼，就是这种情况的反映。在先秦两汉时期，饮酒
亦是人们日常生活中的普遍行为。西汉邹阳首次以酒为题著文，《西
京杂记》卷四载其《酒赋》一篇，其云："清者为酒，浊者为醴。清
者圣明，浊者顽呆。"但是，据现存文献考察，文人嗜酒，因为嗜酒
而为酒撰写专门文章，当自扬雄始。后人谈论文人与酒之关系，而特
别关注的早期人物，亦是扬雄。笔者认为，六朝时期，名士风流，饮
酒成为名士生活之时尚，追溯其渊源，或当始于扬雄。胡不归说："扬
雄因性嗜酒，已公开为酒辩护，且以酒客而非法度士，开阮籍辈以
酒对抗名教之风。"[1]阅读刘伶之《酒德颂》，总让人联想到扬雄之
《酒箴》，因为二者皆为酒辩护，盛赞酒之德与神。陶渊明《饮酒》
诗之十八，专咏扬雄之"嗜酒"，与其《五柳先生传》中嗜酒之自
我形象，又何其相似。扬雄之"企慕玄远"，或与其嗜酒有一定关系。
因为六朝名士之嗜酒，正是为了追求"玄远'。如王蕴说："酒正
使人人自远。"[2]王荟说："酒正自引人著胜地。"[3]所以，笔者认为，
六朝名士之嗜酒风尚，或始于扬雄。扬雄与六朝名士，皆是深明酒

[1] 胡不归：《读陶渊明札记》第125页，华东师范大学出版社2007年版。
[2] 刘义庆：《世说新语·任诞》，余嘉锡《世说新语笺疏》（修订本）第748页，
　　上海古籍出版社1993年版。
[3] 刘义庆：《世说新语·任诞》，余嘉锡《世说新语笺疏》（修订本）第759页，
　　上海古籍出版社1993年版。

中之真味与趣味的文人。[1] 扬雄之"嗜酒"，正体现其性情中"简易佚荡"的一面。

"简易佚荡"成为扬雄人生中的一种自觉追求，他在《太玄赋》中阐释自己甘于淡泊、超脱名利的人生追求时，以为自己是师法许由、老子"执玄静于中谷"，他说：

> 甘饵含毒，难数尝兮。麟而可羁，近犬羊兮。鸾凤高翔，戾青云兮。
> 不挂网罗，固足珍兮。斯错位极，离大戮兮。屈子慕清，葬鱼腹兮。
> 伯姬曜名，焚厥身兮。孤竹二子，饿首山兮。断迹属娄，何足称兮。
> 辟此数子，智若渊兮。我异于此，执太玄兮。荡然肆志，不拘挛兮。[2]

此段文字对于理解扬雄的人生观甚为关键。在他看来，李斯、屈原、伯姬、孤竹二子之人生，皆不足称，因为其人生皆有不自由的缺点。他所追求的是"荡然肆志不拘挛"的生活。所谓的"荡然肆志"，就是"简易佚荡"。另外，他在《法言·问神》中亦说："龙以不制为龙，圣人以不手为圣人。"李轨注曰："手者，桎梏之属。"[3] "不手"即"不制"，亦即上文所说的"荡然肆志不拘挛"。或者说，在扬雄看来，自由状态是生命最理想的状态。

总之，扬雄家贫而嗜酒，或不为名所累，或不为利所牵，充分体

---

[1] 陶渊明《饮酒》（十四）诗云："悠然迷所留，酒中有真味。"《孟府君传》云："（桓）温常问君：酒有何好？而卿嗜之。君笑而答曰：明公但不得酒中趣耳。"王瑶解释说："其实所谓酒中趣即是自然，一种在冥想中超脱现实世界的幻觉。……陶诗言'酒中有真味'，真即'任真'之真，也即自然。……所以酒中趣正是任真地酣畅所得的'真'的境界，所得的欢乐。"（王瑶《文人与酒》，王氏著《中古文学史论集》第34～35页，古典文学出版社1956年版。）

[2] 张震泽：《扬雄集校注》第144页，上海古籍出版社1993年版。

[3] 汪荣宝：《法言义疏》第142页，中华书局1987年版。

现了他性情上"简易佚荡"的一面。此种性情，在汉代固属"另类"，而在六朝时期则是名士风流之具体体现。"简易佚荡"之性情，在礼法之士看来，固属"另类"或者"异端"，而风流名士却常常以此自期，因此自诩。扬雄于其《自叙》中并不讳言自己"为人简易佚荡"，亦有自期自诩之意，故其精神与六朝名士颇为接近。所以，笔者认为，六朝名士风流起于扬雄。

2. 一往情深：扬雄的性情好尚

在一般人的心目中或者想象中，扬雄是一位典型的儒家学者，当是谨厚朴鲁、拘文牵俗、动如节度、内向沉静、不露真情、不苟言笑的道貌岸然之辈。其实，考察扬雄一生中的所作所为和所思所想，特别是其日常生活中的一些细节，笔者发现，扬雄其实并非一位拘文牵俗、动如节度的谨厚儒者。或者说，表面上冷静客观、谨厚拘泥的扬雄，内在里却是简易佚荡，一往情深，颇具浪漫精神，与六朝名士的风流媚趣有诸多的相似性或亲缘性。此种相似特征或者亲缘关系，不仅表现在前述简易佚荡之人生行事上，亦体现在一往情深之性情好尚上。

考察扬雄一生之经历，最能体现其一往情深之性情好尚者，主要有以下几件事情：

其一，读《离骚》而痛哭流涕，体现其一往情深。据《汉书·扬雄传》载：

> 雄怪屈原文过相如，至不容，作《离骚》，自投江而死，悲其文，读之未尝不流涕也。以为君子得时则大行，不得时则龙蛇，遇不遇命也，何必湛身哉？乃作书，往往摭《离骚》文而反之，自岷山投诸江流，以吊屈原，名曰《反离骚》。又旁《离骚》作重一篇，

名曰《广骚》。又旁《惜诵》以下至《怀沙》一卷，名曰《畔牢愁》。[1]

其《反离骚》等作品的创作时间，据张震泽考证，当是在扬雄三十岁时，其时他尚在蜀郡故乡。[2] 其所持之"遇不遇命也"的人生观，下文再论。值得注意的，是扬雄对屈原其文之深深感动和其人之深切同情。汉人甚重屈原其人其文，或讽诵之以作人生乐趣，如朱买臣等人；或高度评价其人格情操，如司马迁所谓"与日月争光可矣"；或搜罗其作品编纂成集，如刘向之《楚辞》；或为之诠释解诂，如刘安之《离骚传》和王逸之《楚辞章句》等等。但是，据现存文献，能深刻理解屈原其人其文，并被其深深感动者，当首推扬雄。前引一段文字有三个细节值得重视：一是"悲其文，读之未尝不流涕"；二是著《反离骚》，"自岷山投诸江流，以吊屈原"；三是模仿屈原文而创作系列作品。汉人读《离骚》，因"悲其文"而"未尝不流涕"者，扬雄一人而已，其所受感动之深，亦正说明扬雄亦是一往情深的性情中人。或者说，扬雄之一往情深与屈原引起共鸣，故而"读之未尝不流涕"。因有深深的感动，才有著文"自岷山投诸江流"，以吊屈原的浪漫举动，才有大量仿作之冲动与激情。所以，从扬雄对屈原其人其文之态度，可以推知扬雄本就是一位多情善感的性情中人。

《离骚》以情胜，故深于情者，常好诵读之。六朝名士风流浪漫，一往情深，故亦常有诵读屈原《离骚》之雅好。其时名士王孝伯有言："名士不必须奇才，但使常得无事，痛饮酒，熟读《离骚》，便可称名士。"[3] 亦就是说，诵读《离骚》是六朝名士的必修功课。笔者认为，

[1] 王先谦：《汉书补注》第1486页，中华书局1983年版。

[2] 张震泽：《扬雄集校注》第158页，上海古籍出版社1993年版。

[3] 刘义庆：《世说新语·任诞》，余嘉锡《世说新语笺疏》（修订本）第763页，上海古籍出版社1993年版。

六朝名士之诵读《离骚》，与扬雄之读《离骚》一样，皆因被《离骚》之深情所感动。进一步说，因扬雄与六朝名士一样，皆是一往情深的性情中人。因此，可以断言：六朝名士诵读《离骚》之风尚，始于扬雄。

其二，归葬其子耗尽家财而导致家贫，体现其一往情深。《法言·问神》说："育而不苗者，吾家之童乌乎！九龄而与我《玄》文。"李轨注云："童乌，子云之子也。仲尼悼颜渊苗而不秀，子云伤童乌育而不苗。""颜渊弱冠而与仲尼言《易》，童乌九龄而与杨子论《玄》。"[1]《华阳国志·益梁宁三州先汉以来士女目录》说："文学：神童扬乌，雄子也，七岁预父《玄》文，九龄卒。"[2] 又据《太平御览》卷三百八十五引《刘向别传》说："杨信字子乌，雄第二子。幼而聪慧，雄算《玄经》不会，子乌令作九数而得之。雄又拟《易》'羝羊触藩'，弥日不就。子乌曰：大人何不云'荷载入榛'？"桓谭《新论·识通》说："扬子云在长安，素贫约，比岁已甚，亡其两男，哀痛不已，皆归葬于蜀，遂至困乏。子云达圣道，明于死生，宜不下季札。然而慕恋死子，不能以义割恩，自令多费。"[3] 古典文献中关于扬雄之子扬乌的介绍材料，主要有以上几条。综合以上材料，有两点值得注意：

一是他天资聪慧，育而不苗，有神童资质。虽然像《刘向别传》所说的卓异之才，似有附会之嫌疑，汪荣宝《法言义疏》言之甚详，可以采信。但扬雄自述其子"九龄而与我《玄》文"，应当属实，故《华阳国志》称其为"文学神童"，当为有据。因此，后世便以"扬乌"为神童之代称，如《汉郎中郑固碑》云："君大男孟子有扬乌之才。"[4]《文士传》汉桓麟《答客诗》云："伊彼杨乌，命世称贤。"笔者认为，

[1] 汪荣宝：《法言义疏》第 166 页，中华书局 1987 年版。

[2] 刘琳：《华阳国志校注》第 913 页，巴蜀书社 1984 年版。

[3] 朱谦之：《新辑本桓谭新论》第 44 页，中华书局 2009 年版。

[4] 洪适：《隶释》，同治十年刻本。

作为神童的扬乌，育而不苗，子云伤之，此与六朝名士对神童的重视和赞誉，或有某种渊源关系。扬雄重神童，是出于对天才和智慧的崇尚。[1]如《法言·重黎》说："或问：甘罗之悟吕不韦，张辟强之觉平、勃，皆以十二龄，戊、良乎？曰：才也戊、良，不必父祖。"[2]六朝时期人才早秀的情况比较常见，如孔融四岁有识，十岁知名；曹植"年十余岁，诵读《诗》《论》及辞赋数十万言"；何晏"七岁明惠若神"；王弼"十余岁便好《庄》《老》，通辩能言"；向秀"少为山涛所知"；郭象"少有才理"；卫玠五岁知名；乐广八岁被目为名士；谢庄"年七岁能属文，通《论语》"；王融"少而神明警慧"；萧琛"少而朗悟，有纵横才辩"；任昉"幼而聪敏，早称神悟，四岁诵诗数十篇，八岁能属文"；刘孝绰"幼聪敏，七岁能属文"，号曰"神童"，等等。此类例子，见诸于当时文献，不胜枚举。[3]重视早慧的风气弥漫整个社会，胡师大雷先生在《中古时期家族对儿童的"文学"教育》一文中言之甚详，兹不赘论。[4]此种重视早慧之社会现象，推本溯源，与扬雄不无关系。

二是扬雄"比岁已甚，亡其两男"，因"慕恋死子"而"归葬于蜀"，"遂至困乏"，此正显示其一往情深之真性真情。因其有真性真情，故不惜耗费巨资将两男归葬于蜀，此与六朝名士之深情近似。如《世说新语·伤逝》说："王戎丧儿万子，山简往省之，王悲不自胜。简曰：孩抱中物，何至于此？王曰：圣人忘情，最下不及情；情之所钟，

---

[1]　参见本书第五章第一节"扬雄的'尚智'论与六朝文人的理性精神"。

[2]　汪荣宝：《法言义疏》第 375 页，中华书局 1987 年版。

[3]　王钟陵：《中国中古诗歌史》第 71～72 页，人民出版社 2005 年版。

[4]　胡大雷：《胡大雷集：南北文化与古典文学新论》第 89～102 页，线装书局 2011 年版。

正在我辈。简服其言，更为之恸。"[1] 而桓谭批评他"不能以义割恩，自令多费，遂至困乏"，是未能深悉子云之深情。所以，汪荣宝《义疏》批评说："九龄与《玄》，可谓智百常童。育而不苗，甚于夫人之动恸；持归葬蜀，以成人之道待之，亦情之不容已。而谓'不能以义割恩，自令多费'，斯鄙夫之见也。"[2]

其三，好学深思而执着于学术，体现其一往情深。一般而言，深情之人，常常非常执着，深情于某人或某事，往往就会执着地去追求，甚至至死不渝。在汉代知识群体中，扬雄是一位深情之人，亦是一位执着之士。他执着于对知识和学术的追求，抛开一切功利目的和世俗干扰，潜心演绎《太玄》，至死追求圣道，并旁及历史、天文、地理、语言、文学的研讨，是典型的"知识型人生形态"。这与汉代一般学者以知识和学术为利禄阶梯之做法，有显著区别，因而在汉代知识群体中，他亦当属"另类"。

据扬雄《答刘歆书》说：

> 雄为郎之岁，自奏少不得学，而心好沈博绝丽之文，愿不受三岁之奉，且休脱直事之徭，得肆心广意，以自克就。有诏可不夺奉，令尚书赐笔墨钱六万，得观书于石室。

扬雄"留职停薪"之目的，是为了"休脱直事之徭"，能够"肆心广意"于学术研究。本来家境就不宽裕的扬雄，做出如此决定，是需要勇气的，此亦充分体现了他超越世俗功利得失而究心于知识学问的执着精神。此种希望"休脱直事之徭"以"肆心广意"于知识学问的人

[1] 余嘉锡：《世说新语笺疏》（修订本）第 637 页，上海古籍出版社 1993 年版。
[2] 汪荣宝：《法言义疏》第 167 页，中华书局 1987 年版。

生追求，是非常纯粹的，与六朝名士"不以俗务自婴"的人生追求，确有诸多相似之处。一般而言，汉代经学家治学，大体皆为利禄之学，皆牵涉到具体的功利得失，极少有如扬雄这样纯粹的为学术而学术的精神。因深于情而富有执着精神的扬雄，对知识学问有极大的兴趣，实有为学术而学术的自觉精神。他整理汉代语言资料，编撰《方言》，可谓费尽一生之心力。其时学者皆注重章句训诂之学，走利禄之途，而扬雄自称"少不师章句，亦于《五经》之训所不解"，其所关注者乃是与利禄无关之《方言》的编撰，这纯粹是个人兴趣，是对真正的知识学问的追求使然。其在《答刘歆书》中说：

> 天下上计孝廉及内郡卫卒会者，雄常把三寸弱翰，斋油素四尺，以问其异语，归即以铅摘次之于椠，二十七岁于今矣。而语言或交错相反，方复论思详悉集之，燕其疑。

其费心费力，于此可见。当刘歆致书扬雄求取《方言》以入录其所编撰之《七略》时，扬雄以其书未成定稿而拒绝之，其言辞之坚决果断，亦可见其深情与执着，其云：

> 即君必欲胁之以威，陵之以武，欲令人之于此，此又未定，未可以见，令君又终之，则缢死以从命也。而可且宽假延期，必不敢有爱。

对于扬雄来说，耗时二十七年编就的《方言》，能够"列于汉籍，诚雄心所绝极至精之所想遭也"。但是，将一部未成定稿的《方言》"列于汉籍"，无异于"缢死以从命"。[1] 如此或可获得学术虚名，然终究有背于求真求实之知识趣味，故严辞拒绝之，此最能体现扬雄对知识的真诚与执着。非对学术有深情者，不能及此。另外，扬雄居贫草《玄》，亦体现其对学术学问之深情与执着。据扬雄《自叙》说：

> 哀帝时，丁傅、董贤用事，诸附离之者，或起家至二千石。时雄方草《太玄》，有以自守，泊如也。

泊如自守，是因其对学术有真兴趣，有真感情。这种一往情深的学术追求，常人往往不能理解。如张伯松虽甚看重其《方言》的价值，以为是"悬诸日月，不刊之书也"；然于《太玄》，则曰："恐雄为《太玄经》，由鼠坻之与牛场也，如其用，则实五稼，饱邦民；否则为牴粪弃之于道矣。"[2] 王充《论衡·齐世》亦说："杨子云作《太玄》，造《法言》，张伯松不肯一观，与之并肩，故贱其言也。"[3] 其实，张伯松不肯观《太玄》，未必是因为"与之并肩"而"贱其言"，实际可能是他不能欣赏《太玄》的价值。另外，刘歆亦说："空自苦，今学者有禄利，然尚不能明《易》，又如《玄》何？吾恐后人用覆酱瓿耳。"亦是不能理解扬雄为学术而学术之苦心。对于刘歆的批评，扬雄的态度是"笑而不答"。其实，"恬于势利"的扬雄，"用心于内，不求于外"。其对知识学问之一往情深和专注执着，是外人所不能理

---

[1] "缢死以从命"句，一般认为是将未成定稿之《方言》列入汉家书目，无异于中道夭折。或以为是扬雄面对刘歆之催逼，而以死自誓。黄侃《文心雕龙札记》即主是说，其云："案子云所以不与歆书者，以其书未成，且又无副本，子骏索之甚急，不得不以死自誓也。古人自视其学问如此，不似今人苟自炫价也。"（第110页，华东师范大学出版社1996年版）。若如此解释，更能见出扬雄对知识学问的执着追求。

[2] 扬雄：《答刘歆书》，张震泽《扬雄集校注》第264页，上海古籍出版社1993年版。

[3] 《论衡·齐世》，黄晖《论衡校释》第811页，中华书局1990年版。

解的，故只能是"笑而不答"。

综上所述，扬雄"恬于势利"，不为名所累，不为利所牵，家贫而嗜酒，故其为人有"简易佚荡"之风。其读《离骚》而痛哭流涕，慕恋死子而至困乏，超越世俗功利而穷心尽力于知识学问，故其为人有"一往情深"之致。正是因为其为人上的"简易佚荡"和性格上的"一往情深"，使他成为汉代知识群体中的"异端"或"另类"；亦正是因为此种"异端"或"另类"的作派，使他成为六朝名士风范之先行者。

三、明哲保身与俟时而动：扬雄的人生哲学与处世理念

大体而言，扬雄的人生哲学是明哲保身，其处世观念是俟时而动，其人生理想是安贫乐道。进而言之，俟时而动，是为明哲保身；明哲保身，势必要安贫乐道；安贫乐道，颜回乐处便是其理想的人生归宿。

1. 明哲保身：扬雄的人生哲学

《法言》有《问明》一篇，扬雄《自叙》概述其意旨说："明哲煌煌，旁烛无疆，逊于不虞，以保天命，撰《问明》。"[1] 是知此篇多阐发其明哲保身之人生哲学。事实上，正如近代学者对儒家之中庸观念多有误解一样，今人对扬雄明哲保身之人生哲学亦常常误读。据《法言·问明》说：

或问：活身。曰：明哲。或曰：童蒙则活，何乃明哲乎？曰：君子所贵，亦欲用明保慎其身也；如庸行翳路，冲冲而活，君子不贵也。

在扬雄看来，"活身"之道，在于"明哲"，故"明哲"是为"保

---

[1] 汪荣宝：《法言义疏》第569页，中华书局1987年版。

慎其身"。所谓"庸行翳路""冲冲而活",据汪荣宝《义疏》说:"容行翳路,谓障蔽其当由之道,令不知所趋向也。""冲冲而活,谓行无趋向,随众往来,罔之生也,幸而免死耳。"[1] 即无论是"庸行翳路",还是"冲冲而活",皆非"明哲"之举,故"君子不贵"。君子所贵者,乃在"明哲"以"活身",此乃扬雄明哲保身的人生哲学之大义所在。

明哲保身的人生哲学并非扬雄所独创,实乃儒家学者之传统观念。如《诗经·蒸民》说:"既明且哲,以保其身。"李轨注《法言》,正以此言注上引扬雄之语。按,扬雄尚聪贵明,重智重哲,[2] 故尤重以明智保慎其身。《法言·问明》说:

> 或问:人何尚?曰:尚智。曰:多以智杀身者,何其尚?曰:昔乎,皋陶以其智为帝谟,杀身者远矣;箕子以其智为武王陈《洪范》,杀身者远矣。

汪荣宝《义疏》解释说:

> 《诗》《书》所载圣贤多矣,明哲保身,其事非一。今论智而独举皋陶、箕子以为例者,皋陶两更禅让,历仕三朝;箕子先蒙内难,继丁革命,并以上哲,克全令名,各著彝训,传于后世。子云自审遭际,有类于斯,而哇紫之廷,不可论治,括囊《无咎》,终守吾《玄》。虽语默不同,所以全生远害,其道一也。[3]

大体而言,儒家的人生哲学,当有两极:一是明哲保身,二是杀

[1] 汪荣宝:《法言义疏》第 200 页,中华书局 1987 年版。
[2] 参见本书第五章第一节"扬雄的'尚智'论与六朝文人的理性精神"。
[3] 汪荣宝:《法言义疏》第 186~187 页,中华书局 1987 年版。

身成仁。相较而论，扬雄属前者，故其所赞赏之历史人物，不是杀身成仁者，而是明哲保身如皋陶、箕子等人。所以，扬雄品评历史人物，其标准有二：一是是否具有高尚的道德情操，二是能否做到明哲保身。

扬雄最为推崇的人物，是既能保持高尚的气节和操守，又能在险恶的世道中保全自身的人物。[1]因此，扬雄之所谓"明哲保身"，并不是苟且偷生，而是"不屈其意，不累其身"，或者说是在"不夷不惠，可否之间"，此确非一般人所能达到。故《法言·渊骞》评晁错曰"愚"。晁错于文帝时，太子家号为"智囊"，并非愚蠢之人。但是，正如李轨注所说："画策削诸侯王，七国既反，令盎得行其说，智而不能自明，朝服斩于东市。"[2]即虽然"明哲"而不能"保身"，故目之为"愚"。再如季布，《法言·重黎》说：

> 或问：季布忍焉，可为也？曰：能者为之，明哲不为也。或曰：当布之急，虽明哲之如何？曰：明哲不终项仕，如终项仕，焉攸避？[3]

季布受辱不羞，"被刑戮，为人奴而不死"，[4]虽然"保身"，但并非"明哲"之士。因为照扬雄之意，所谓"明哲保身"，不仅"不累其身"，还当"不屈其意"。季布"为人奴而不死"，有苟且偷生之嫌。故司马光注说："有才能自惜其死，欲有所施，如管仲、季布者则为之。君子既明且哲，以保其身，则不然。"又说："明哲必知项羽之终不可辅，而早去之。若终仕羽，羽败，当死之，复安所避乎？"[5]可谓深得扬雄"明哲保身"

---

[1] 郭君铭：《扬雄〈法言〉思想研究》第81页，巴蜀书社2006年版。

[2] 汪荣宝：《法言义疏》第460页，中华书局1987年版。

[3] 汪荣宝：《法言义疏》第398页，中华书局1987年版。

[4] 司马迁：《史记·季布栾布列传》，《史记》（点校本）第2735页，中华书局1959年版。

[5] 汪荣宝：《法言义疏》第186～187页，中华书局1987年版。

人生哲学之本意。据此亦可推知扬雄之所谓"明哲保身"，既不是苟且偷生，亦不是贪生怕死。又如关于屈原的评价，《法言·吾子》说："或问：屈原智乎？曰：如玉如莹，爰变丹青，如其智！如其智！"李轨注说："夫智者达天命，审行废，如玉如莹，磨而不磷。今屈原放逐，感激爰变，虽有文彩，丹青之伦尔。"是以屈原为不智，因为他未能"保身"。汪荣宝《义疏》以为："再言'如其智'者，谓谁如屈原之智。"[1] 是以屈原为"明哲"之智者。事实上，扬雄在《自叙》里说："怪屈原文过相如，至不容，作《离骚》，自投江而死。悲其文，读之未尝不流涕也。以为君子得时则大行，不得时则龙蛇，遇不遇命也，何必湛身哉？"已有批评屈原不"明哲"的意思。《反离骚》亦说屈原"弃由聃之所珍"，《太玄赋》自称："岂若师由聃兮，执玄静于中谷。"以为"甘饵含毒，难数尝兮。麟而可羁，近犬羊兮。鸾凤高翔，戾青云兮。不挂网罗，固足珍兮。斯错位极，离大戮兮。屈子慕清，葬鱼腹兮。伯姬曜名，焚厥身兮。孤竹二子，饿首山兮。断迹属娄，何足称兮。辟此数子，智若渊兮。我异于此，执太玄兮。荡然肆志，不拘挛兮。"[2] 认为伯姬、伯夷、伍子胥、李斯、晁错诸人，虽然"智若渊兮"，但终不得其死，实际上亦是不智。对屈原"慕清葬鱼腹"之人生结局，亦不以为然。在扬雄看来，屈原其人其文虽彪炳日月，但未能做到"明哲保身"。对于吕不韦"以国易宗""以人易货"而"身死宗放"之结局，亦认为是不明智之举。[3] 对于刺客要离、聂政、荆轲等为了"义"而不惜伤害自己或者亲人的生命，亦持批评态度。[4] 相较而言，"不挂网罗"之自由生活，更有意义，更值得追求，"荡

[1] 汪荣宝：《法言义疏》第 57～58 页，中华书局 1987 年版。
[2] 张震泽：《扬雄集校注》第 141～144 页，上海古籍出版社 1993 年版。
[3] 《法言·渊骞》，汪荣宝《法言义疏》第 431 页，中华书局 1987 年版。
[4] 《法言·渊骞》，汪荣宝《法言义疏》第 437 页，中华书局 1987 年版。

然肆志不拘挛兮", "固足珍兮", 此亦体现了他性格上简易佚荡的一面。因此,他更推崇张良的人生哲学,《法言·渊骞》说:"张子房之智。"张良之"智",正如李轨注所称,是"用行舍藏,功成身退",[1]即是典型的"明哲保身"。另外,扬雄于楚人"两龚"亦高度赞赏,《法言·问明》说:"楚两龚之洁,其清矣乎!"李轨注云:"楚人龚君宾、龚长倩也。当成、哀之世,并为谏大夫,俱著令闻,号曰'两龚'。王莽篡位之后,崇显名贤,复欲用之,称疾,遂终身不仕,洁清其志者也。"[2]可知"两龚"亦如张良一样,是善于"明哲保身"之人。

身处浇薄之世而无所作为,明哲保身之最佳途径,莫若做隐士。故扬雄盛赞商山四皓园公、绮里季、夏黄公、角里先生,目为"美行"。[3]尤其推崇严君平、李仲元、郑子真等隐士,如《法言·问明》说:"蜀庄沈冥,蜀庄之才之珍也,不作苟见,不治苟得,久幽而不改其操,虽随、和何以加诸?举兹以游,不亦珍乎?吾珍庄也,居难为也。不慕由,即夷矣,何谗欲之有。"[4]是对严君平的推崇。《法言·渊骞》说:"或问:子,蜀人也,请人。曰:有李仲元者,人也。其为人也,奈何?曰:不屈其意,不累其身。曰:是夷、惠之徒与?曰:不夷不惠,可否之间也。"[5]是对李仲元的赞赏。《法言·问神》说:"谷子郑子真,不屈其志,而耕乎岩石之下,名振于京师,岂其卿!岂其卿!"[6]是对郑子真的称许。

扬雄推尊隐士,其实他自己亦有"朝隐"之风范。范望《大玄赞序》

---

[1] 汪荣宝:《法言义疏》第 471 页,中华书局 1987 年版。

[2] 汪荣宝:《法言义疏》第 200 页,中华书局 1987 年版。

[3] 《法言·渊骞》,汪荣宝《法言义疏》第 450 页,中华书局 1987 年版。

[4] 汪荣宝:《法言义疏》第 200 页,中华书局 1987 年版。

[5] 汪荣宝:《法言义疏》第 490 页,中华书局 1987 年版。

[6] 汪荣宝:《法言义疏》第 173 页,中华书局 1987 年版。

说："扬子云处前汉之末，值王莽用事，身系乱世，逊退无由，是以朝隐，官爵不徙。"[1]是称子云为"朝隐"。姚信《士纬》亦说："扬子云深才潜知，屈伸沉浮，从容玄默，近于柳下惠朝隐之风。"[2]《法言·渊骞》云："或问：柳下惠非朝隐者与？曰：君子谓之不恭。古者高饿显，下禄隐。"[3]扬雄高扬隐者之风操，其对后世有显著影响。东汉以下隐逸渐成风尚，故《后汉书》专列"隐逸传"以记其人其事。值得注意的是，范晔《后汉书·逸民列传》说：

> 汉室中微，王莽篡位，士之蕴籍义愤甚矣。是时裂冠毁冕，相携持而去之者，盖不可胜数。扬雄曰：鸿飞冥冥，弋者何篡焉。言其违患之远也。"[4]

专门引用扬雄《法言·问明》篇之语以论隐逸之风尚，可见扬雄之观点于东汉六朝隐逸风尚所发生的影响。

总之，扬雄所谓的明哲保身，是"不屈其意，不累其身"，季布虽然"不累其身"，但却"屈其意"；屈原虽然"不屈其意'，但却"累其身"，皆非"明哲保身"之道。唯有商山四皓、张良、严君平、李仲元、郑子真等人，处于"不夷不惠，可否之间"，既"不屈其意"，亦"不累其身"，达到了真正的"明哲保身"之境。扬雄因持明哲保身之人生哲学，而推扬隐逸之风，其对六朝社会隐逸风尚形成的影响，是相当显著的。

---

[1] 司马光集注、刘韶军点校《太玄集注》之"附录"第232页，中华书局1998年版。

[2] 《太平御览》卷四百四十七引。

[3] 汪荣宝：《法言义疏》第484页，中华书局1987年版。

[4] 王先谦：《后汉书集解》第963页，中华书局1984年版。

2. 俟时而动：扬雄的处世理念

在传统儒家理想的人生哲学中，既有杀身成仁之一面，亦有明哲保身的一面，扬雄明显属于后者；在传统中国人的处世理念中，既有知其不可为而为之的一面，亦有俟时而动、相机而行的一面，扬雄显然亦属于后者。如果说前者是以儒家思想为背景的话，后者则是在儒家思想之底色上渗透了道家思想的成分。

如同明哲保身之人生哲学非扬雄首创一样，俟时而动之处世理念亦非扬雄所独创，实乃先秦儒道两家之一贯主张，扬雄只是对此作了进一步的发扬，并以此评论历史人物，指导自己的人生行事。俟时而动，相机而行，首先在于知时。孔子说："好从事而亟失时，可谓知乎？曰：不可。"[1] 时则智。智者从事，必审时度势，俟时相机，孔子说："道千乘之国，敬事而信，节用而爱人，使民以时。"[2] 具有相当突出之"尚智"精神的扬雄，[3] 在人生哲学上主张明哲保身，在处世理念上秉持俟时而动。或者说，是其明哲保身之人生哲学决定其处世观念上的俟时而动。这主要体现在他对屈原的评价上，如前所述，扬雄理解的明哲保身，是既要"不屈其意"，亦要"不累其身"。在扬雄看来，屈原虽然"不屈其意"，但是未能达到"不累其身"，所以算不上是明哲保身，因此不得"智"者之目。扬雄以为，屈原之不"智"，主要在于其不知时，他在《自叙》中评述屈原之"自沈"说："君子得时则大行，不得时则龙蛇，遇不遇命也，何必湛身哉？"实际上就是批评屈原不知时。其"摭《离骚》文而反之"之《反离骚》的最后一段说：

---

[1] 《论语·阳货》，刘宝楠《论语正义》第366页，诸子集成本，上海书店1986年版。

[2] 《论语·学而》，刘宝楠《论语正义》第7～9页，诸子集成本，上海书店1986年版。

[3] 详见本书第五章第一节"扬雄的'尚智'论与六朝文人的理性精神"。

夫圣哲之不遭兮，固时命之所有。虽增欷以于邑兮，吾恐灵修
之不累改。昔仲尼之去鲁兮，斐斐迟迟而周迈。终回复于旧都兮，
何必湘渊与涛濑。渊渔父之铺歠兮，絜沐浴之振衣。弃由聃之所珍兮，
蹠彭咸之所遗。[1]

仍是批评屈原但慕高古，未能相机知时，不能俟时而动。

扬雄在《解嘲》一文中，对俟时而动之处世理念有比较具体的阐释，
其云：

范睢，魏之亡命也，折肋拉髂，免于徽索，翕肩蹈背，扶服入橐，
激昂万乘之主，界泾阳抵穰侯而代之，当也。蔡泽，山东之匹夫也，
镊颐折頞，涕涶流沫，西揖强秦之相，搤其咽，炕其气，附其背而
夺其位，时也。……唯其人之赡知哉！亦会其时之可为也。故为可
为于可为之时，则从；为不可为于不可为之时，则凶。[2]

知时则智，在他看来，范睢、蔡泽诸人之所以能够建功立业，是因为
他们"会其时之可为"，能够俟时而动。他认为，只有俟时而动，才
能明哲保身，故云："为可为于可为之时，则从；为不可为于不可为
之时，则凶。"他分析秦楚之际"五十载之际而天下三擅"之原因，
认为这既是天意，亦是人为。而于人为，亦与"时"相关，其云："兼
才尚权，右计左数，动谨于时，人也。"[3]所谓"动谨于时"，亦即"俟
时而动"。因为在他看来，"非其时而望之，非其道而行之，亦不可

[1] 张震泽：《扬雄集校注》第 171 页，上海古籍出版社 1993 年版。
[2] 张震泽：《扬雄集校注》第 193 页，上海古籍出版社 1993 年版。
[3] 《法言·重黎》，汪荣宝《法言义疏》第 354 页，中华书局 1987 年版。

以至矣"。[1]

扬雄在讨论龙之潜升时，亦特别注意潜升与时的关系。《法言·问神》说："或曰：龙必欲飞天乎？曰；时飞则飞，时潜则潜。"[2]《问明》亦说："亨龙潜升，其贞利乎？或曰：龙何如可以贞利而亨？曰：时未可而潜，不亦贞乎？时可而升，不亦利乎？潜升在己，用之以时，不亦亨乎？"[3]龙之潜升，当俟时而动。朱鸟之来往，亦当如此，《问明》说："朱鸟翾翾，归其肆矣。或曰：奚取于朱鸟哉？曰：时来则来，时往则往，能来能往者，朱鸟之谓也。"[4]龙之潜升与朱鸟之来归，俟时而动，时潜则潜，则升则升，时来则来，时往则往，皆可谓知时者。

实际上，扬雄于此是借龙之潜升和朱鸟之往来，譬喻君子之知时。他在批评屈原不知时时指出："君子得时则大行，不得时则龙蛇。"对于君子之见与隐，《法言·问明》说："或问君子。在治曰若凤，在乱曰若凤。或人不渝。曰：未之思也。曰：治则见，乱则隐。鸿飞冥冥，弋人何慕焉？鷁明遴集，食其洁者矣；凤鸟跐跐，匪尧之庭。"[5]君子如凤，君子应当效仿朱鸟，"时来则来，则往则驷马难追往"，"治则见，乱则隐"。《法言·渊骞》说："或曰：隐道多端。曰：固也！圣言圣行，不逢其时，圣人隐也；贤言贤行，不逢其时，贤者隐也；谈言谈行，而不逢其时，谈者隐也。昔者箕子之漆其身也，狂接舆之被其发也，欲去而恐罹害者也。箕子之《洪范》，接舆之歌凤也哉。"[6]不逢其时，圣贤皆当"漆身""被发"而隐退。其《太玄·文》亦说：

---

[1] 《法言·寡见》，汪荣宝《法言义疏》第 245 页，中华书局 1987 年版。

[2] 汪荣宝：《法言义疏》第 141 页，中华书局 1987 年版。

[3] 汪荣宝：《法言义疏》第 197 ~ 198 页，中华书局 1987 年版。

[4] 汪荣宝：《法言义疏》第 208 页，中华书局 1987 年版。

[5] 汪荣宝：《法言义疏》第 194 页，中华书局 1987 年版。

[6] 汪荣宝：《法言义疏》第 483 ~ 484 页，中华书局 1987 年版。

"君子修德以俟时，不先时而起，不后时而缩。动止微章，不失其法者，其唯君子乎！"[1] 其"玄"道在于"知止知行"，其"玄"德在于"俟时而动"。[2] 在《太玄》书中，扬雄屡次论及"时"，以为俟时而动，则事功显著。如《太玄》"干"："次四：干言入骨，时贞。测曰：干骨之时，直其道也。"[3]《太玄》"锐"："次四：锐于时，无不利。测曰：锐于时，得其适也。"[4]《太玄》"更"："次二：时七时九，轸转其道。测曰：时七时九，不失当也。"[5] 以为不待时而动，则必遭横祸，《太玄》"成"："次八：时成不成，独失中也。"[6] 这正是他在《解嘲》中所说的，"为可为于可为之时，则从；为不可为于不可为之时，则凶"。[7]

俟时而动是实现明哲保身之前提和基础，无论是俟时而动，还是明哲保身，皆是由扬雄尚智贵明之理性精神所决定的。

3. 安贫乐道：扬雄的人生理想

知时则智，俟时而动，方能实现"不屈其意，不累其身"的明哲保身的人生哲学。或者说，明哲保身之人生哲学和俟时而动之处世观念，皆是在尚智精神之影响下形成的。扬雄尚智，故其崇尚明哲保身和俟时而动。在扬雄所处之时代，无论是时代政治背景，还是扬雄个人的性情好尚，皆非有所作为的时代，故其为自己设定的人生理想境界，是安贫乐道，是颜回乐处。

[1] 司马光集注、刘韶军点校《太玄集注》第 206 页，中华书局 1998 年版。
[2] 解丽霞：《扬雄与汉代经学》第 52 页，广东人民出版社 2011 年版。
[3] 司马光集注、刘韶军点校《太玄集注》第 20 页，中华书局 1998 年版。
[4] 司马光集注、刘韶军点校《太玄集注》第 34 页，中华书局 1998 年版。
[5] 司马光集注、刘韶军点校《太玄集注》第 59 页，中华书局 1998 年版。
[6] 司马光集注、刘韶军点校《太玄集注》第 158 页，中华书局 1998 年版。
[7] 张震泽：《扬雄集校注》第 193 页，上海古籍出版社 1993 年版。

扬雄之安于贫困，并非全是外在现实因素之迫使，更主要是出于内心本真的自然追求。或者说，扬雄之于贫困，是心安理得，而非被迫接受。因此，即便是在"家产不过十金，乏无儋石之储"之窘境中，扬雄之态度亦是"晏如"或者"泊如"。他之请求"不受三年之奉，且休脱直事之徭"，以得专心于读书治学，亦非矫情之举，而是其内心真有对财富的轻贱之意。他对司马相如以近乎敲诈手段获取巨额资产，不以为然，以为是"窃赀于卓氏"，亦体现了他对财富的轻贱。他"慕恋死子"而归葬成都，他人以为这是"自令多费"的愚蠢之举，殊不知扬雄已经超越了贫贱富贵，并不在意财物之丰与俭。虽然他亦企图在仕途上有所发展，但"非其意，虽富贵不事也"。贫困之于他人，是被迫接受。而于扬雄，虽然不能说是主动争取，但面临贫困而心安理得，晏如泊如，确是事实。所以，"不汲汲于富贵，不戚戚于贫贱"这样的话，从他人口中说出，不免虚情矫饰；而从扬雄口中说出，却倍感亲切自然。

追求财富是人类的一种本能需求，司马迁《史记·货殖列传》说："天下熙熙皆为利来，天下攘攘皆为利往。"逐利确是人之常情。所以，对于一般人而言，轻财安贫皆不免虚情伪饰；而对于扬雄，他之安贫，在相当程度上可以说是一种自觉的意识。这种安贫的自觉意识，在其所著《逐贫赋》中有具体而生动的反映，其云：

> 扬子遁居，离俗独处。左邻崇山，右接旷野。邻垣乞儿，终贫且窭。礼薄义弊，相与群聚，惆怅失志，呼贫与语：汝在六极，投弃荒遐。好为庸卒，刑戮相加。匪惟幼稚，嬉戏土砂。居非近邻，接屋连家。恩轻毛羽，义薄轻罗。进不由德，退不受呵。久为滞客，其意谓何？人皆文绣，余褐不完。人皆稻粱，我独藜飧。贫无宝玩，何以接欢？

宗室之燕，为乐不槃。徒行负笈，出处易衣。身服百役，手足胼胝。
或耘或耔，沾体露肌。朋友道绝，进官凌迟。厥咎安在？职汝为之。
舍汝远窜，昆仑之颠。尔复我随，翰飞戾天。舍尔登山，岩穴隐藏。
尔复我随，陟彼高岗。舍尔入海，泛彼柏舟。尔复我随，载沉载浮。
我行尔动，我静尔休。岂无他人，从我何求？今汝去矣，勿复久留。
贫曰：唯唯。主人见逐，多言益嗤。心有所怀，愿得尽辞。昔我乃祖，
宗其明德。克佐帝尧，誓为典则。土阶茅茨，匪雕匪饰。爰及季世，
纵其昏惑。饕餮之群，贪富苟得。鄙我先人，乃傲乃骄。瑶台琼榭，
宗屋崇高。流酒为池，积肉为崤。是用鹤逝，不践其朝。三省吾身，
谓予无愆。处君之家，福禄如山。忘我大德，思我小怨。堪寒能暑，
少而习焉。寒暑不忒，等寿神仙。桀跖不顾，贪类不干。人皆重蔽，
予独露居。人皆怵惕，予独无虞。"言辞既罄，色厉目张。摄齐而兴，
降阶下堂。誓将去汝，适彼首阳。孤竹二子，与我连行。余乃避席，
辞谢不直。请不贰过，闻义则服。长与汝居，终无厌极。贫遂不去，
与我游息。[1]

这不仅仅是一篇游戏文字，而是体现了扬雄对于贫困的真实态度，是
我们理解扬雄安于贫俭、轻贱富贵的重要文献。或者说，此文之创作，
是扬雄由被动接受贫困至主动安于贫困的一个重要标志。

安于贫困，必有某种理论以作凭借，或者某种动力以作支撑。扬
雄之所以"安贫"，主要基于两个方面原因：一是基于老子祸福相倚
思想之影响。其《解嘲》说：

炎炎者灭，隆隆者绝。观雷观火，为盈为实。天收其声，地藏其热。
高明之家，鬼瞰其室。攫拏者亡，默默者存。位极者宗危，自守者身全。

[1] 张震泽：《扬雄集校注》第146～147页，上海古籍出版社1993年版。

是故知玄知默，守道之极。爱清爱静，游神之廷；唯寂唯寞，守德之宅。世异事变，人道不殊。彼我易时，未知何如。[1]

其《太玄赋》亦说：

观大《易》之损益兮，览老氏之倚伏。省忧喜之共门兮，察吉凶之同域。曒曒著乎日月兮，何俗圣之暗烛。岂惕宠以冒灾兮，将噬脐之不及。若飘风不终朝兮，骤雨不终日。雷隆隆而辍息兮，火犹炽而速灭。自夫物有盛衰兮，况人事之所极。奚贪婪于富贵兮，迄丧躬而危族。[2]

祸福相倚，忧喜共门，吉凶同域，此为老子之重要观念，扬雄受其影响，以作"安贫"之理论凭借。或者说，老子祸福相倚论，是扬雄"安贫"之理论依据。二是基于对道的尊崇与信仰。扬雄之所以能"安贫"，是因为他"乐道"。或者说，"乐道"是扬雄"安贫"之精神支撑。《法言·学行》说：

或谓子之治产，不如丹圭之富。曰：吾闻先生相与言，则以仁与义；市井相与言，则以财与利。如其富，如其富。或曰：先生生无以养也，死无以葬也，如之何？曰：以其所以养，养之至也；以其所以葬，葬之至也。[3]

相对于"治产"，扬雄更热衷"明道"。他说："大人之学也，为道；

[1] 张震泽：《扬雄集校注》第 191 页，上海古籍出版社 1993 年版。
[2] 张震泽：《扬雄集校注》第 138 页，上海古籍出版社 1993 年版。
[3] 汪荣宝：《法言义疏》第 35 页，中华书局 1987 年版。

小人之学也，为利。"[1] "明道"之于扬雄，是其人生之最高追求。其对"道"之体察与觉悟，是出于对纯粹知识学问的追求。他主张"诎人以从道"，反对"诎道以从人"；[2] 主张"诎身信道"，反对"诎道信身"。[3] 所以，学者以为：相对于王莽之托古改制，扬雄是"好古乐道"；相对于王莽、刘歆之"为术而学"，扬雄是"为道而学"。[4]

　　扬雄以安贫乐道为人生之理想境界，而在扬雄之前，以安贫乐道著称者是孔门弟子颜渊。故扬雄于孔门弟子中，最推崇颜渊，以"颜回乐处"为人生之最高境界。或者说，扬雄与颜回，因在性情特点和价值取向上很相似，故有惺惺相惜之感，异代知音之遇。徐复观说："扬雄在孔门弟子中，特推崇颜渊，强调孔、颜的关系，并特提出颜渊的乐处，这在两汉是非常特出的。"[5] 解丽霞进一步指出：孔门弟子中最著名的有颜渊、子贡、曾子三人，但此三人在汉代一般儒者之心目中有较大差别，子贡、曾子受重视的程度要远远高于颜渊。子贡、曾子得到汉儒之欣赏，主要是因为他们比较契合汉代制度构建的要求，颜渊仅以德行名世，不符合汉代"经世致用"之主流诉求。而扬雄一反主流，于汉儒颇为推崇之曾子，根本未曾提及；于子贡亦仅在《法言》中三处提及；而于颜渊则是推崇备至，完全是倍加称赞的语气。颜渊的"好学""乐贫"和"慕德"，是扬雄表彰的主要方面。在一个过分强调"经世致用""学为利禄"的时代背景里，扬雄标举颜渊，似乎和大潮流背道而驰，但其用心良苦，一方面是为了维护孔子的圣人形象，追寻孔子的真实思想；另一方面是为了表明自己的志向和立场，

---

[1]　《法言·学行》，汪荣宝《法言义疏》第 31 页，中华书局 1987 年版。

[2]　汪荣宝：《法言义疏》第 215 页，中华书局 1987 年版。

[3]　汪荣宝：《法言义疏》第 249 页，中华书局 1987 年版。

[4]　解丽霞：《扬雄与汉代经学》第 245、263 页，广东人民出版社 2011 年版。

[5]　徐复观：《两汉思想史》第二卷第 464 页，九州出版社 2014 年版。

表达不与俗儒同流合污的意愿。[1]

颜渊在孔门弟子中，以安贫乐道著称。孔子称道说："贤哉！回也。一箪食，一瓢饮，在陋巷，人不堪其忧，回也不改其乐。贤哉！回也。"[2]扬雄之推尊颜渊，亦侧重其"安贫乐道"之人生品格。《法言·学行》说：

> 或曰：猗顿之富以为孝，不亦至乎？颜其馁矣！曰：彼以其粗，颜以其精；彼以其回，颜以其贞。颜其劣乎？颜其劣乎？或曰：使我纡朱怀金，其乐可量也。曰：纡朱怀金者之乐，不如颜氏子之乐。颜氏子之乐也，内；纡朱怀金者之乐也，外。或曰：请问屡空之乐。曰：颜不孔，虽得天下不足以为乐。然亦有苦乎？曰：颜苦孔之卓之至也。或人瞿然曰：兹苦也，祇其所以为乐也与。[3]

《法言·修身》说：

> 山雌之肥，其意得乎？或曰：回之箪瓢，臞如之何？曰：明明在上，百官牛羊，亦山雌也。暗暗在上，箪瓢捽茹，亦山雌也，何其臞？千钧之轻，乌获力也；箪瓢之乐，颜氏德也。[4]

此外，颜渊之明哲保身，在扬雄看来，就是一种"以退为进"的处世哲学。《法言·君子》说：

> 或曰：子于天下则谁与？曰：与乎进者乎！或曰：贪夫位也，

---

[1] 解丽霞：《扬雄与汉代经学》第 153～158 页，广东人民出版社 2011 年版。

[2] 《论语·雍也》，刘宝楠《论语正义》第 121 页，诸子集成本，上海书店 1986 年版。

[3] 汪荣宝：《法言义疏》第 40~41 页，中华书局 1987 年版。

[4] 汪荣宝：《法言义疏》第 98 页，中华书局 1987 年版。

慕夫禄也，何其与？曰：此贪也，非进也。夫进也者，进于道，慕于德，殷之以仁义。进而进，退而退，日孳孳而不自知倦者也。或曰：进进则闻命矣，请问退进。曰：昔乎，颜渊以退为进，天下鲜俪焉。或曰：若此，则何少于必退也？曰：必进易俪，必退易俪也。进以礼，退以义，难俪也。[1]

他称赏"以退为进"，但是对于彻底遁世离群之行为，却不能苟同。《法言·先知》说："圣人乐陶成天下之化，使人有士君子之器者也。故不遁于世，不离于群。遁离者，是圣人乎？"[2] 笔者认为，扬雄人生哲学和处世观念上的明哲保身、俟时而动和安贫乐道，简言之，就是他所称道的颜渊之"以退为进"，就是"进以礼，退以义"。在先秦诸贤中，在孔门弟子里，能达到如此之境界者，唯有颜渊。故曰："颜渊以退为进，天下鲜俪矣。"所以，扬雄于孔门弟子最推尊颜渊。而东汉以来，特别是六朝名士之推崇颜渊，亦正在于他的"以退为进"之人生观念。所以，笔者认为，六朝学士文人之推崇颜渊，始于扬雄，或者说是受到扬雄之启发和影响。

在扬雄明哲保身、安贫乐道的人生哲学和处世理念上，值得注意的，还有他发挥颜渊的思想，对于个体"内省"功夫的强调，对自我生命和自我人格的保护与关爱。他特别强调"自爱""自敬""自辩""自知"。如《法言·君子》说：

人必先作，然后人名之。先求，然后人与之。人必其自爱也，而后人爱诸。人必其自敬也，而后人敬诸。自爱，仁之至也。自敬，

[1] 汪荣宝：《法言义疏》第 511 ~ 512 页，中华书局 1987 年版。
[2] 汪荣宝：《法言义疏》第 303 页，中华书局 1987 年版。

礼之至也。未有不自爱敬而人爱敬之者也。[1]

此论是对颜渊思想之发挥。据《荀子·子道》说："颜渊入。子曰：回，知者若何？仁者若何？颜渊对曰：知者自知，仁者自爱。子曰：可谓明君子矣。"君子以"自知""自爱"为人生准则。故晁错虽为太子家之"智囊"，但扬雄目之曰"愚"，就在于他没有"自知"。扬雄以为张良之"智"，"用行舍藏，功成身退"，就是"自智"。《法言·修身》说："天下有三门：由于情欲，入自禽门；由于礼义，入自人门。由于独智，入自圣门。"[2] 所谓"独智"，就是"自智"。颜渊之所以成为孔圣最器重的弟子，就在于他的"自知"，因其"自知"，故入"圣门"。"自智"者，当能"自辩"，《法言·重黎》说："或问：郦食其说陈留，下敖仓，说齐罢历下军，何辩也？韩信袭齐，以身脂鼎，何讪也？曰：夫辩也者，自辩也，如辩人，几矣。"司马光解释说："辩者以辞自明其志，则可矣。若恃其辩，欲以欺诱他人，此危事也。"[3] 又《法言·重黎》说："或问：茅焦历井干之死，使始皇奉虚左之乘。蔡生欲安项咸阳，不能移，又亨之，其者未辩与？曰：生舍其木侯而谓人木侯，亨不亦宜乎？焦逆讦而顺守之，虽辩，劘虎牙矣。"[4] 因其未能"自辩"，故有性命之虞。

历史上对颜渊的推崇，除孔、孟外，始于汉初。刘邦十二年"巡狩适鲁，以颜子配享孔子，祀以太牢"，[5] 这是以官方礼仪之形式确立颜渊的地位。在汉魏六朝时期，学者对颜渊的评价和接受，有一个

[1] 汪荣宝：《法言义疏》第515页，中华书局1987年版。

[2] 汪荣宝：《法言义疏》第104页，中华书局1987年版。

[3] 汪荣宝：《法言义疏》第377页、第379页，中华书局1987年版。

[4] 汪荣宝：《法言义疏》第372页，中华书局1987年版。

[5] 《汉书·高帝纪》，王先谦《汉书补注》第56页，中华书局1983年版。

由低迷到高潮的发展过程。据严可均《全上古三代秦汉三国六朝文》统计，提及颜渊的文章共有78篇，其中西汉有3篇，东汉有11篇，魏晋六朝则有64篇。尤其值得注意的，是六朝时期产生了不少专门的颜渊赞文，如魏曹髦《颜子论》、晋戴逵《颜回赞》、晋夏侯湛《颜子赞》、晋挚虞《颜子赞》、晋李颙《贤有鲁颜回颂》、晋孙楚《颜回赞》、梁元帝《又祭颜子文》，等等。大体而言，西汉虽以颜渊配享孔子，但其时学者对之并未有较大的兴趣。东汉以后，颜渊在知识界的地位不断提升，逐渐成为孔门弟子中最受推崇的人物。其发展之关键，当与扬雄有十分密切的关系。故徐复观说："孔颜并称，在不确定的意味上，殆始于庄子。在确定的意味上，殆始于扬雄。为学须以孔颜为鹄的，亦即以圣人为鹄的，也始于扬雄。"[1] 此当是有本之论。

四、余论：扬雄与陶渊明

扬雄在人生行事上之简易佚荡，在性情好尚上之一往情深，在人生哲学上之明哲保身，在处世观念上之俟时而动，在人生理想上之安贫乐道，其明显的共同特征，就是对个体自我生命和情感的珍爱与重视。其为人之简易佚荡，是对个体自由生命状态的呈显；其性情上之一往情深，是对个体自我生命真实情感之自由流露。无论是简易佚荡，还是一往情深，皆是人的感性生命的呈现，与汉儒拘文牵俗、动如节度之人生状态不同，而与六朝名士风范确有诸多相似之处。从这个意义上，可以说六朝名士风范始于扬雄。

扬雄尚智（详后），体现在人生哲学、处世观念和人生理想上，就是明哲保身，俟时而动，安贫乐道。学者以为，扬雄之尚智，与先

---

[1] 徐复观：《两汉思想史》（二）第465页，九州出版社2014年版。

秦儒家基于群体意识而产生的以知人为主要内容的尚智不同，扬雄之尚智服务于自身，主要落实在自我感性层面，以保全生命为价值底线，体现出对生命的珍爱；并在重生、爱生之基础上，对自我人格尊严的重视。所以，无论是作符命，还是投阁，都体现了扬雄对自我的全方位保护。作符命，是在生命层面对自我的保护；投阁之举，是在人格层面对自我的珍视。[1] 因此，他对屈原"如玉如莹"之个体人格高度赞赏，但对其"自沈"却不以为然，以为是不智的行为。[2] 对于吕韦"以国易宗"之行为而导致"身死宗放"之结局，亦认为是不智之举。[3] 对于刺客要离等人为了所谓的"义"而不惜伤害自己或者亲人的生命，亦持批评态度。[4] 对于季布之"忍"，亦不以为然，以为"能者为之，明哲不为也"。[5] 对于晁错之画策削弱诸侯而最终被斩于东市之结局，直接以"愚"目之。[6]

扬雄简易佚荡、一往情深之人生行事和明哲保身、安贫乐道之人生理念，大体如上所述。其与六朝名士新风尚之关系，是显而易见的。

---

[1] 侯文学：《扬雄智论发微》，《宁夏社会科学》2008 年第 2 期。许结亦说："纵览扬雄一生行事，有清虚自守、卑弱自持的一面，也有投身入世，不断抗争的一面，尽管这两面的相异性揭示了扬雄矛盾的持身思想和双重人格，但其对生命的珍视（献身或保身），却显示了人的自身价值和本质力量，这种从西汉宗庙殿堂充满神秘气氛的僵化意识中分裂出来的个性意识，是从神学目的论和谶纬宿命论中脱颖而出的人的觉醒的历史前进思想。"（《汉代文学思想史》第 197～198 页，人民文学出版社 2010 年版）。

[2] 《法言·吾子》，汪荣宝《法言义疏》第 57～58 页，中华书局 1987 年版。

[3] 《法言·渊骞》，汪荣宝《法言义疏》第 431 页，中华书局 1987 年版。

[4] 《法言·渊骞》，汪荣宝《法言义疏》第 437 页，中华书局 1987 年版。

[5] 《法言·重黎》，汪荣宝《法言义疏》第 398～399 页，中华书局 1987 年版。

[6] 《法言·渊骞》，汪荣宝《法言义疏》第 460 页，中华书局 1987 年版。

陶渊明作为六朝名士风范之显著代表，[1] 其与扬雄之间的渊源影响关系，已经引起学者的注意。如吴国富《"五柳先生"及"无弦琴"的守穷守默——从扬雄看陶渊明的"愤宋"》、[2] 范子烨《"游目汉庭中"：陶渊明与扬雄之关系发微——以＜饮酒＞其五为中心》等文，[3] 有一定的讨论。但其中尚有未发之覆，现略述二文之观点并加以引申说明，并以陶渊明为例，说明扬雄与六朝名士新风尚之关系。

范子烨文以陶渊明《饮酒》（其五）为中心，讨论陶渊明与扬雄之关系，以为其诗乃陶渊明以扬雄自况。诗中"问君何能尔"之"君"，非学者通常以为的自称，乃是指扬雄。"结庐在人境"之"结庐"，典出扬雄《解嘲》中"结以倚庐"句。"心远地自偏"之"心远"，语出桓谭《新论·正经篇》评论扬雄时所说的"老子其心玄远而与道合"句，即扬雄"用心于内，不求于外"的"心远"之意。"'结庐在人境'乃是陶渊明借扬子以自况：扬子生活在长安闹市之中，陶公生活在庐山田野之中，二者出处不同，行迹有别，但同样都具有超尘脱俗的思想意识和人生情调，这就是陶公所说的'玄远'。"陶渊明于扬雄之推崇，还见于《饮酒》（其十八）"子云性嗜酒"一篇，此篇"盖托子云以自况"，"充分表现了渊明对扬雄人格精神的认同、解悟和赞佩"。扬雄于陶渊明之影响，还体现在陶诗多融铸《法言》《太玄》

---

[1] 袁行霈在《陶渊明与魏晋风流》一文中，将魏晋风流分为竹林风流、中朝风流、东渡风流、晋末风流四个阶段，其中以陶渊明和顾恺之为晋末风流之代表。他说："从魏晋风流的演变这个角度看来，陶渊明虽然处于魏晋风流的最后阶段，但他决不逊于那些赫赫大名的风流名士，甚至可以说他达到了风流的最自然的地步，因而是最风流的风流。"（《中国典籍与文化论丛》一第 8 页，中华书局 1993 年版）

[2] 吴国富：《"五柳先生"及"无弦琴"的守穷守默——从扬雄看陶渊明的"愤宋"》，《九江师专学报》2001 年第 2 期。

[3] 范子烨：《"游目汉庭中"：陶渊明与扬雄之关系发微——以饮酒其五为中心》，《四川师范大学学报》2013 年第 2 期。

之成语而入诗，还表现在用扬雄的儿子扬乌与自己的儿子陶佟作比较上。基于上述显见之影响，范氏以为："陶公生活在扬子四百年之后，他们隔着历史的河岸而莫逆于心。……毫无疑问，前者（扬雄）乃是后者（陶渊明）最重要的理性源泉之一。"

范氏之文，实多发明，颇有启发。若就扬雄于陶渊明之影响的讨论堪称全面者，当推吴氏之文。其中值得注意，且可进一步申论者，是其关于陶渊明《五柳先生传》与《汉书·扬雄传》之渊源影响关系的讨论。《汉书·扬雄传》"自《法言》目之前，皆是雄本《自序》之文"，[1] 故两篇皆为自叙传。据吴文说，陶文仿扬文之痕迹相当明显，据此可知二人之性情有相当成分的暗合之处。其一，陶文"闲静少言"，扬文"为人简易佚荡，口吃不能剧谈，默而好深湛之思"。其二，陶文"好读书，不求甚解，每有会意，便欣然忘食"。扬文"雄少而好学，不为章句，训诂通而已，博览无所不见"。其三，扬文"家产不过十金，乏无儋石之储，晏如也"。陶文"环堵萧然，不蔽风日。短褐穿结，箪瓢屡空，晏如也"。其四，扬文"清静亡为，少嗜欲"。陶文"不慕荣利"。其五，扬文"不汲汲于富贵，不戚戚于贫贱"。陶文"黔娄之妻有言：不戚戚于贫贱，不汲汲于富贵"。其六，《扬雄传》说："家素贫，嗜酒，人希至其门，时有好事者载酒肴从游学。"陶文"性嗜酒，家贫不能常得，亲旧知其如此，或置酒而招之，造饮辄尽，期在必醉，既醉而还，曾不吝情去留"。以上六点，足证陶渊明撰写《五柳先生传》时，肯定参考或者直接仿效了扬雄之《自叙》或者班固之《汉书·扬雄传》。而其所以要刻意参考或者仿效，就是基于二人在思想、性情、好尚等诸多方面有近似之处。略而言之，主要表现在以下几个方面。

其一，简易佚荡，超然物外。扬雄为人之简易佚荡，前已述及。

---

[1] 颜师古注《汉书·扬雄传》，王先谦《汉书补注》第1512页，中华书局1983年版。

其不为名所累，不为利所牵，"用心于内，不求于外"，其超然物外之情怀，前已论及。陶渊明之"不慕荣利"，超越生死，淡然处世，忘怀得失，更为学者所熟知。此乃二人于精神上最为契合之处。故渊明常以子云自况，亦是题中应有之义。

其二，任真深情，文酒风流。扬雄表面上的淳谨儒雅，实不能掩盖其内心之一往情深。其一往情深之表征，前已论列。文酒风流实为扬雄一生之真性情，故史称其"实好斯文"，"欲求文章成名于后世"。其于酒之偏爱，为酒所做之辩护，不仅影响及于刘伶之《酒德颂》，"开阮籍以酒对抗名教之风"，实为中国文化史上文酒风流之早期代表人物。渊明之于酒，可谓六朝名士中于"酒中真味"体会最深且切者，而其论酒所撰之《饮酒》组诗中，竟然有两篇以扬雄为题材（其五"结庐在人境"、其十八"子云性嗜酒"）。其《五柳先生传》仿《扬雄传》述己于酒之偏爱，皆可见渊明、扬雄于品味"酒中真味"上的契合。渊明之任真与深情，可称为魏晋风流之大宗。其于品味"酒中真味"之际，或"著文章以自娱，颇示己志"，或"酣觞赋诗，以乐其志"，其文酒风流，皆于扬雄有不谋而合之处。

其三，安贫乐道，依隐畅怀。贫之于扬雄，在中国文化史上实有标志性的意义，故学者言文士之贫，文人以贫典入诗，皆多涉及扬雄，甚或以为"扬雄不贫，不能作《玄》《言》"。扬雄不仅是"安贫"，甚至是"乐贫"，他之所以能达致如此超然之境界，是因其"乐道"。因其"乐道"，追求智性，以知识的探求为人生之快乐，故虽置身于名利之场，却能道遥于名利得失之外，纯然是一个"朝隐"形象。由此，其对隐士亦多加推崇，可视为中国文化史上首次对隐士以正面和全面评价者。有"隐逸诗人之宗"称号的陶渊明，作为当时著名的"巡阳三隐"之一的陶渊明，其于隐道的感悟与体会，与扬雄当有明显的渊源关系。渊明亦是一位"乐贫"之隐士，故其于"环堵萧然，不蔽风日。短褐穿结，箪瓢屡空"之际，亦依然能保持其"晏如"心境。其《感士不遇赋》说："望轩唐而永叹，甘贫贱而辞荣。"亦非虚张声势之言。其贫困之状态，他在《怨诗楚调示庞主簿邓治中》说："夏日长抱饥，寒夜无被眠。造夕思鸡鸣，及晨愿鸟迁。"其《咏贫士》七首，钟嵘《诗品序》特加表彰，以为"陶公咏贫之制，……斯皆五言之警策也"。故袁行霈说："渊明诗文多次言贫，此七首专咏贫士。……渊明所咏贫士虽困于财，而志不挠，气不屈，安于贫，乐于道，故引以为知己也。"[1]渊明"咏贫"之诗与扬雄"逐贫"之文，可谓异代同调，古今辉映。

其四，寂寞清静，知音难觅。扬雄和陶渊明皆可谓逆潮流而动之"异端"人物，故而在时代风尚之比照下，其寂寞亦就在所不免。而在寂寞中能以清静之情怀以坚持，在于他们身上皆有一种"守默"的精神。其实，"守默"并非本质上的追求，知音难觅才是根本的原因。孤独意识是子云和渊明心灵深处的最强音。如前所述，在中国文化史上，扬雄基本上是一个孤独文人的标志性符号，后此可堪比肩者，则当推陶渊明。为求孤独心灵之拯救，觅求知音是唯一的途径。故二人于知音之寻觅与因寻知音而不得的苦闷，实有一线相连之处。前举吴文考察陶渊明"无弦琴"之来历，即为一显例。吴文认为陶渊明"无弦琴"来源于扬雄"弦者放于无声"句。据《宋书·隐逸传》载："潜不解音声，而蓄素琴一张，无弦，每有酒适，辄抚弄以寄其意。"《晋书·阮逸传》亦载渊明语云："但识琴中趣，何劳弦上声。"扬雄著《太玄》，因为"太深，众人之不好也"，或难之曰："亶费精神于此，而烦学者于彼。譬画者画于无形，弦者放于无声，殆不可乎？"扬雄回答说：

---

[1] 袁行霈：《陶渊明集笺注》第364页，中华书局2003年版。

大味必淡，大音必希。大语叫叫，大道低回。是以声之眇者不可同于众人之耳，形之美者不可混于世俗之目，辞之衍者不可齐于庸人之听。……是故钟期死，伯牙绝弦破琴而不肯与众鼓，夔人亡，则匠石辍斤而不敢妄斫。师旷之调钟，俟知音者之在后也。孔子作《春秋》，几君子之前睹也。老聃有遗言，贵知我者希，此非其操与！[1]

吴氏以为，"绝弦"即"破琴"，"陶渊明的'无弦琴'实际就源于此文'伯牙绝弦破琴'及'弦者放于无声'，意味着知音已绝或'放于无声'"。此说可信，渊明与子云相通之处，于此可见一斑。尤需注意者，扬雄以"绝弦破琴"之典实表达的是知音难觅之本意，而渊明之弹"无弦琴"，亦正是传达此意。所以，陶渊明与扬雄，在各自所处之时代，因卓尔不群而成为"另类"，彰显"异端"，故不免寂寞。相距四百年却能遥相呼应，异代知音演绎出一场跨越古今的心灵对话。

在中国文学史上，独之于扬雄，贫之于扬雄，酒之于扬雄，皆有标志性意义。故在古典诗词里有关扬雄之典事中，多侧重于指向其独、贫、酒等方面。如左思《咏史》说："寂寂扬子宅，门无卿相舆。寥寥空宇中，所讲有玄虚。"卢照邻《长安古意》说："寂寂寥寥扬子居，年年岁岁一床书。"是咏其独。张耒《酒病中寄李十二招饮五首》（其一）说："班郎握笔未封侯，嗜酒扬雄欲白头。寂寞著书谁作伴，雨枝枫叶碧梧秋。"是咏其独与酒。张耒《冬怀三首》（其二）说："扬雄老不遇，寂寞玩文史。厕身虎狼间，乃卒脱其死。中恬遗外慕，独乐异众喜。但有载酒人，何用求在己。"苏轼《陈季常自岐亭见访郡中及旧州诸豪争欲邀致之》说："忽然载酒从陋巷，为爱扬雄作《酒

---

[1] 扬雄：《解难》，张震泽《扬雄集校注》第 199～202 页，上海古籍出版社 1993 年版。

箴》。"王士彤《九日饮酒会趣堂……承诸友》说："我似扬雄贫嗜酒，笔作耕犁纸为亩。"是咏其贫与酒。可以说，陶渊明与扬雄之间的契合之处，就在于独、贫与酒。

基于扬雄与渊明在精神情操上之相通相近，故历代诗人多有将二人并举者，如胡宰《喜西岗桥成并书邦美东西桥记后》说："躬耕会有年谷丰，笑咏五柳卑扬雄。"元如问《别董德卿》说："扬雄词赋今谁识，陶令田园先已荒。"或将"扬子居"与"南山""靖节庐"并举，如卢照邻《长安古意》说："寂寂寥寥扬子居，年年岁岁一床书。独有南山桂花发，飞来飞去袭人裾。""扬子居"与"南山"并举，"南山"意象，当与陶渊明诗句"采菊东篱下，悠然见南山"有关。学者认为，在古典诗词中，"扬子居"，或称"扬雄宅""子云宅"，是一个蕴含着清贫自足、孤高自守等内涵的文学意象。[1] 故与"靖节庐"意象的内涵相近，因而亦常常得以并举，如李纲《次韵和渊明饮酒二十首》（其十一）说："三径渊明居，一区子云宅。吾生诚易足，处静期息迹。"赵番《别杨谨仲》说："清静子云宅，扶疏陶令篇。"何梦桂《贺蛟峰先生入宅诗》说："一区自足子云宅，三径何妨靖节庐。"刘宰《趣刘卒对与建第》说："鹪鹩巢枝宽，大鹏溟海窄。不齐物之情，大小贵安宅。一区扬子云，衡宇陶彭泽。何妨轮鞅希，所憎廛市迫。"

冯友兰在《论风流》一文中说：构成真风流有四个条件，即"玄心""洞见""妙赏"和"深情"。袁行霈认为："所谓'魏晋风流'，是在魏晋这个特定的时期形成的人物审美的范畴，它伴随着魏晋玄学而兴起，与玄学所倡导的玄远精神相表里，是精神上臻于玄远之境的士人的气质的外现。简言之，就是魏晋时期士人追求的一种具有魅力

---

[1] 侯文学：《中国古典诗歌中的扬雄典事及其主导取向——以扬雄的儒学境遇为参照》，《陕西师范大学学报》2013年第2期。

和影响力的人格美。也可以说是'玄'的心灵世界的外现。"[1]此种"风流"特征，归纳起来有颖悟、旷达、率真三项内容。袁氏认为，无论是冯友兰归纳的"风流"的四个条件，还是他自己总结的"风流"的三项特征，陶渊明皆是兼而有之。[2]其实，上述四个条件和三项特征，扬雄亦是基本具备。扬雄尚智，故有"洞见"，当然"颖悟"。扬雄企慕"玄远"，故有"玄心"。扬雄超越名利得失，不汲汲于富贵与贫贱，故而"旷达"。扬雄为人一往情深，故呈"率真"而有"深情"。扬雄品鉴人物，好文重艺，故有"妙赏"。[3]故扬雄实可视为六朝风流之启导者。作为六朝风流之代表人物的陶渊明，对扬雄的追慕与钦佩，其原因亦正在于此。或如冯友兰《论风流》所说，"在东晋名士中渊明的境界最高"，其《饮酒》（其五）"结庐在人境"，"表示最高底玄心，亦表现最大底风流"。而此诗之本事，据范子烨考察，正是陶渊明借扬雄自况之诗。其间的因缘，并非巧合，正足以说明扬雄与六朝名士风流之间的渊源影响关系，扬雄与陶渊明之间的知音相赏关系。

[1] 袁行霈：《陶渊明与魏晋风流》，《中国典籍与文化论丛》（一）第 2 页，中华书局 1993 年版。

[2] 袁行霈：《陶渊明与魏晋风流》，《中国典籍与文化论丛》（一）第 9 页，中华书局 1993 年版。

[3] 李春青：《论中国古代"鉴赏批评"的形成》，《文艺理论研究》2012 年第 6 期。

第四章　扬雄的学术思想渊源与方法创新

讨论扬雄与六朝之学的关系，研究扬雄对六朝文化学术思想之影响，首先应该说明的，是扬雄的学术思想渊源及其在学术方法上的创新。笔者认为，是其学术思想渊源和个人特质，影响了他的创造思维和创新方法；是其创造思维和创新方法决定了他能抉破樊篱，摆脱时代学术风气，对未来学术发展之新方向提供启示和产生影响。而讨论扬雄的学术思想渊源与方法创新，又需对其所处时代的学术背景略作说明。

一、扬雄时代的学术背景

1. 今文经学一统天下：扬雄学术研究的大背景

大体而言，扬雄所处的西汉时代，其学术背景，是今文经学占统治地位，经学利禄化现象相当显著，拘泥执障和繁琐冗杂的学风普遍流行，古文经学逐渐兴起并开始对今文经学的学术独尊和话语霸权地位构成冲击和挑战。

具体而言，西汉的学术背景和学术风尚亦有一个发展变迁之过程。

解丽霞说："西汉经生解释经典的方式，主要有章句和训诂两种，中间有一个变化的过程，即从汉初的'训诂举大谊'到宣帝时'章句'兴起，再到汉末'训诂通，不为章句'。"[1] 其实，我们说汉代学风有拘泥执障和繁琐冗杂的特点，汉代士风崇尚经明行修，讲求砥砺名节，甚至有拘文牵俗、动如节度之特点，是就其大体而言，主要是就儒学独尊之后的汉代社会而言。而在儒学独尊之前，在犹存战国余风之汉初，却是另外一番景象，即崇尚倜傥非常之人，鄙薄拘文牵俗之徒；追求自由博通，反对拘泥偏狭，是当时比较普遍的时代风尚。比如，汉武帝元封五年诏曰：

> 盖有非常之功，必待非常之人。故马或奔踶而致千里，士或有负俗之累而立功名。夫泛驾之马，跅弛之士，亦在御之而已。[2]

这与曹操"唯才是举"的求贤令并无二致。司马相如在《难蜀父老》文中亦说：

> 盖世必有非常之人，然后有非常之事；有非常之事，然后有非常之功。夫非常者，固常人之所异也。故曰：非常之原，黎民惧焉，及臻厥成，天下晏如也。……且夫贤君之贱位也，岂特委琐龌龊，拘文牵俗，修诵习传，当世取悦云尔哉！必将崇论宏议，创业垂统，为万世规。[3]

明确鄙夷拘文牵俗之徒，赞扬倜傥非常之人。当时，人们追求一种与

---

[1]　解丽霞：《扬雄与汉代经学》第 26 页，广东人民出版社 2011 年版。

[2]　《汉书·武帝纪》，王先谦《汉书补注》第 98 页，中华书局 1983 年版。

[3]　《文选》卷四十四，上海书店 1988 年影印胡克家刻本。

宇宙并存、与天地同游的通达博观的生活方式，如《淮南子·泰族训》说：

> 凡人之所以生者，衣与食也。今囚之冥室之中，虽养之以刍豢，
> 衣之以绮绣，不能乐也。以目之无见，耳之无闻。穿隙穴，见雨零，
> 则快然而叹之，况开户发牖，从冥冥见昭昭乎？从冥冥见昭昭。犹
> 尚肆然而喜。又况出室坐堂，见日月光乎？见日月光，旷然而乐。
> 又况登泰山，履石封，以望八荒，视天都若盖，江、河若带。又况
> 万物在其间者乎？其为乐岂不大哉！[1]

从"囚之冥室"到"穿隙穴"、到"开户发牖"、到"出室坐堂"、
到"登泰山、履石封"，视界从狭小到博大，心情由"不能乐"到"快
然而乐"。人生的最大乐趣亦在于"万物在其间"，即拥有世间万物。
这正显示出当时人们对通达博观生活方式的追求。

以广大博观为乐的人生观，通过各种途径渗透到学术思想中，就
是在学术思想上要求博通多识，反对拘泥偏狭。如司马迁著《史记》，
上下贯穿三千余年，举凡政治、经济、军事、文化、学术、文学、地
理、风俗等等，皆熔为一炉，展现出博而能通、通而能简的学术功力。
又如《淮南子·泰族训》论学问之道说：

> 夫观六艺之广崇，穷道德之渊深，达乎无上，至乎无下，运乎无极，
> 翔乎无形，广于四海，崇于太山，富于江、河，旷然而通，昭然而明，
> 天地之间，无所系戾，其所以监观，岂不大哉！[2]

在文学上，司马相如提出："赋家之心，苞括宇宙，总览人物。"

---

[1] 何宁：《淮南子集释》第 1418 ~ 1419 页，中华书局 1998 年版。

[2] 何宁：《淮南子集释》第 1419 页，中华书局 1998 年版。

亦就是说，在文学创作中，艺术家要使自己的心胸阔大到能够容纳整个宇宙万物和人类历史，有一种贯穿古今、穷极天地的想象力。这种观点亦体现在他的创作中，据说他作赋的时候，为了"控引天地，错杂古今"，实现"笼天地于形内，挫万物于笔端"的创作目的，进入到"忽然而睡，焕然而兴"的痴迷状态。[1]

在学术方法上，是"训诂举大谊"，甚至有"疏略"的特点。故钱穆说：

> 申公传《诗》仅为训诂，通其故字故言，其不通者则阙之，此犹丁宽说《易》训诂举大谊。故知训故为汉儒治经初兴之学，仅举大谊，不免疏略。章句则其学晚起，具文为说，而成支离。[2]

自汉武帝"罢黜百家，独尊儒术"后，汉代的学术风尚发生了重要变化。武帝独尊之儒术是今文经学。今文经学发展到宣帝时代，分章析句、分文析字的章句学兴起，以分章析句为主要方法的今文经学，其最显著的特征，就是繁琐和迷信。

就繁琐一面言。今文章句之学拘泥执障，繁琐冗杂。拘泥于师法家法，执障于儒家经典，以穿凿附会为手段，以浮辞繁多为学问，其结果就是支离破碎，繁琐冗杂，乃至"一经说至百余万言"。桓谭《新论·正经》说："秦近君能说《尧典》，篇目两字之说，至十余万言，但说'曰若稽古'为三万言。"[3] 其他今文学者的情况与此类似。对于这种繁琐冗杂的学风，在两汉转折之际就引起了部分学者的反感，如首倡古文经学的刘歆，在《移书让太常博士》中就批评今文学者说：

---

[1]　《西京杂记》卷二。

[2]　钱穆：《两汉经学经古文评议》第 226 页，商务印书馆 2001 年版。

[3]　朱谦之：《新辑本桓谭新论》第 38 页，中华书局 2009 年版。

> 往者缀学之士，不思废绝之阙，苟因陋就寡，分文析字，烦言碎辞，学者疲老，且不能究其一艺，信口说而背传记，是末师而非往古。至于国家将有大事，若立辟雍、封禅、巡狩之仪，则幽冥而莫知其原。犹欲保残守缺，挟恐见破之私意，而无从善服义之公心，或怀妒嫉，不考情实，雷同相从，随声是非，……岂不哀哉！[1]

虽说刘歆批评今文经学是为古文经学张本，乃别有用心。但是，这个批评亦可谓切中今文时弊。"因陋说寡""烦言碎辞""信口说而背传记""是末师而非往古"，的确是今文家的致命缺陷。同样的批评亦见于班固《汉书·艺文志》，其云：

> 古之学者耕且养，三年而通一艺，存其大体，玩经文而已，是故用日少而畜德多，三十而五经立也。后世经传既已乖离，博学者又不思多闻阙疑之义，而务碎义逃难，便辞巧说，破坏形体，说五字之文，至于二三万言。后世弥以驰逐，故幼童而守一艺，白首而后能言，安其所习，毁所不见，终以自蔽，此学者之大患也"。[2]

今文经学为何发展成如此繁琐不通的局面呢？其原因是多方面的，首先，就儒家本身讲，他相对于其他诸子如道家、法家，其讲礼制，繁文缛节；其讲政治，迂阔而不切于实际。故在先秦，即遭迂阔繁琐之讥。至汉代司马谈著《论六家要旨》，其评儒家，亦说过"博而寡要，劳而少功"的话。[3]其在魏晋，诸季野、支道林讨论北方学风，有所谓"渊

---

[1] 《汉书·刘歆传》，王先谦《汉书补注》第968页，中华书局1983年版。

[2] 《汉书·艺文志》，王先谦《汉书补注》第865页，中华书局1983年版。

[3] 《史记·太史公自序》，《史记》（点校本）第3289页，中华书局1959年版。

综广博""显处视月"的说法，[1] 亦是针对儒家"博而寡要"的学风说的。所以，就儒家本身来讲，他极有发展成繁琐的可能，这大概与他"推类而言"的学术方法有关。其次，今文经学走向繁琐，亦有深刻的外因。班固《汉书·儒林传赞》说：

> 自武帝立五经博士，开弟子员，设科射策，劝以官禄。迄于元始，百有余年，传业者渐盛，支叶蕃滋，一经说至百余万言，大师众至千余人，盖利禄之路然也。[2]

学者治学，只为利禄，不是为真正的学术创新而努力，只把它当作获取官禄的敲门砖。因此，就只有寻章摘句，以备射策之用，其繁琐冗杂、碎义逃难亦就难免。

就其迷信一面言。孔子"不语怪力乱神"，不言"性与天道"。因此，先秦儒家的思想，理性精神占主导地位，迷信思想甚少。在汉代，公羊学大师董仲舒用阴阳五行说附会儒家经典，大讲天人感应，鼓吹灾异谴告，使原本颇具理性精神的儒学神学化，大大加强了它的迷信色彩。至西汉后期、东汉前期，今文学者又发挥出谶纬之学，以迎合时君。这样，儒学不仅被意识形态化，而且亦同时被彻头彻尾的神学化。

要之，自汉武帝"独尊儒术"以来，今文经学一统天下，儒学不仅被意识形态化，而且逐渐丧失理性精神而被神学化，繁琐和迷信成为它的主要特征。扬雄就是在这样一种学术大背景上开展他的学术研究和思想构建工作。

---

[1] 《世说新语·文学》，余嘉锡《世说新语笺疏》（修订本）第216页，上海古籍出版社1993年版。

[2] 《汉书·儒林传》，王先谦《汉书补注》第1525页，中华书局1983年版。

2. 今古文学剧烈争论：扬雄学术研究的小环境

在西汉后期，随着今文经学的逐渐繁琐和日趋迷信，其弊端逐步呈现出来，引起学术界有识之士的反感，甚至今文家自身亦有所觉悟，只是因为积重难返，无法改变。因此，在当时，由刘歆挑起的今古文之争，就不可避免地发生了。刘歆于汉哀帝建平元年（公元前6），著《移书让太常博士》，请立古文经《左传》《毛诗》《古文尚书》和《逸礼》于学官，遭到今文家的强烈反对，在当时知识界引起了剧烈震荡。据《汉书·楚元王传附刘歆传》载：

> 及歆校秘书，见《古文春秋左氏传》，歆大好之。……及歆亲近，欲建立《左氏春秋》及《毛诗》《逸礼》《古文尚书》，皆列于学官，哀帝令歆与五经博士讲论其义，诸博士或不肯置对，歆因移书太常博士责让之。……其言甚切，诸儒皆怨恨。是时名儒光禄大夫龚胜以歆移书上疏，深自罪责，愿乞骸骨罢。及儒者师丹为大司空，亦大怒，奏歆改乱旧章，非毁先帝所立。上曰：歆意欲广道术，亦何以为非毁哉？歆由是忤执政大臣，为众儒所讪，惧诛，求出补史，为河内太守。[1]

刘歆请立古文，虽未能实现，但闹出的动静确实不小，有名儒龚胜之请辞，有大司空师丹之震怒，有众儒之讪毁，甚至还惊动了皇帝。反对派呼声之强烈，甚至连哀帝为之回护，亦无济于事，还差点酿成了流血事件，最后刘歆被贬为河内太守。此次论争，开启了中国学术史上影响深远的今古文之争。据《汉书·艺文志》载：汉平帝时《左

---

[1] 《汉书·楚元王传附刘歆传》，王先谦《汉书补注》第966～968页，中华书局1983年版。

氏春秋》《毛诗》《古文尚书》和《逸礼》立为博士，王莽时《周官》置立博士，这当是汉哀帝时刘歆争立古文行动之影响下产生的结果。

值得注意的是，在这场动静较大、持续时间颇长的今古文之争中，扬雄所持的态度和所受之影响。对于这场争论，扬雄不可能置身事外，或者说，对于今古文之是与非，扬雄不可能没有自己的态度，虽然依据现存文献，我们没有看到扬雄参与论争或发表评论的任何资料。但是，我们依然深信扬雄在这场论争中是不可完全忽略的角色。首先，作为当时的重要学者，又处于京都学术文化中心，对知识学问又有一往之深情，对于这场貌似学术的争论，不可能置身事外。其次，扬雄与这场论争的挑起者刘歆，虽然不能证明他们是很好的朋友关系，但交往颇为频繁确是事实，并且在学术上还经常在一起"辨析疑异"，不可能对刘歆挑起的这场争端无动于衷。

考察相关史料，扬雄与这场论争发生间接关系者有三：其一，刘歆争立古文经是在汉哀帝建平元年（公元前6），而扬雄创作《太玄》亦恰恰是始于此年，这不是一个偶然的巧合，在如此轰轰烈烈的学术论争之大背景下，扬雄转向于《太玄》的创作，不可能没有任何关系。即便是偶然的巧合，扬雄亦当有所取舍和选择。这正如解丽霞所说："此时创作《太玄》，扬雄就必须做出选择：是顺着今文经学的思想，还是与刘歆一道开创古文经学的新天地？"[1]而刘歆对扬雄著《太玄》，似乎又不太感兴趣，以为"空自苦，吾恐后人用覆酱瓿耳"。因此，扬雄在当时今古文激烈争论的大背景下创作《太玄》之动机和所受之影响，值得进一步研究。其二，刘歆于哀帝时请立古文《左氏春秋》，于王莽时请立《周官》。于此二书，扬雄的看法，似与刘歆不同。《法言·重黎》说："或问《周官》，曰：立事；《左氏》，曰：品藻；《太史迁》，

[1] 解丽霞：《扬雄与汉代经学》第22页，广东人民出版社2011年版。

曰：实录。"汪荣宝《义疏》解释说："此经（《周官》）在莽居摄时已更名《周礼》，《法言》此篇之作，在天凤之世，而犹称之曰《周官》，明子云意趣不与歆同也。"[1] 又说："《左氏传》之名，盖始于刘歆《七略》。按，《法言》此文亦但称《左氏》，而不称《左传》，与《周官》不称《周礼》同义。"[2] 还说："是《周官》《左氏》皆刘歆所力为表章者，而《法言》此篇乃以二书侪诸史迁，示不列于经传。而一则称为'立事'，一则目为'品藻'，亦未尝以为圣人之言。然则子云之于经学，固犹是当时博士之见矣。[3] 即对刘歆着力表彰并请立学官之《周礼》《左传》，扬雄一则不用刘歆所改之名；二则将之与《史记》并列，不以经视之；三则以"立事""品藻"目之，而"未尝以为圣人之言"。于此可见扬雄于刘歆争立古文经之态度，于当时今古文之争的取向。

总之，扬雄是在今文经学占统治地位，且其繁琐、迷信之缺陷日趋彰显的学术大环境下开始他的学术探索，是在哀、平之际今古文剧烈争论的学术小环境下着手他的学术反思，是在新旧两种学术风尚激烈交锋的情境下开始他的学术创新工作。

二、扬雄学术思想之渊源

扬雄的学术思想渊源，有远源和近源之分。其远源是孔孟和老庄，其近源是严君平、刘歆和桓谭。笔者在第二章讨论扬雄的具有"异端"特质之师友网络时，说明了他与严君平、刘歆、桓谭等学者的师友情谊和影响关系，实际上已经对他的学术思想之近源做了具体说明，故

---

[1] 汪荣宝：《法言义疏》第 414 页，中华书局 1987 年版。

[2] 汪荣宝：《法言义疏》第 414～415 页，中华书局 1987 年版。

[3] 汪荣宝：《法言义疏》第 415 页，中华书局 1987 年版。

此不再赘言。本节仅就其学术思想之远源详论之。

作为转折时期的思想家，扬雄学术思想之性质很难单纯界定或简单定位。其治学出入于今古之间，因此很难简单地将其定位为今文家或者古文家。其思想出入于儒道之间，因此亦很难单纯地将其定性为儒家或者道家。扬雄思想具有明显的儒道杂合的特点，其治学常常是援道释儒，儒道兼容。此种治学取径，于六朝之学有重要影响。而追溯其渊源，就在于他对先秦儒家的孔孟思想和道家的老庄思想所采取的兼收并蓄之态度。

1. 扬雄与孔孟之学

扬雄推尊孔、孟，以孔、孟之学为其学术渊源和治学根本，主要体现在以下两个方面：

其一，在道统之统系建构上，扬雄力尊孔、孟，以孔、孟道统之正宗传人自居。道统之说，源远流长。据冯友兰说，道统之说首创于孔子。[1] 据《论语·尧问》说，尧将死之时，将道传给舜，后来舜又将其传与禹。在《论语》书中，实际上存在着尧、舜、禹、汤、文、武、周公这样一个一脉相承之道统。孔子以此道统之传人自居。孔子之后，天下学术，不归杨则归墨，孟子承而继之，力辟杨墨。《孟子·尽心下》说：

> 由尧舜至于汤，五百有余岁。……由汤至于文王，五百有余岁。……由文至于孔子，五百有余岁。……由孔子而来至于今，百有余岁，去圣人之世，若此其未远也。[2]

---

[1] 冯友兰：《中国哲学史新编》第 1 册第 9 页，上海远东出版社 1996 年版。

[2] 焦循：《孟子正义》第 609 ~ 610 页，诸子集成本，上海书店 1986 年版。

孟子实有承继孔子而以道统正宗传人自居的意思。

至扬雄，他在追溯学术思想发展史时说："古者杨、墨塞路，孟子辞而辟之，廓如也。后之塞路者有矣，窃自比于孟子。"[1] 实际上就是承继孔、孟之道而以道统传人自居。因此，他认为："适尧、舜、文王者为正道，非尧、舜、文王者为它道，君子正而不它。"[2] 自称在学术思想上"以孔氏之门为户""非圣哲之书不好"，批评"庄、杨荡而不法，墨、晏俭而废礼，申、韩险而无化，邹衍迂而不信"。[3] 甚至对先秦大儒荀子，亦多有批评，他说："至于孙卿与，见同门而异户也。"[4] 将之排除于道统之外。[5] 以孔、孟道统之正宗传人自居的扬雄，其对孔、孟之道的推尊与崇尚，亦就是情理之中的事情。

其二，在明道、征圣、宗经观念的建构与诠释中，体现了扬雄对孔、孟之道的推崇和重视。据现存文献，首次明确提出明道、征圣、宗经之观点的是荀子。他说：

> 辨说也者，心之象道也。心也者，道之工宰也。道也者，治之经理也。心合于道，说合于心，辞合于说。[6]

在荀子看来，"道"决定"心"，"心合于道"，故云："心也者，道之工宰也。""心"决定"说"，"说合于心"，亦合于"道"，故云："辨说也者，心之象道也。""辞"合于"说"，"说"合于"心"，"心合于道"，所以，"辞"能"象道"，亦能"明道"。"象

---

[1] 《法言·吾子》，汪荣宝《法言义疏》第 81 页，中华书局 1987 年版。

[2] 《法言·问道》，汪荣宝《法言义疏》第 109 页，中华书局 1987 年版。

[3] 《法言·五百》，汪荣宝《法言义疏》第 280 页，中华书局 1987 年版。

[4] 《法言·君子》，汪荣宝《法言义疏》第 499 页，中华书局 1987 年版。

[5] 汪文学：《正统论——发现东方政智慧》第 18～19 页，陕西人民出版社 1999 年版。

[6] 《荀子·正名》，王先谦《荀子集解》第 282 页，诸子集成本，上海书店 1986 年版。

道"是荀子立论之基点，因为圣人最明于道，故他主张征圣。圣人明道而垂之于文者，是谓之经，故又主张宗经。

扬雄在此基础上，更加明确地阐释了明道、征圣、宗经的理论。他推崇孔子，以为"视日月而知众星之蔑也，仰圣人而知众说之小也"。[1]"委大圣而好乎诸子者，恶睹其识道也。山径之蹊，不可胜由矣；向墙之户，不可胜入矣。曰：恶由入？曰：孔氏。"[2]"好书而不要诸仲尼，书肆也；好说而不见诸仲尼，说铃也。"[3]"或曰：人各是其所是，而非其所非，将谁使正之？曰：万物纷错则悬诸天；众言淆乱则折诸圣。"[4]即以孔子之言行是非为标准。因尊圣而宗经，是顺理成章的，因为经书正是圣人的制作。"或曰：恶睹乎圣而折诸？曰：在则人，亡则书，其统一也。"圣人逝去，但其留下的经典，便是圣人思想的传承。扬雄宗经，以为"舍五经而济乎道者，末也"。[5]"书不经，非书也；言不经，非言也；言、书不经，多多赘矣。"[6]"大哉！天地之为万物郭，五经之为众说郛。"[7]"说天者莫辩乎《易》，说事者莫辩乎《书》，说体者莫辩乎《礼》，说志者莫辩乎《诗》，说理者莫辩乎《春秋》。舍斯，辩亦小矣。"[8]总之，孔子最明乎道，故明道必须征圣。道体现于经，故明道应当宗经。经是圣人的述作，故宗经必须征圣。

征圣是汉代儒家学者的惯例，从董仲舒"推明孔氏，抑黜百家"，

[1] 《法言·学行》，汪荣宝《法言义疏》第 21 页，中华书局 1987 年版。
[2] 《法言·吾子》，汪荣宝《法言义疏》第 67～68 页，中华书局 1987 年版。
[3] 《法言·吾子》，汪荣宝《法言义疏》第 74 页，中华书局 1987 年版。
[4] 《法言·吾子》，汪荣宝《法言义疏》第 82 页，中华书局 1987 年版。
[5] 《法言·吾子》，汪荣宝《法言义疏》第 67 页，中华书局 1987 年版。
[6] 《法言·问神》，汪荣宝《法言义疏》第 164 页，中华书局 1987 年版。
[7] 《法言·问神》，汪荣宝《法言义疏》第 157 页，中华书局 1987 年版。
[8] 《法言·寡见》，汪荣宝《法言义疏》第 215 页，中华书局 1987 年版。

至司马迁称孔子为"至圣"，[1]到纬书中称孔子为"素王"，到扬雄"以孔氏之门为户"，是一贯的传统。需要说明的是，扬雄之尊圣，与董仲舒等人的意识形态化的孔子不同，亦与谶纬家神学化的孔子迥异，他在一定程度上是力图还孔子以本来面目，体现出一定的理性精神。扬雄尊圣，其人在当时亦被拟作孔子，如桓谭《新论·闵友》说：

> 张子侯曰：扬子云，西道孔子也，乃贫如此。吾应曰：子云亦东道孔子也。昔仲尼岂独是鲁孔子？亦齐、楚圣人也。[2]

王充《论衡·对作》以为扬雄"不述而作，材拟圣人"，《超奇》说扬雄"卓尔导孔子之迹，鸿茂参贰，圣之才也"。故学者以为扬雄之人生亦是一种"成圣型"人生形态。[3]

扬雄尊孔，亦崇孟。《法言·君子》说：

> 或问：孟子知言之要，知德之奥。曰：非苟知之，亦允蹈之。或曰：子小诸子，孟子非诸子乎？曰：诸子者，以其知异于孔子也。孟子异乎？不异。或曰：孙卿非数家之书，侻也。至于子思、孟轲，诡哉！曰：吾于孙卿与，见同门而异户也。惟圣人为不异。[4]

《法言·渊骞》说：

> 或问勇。曰：轲也。曰：何轲也？曰：轲也者，谓孟轲也。若荆轲，

---

[1] 《史记·孔子世家》说："自天子王侯，中国言六艺者折中于夫子，可谓至圣矣。"（《史记》点校本第1947页，中华书局1959年版）

[2] 朱谦之：《新辑本桓谭新论》第62页，中华书局2009年版。

[3] 郭君铭：《扬雄〈法言〉思想研究》第40页，巴蜀书社2006年版。

[4] 汪荣宝：《法言义疏》第498~499页，中华书局1987年版。

君子盗诸。请问孟轲之勇。曰：勇于义而果于德，不以贫富、贵贱、死生动其心，于勇也，其庶乎？[1]

这是战国以来学者对孟子的最高评价。故韩愈说："晚得扬雄书，益尊信孟氏，因雄书而孟氏益尊，则雄者亦圣人之徒与！"[2]徐复观说："就西汉初期思想的大势说，荀子的影响，实大于孟子。赵岐《孟子题辞》谓孝文时'欲广游学之路，《论语》《孝经》《孟子》《尔雅》，皆置博士'，恐未可尽信。拔《孟子》于诸子之中，以为不异于孔子者，也是始于扬雄。韩愈说：'因扬书而孟氏益尊。'这是可信的。"[3]

总之，如果说儒家文化是以礼仁为核心内容，那末，在先秦儒家学者中，孔子是礼仁并重，孟子是侧重于发展了孔子的仁学，荀子则是着重于孔子礼学的发展。至于扬雄，则是重孟轻荀，与汉代一般学者的兴趣不同，他以为自己与荀子是"同门异户"；他推崇孟子，以为孟子是孔子的真正传人，自己则是孔孟之道真正传人。他不仅高度赞扬孟子"不以富贵、贫贱、死生动其心"之"勇"，而且对孟子"去学而重思"之治学取径和"重心尚神"之学术取向，有重要传承。[4]故韩愈所谓"因雄书而孟氏益尊"的说法，是有理据的。

2. 扬雄与老庄之学

综合考察扬雄思想之特质，其实他并非一位纯粹的儒者，而是有明显的儒道杂合倾向，此亦为学者的共识。如张岱年《中国哲学史大纲》说："西汉末乃有一个学者，独持道家的自然论，便是扬雄。扬雄的

---

[1] 汪荣宝：《法言义疏》第 419 页，中华书局 1987 年版。

[2] 《韩昌黎全集》卷十一《读荀》，中国书店 1991 年影印世界书局 1935 年版。

[3] 徐复观：《两汉思想史》（二）第 465 页，九州出版社 2014 年版。

[4] 参见本书本章第三节"扬雄在学术观念和学术方法上的创新"，第七章第二节"寓玄于艺：扬雄'玄思'方法对六朝'神思'论之启发和影响"。

宇宙论是《老子》与《易传》的学说之混合,其人生则重述孔子的思想。"[1]郑万耕《扬雄及其太玄》说:"扬雄'观《大易》之损益兮,览老氏之倚伏',融合《易》《老》,著有《太玄》,又模仿《论语》而作《法言》,于人生论崇尚孔孟之仁义礼智,于宇宙论则推崇老庄的自然思想。"[2]或者如解丽霞所说:"就扬雄本人来讲,其学派归属曾有'醇儒''变儒''非儒'三种说法,'醇儒'和'非儒'说都不符合扬雄思想的本来面貌,在儒道互补的时代特征下,扬雄只能是'变儒',其中有一个变迁过程,即从《太玄》的'儒道互补'到《法言》的回归儒家。"[3]

扬雄对老子之学,有取有舍。如《法言·问道》说:"老子之言道德,吾有取焉耳。及捶提仁义,绝灭礼学,吾无取焉耳。"[4]其撰《太玄》,"观大《易》之损益,览老氏之倚伏",[5]就是直接受益于老子的影响。其在《太玄赋》和《解嘲》中集中阐释的"明哲保身"的人生哲学,其理论依据亦在"《易》之损益"和"老氏之倚伏"。他以"玄"为天地万物之本源,亦与老子以"道"为天地万物之主宰,有直接的渊源关系。而其崇尚自然之思想,可以说就是直接从老子那里发挥引申出来的。实际上,扬雄是"把老子提高到诸子之上"的,因为"他批评老子,从不把老子和其他诸子关联在一起,与他时常把其他诸子连带的提出相比较,颇为奇特"。[6]

扬雄对于庄子之学,亦是有取有舍。如《法言·问道》说:

---

[1] 张岱年:《中国哲学史大纲》第 155 页,中国社会科学出版社 1982 年版。

[2] 郑万耕:《扬雄及其太玄》第 41 页,北京师范大学出版社 2009 年版。

[3] 解丽霞:《扬雄与汉代经学》第 112 页,广东人民出版社 2011 年版。

[4] 汪荣宝:《法言义疏》第 114 页,中华书局 1987 年版。

[5] 扬雄:《太玄赋》,张震泽《扬雄集校注》第 138 页,上海古籍出版社 1993 年版。

[6] 郑万耕:《扬雄及其太玄》第 175 页,北京师范大学出版社 2009 年版。

或曰：庄周有取乎？曰：少欲。邹衍有取乎？曰：自持。至周罔君臣之义，衍无知于天地之间，虽邻不觌也。[1]

《问神》说：

或问：邹、庄有取乎？曰：德则取，愆则否。何为德、愆？曰：言天、地、人，经，德也；否，愆也。愆语，君子不出诸口。[2]

庄子之"罔君臣之义"，犹如老子之"捶提仁义，绝灭礼学"，为扬雄所不取。他对庄子之"齐物"论亦有批评，《法言·君子》说：

或曰：人有齐生死，同贫富，等贵贱，何如？曰：作此者其有惧乎？信死生齐，贫富同，贵贱等，则吾以圣人为嚣嚣。[3]

庄子之言"德"，犹如老子之言"道德"，故扬雄取之；庄子之主张"少欲"，于扬雄的清静寂寞、安贫乐道的人生观，当有直接的影响。扬雄晚年著《法言》，虽然主要回归于儒家思想，但是书中多次议论庄子思想，其作于晚年之《太玄赋》和《解嘲》，亦有明显的庄子影响的痕迹。其学术思想之取向，亦可略见端睨。[4]

扬雄对老庄之学的接受，一定程度上是通过接受严君平的影响来完成的。扬雄以严君平为师，对其学问与人品推崇备至，受其学术思

[1] 汪荣宝：《法言义疏》第 134 ~ 135 页，中华书局 1987 年版。
[2] 汪荣宝：《法言义疏》第 177 页，中华书局 1987 年版。
[3] 汪荣宝：《法言义疏》第 513 页，中华书局 1987 年版。
[4] 陈斯怀：《道家与汉代士人思想、心态及文学》第 154、156 页，齐鲁书社 2010 年版。

想之影响，亦理所当然。据《汉书·王贡两龚鲍传》说，严君平"依老子、庄周之旨著书十余万言"。此在老庄之学的直接影响下著成的十余万言，就是现在残存之《道德指归》一书。严君平热衷研究老庄之学，《汉书》称其常常"闭肆下帘而讲《老子》"，《华阳国志》说他"耽于老庄"，"授老庄"。[1] 据考证，严君平关于老子的著作有两种：一是《老子注》，二是《道德指归》。《老子注》是对老子德、道二经的注解，《道德指归》是对《老子》要旨和基本精神的理解和发挥。其中《老子注》和《指归》之"道经"部分已佚，今存者唯《指归》之"德经"部分。[2] 据金春峰说："在哲学上，《指归》的突出贡献，是对老子自然思想做了重大发挥，其本体论的思辨，也占有相当分量。""《指归》关于'道'即'自然'的思想，实际上突破了汉代宇宙生成论的模式，进入了'本体论'领域。……这和魏晋时期的本体论思想十分接近了。"[3] 扬雄正是通过严君平的影响而接受了老子"道即自然"的思想，接受了严君平的本体论思辨而加以发展，构筑起自己的"太玄"理论体系，从而对六朝玄学发生影响。[4] 或者说，六朝玄学就是沿着老子、严君平、扬雄这样一条学术的"内在理路"发展起来的。

在扬雄的师友网络中，除刘歆外，其他如严君平、桓谭等人皆与老庄之学有或深或浅的关系。据班嗣《报桓谭书》，桓谭曾向班嗣借阅《庄子》，而遭到拒绝。其云：

[1] 任乃强：《华阳国志校补图注》第 532 页，上海古籍出版社 1987 年版。

[2] 金春峰：《汉代思想史》（增补第三版）第 371 页，中国社会科学出版社 2006 年版。

[3] 金春峰：《汉代思想史》（增补第三版）第 352、357 页，中国社会科学出版社 2006 年版。

[4] 黎靖德：《朱子语类》（八）说："子云所见多老氏者，往往蜀人有严君平源流。"（第 3261 页，中华书局 1986 年版）

若夫严子者，绝圣弃智，修生保真，清虚淡泊，归之自然，独师友造化，而不为世俗所役者也。……今吾子已贯仁谊之羁绊，系名声之缰锁，伏周孔之轨躅，驰颜闵之极挚，既系挛于世教矣，何用大道为自眩曜？[1]

谈论庄子，可以"自眩曜"，可以成为徼名之资本，可见庄子之学是当时知识界的新兴趣。[2] 作为扬雄好友的桓谭请求借阅《庄子》，一方面体现了他对知识界新兴趣的热情关注，另一方面亦与他个人的性情好尚有关。史称桓谭"简易不修威仪，而喜非毁俗儒"，[3] 颇有庄子之自然风尚。而其治学对庄子亦颇有取法，据《新论·本造》说：

庄周《寓言》，乃云"尧问孔子"，《淮南子》云："共工争帝，地维绝"，亦皆为妄作。故世人多云：短书不可用。然论天间莫明于圣人，庄周等虽虚诞，故当采其善，何云尽弃耶？[4]

桓谭与庄子之学有如此的亲缘关系，而扬雄又与桓谭交往密切，其间的相互影响，乃是情理中事。

总之，在先秦诸子中，扬雄除独尊孔、孟外，取法最多且所受影响最深者，当数以老、庄为代表的道家，故其思想特质呈现出明显的儒道兼容之特点。因此，李轨注《法言》，常常阐释其言辞中的道家之义，故汪荣宝之《义疏》多批评他的注是"左道右儒，乃晋人风尚"，[5]

[1] 严可均：《全汉文》卷五十六，中华书局 1958 年版。
[2] 参见于迎春《汉代文人与文学观念的演进》第 207 页，东方出版社 1997 年版。
[3] 《后汉书·桓谭传》，王先谦《后汉书集解》第 343 页，中华书局 1984 年版。
[4] 朱谦之：《新辑本桓谭新论》第 1 页，中华书局 2009 年版。
[5] 汪荣宝：《法言义疏》第 115 页，中华书局 1987 年版。

或批评李轨"不欲子云于庄周有所訾议，故特曲解扬语，以阿其所好，而不复顾文义之不合也"。[1] 其实，汪氏之批评亦未尽其实，扬雄思想中确有明显的道家思想成分，朱熹就曾多次指出扬雄与道家思想的密切关系。据《朱子语类》说：

> 问扬雄。曰：雄之学似出于老子，如《太玄》曰：潜心于渊，美厥灵根。测曰：潜心于渊，神不昧也。乃老氏说话。[2]

> 看来其学似本于老氏，如"惟清惟静，惟渊惟默"之语，皆是老子意思。[3]

> 但子云所见处，多得之老氏，在汉末年难得人似它。……子云所见多老氏者，往往蜀人有严君平源流。[4]

> 曰：扬子工夫比之荀子，恐却细腻。曰：扬子说到深处，止是走入老庄窠窟里去，如"清静寂寞"之说皆是也。又说《玄》中所说"灵根"之说云云，亦只是老庄意思，止是说那养生底工夫尔。[5]

> 扬雄则全是黄老。某尝说，扬雄最无用，真是一腐儒。他到急处，只是投黄老。如《反离骚》并"老子道德"之言，可见这人更无说，自身命也奈何不下，如何理会得别事。[6]

朱子之说虽有失偏颇，或过分夸大，但扬雄思想确有源于老庄之处，则是不容置疑的。笔者认为，儒家学者取资于老庄，扬雄确是第一人。东汉马融、郑玄亦皆以儒者身份而研习老庄之学，其渊源当在扬雄。

[1] 汪荣宝：《法言义疏》第 178 页，中华书局 1987 年版。
[2] 黎靖德：《朱子语类》（八）第 3259 页，中华书局 1986 年版。
[3] 黎靖德：《朱子语类》（八）第 3261 页，中华书局 1986 年版。
[4] 黎靖德：《朱子语类》（八）第 3261 页，中华书局 1986 年版。
[5] 黎靖德：《朱子语类》（八）第 3253 页，中华书局 1986 年版。
[6] 黎靖德：《朱子语类》（八）第 3255 页，中华书局 1986 年版。

六朝玄学家儒道兼综的学术取径，其学术渊源亦在于此。

三、扬雄在学术观念和治学方法上的创新

如前所述，在两汉学术思想史上，扬雄是一位具有"异端"特质的思想家，这种"异端"特质，主要体现在以下几个方面：

首先，体现在他以圣人的姿态从事著述上。据《汉书·扬雄传》说："诸儒或讥，以为扬雄非圣人而作经，犹春秋吴、楚之君僭号称王，盖诛绝之罪也。"[1]"非圣人而作经"，在普遍崇尚圣人的汉代，可谓大逆不道，确属"异端"。

其次，体现在他提出的"道可因革"论、"经可损益"论、"道有新敝"论等学术新观点上。《法言·问道》说："或问：道有因无因乎？曰：可则因，否则革。"[2]《太玄·玄莹》又说：

> 夫道有因有循，有革有化。因而循之，与道神之；革而化之，与时宜之。故因而能革，天道乃成。革而能因，天道乃驯。夫物不因不生，不革不成。故知因而不知革，物失其则；知革而不知因，物失其均。革之匪时，物失其基。因之匪理，物丧其纪。因革乎因革，国家之矩范也。矩范之动，成败之效也。[3]

此为"道可因革"论。《法言·问神》说：

> 或曰：经可损益与？曰：《易》始八卦，而文王六十四，其益

[1] 王先谦：《汉书补注》第 1513 页，中华书局 1983 年版。

[2] 汪荣宝：《法言义疏》第 125 页，中华书局 1987 年版。

[3] 司马光集注、刘韶军点校《太玄集注》第 190～191 页，中华书局 1998 年版。

可知也。《诗》《书》《礼》《春秋》，或因或作，而成于仲尼，其益可知也。故夫道天然，应时而造者，损益可知也。[1]

此为"经可损益"论。《法言·问道》说：

> 或问：新敝。曰：新则袭之，敝则益损之。[2]

此为"道有新敝"论。在汉代经学意识形态化之后，"五经"处于至高无上之地位，圣人被神化，"天不变，道不变"之观念深入人心。在这种背景上大讲"因革"论、"损益"论和"新敝"说，确有明显的"异端"特质。

其三，体现在他于学术资源兼容儒道、治学取径出入今古上。扬雄治学之学术资源，兼容儒道，前已论及，兹不赘述。其治学取径出入今古，作为经学家，扬雄具有"异端"特质，或者说他是一位"例外的经学家"。学者指出：

> 扬雄在汉代经学史上，地位不仅不显赫而且略显尴尬。他既没有被列入由申培、辕固、韩婴、董仲舒、戴德、戴圣、欧阳生、施仇、孟喜、梁丘贺、京房等名流构成的今文经学家谱系，亦不能与同时期的古文经学家刘歆、王莽比肩并论，更无法与后汉的郑玄、马融等融合今古文的经学大师相提并论。[3]

扬雄这种在汉代经学史上"略显尴尬"的处境，是由于其学术取资上

---

[1] 汪荣宝：《法言义疏》第 144 页，中华书局 1987 年版。

[2] 汪荣宝：《法言义疏》第 127 页，中华书局 1987 年版。

[3] 解丽霞：《扬雄与汉代经学》第 12 页，广东人民出版社 2011 年版。

的儒道兼综和学术取径上的出入今古所造成，体现的正是扬雄学术思想的"异端"特质。

总之，无论是在汉代经学史上，还是在汉代学术思想史上，扬雄皆是"例外"，皆是"异端"。他既非今文家，亦与古文家不同，而又兼采今古文；他既主张明道、征圣、宗经，而又大讲"因革"论、"损益"论和"新敝"说。笔者认为，正是这种"异端"特质和"例外"倾向，体现了扬雄在汉代学术思想史上的创新精神。因为创造者多具有"异端"倾向，往往不合潮流，常常有违时尚，纳不进当时的主流文化之模式中。概括地说，扬雄在学术观念和学术方法上的创新意识，主要体现在以"不述而作"为核心的创造意识上，以"约卓简要"为核心的博通取径上，以"玄思大义"为内容的思辨精神上。正是这种创造意识、博通取径和思辨精神，使他成为汉代章句之学的掘墓人和六朝之学的开创者。以下分别阐述之，并略述其对六朝之学的影响。

1. 不述而作：扬雄的创造意识

扬雄是否可以称作一位创造型的思想家？在学术史上是很有争议的。争议的焦点聚集在扬雄作品的模拟上，据《汉书·扬雄传》说：

> 雄实好古而乐道，其意欲求文章成名于后世，以为经莫大于《易》，故作《太玄》，……赋莫深于《离骚》，反而广之；辞莫丽于相如，作四赋。皆斟酌其本，相与放依而驰骋云。[1]

扬雄的主要作品皆出自于模仿，故学者常常以此否定其创造成就。如晁公武说："雄之学，自得者少，其言务拟圣人，靳靳然若影之守形，

---

[1] 王先谦：《汉书补注》第 1512 页，中华书局 1983 年版。

既鲜所发明，又往往违其本旨，正古人所谓'画者谨毛而失貌'者也。"[1]
唐晏说："子云为学，最工于拟。……计其一生所为，无往非拟。而
问子云所自立者，无有也。"[2]劳思光说："扬雄本非一合格的哲学家，
既不能深切了解儒道之本旨，又不能自己立说，故其书杂乱空虚，至
为可笑。"[3]笔者认为，扬雄的思想虽然常常是以模拟之形式和复古
之面貌呈现，即所谓"斟酌其本，相与放依而驰骋"。但是，事实上，
扬雄往往是在复古中创新，在模拟中创造。扬雄的思想，体现的是"正
宗思想的危机和异端思想的萌发"，许结的说法值得注意："如果说
中国文化思想普遍存在着在复古与回旋中嬗变的演进发展规律，那么
扬雄实为一典型。他文化思想中的复古，主要是寄托着先哲的改革愿
望和社会理想，而其创作思想中也有着由摹拟到反思，由反思而求变
的方法、过程。"[4]梁启超在《论中国学术思想变迁之大势》中，把
汉代学者分为说经之儒和著书之儒二类，将扬雄与陆贾、贾谊、董仲舒、
司马迁、刘安、桓宽、刘向、王充、王符、仲长统等人列为著书之儒，
亦是肯定其著作自成一家之言，有创造价值。[5]

扬雄学术思想之创造性，首先体现在其"不述而作"的学术追求上。
扬雄的"不述而作"，与孔子的"述而不作"是相对而言的。何谓"述"？
何谓"作"？据《论语·述而》说："子曰：述而不作，信而好古，
窃比于我老彭。"皇疏曰："述者，传于旧章也。作者，新制作礼乐
也。"刘疏曰："述是循旧，作是创始。"朱熹《论语章句集注》说：

[1] 朱彝尊：《经义考》卷二七八第1420页，中华书局1998年版。

[2] 唐晏：《两汉三国学案》第553页，中华书局1986年版。

[3] 劳思光：《新编中国哲学史》第97页，广西师范大学出版社2005年版。

[4] 许结：《汉代文学思想史》第194页，人民文学出版社2010年版。

[5] 夏晓虹编《梁启超卷》（中国现代学术经典）第53、58页，河北教育出版社
1996年版。

"述，传旧而已；作，则创始也。故作非圣人不能，而述则贤者可及。"
《礼记·乐记》说："礼者，殊事合敬者也。乐者，异文合爱者也。……
故知礼乐之情者能作，识礼乐之文者能述。"又曰："作者之谓圣，
述者之谓明。明圣者，述作之谓也。"郑玄云："述谓训其义也。"
孔疏曰："作者之谓圣，圣者，通达物理，故作者之谓圣，则尧、舜、
禹、汤是也；述者之谓明，明者，辩说是非，故修述者之谓明，则子游、
子夏之属是也。"颜师古注《汉书·礼乐志》亦说："作谓有所兴造也，
述谓明辨其义而循行也。"《中庸》第二十八章云："非天子，不议礼，
不制度，不考文。今天下车同轨，书同文，行同伦。虽有其位，苟无
其德，不敢作礼乐焉。虽有其德，苟无其位，亦不改作礼乐焉。"据
以上引述，"述作"之义有以下两点值得注意：其一，所谓"述作"，
其初起之义是"述作"礼乐，所谓"知礼乐之情者能作，识礼乐之文
者能述"是也。其后起之引申义，乃指一般情况下的创造与修述，即
所谓"述是循旧，作是创始"是也。孔子所谓"述而不作"，即是"述作"
礼乐之义。秦汉以来学者之论"述作"，多指述旧与创始之义。其二，
"述作"之分乃圣贤之别，即所谓"作者之谓圣，述者之谓明"是也。
或者说，只有圣人可称"作"，其他则皆称"述"。即便是圣人孔子，
亦自谦是"述而不作"，可见"作"之不易。而《中庸》所谓"作"者，
当兼具德与位，有其德而无其位或有其位而无其德，皆不可"作"，
可见"作"之不可僭越。亦就是说，在先秦时代，或"作"或"述"，
有很明确的身份限定。

扬雄是第一位打破这种身份限定的学者，他以普通学者之身份而
拟经著经，引起舆论界的公愤，诸儒以为扬雄此举是"犹春秋吴、楚
之君僭号称王，盖诛绝之罪也"。与汉代一般学者相比，扬雄"作"
的意识相当明显，如果说汉代一般章句学者对经书的阐释，是"述"，

是"我注六经";那末扬雄则是"六经注我",是"作"。《汉书·扬雄传》说扬雄创作"皆斟酌其本,相与放依而驰骋",这句话值得注意。"相与放依",是模仿,但这仅是其表象;"斟酌其本"而"驰骋"才是其实质,即在把握经典文本之大义的基础上,"驰骋"自己的想象与思辨,以构建自己的思想体系。所以,杨慎《丹铅杂录》说扬雄著《太玄》,是"准《易》",而非"拟《易》"。[1]扬雄自己亦不讳言《太玄》之"作"。据《法言·问神》说:"或曰:述而不作,《玄》何以作? 曰:其事则述,其书则作。"李轨注云:"今《太玄》非古事,乃自成一家之书,故作之也。"司马光说:"仁义,先王之道也。方州部家,杨子所作也。言杨子虽作《太玄》之书,其所述者亦先圣人之道耳。"汪荣宝《义疏》说:"谓《玄》之义理亦述也,其文辞则作耳。"[2]论者认为扬雄《太玄》违背了"述而不作"的古训,破坏了述作身份之限定,故提出质疑。而扬雄并不讳言对"作"的追求,故云:"其事在述,其书在作。"学者以为:《太玄》经是述的,传是作的,《太玄》有述有作的撰著风格,独立于汉代今文经学系统之外,有开风气之先的意义。[3]他的《法言》一书,虽是模仿《论语》之撰著,但亦有"作"的意图,亦有仿圣人为世人立法的意图。据《论衡·案书篇》称:"董仲舒著书,不称子者,意殆自谓过诸子也。"[4]这当是汉代学者之通例,故扬雄著书称《法言》而不称《扬子》,其超越诸子齐比圣人以立法度之意图,昭然可鉴。故扬雄《自叙》说:

> 雄见诸子各以其知舛驰,大氐诋訾圣人,即为怪迂析辩诡辞,

---

[1] 杨慎:《丹铅杂录》,商务印书馆丛书集成初编本。

[2] 汪荣宝:《法言义疏》第 165～166 页,中华书局 1987 年版。

[3] 解丽霞:《扬雄与汉代经学》第 26 页,广东人民出版社 2011 年版。

[4] 黄晖:《论衡校释》第 1170 页,中华书局 1996 年版。

以挽世事。虽小辩，终破大道而或众，使溺于所闻，而不自知其非也。及太史公记六国，历楚、汉，讫麟止，不与圣人同是非，颇谬于经。故人时有问雄者，常用法应之，撰以为十三卷，象《论语》，号曰《法言》。[1]

扬雄所以命名其书曰"法言"，汪荣宝《义疏》解释说："名曰'法言'者，《说文》：'法，刑也。平之如水，从水；廌，所以触不直者去之，从廌、去。法，今文，省。'按，引申为典则之称。《尔雅·释诂》云：'法，常也。'《论语》云：'法语之言，能无从乎？'《孝经》云：'非先王之法言不敢道。'《荀子·大略》云：'少言而法，君子也。'此子云名书之旨也。"[2]可知其书命名为"法言"，亦有"作"的意图，有仿效圣人为世人立法度的动机。

"作者"应当仿效圣人为世人立法度，"作者"应当有思想深度与理论高度。《太玄·玄莹》说：

> 夫作者贵其有循而体自然也。其所循也大，则其体也壮。其所循也小，则其体也瘠。其所循也直，则其体也浑。其所循也曲，则其体也散。故不攓所有，不强所无。譬诸身，增则赘，而割则亏。故质干在乎自然，华藻在乎人事也，其可损益与！[3]

亦就是说，"作者"当对宇宙时空中最根本性的问题发表见解，当以"自然"为研究对象，因为"自然是独立于人类意识而存在的客观实

---

[1] 王先谦：《汉书补注》第 1511 页，中华书局 1983 年版。

[2] 汪荣宝：《法言义疏》第 2 页，中华书局 1987 年版。

[3] 司马光集注、刘韶军点校《太玄集注》卷七第 190 页，中华书局 1998 年版。

在，一切的学说，只有契合于自然的本质，才能成为真理"。[1] 或者说，真正的"作者"，当"遵循客观自然，以自然为体，并且使自己所'作'的思想结构体系都要合乎自然"。"要以自然、世界、人类的重大问题为思考对象"，方可称"作者"。[2]

无论是《太玄》，还是《法言》，都体现了扬雄"作"的意图，仿效圣人为后世立准则的目的。这种做法，虽然引起了知识界的公愤，但亦获得部分有"异端"倾向之学者的认同。"作者之谓圣"，当时即有称扬雄为圣人者。如桓谭《新论·闵友》说：

> 张子侯曰：杨子云，西道孔子也，乃贫如此？吾应曰：子云亦东道孔子也。昔仲尼岂独是鲁孔子？亦齐、楚圣人也。[3]

王充《论衡·对作》以为扬雄"不述而作，材拟圣人"。[4] 或以为扬雄之学"能入圣道"。《新论·正经》说：

> 王公子问：扬子云何人耶？答曰：才智开通，能入圣道，卓绝于众，汉兴以来未有此人也。国师子骏曰：何以言之？答曰：通才著书以百数，惟太史公为广大，余皆丛残小论，不能比之，子云所造《法言》《太玄经》也，《玄经》数百年外，其书必传，顾谭不及见也。[5]

或将扬雄之学与古圣人之学类比，《新论·正经》说：

---

[1] 侯外庐：《中国思想通史》第二卷《两汉思想》第201页，人民出版社1992年版。

[2] 刘韶军：《扬雄与〈太玄〉研究》第229页，人民出版社2011年版。

[3] 朱谦之：《新辑本桓谭新论》第62页，中华书局2009年版。

[4] 黄晖：《论衡校释》第1183页，中华书局1996年版。

[5] 朱谦之：《新辑本桓谭新论》第41页，中华书局2009年版。

> 扬雄作《玄》书，以为玄者，天也，道也。言圣贤制法作事，
> 皆引天道以为本统，而因附属万类、王政、人事、法度。故宓羲氏
> 谓之易，老子谓之道，孔子谓之元，而扬雄谓之玄。[1]

《论衡·超奇》说扬雄、阳成子长"造于眇思，极窅冥之深，非庶几
之才，不能成也。孔子作《春秋》，二子作两经，所谓卓尔蹈孔子之迹，
鸿茂参贰，圣之才者也"。[2] 张衡亦说：

> 吾观《太玄》，方知子云妙极道数，乃与五经相拟，非徒传记之属，
> 使人难论阴阳之事，汉家得天下二百岁之书也，复二百岁殆将终乎？
> 所以作者之数，必显一世，常然之符也，汉四百岁玄其兴矣。[3]

张衡以扬雄为"作者"，以为其《太玄》"与五经相拟，非徒传记之属"，
虽然未以"圣人"之目称许，但亦明显有比肩圣人之意。

"作"即创造，"述"则因循，在先秦两汉时期，或作或述，是
有明显的身份和地位限定的。受此种传统观念之影响，声称要"究天
人之际，通古今之变，成一家之言"的司马迁，其《史记》虽然颇具
创造价值，并非因循述旧之作。司马迁亦"自以承五百之运，继《春
秋》而撰是史"，明显有比肩孔圣而撰著《史记》之意图，实可谓是
"一家之言"。但是，司马迁碍于传统"述作"观念，亦羞于称"作"。
据《史记·太史公自序》说：

[1]　朱谦之：《新辑本桓谭新论》第 40 页，中华书局 2009 年版。

[2]　黄晖：《论衡校释》第 608 页，中华书局 1996 年版。

[3]　《后汉书·张衡传》，王先谦《后汉书集解》第 663 页，中华书局 1984 年版。

> 余尝掌其官，废明圣盛德不载，灭功臣世家贤大夫之业不述，堕先人所言，罪莫大焉。余所谓述故事，整齐其世传，非所谓作也，而君比之于《春秋》，谬矣。[1]

正如于迎春所说："对于以宗圣成贤为人生目标的士人来说，文化创造中的这一种等级名分是必须恪守的规范和道德。……尽管司马迁以周公、孔子事业的继承者自我期许，但是在面对社会现实的直接质询之下，却不由地现出了其文化创造的羞怯姿态。"[2] 而能突破此种身份地位之限定，摆脱羞怯姿态，勇于承认自己之"作"者，当从扬雄开始。因此，比起司马迁的羞怯姿态来，扬雄的态度似乎要通达开明得多。可以说，在中国古代学术思想史上，"述""作"资格的下放，是从扬雄开始的。非圣人而经，因作《太玄》而被称作圣人，突破"述""作"资格之限定，而能勇于"作"，扬雄的确有开风气之先的意义。

在扬雄的影响下，桓谭、王充等人对"作"的态度就不再那么末暧昧和羞怯了。首先，他们皆认为扬雄"才智开通，能入圣道"，"不述而作，材拟圣人"，对其"作"持肯定态度。其次，他们皆突破"作"的身份限定，肯定士人皆有"作"的权利。如桓谭说："余为《新论》，术辨古今，亦欲兴治也，何异《春秋》褒贬耶！"[3] 敢于将自己的著作与《春秋》相提并论，就是对自己"作"《新论》的自信。又说：

> 诸儒睹《春秋》之文，录政治之得失，以为圣人复起，当复作《春秋》也。自通士若太史公，亦以为然。余谓之否，何则？前圣后圣，

---

[1] 《史记》（点校本）第 3299～3300 页，中华书局 1959 年版。

[2] 于迎春：《汉代文人与文学观念的演进》第 78、80 页，东方出版社 1997 年版。

[3] 桓谭：《新论·本造》，朱谦之《新辑本桓谭新论》第 1 页，中华书局 2009 年版。

未必相袭也。夫圣贤所陈，皆同取道德仁义，以为奇论异文，而俱善可观，犹人食皆用鱼肉菜茹，以为生熟异和而复俱美者也。[1]

在桓谭看来，前圣后贤之著作，"未必相袭"，具有同等重要的价值。或者说，前圣可"作"，后贤亦当有"作"的权利。王充在扬雄、桓谭之基础上，更向前进了一步。他非常推崇扬雄之"作"，他在《论衡·超奇》中将文人之述作分为四等：其一是谷子云、唐子高之流，"说书于牍奏之上，不能连结篇章"；其二是司马迁、刘向之流，"累积篇第，文以万数"，故超过子云、子高，但是却"因成纪前，无胸中之造"；其三是陆贾、董仲舒之流，"论说世事，由意而出，不假取于外"，然而"浅露易见，观读之者，犹曰传记"；其四是阳城子长、扬雄之流，"造于眇思，极睿冥之深，非庶几之才，不能成也。孔子作《春秋》，二子作两经，所谓卓尔蹈孔子之迹，鸿茂参贰，圣之才者也"。[2]其褒贬轩轾是相当明显的。他对桓谭之"作"《新论》，亦甚为推崇。《论衡·定贤》说：

> 周道弊，孔子起而作之，文义褒贬是非，得道理之实，无非僻之误，以故见孔子之贤，实也。……世间为文者众也，是非不分，然否不定，桓君山论之，可谓得实矣。……孔子不王，素王之业，在于《春秋》；然则桓君山不相，素丞相之迹，存于《新论》者也。[3]

王充将扬雄《太玄》、桓谭《新论》与孔子之《春秋》相提并论，实际上就是重其"作"。其在《论衡》书中专著《对作》一篇，讨论

[1] 桓谭：《新论·本造》，朱谦之《新辑本桓谭新论》第40页，中华书局2009年版。
[2] 黄晖：《论衡校释》第607～608页，中华书局1996年版。
[3] 黄晖：《论衡校释》第1122页，中华书局1996年版。

"述作"问题，他的观点很明确："言苟有益，虽作何害？""故夫有益也，虽作无害也。"[1] 当然，王充有时对自己的著作亦闪烁其辞，不承认自己僭越之罪名，将自己的著作在"述作"之外以"论"称之。事实上，此亦不过是自谦之辞，因为其所谓之"论"，与"作"并无本质的区别。[2]

大体而言，汉代虽有扬雄、桓谭、王充等学者尚"作"轻"述"，但整个汉代主要还是一个"述而不作"的时代。至六朝时期，尚"作"渐成风尚，方才进入一个全面的"不述而作"的时代。在当时，"作者"一词为常用语，它与"作者之谓圣"的传统意义相近，专指通古今、明大义，能著书立说、发明创新的人。如曹丕《典论》佚文说：

> 余观贾谊《过秦论》，发周秦之得失，通古今之滞义，洽以三代之风，润以圣人之化，斯可谓作者也。[3]

曹丕《答卞兰教》说：

> 赋者，言事类之所附也；颂者，美盛德之形容也。故作者不虚其辞，受者必当其实。[4]

---

[1] 黄晖：《论衡校释》第1184页，中华书局1996年版。

[2] 于迎春：《汉代文人与文学观念的演进》第83～84页，东方出版社1997年版。《论衡·对作》说："或曰：圣人作，贤者述。以贤而作者，非也。《论衡》《政务》，可谓作者。曰：非作也，亦非述也，论也。论者，述之次也。"（黄晖《论衡校释》第1180页，中华书局1996年版）

[3] 《太平御览》卷五九五。

[4] 严可均：《全三国文》卷六，《全上古三代秦汉三国六朝文》第1086页，中华书局1995年版。

桓范《世要论·序作篇》说：

> 夫著作书论，乃欲阐弘大道，述明圣教，推演事义，尽极情类，记是贬非，以为法式，当时可行，后世可修。……夫奋名于百代之前，而流誉于千载之后，以其览之者（有）益，闻之者有觉故也。岂徒转相仿效，名作书论，浮辞谈说，而无损益哉？而世俗之人，不解作体，而务泛溢之言，不存有益之义，非也。故作者不尚其辞丽，而贵其存道也；不好其巧慧，而恶其伤义也。[1]

据此可知，六朝学者所用"作者"一词，是特指而非泛指。如曹植《与杨德祖书》说：

> 然今世作者，可略而言也。昔仲宣独步于汉南，孔璋鹰扬于河朔，伟长擅名于青土，公干振藻于海隅，德琏发迹于大魏，足下高视于上京。……盖有南威之容，乃可以论于淑媛；有龙泉之利，乃可以议于断割。刘季绪才不逮于作者，而好诋诃文章，掎摭利病。[2]

在曹植看来，建安文人只有王粲、陈琳、徐干、刘桢、应场、杨修可称"作者"，"刘季绪才不逮于作者"，是说凭刘季绪的文才，还不够"作者"的资格。又陆云《九愍序》说：

> 昔屈原放逐，而《离骚》之辞兴。自今及古，文雅之士，莫不以其情而玩其辞，而表意焉。遂厕作者之末，而述《九愍》。[3]

---

[1] 《群书治要》卷四十七，《四部丛刊》本。
[2] 《曹植集校注》卷一第 153～154 页，赵幼文校注，人民文学出版社 1998 年版。
[3] 《陆云集》卷七，黄葵点校，中华书局 1988 年版。

陶渊明《闲情赋序》说："余园闲多暇，复染翰为之。虽文妙不足，庶不谬作者之意乎。"[1]萧统《文选序》在纵论古今文体之后说："譬陶匏异器，并为入耳之娱，黼黻不同，俱为悦目之玩。作者之致，盖云备矣。"[2]以上所举材料中的"作者"一词，皆是特指著文立说、自创新章的文人。

在中国古代学术思想史上，从"述而不作"到"不述而作"，以及由此导致的著作资格之下落和著作权利的开放，扬雄当是一个重要的转折性人物。述作精神，就是因循与创新精神，在汉代学术思想史上，由"述"而"作"，以及由此导致的东汉学术风尚之变迁和六朝文化思想之新变，扬雄亦当是一个重要的转扭性人物。

2. 约卓简要：扬雄的博通取径

作为两汉学术思想史上具有"异端"特质的学者，扬雄不仅在学术理念上勇于向传统势力挑战，"非圣人而作经"，主张"不述而作"；而且在学术方法上亦一反汉代盛行的章句学风，追求博通，以"约卓简要"为治学的基本方法。或者说，其"约卓简要"的治学方法是由"不述而作"之学术理念所决定的。因为"不述"，故能避免繁琐冗杂之弊；因为追求"作"，故必以"约卓简要"之途径实现之。

汉代社会文化风尚，无论就学风、士风而言，还是就文风来看，一个最明显的特征，就是繁富。就其学风言，在汉代占主流地位的今文经学，其所从事的章句之学，"一经说至百余万言"，或者"说五字之文，至于二三万言"，[3]其繁琐之弊，已为学者普遍诟病。就其

---

[1] 《陶渊明集》卷五，逯钦立校注，中华书局1979年版。

[2] 李善：《文选注》卷首，中华书局影印宋尤袤刻本。

[3] 《汉书·艺文志》，王先谦《汉书补注》第865页，中华书局1983年版。

文风言，在汉代占主流地位的赋体文学，"推类而言，竟使人不能加也"，其繁富之征，亦是学者的共识。故王钟陵说："现实生活的极大拓展，观念世界的纷纭繁复，社会风气的侈靡奢华，这三个方面反映到汉代文艺上便形成了一个极为显著的特征：繁富铺陈。"[1]就其士风言，汉代儒生大多拘文牵俗，动如节度，恪守礼仪，好修廉隅异操以徼名，亦有繁琐拘泥之特征。汉晋间社会文化风尚之变迁，在士风上从经明行修至简易通傥，在学风上从渊综广博至清通简要，在文风上从错彩镂金到清水芙蓉，扬雄极可能是其中的一位关键性人物。因为他无论是在学术研究、文学创作上，还是在人生行事上，皆是对汉代社会文化风尚的一种反动。他在文学创作上的"辍赋"行为，虽说是有感于赋体之"劝百讽一"，但同时亦是由于它的"雕虫篆刻"之特征，亦是对繁富铺陈风气的一种抗拒。其在人生行为方式上，是"简易佚荡"，是"不修廉隅"，亦是对汉代拘文牵俗、动如节度风尚的一种反动。其在学术取径上，主张"约卓简要"，更是对汉代章句学之繁琐迷信的一种抵制。

对于扬雄来说，人生行为方式上的"简易佚荡"与学术取径上的"约卓简要"，是互为表里，相辅相成的。是其个体性格之"简易佚荡"，决定他必然采取"约卓简要"的学术取径。所以，于迎春说：

> 在影响个体学术趋向的诸因素中，不能简忽性情气质的作用，……好博览而不守章句的通儒作风，往往与人的内在性度密切相关，自西汉李仲元、扬雄以来，大都发生在性情淡泊、疏放者身上。由于仕途升擢往往考核五经章句。所以，一般说来，恬淡不仕与性

[1] 王钟陵：《中国中古诗歌史》第9页，人民出版社2005年版。

情不羁之士容易看轻那些繁琐之学。[1]

于氏这个论断值得注意，因为我们发现，自扬雄以来诸如桓谭、贾逵、王充、马融等"好博览而不守章句"的学者，在为人上皆有"简易佚荡"之作风。亦就是说，新学风与新士风往往集于一体，新学风是由新士风之推动发展起来的。

扬雄之为人，据其《自叙》称：

> 雄少而好学，不为章句，训诂通而已，博览无所不见。为人简易佚荡，口吃不能剧谈，默而好深沈之思，清静亡为，少耆欲，不汲汲于富贵，不汲汲于贫贱，不修廉隅以徼名当世。家产不过十金，乏无儋石之储，晏如也。自有大度，非圣哲之书，不好也；非其意，虽富贵，不事也。

其前部分述其治学取径，后部分述其人生行事。述其人生行事之关键词是"简易佚荡"，诸如"清静亡为""少耆欲""不修廉隅""自有大度"等等，皆是对"简易佚荡"的具体呈现。

所谓"简易"，或称"简要"，实有"通侻"之意。《世说新语·赏誉》说："吏部郎阙，文帝问其人于钟会。会曰：裴楷清通，王戎简要，皆其选也。"严复解释说："简要者，知礼法之本而所行者简。"[2]即不抛弃儒家礼法而又不完全遵守其繁文缛节。故为人"简易"者，多不拘小节。如桓谭，史称其"性嗜倡乐，简易不修威仪"。[3]此犹如扬雄因"简易佚荡"而"不修廉隅"。如李膺，史称其"性简亢，

---

[1]　于迎春：《汉代文人与文学观念的演进》第184页，东方出版社1997年版。

[2]　转引自徐震堮《世说新语校笺》上册第11页，中华书局1984年版。

[3]　《后汉书·桓谭传》，王先谦《后汉书集解》第343页，中华书局1984年版。

无所交接"。[1] 如刘陶，史称其"为人居简，不修小节"。[2] 为人"简易"者，常有"通倪"之风，《三国志·王粲传》说："粲貌寝而体弱通倪。"裴松之注云："通倪，简易也。""简易"，又称"简脱"，《抱朴子·讥惑》说："简脱之俗成。"杨明照《校笺》说："《左传》僖公三十三年：无礼则脱。杜注：脱，易也。《国语·周语》中韦注：脱，简脱也。"[3] 是知"简易""简要""简脱"，体现在行为方式上，就是"通倪"。六朝名士"面目气韵，恍然生动，而简约玄淡，真致不穷"，[4] 以"简约"为人生准则，"简"因此亦成为六朝人物品鉴之最高品目之一。《世说新语》及刘孝标注所引文献，多有"简"目，如诸季野"少有简贵之风"，[5] 王述"简贵真正"，[6] "体道纯粹，简贵静正"，[7] 许询"长而风情简素"，[8] 山涛"为人赏简默"，[9] "通简有德"，[10] 王眉子"清通简畅"，[11] 王舒"风概简正"，[12] 谢混"通简有识"，[13] 王胡之"性简，好达玄言也"，[14] 等等。

所谓"佚荡"，或称"迭荡"，即洒脱，不拘束。简易者必佚荡，佚荡者必简易。曹植《赠丁廙》说："蹈荡固大节，无愿为世儒。""蹈

---

[1] 《后汉书·李膺传》，王先谦《后汉书集解》第771页，中华书局1984年版。

[2] 《后汉书·刘陶传》，王先谦《后汉书集解》第643页，中华书局1984年版。

[3] 杨明照：《抱朴子外篇校笺》（下）第10页，中华书局1991年版。

[4] 胡应麟：《少室山房笔丛》。

[5] 《世说新语·德行》注引《晋阳秋》。

[6] 《世说新语·言语》注引《王中郎传》。

[7] 《世说新语·赏誉》注引《晋阳秋》。

[8] 《世说新语·言语》注引《续晋阳秋》。

[9] 《世说新语·识鉴》注引《竹林七贤论》。

[10] 《世说新语·品藻》注引《魏氏春秋》。

[11] 《世说新语·赏誉》。

[12] 《世说新语·赏誉》。

[13] 《世说新语·赏誉》注引《江左名士传》。

[14] 《世说新语·赏誉》注引宋明帝《文章志》。

荡"即"佚荡"。据现存文献考察，在礼法日益严密，社会普遍重威仪、修廉隅的汉代，敢于自称"简易佚荡"而有行为上之自觉意识者，扬雄当是第一人。所以，称扬雄为六朝"通侻""蹈荡"士风之起始者，亦大体妥当。

扬雄为人"简易佚荡"，影响及于治学取径，就是崇尚博通简要。应该说，博通简要之治学取径，是先秦诸子的共同取向，儒家亦是如此，如《论语·雍也》说："君子博学于文，约之以礼。"朱熹注云："约，要也。君子学欲其博，故于文无不考；守欲其约，故其动必以礼。"《孟子·离娄下》说："博学而详说之，将以反约也。""守约而施博者，善道也。"简要并非苟简，而是简而得其要；博通非仅渊博，而是博而能通。简而得其要之前提，是博而能通。故尚简要者，必求博通；有博通之质者，其治学必尚简要。但是，自西汉中后期以来，今文学家治章句，讲家法师法，儒家固有的繁琐之弊，便充分地呈现出来。[1]章句学者的缺点，就是博而不通，"一经说至百余万言"，确实渊综广博。但是，博而不能返约，则必然流于执障拘泥，繁琐冗杂，必然是不通。简则通，只有简要才能博通，故通人恶繁。通则简，只有博通才能约简，故通人尚简。刘勰《文心雕龙·论说》说："通人恶烦，羞学章句。"[2]说的就是这个意思。

---

[1] 相对于道家崇尚清简，儒家固有一种趋向繁富的特点，故司马谈《论六家要旨》说儒家"博而寡要，劳而少功"，说道家"事少而功多"。儒家固有的趋繁特点，可能与其"推"的学术方法有关。儒家重"推"，如孔子说："己所不欲，勿施于人。"重推己及人。孟子论学，最尚"推"，他说"老吾老以及人之老，幼吾幼以及人之幼。""推恩足以保四海，不推恩无以保妻子。""刑于寡妻，至于兄弟，以御于家邦。"皆是"推"的方法。推类而言，便趋繁琐。故扬雄论汉赋之繁琐，则曰：必推类而言，竟使人不能加也。其实，在儒学独尊之汉代，赋体文学成为最受重视的文学样式，必与儒家思想的影响有关。儒家"推"的学术方法与赋体"推类而言"的创作方法之间，有相当明显的因缘关系。

[2] 范文澜：《文心雕龙注》第328页，人民文学出版社1978年版。

扬雄治学重博通，自称为学"博览无所不见"，其师友网络如严君平、刘歆、桓谭等人亦是如此。[1] 故桓谭《新论》论扬雄，一再指出其学问之博通，如《启寤》称"通人扬子云"，《正经》说扬雄"才智开通，能入圣道，卓绝于众，汉兴以来未有此人也"。因其治学尚博通，故鄙薄章句之学，自称"少而好学，不为章句，训诂通而已"。其《答刘歆书》亦说："雄少不师章句，亦于五经之训诂所不解。"[2] 他在《解嘲》中批评章句学者说："当其亡事也，章句之徒相与坐而守之，亦亡所患。故世乱则圣哲驰骛而不足，世治则庸夫高枕而有余。"[3] 此"庸夫"即指章句之徒。他之批评章句学者，就在于他们博而不通。扬雄尚通，重"通人"，认为"道"本身就有"通"的特点，其云："道也者，通也，无不通也。"[4] "明道"之儒者，应当是通博之儒，不是章句之儒。故《法言·君子》说："通天、地、人曰儒，通天、地而不通人曰伎。"[5] 其所著之《太玄》，即以"纪天、地、人之道"为宗旨。[6] 他之批评邹衍、庄子，亦在于他们不通，《法言·问神》说："或问：邹、庄有取乎？曰：德则取，愆则否。何谓德、愆？曰：言天、地、人，经，德也；否，愆也。"汪荣宝《义疏》说："庄周敝于天而不知人，邹衍无知于天、地之间，故其言天、地、人皆缪于经义，是愆非德，执此以绳，则二子之无可取自见。"[7]

另外，尚需指出的是，扬雄治学尚通博，而非杂博。通博与杂博

<hr>

[1] 《汉书·王贡两龚鲍传》说严君平"博览无不通"。《后汉书·桓谭传》说桓谭"博学多通，遍习五经"。

[2] 张震泽：《扬雄集校注》第 263～264 页，上海古籍出版社 1993 年版。

[3] 张震泽：《扬雄集校注》第 182 页，上海古籍出版社 1993 年版。

[4] 汪荣宝：《法言义疏》第 109 页，中华书局 1987 年版。

[5] 汪荣宝：《法言义疏》第 514 页，中华书局 1987 年版。

[6] 桓谭：《新论》，朱谦之《新辑本桓谭新论》第 40 页，中华书局 2009 年版。

[7] 汪荣宝：《法言义疏》第 177 页，中华书局 1987 年版。

之显著区别，吕思勉解释说：

> 学有通博，有杂博。通博者，能知其要领，得所会归者也。杂博者，则徒能多识以炫耀流俗而已。汉世儒生，为后人所宗者，莫如郑玄，其著书可谓极多，而其支离灭裂亦最甚，即可见一时风气，骛于杂博。[1]

所谓"通博"是通而"能知其要领"，所谓"杂博"是"徒能多识以炫耀流俗"。扬雄尚"通博"，其对"杂博"持批评态度，如《法言·问神》说：

> 或曰：淮南、太史公者，其多知与，曷其杂也？曰：杂乎杂，人病以多知为杂，惟圣人为不杂。[2]

圣人之道，一以贯之，是博通。在他看来，《淮南子》《史记》虽称渊博，但无一以贯之之道，故是"杂博"。他主张将一切知识或学问用一以贯之之道联通起来，如《法言·寡见》说："多闻见而识乎至道者，至识也；多闻见而识乎邪道者，迷识也。"[3]《吾子》说："好书而不要诸仲尼，书肆也；好说而不要诸仲尼，说铃也。"[4]他的《太玄》即以此为著述宗旨，《法言·问神》说："或曰：《玄》何为？曰：为仁义。曰：孰不为仁？孰不为义？曰：勿杂也而已矣。"即以仁义

---

[1] 吕思勉：《秦汉史》第 683 页，上海古籍出版社 2005 版。

[2] 汪荣宝：《法言义疏》第 163 页，中华书局 1987 年版。

[3] 汪荣宝：《法言义疏》第 215 页，中华书局 1987 年版。

[4] 汪荣宝：《法言义疏》第 74 页，中华书局 1987 年版。

之道贯穿于《太玄》之始终。[1]

为学尚通博者，必有简要之作风。扬雄在《法言》《太玄》中对"约卓简要"之治学取径有具体的说明。《法言·吾子》说："多闻则守之以约，多见则守之以卓。寡闻则无约也，寡见则无卓也。"[2]"多闻""多见"是必要的，因为它是"约卓"的前提。但"多闻""多见"之博，是"通博"，不是"杂博"，故当博而通之，守以"约卓"。或者说，"约卓"与"通博"互为前提，唯有"通博"方能"约卓"；唯有"约卓"才能"通博"。故《太玄·玄莹》说："不约则其指不详，不要则其应不博。"[3]扬雄正是以"约卓简要"之原则评价道和经。如《法言·吾子》说：

> 君子之道有四易：简而易用也，要而易守也，炳而易见也，法
> 而易言也。[4]

---

[1] 扬雄为学之崇尚通博，反对杂博，其理论上如此主张，至于能否贯穿于具体的学术实践中，则是另外一回事。实际上，后世学者常有批评扬雄治学"杂错而无主"和"无宗旨可持"，如刘咸炘说："东汉之儒谓之文儒而已。西汉儒者犹有质行之意，能持宗旨，无骛于文者，骛文自扬雄始，桓谭继之。……充以降，益泛杂无宗旨可持。自王逸、应劭、傅玄以至虞喜、王劭之流，所著书竟成杂记，是宜谓之杂家，不宜蒙儒之号。"（《刘咸炘学术论集·子学编上》第 162 页，广西师范大学出版社 2007 年版）又说："王叔师《正部论》谓《法言》杂错而无主。程子谓扬子无自得，故其言漫衍而不断，优柔而不绝。……子云著书非无所为，然词义陈泛实际，罕所发明，徒为品藻，下启桓谭诸人杂论博考之体，混列儒家而无宗要可持。故子云者，实儒之衰而文儒之祖也。自汉至北宋之儒家，大氐文人杂论，故皆称子云，以并荀、扬，至程、朱然后窥其底里焉。"（《刘咸炘学术论集·子学编下》第 426～427 页）此或为理论与实践不能一致之一例。
[2] 汪荣宝：《法言义疏》第 77 页，中华书局 1987 年版。
[3] 司马光集注、刘韶军点校《太玄集注》第 190 页，中华书局 1998 年版。
[4] 汪荣宝：《法言义疏》第 79 页，中华书局 1987 年版。

即"道"有"简要"之特点，并且是其根本特点，其之所以"易用""易守""易见"和"易言"，皆因其有"简"的特点。又说：

> 孔子之道，其较且易也。或曰：童而习之，白纷如也，何其较且易？曰：谓其不奸奸，不诈诈也。如奸奸而诈诈，虽有耳目，焉得而正诸？[1]

这是为"道"之"简要"特点作辩护。《法言·寡见》说：

> 或问：司马子长有言曰：《五经》不如《老子》之约也，当年不能极其变，终身不能究其业。曰：若是，则周公惑，孔子贼。古者之学耕且养，三年通一。今之学也，非独为之华藻也，又从而绣其鞶帨，恶在《老》不《老》也。或曰：学者之说可约邪？曰：可约解科。[2]

《法言·五百》说：

> 或问：天地简易，而圣人法之，何《五经》之支离？曰：支离盖其所以为简易也，已简已易，焉支焉离？[3]

这是为"经"之"简要"特点作辩护。

治学崇尚简要，亦体现在扬雄本人的学术著述中。如其《太玄》的设辞，就遵循着"约卓简要"的原则。学者以为《太玄》"经是述的，传是作的，《太玄》有述有作的撰述风格，独立于汉代今文经学系统

---

[1] 汪荣宝：《法言义疏》第 76 页，中华书局 1987 年版。

[2] 汪荣宝：《法言义疏》第 222 页，中华书局 1987 年版。

[3] 汪荣宝：《法言义疏》第 262 页，中华书局 1987 年版。

之外，有开风气之先的意义"，"经传分立的解经方式对于章句之学是一种反动，开启了古文经学以传记解经之先河，其目的就是为了'简而要'地追寻经典的本义"。[1]《法言》之撰述，秉持"苟非其事，文不虚生"之宗旨，极其简要地陈述观点，甚至简略到极端，影响到文义之理解的地步。学者常言扬雄之文"深"，指的就是其过于简略而导致的文义隐晦。如司马光《注扬子法言序》说："扬子之文简而奥，其简而奥也，故难知，学者多以为诸子而忽之。"谭献说："子云何尝艰深，特太简处，遂觉突兀耳。"[2]黄侃《法言义疏后序》说《法言》"文辞简奥，学者失其句读，迷其旨趣"。可以肯定的是，扬雄《法言》文句之"太简"或"简而奥"，皆是秉持"约卓简要"之治学取径而有意为之，皆是为反对当时繁琐冗杂之学风和文风而有意为之。

扬雄倡导的此种"约卓简要"的学风，在学术思想史上有重要意义和积极影响。一般而言，以"简要"之方法开展学术研究，其突出的表现，就是追求学术思想之"大义"或"大体"，而不作繁琐冗杂之章句训诂和名物考证。今文学者之问题，就是背离古代学者"存其大体，玩经文而已"的"简要"学风，走上了"碎义逃难，便辞巧说，破坏形体"的道路。以扬雄为代表的一批具有"异端"特质的学者，就是要矫正这种学风，倡导通过"约卓简易"之学术方法以获取学术"大义"或"大体"。

追求"大义"或"大体"成为扬雄以后学者治学之目标，成为学者批评今文学的依据。如夏侯胜批评"章句小儒，破碎大道也"。[3]

---

[1] 解丽霞：《扬雄与汉代经学》第76～77页，广东人民出版社2011年版。

[2] 转引自《刘咸炘学术论集·子学编上》第426页，广西师范大学出版社2007年版。

[3] 王先谦：《后汉书·杨终传集解》引惠栋引《汉书》，《后汉书集解》第562页，中华书局1984年版。

杨终批评"章句之徒，破坏大体"。[1]桓谭《新论》批评俗儒的因循摹仿说："及博见多闻，书至万篇，为儒教授数百千人，祗益不知大体焉。"他认为"事事效古"之人，"释近趋远，所尚非务，故以高义退致废乱，此不知大体者也。"尤其值得注意的是，桓谭《新论》一书，其中有"言体"一篇，当是讨论"大体""大义"之专文。他指出：

> 大体者，皆是当之事也。夫言是而计当，遭变而用权，常守正，见事不惑，内有度量，不可倾移，而讵以谲异，为知大体矣。如无大材，则虽威权如王翁，察慧如公孙龙，敏给如东方朔，言灾异如京君明，及博见多闻，书至万篇，为儒教授数百千人，祗益不知大体焉。

只有"大材"才能知"大体"，他认为："非有大材深智，则不能见其大体。"[2]其所谓"大材"，就是他在《新论》中一再提到的"通人"。在他看来，只有"通人"才能知"大体"。或者说，只有"博通"之士，才能做到"约卓简要"；只有"约卓简要"，才能识"大体"。

综上所述，扬雄倡导的博通简要之风尚，对六朝之学的影响，约而言之，有如下数端：其一，扬雄在人生行为方式上的"简易佚荡"，对六朝"通侻""蹈荡"之士风有重要启示。其二，扬雄在学术观念上博通儒道、兼采诸子的取径，暗示了时代思想和学术兴趣的新变化，对六朝之学有重要影响。其三，扬雄在治学方法上崇尚简要，追求大义，对六朝学者执一统万、以少总多、以简驭繁之治学方法，有重要启示。其四，扬雄在创作上对"简而奥"文风的自觉追求，影响了六朝文风尚简的一面。

[1] 《后汉书·杨终传》，王先谦《后汉书集解》第 562 页，中华书局 1984 年版。

[2] 《新论·言体》，朱谦之《新辑本桓谭新论》第 12 页，中华书局 2009 年版。

3. 玄思大义：扬雄的思辨精神

在两汉知识群体中，扬雄的"异端"特质之一，就是对知识和学问的执着而又纯粹的追求。或者说，他是两汉历史上少见的纯粹的以追求知识和思想为目的的学者。他"不汲汲于富贵，不戚戚于贫贱"，其人生之终极目的是"欲求文章成名于后世"。他的兴趣是"好古而乐道"，主张"诎人从道"和"安贫乐道"，对道的探索和体察成为他一生中的主要工作。他之所以能够安贫，是因为他乐道，他对以道为核心的知识和学问之探寻，有着常人不能体会的乐趣。所以，即便是在"家产不过十金，乏无儋石之储"的境况下，他居然上书请求"不受三年之奉，且休脱直事之徭"，以专心于知识和学问之探讨。因此，他与汉代一般学士文人的显著区别有三：一是在利禄的诱惑下，两汉一般知识群体是"学为利禄"，或者如刘歆争立古文经那样，是"为术而学"；而扬雄则是典型的"为道而学"，为追求纯粹的知识和学问而学。这亦许是刘歆争立古文并移书责让太常博士而引起当时知识界之巨大震荡时，扬雄不置一辞，不发表任何意见的主要原因。其二，在利禄的诱惑下，两汉一般知识群体治经，重师法家法，固守今文与古文之壁垒，有很强的门户之见。而扬雄治学，本着对知识和学问的单纯追求，超越师法家法，出入今古之间，兼采儒道之善，体现了一位纯粹学者的独立立场和兼容胸怀。其三，还是在利禄的诱惑下，汉代一般知识群体治经，皆或轻或重地沾染时风，讲阴阳谶纬，灾异谴告，不可避免地有迷信色彩。而扬雄拒言谶纬灾异，特别留心于知识学问的真伪之辨，体现了一位纯粹学者以求知为目的的理性立场。扬雄作为一位学者在两汉知识群体中的此种超越立场，徐复观的评价值得注意：

　　两汉特出的知识分子特性之一，是道德感的政治性，或者也可以说是政治性的道德感，非常强烈。这些人物的形态，可以概略地称为"道德的政治形态"，或称为"政治的道德形态"。扬雄在这一大倾向中，却主要是以好奇好异之心，投下他整个生命去追求知识。他当然也谈到政治问题、道德问题，但他都是以知识人的态度去谈，有点近于冷眼旁观，而不将自己介入地去谈。所以他是一个"知识型"的人生形态。近于西方所谓"智者"形态的人物。这在两汉是非常突出的形态。[1]

此种"知识型人生形态"或者"智者形态"，体现了扬雄在两汉知识群体中的超越性特征。

在两汉知识界，扬雄不仅在治学立场上与两汉知识群体相比，具有超越性特征；而且在探求的知识的内容上，亦有明显的超越性特征。这种知识内容上的超越性特征，就是由具体的道德、政治、人事转向抽象的自然宇宙之本体，就是避实就虚的走向。故王充《论衡·案书》说："子长少臆中之说，子云无世俗之论。"[2]"少臆中之说"，是说司马迁《史记》的实录精神；"无世俗之论"，是说扬雄关注的是超越尘世的自然宇宙之本体问题。笔者在《汉晋文化思潮变迁研究》一书中曾经指出：

> 在尚通意趣的影响下，汉晋间的一切文化活动皆呈现出由实而虚的发展特点。如在学术方面，汉代训诂文字、考证名物的章句学，固为实学，且不说今文学者的离章析句，就是古文学者的训释大义，皆有重实守据的特点。魏晋玄学，祖尚玄虚，探求大义，乃可视为虚学。其间学者的谈论，由"清议"转为"清淡"，所谈论的内容

[1]　徐复观：《两汉思想史》（二）第421页，九州出版社2014年版。

[2]　黄晖：《论衡校释》第1170页，中华书局1996年版。

由具体的政治问题和人事理则，演进为抽象玄虚的三玄义理，亦显示出由实而虚的发展特点。在艺术上，汉代艺术古拙、质朴、凝重，富有力量和质感，讲求外形的繁富靡丽和体积规模；魏晋艺术清峻、通脱、空灵，讲求内在的神气韵味，亦呈现出由实而虚的发展趋势。在士风上，由汉代的经明行修、砥砺名节，发展到魏晋的浮华虚称、希心高远，也是一个由实而虚的演进过程。[1]

汉晋间学者研讨的知识学问之内容的差别，汤用彤言之甚详。他认为：汉晋学术之变迁，呈现出"由具体事实至抽象原理，由切近人事至玄远理则"之发展趋势。[2] 六朝时期，"学贵玄远，则略于具体事物而究心抽象原理。论天道则不拘于构成质料，而进探本体存在。论人事则轻忽有形之粗迹，而专期神理之妙用"。[3] 在汉晋间的这场学术转向运动中，扬雄有着重要的开创先路之作用，如汤用彤说：

> 溯自扬子云以后，汉代学士文人即间尝企慕玄远。凡抗志玄妙者，"常务道德之实，而不求当世之名。阔略秒小之礼，荡佚人间之事"（冯衍《显志赋》）。"逍遥一世之上，睥睨天地之间。不受当世之责，永保性命之期"（仲长统《昌言》）。则其所以寄迹宅心者，已与正始、永嘉之人士无或异。……则贵玄言，宗老氏，魏晋之时虽称极盛，而于东汉亦已见其端矣。[4]

侯外庐亦认为，扬雄的学说"不局限于人生论范围，而以自然宇

[1] 汪文学：《汉晋文化思潮变迁研究——以尚通意趣为中心》第 77 ~ 78 页，贵州人民出版社 2003 年版。

[2] 汤用彤：《魏晋玄学论稿》第 17 页，中华书局 1962 年版。

[3] 汤用彤：《魏晋玄学论稿》第 26 ~ 27 页，中华书局 1962 年版。

[4] 汤用彤：《魏晋玄学论稿》第 48 页，中华书局 1962 年版。

宙为研究对象，这表现出从儒家传统思想中获得了相对的解放。……自然是独立于人类意识而存在的客观实在，一切的学说，只有契合于自然的本质，才能成为真理"。[1]

总之，无论是就其探讨知识和学问的立场看，还是就其探讨的内容而言，扬雄在两汉知识界，皆体现出超越性质，有"企慕玄远"之倾向，都具有"异端"特征。虽然他做得还不够彻底，[2]但其"企慕玄远"，以及由实入虚的超越性追求，对六朝玄学之影响，无疑具有极其重要的启示作用。而尤其值得重视的，对六朝之学发生更大影响的，是他在整合先秦儒道两家思想之基础上，提倡的"玄思"之学术思维。

"玄"之一词，首次出现在《老子》书中，而在扬雄的学术思想体系中，则是一个核心概念。概括地说，其含义有三：一是作为世界本体而成为研究对象的"玄"，称为"玄体"；二是作为对此世界本体之特性进行描述的"玄"，即"玄远"。三是作为研究方法的"玄"，作为思维方式的"玄"，称为"玄思"。扬雄正是以具有抽象思辨特征的"玄思"来构建他的具有本体意义的"玄体"，以"玄思"来探

---

[1] 侯外庐：《中国思想通史》第二卷第 210 页，人民出版社 1992 年版。

[2] 汤用彤说："溯自扬子云以后，汉代学士文人即间尝企慕玄远。……然谈玄者，东汉之与魏晋，固有根本之不同。桓谭曰：扬雄作《玄》书，以为玄者天也，道也。言圣贤著法作事，皆引天道以为统。而附属万类王政人事法度。亦此所谓天道，虽颇排斥神仙图谶之说，而仍不免本天人感应之义，由物象之盛衰，明人事之隆污。稽察自然之理，符之于政事法度。其所游心，未超于象数。其所研求，常在乎吉凶。……魏晋之玄学则不然。已不复拘拘于宇宙运行之外用，进而论天地万物之本体。汉代寓天道于物理，魏晋黜天道而究本体，以寡御众，而归于玄极；忘象得意，而游于物外。于是脱离汉代宇宙之论，而留连于存存本本之真。……汉代偏重天地运行之物理，魏晋贵谈有无之玄致。二者虽均尝托始于老子，然前者常不免于依物象数理之消息盈虚，言天道，合人事；后者建言大道之玄远无朕，而不执著于实物，凡阴阳五行以及象数之谈，遂均废置不用。因乃进于纯玄学之讨论。汉代思想与魏晋清言之别，要在斯矣。"（《魏晋玄学论稿》第 48~49 页，中华书局 1962 年版）

索和体味具有"玄远"意味的"玄体",从而对六朝玄学之思辨方法和本体论产生了直接的启发和影响。

扬雄提倡具有抽象思辨特征的"玄思"方法,有主客观两方面的因素。就客观因素言,它是对先秦儒道两家学术方法的整合。大体上讲,儒家的学术方法是经验性的,讲求类推;道家的学术方法是抽象性的,讲求"玄览"或"玄鉴"。[1]扬雄之"玄思",近于道家的"玄览"或"玄鉴",亦与孔、孟关于"思"的见解密切相关。

儒家学者治学,尤重经验性的类推思维,孔、孟皆是如此。[2]至汉代,经生的章句学和文人创作的汉赋,皆是经验性的类推思维之产物。儒家所遭致"博而寡要,劳而少功"的批评,[3]亦与此有密切关系。但早期儒家学者如孔、孟,在强调类推方法时,亦比较重视"思"的作用,如孔子说:"学而不思则罔,思而不学则殆。"[4]又说:"吾尝终日不食,终夜不寝,以思,无益,不如学也。"[5]兼顾到学与思两方面。因为"人类知识,有得之自学问者,则好古敏求之事,经验界之事也。有得之于自己思索者,则慎思明辨之事也"。[6]如果说孔子还是学与思兼顾的话,那末孟子则是有明显的"去学而重思"的倾向。如《孟子·告子》载公都子问曰:

> 钧是人也,或为大人,或为小人,何也?孟子曰:从其大体为大人,从其小体为小人。曰:钧是人也,或从其大体,或从其小体,何也?

---

[1] 关于儒道两家的学术方法及其对后世的影响,笔者拟另著专文论之,兹不赘言。

[2] 参见本章上节"约卓简要:扬雄的博通取径"。

[3] 司马谈:《论六家要旨》,《史记》(点校本)第 3289 页,中华书局 1959 年版。

[4] 《论语·为政》,刘宝楠《论语正义》第 31 页,诸子集成本,上海书店 1986 年版。

[5] 《论语·卫灵公》,刘宝楠《论语正义》第 346 页,诸子集成本,上海书店 1986 年版。

[6] 张君劢:《孟子哲学》,见《义理学十讲纲要》第 72 页,中国人民大学出版社 2006 年版。

曰：耳目之官不思而蔽于物，物交物，则引之而已矣。心之官则思，思则得之，不思则不得也。此天之所与我者。先立乎其大者，则其小者弗能夺也。此为大人而已矣。[1]

对于这段话，张君劢解释说：

孟子所以去学而侧重于思者，非不知耳目之知、闻见之知与经验之知，为思之成分之一。然其所以去学而重思者，则于其深知一切判断皆由思来也。黑白之色，多少之分，异同之辨，由思来矣。人之所以为人，与物之所以为物之分，由思来也。不论为泥土，为草木，为鸟兽，为人群，一切名之曰有曰存在，由思来也。宇宙之全体，非目之所能见，手之所能触，而各人心中，存一宇宙之见解，由思来也。如是，举思一端而学自在其中矣。世人但知耳闻目见之为真有其物，为实有其事，然黑白多少同异之辨，何一不由闻见与触觉之一部，而推知为全部。如是所谓"思则得之，不思则不得也"云云，正所以明思之无深不入，无远不届，而非经验界之闻见接触所能与比也。此为孟子继孔子后之大发明，而由程、朱、陆、王为之昌大者也。[2]

所以，张氏断言：孔、孟"在哲学方面根本之不同，莫如孟之言思"，[3]以为"孟子所给予后起哲学家之基准是：称尧舜，道性善，主能思之心，养崇高之德"。并因此断言："在儒学中，以思想为哲学思索契机者，

---

[1] 焦循：《孟子正义》第467页，诸子集成本，上海书店1986年版。

[2] 张君劢：《孟子哲学》，见《义理学十讲纲要》第73～74页，中国人民大学出版社2006年版。

[3] 张君劢：《孟子哲学》，见《义理学十讲纲要》第73页，中国人民大学出版社2006年版。

孟子为第一人"，"孟子之重'思'，实开中国观念论之先河"，[1] "孟子实为一有过于孔子之伟大哲学家"。[2]

在汉代，孔子的"学思并重"和孟子的"去学而重思"，皆被一般知识群体所抛弃，倒是其类推方法却被发挥到极致，具体呈现在汉赋之创作和章句学之研讨中。张氏以为孟子"去学而重思"之"大发明"，是由宋明程、朱、陆、王为之发扬光大。此言不诬，宋明学者之理学和心学，皆与孟子之重"思"论"心"有明显的渊源关系。但是，在此段思想史之发展链条上，张氏遗漏了一个重要环节，即在两汉之际尊信孟子、以孔孟道统自居的扬雄，他对孟子之"思"的承继与发挥。扬雄推崇孟子，对孟子思想有深切的体悟。孟子在中国文化史上之地位的提升，或与扬雄的推崇有关，如韩愈说："晚得扬雄书，益尊信孟氏，因雄书而孟氏益尊，则雄者亦圣人之徒与。"[3] 徐复观说："拔孟子于诸子之中，以为不异于孔子的，也是始于扬雄。"[4]

笔者认为，扬雄是在孟子"去学而重思"之理念的启发下，而强调"思"的重要性，并提出"玄思"的思维方法。如他在《太玄·玄莹》里说：

> 古者不霆不虞，慢其思虑，匪筮匪卜，吉凶交渎。于是圣人乃作蓍龟，钻精倚神，箝知休咎，玄术莹之。是故欲知不可知，则拟之以乎卦兆；测深摹远，则索之以乎思虑。二者其以精立乎！夫精以卜筮，神动其变，精以思虑，谋合其适。精以立正，莫之能仆。

[1] 张君劢：《孟子哲学之意义》，见《义理学十讲纲要》第62页，中国人民大学出版社2006年版。

[2] 张君劢：《孟子哲学之意义》，见《义理学十讲纲要》第59页，中国人民大学出版社2006年版。

[3] 《韩昌黎全集》卷十一《读荀》，中国书店1991年据世界书局1935年本影印。

[4] 徐复观：《两汉思想史》（二）第465页，九州出版社2014年版。

精以有守，莫之能夺。故夫抽天下之蔓蔓，散天下之混混者，非精
其孰能之。[1]

扬雄以"思"为人之基本特性。[2]他以为，在民众"不霆不虞"
之上古纯朴时代，"思"或无所用，故其时之人"慢其思虑"。而在"吉
凶交渎"之时代，圣人之所以能"作蓍龟"以"箬知休咎"，就是因
为他们"钻精倚神"，深沉思考的结果。所以，在扬雄看来，欲"测
深摹远"，则必"索之以乎思虑"；欲"抽天下之蔓蔓，散天下之混
混"，亦必"精"而思之。"思"于社会人生之重要性，于此可见一斑。
故《法言·学行》说："学以治之，思以精之，朋友以磨之，名誉以
崇之，不倦以终之，可谓好学也已乎。"[3]《修身》说："修身以为弓，
矫思以为矢，立义以为的，奠而后发，发必中矣。"[4]"修身""立义"
是儒家学者之通论，并无新义。其有新见，能体现扬雄思想之特色者，
是他在"修身""立义"之外强调"矫思"，对"思"的重视。应该说，
扬雄的观点，与孟子是一脉相承的。[5]

在扬雄《法言》书中，与"思"义相关的是"潜"。《法言·问
神》说：

或问神：曰：心。请问之。曰：潜天而天，潜地而地。天地，

---

[1] 司马光集注、刘韶军点校《太玄集注》第 189～190 页，中华书局 1998 年版。

[2] 徐复观：《两汉思想史》（二）说："《太玄》以'思'代表人的特性。"（第 465 页，
九州出版社 2014 年版）

[3] 汪荣宝：《法言义疏》第 12 页，中华书局 1987 年版。

[4] 汪荣宝：《法言义疏》第 84 页，中华书局 1987 年版。

[5] 孟子曰："心之官则思，思则得之，不思则不得也。"（《孟子·告子》）孟子"以
心为人生之主体"，认为"思为心官之能"，其论"思"与"心"之关系，对扬
雄亦有影响。扬雄论"思"，亦涉及"心"。此事尚需进一步深究，详见本书第
七章之"寓玄于艺：扬雄'玄思'论对六朝'神思'论之启发和影响"。

神明而不测者也。心之潜也，犹将测之，况于人乎？况于事伦乎？……神在所潜而已矣。[1]

"问神曰心"，并非仅是说"心"有"神"的特点，而是说以"心"通"神"，"心"能通"神"。以"心"通"神"之途径是"潜"。何谓"潜"？真德秀解释说：

> 扬子默而好深湛之思，故其言如此。"潜"之一字，最宜玩味。天惟神明，故照知四方；惟精粹，故万物作类。人心之神明精粹，本亦如此。惟不能潜，故神明者昏，而精潜者杂，不能烛理而应物也。[2]

"潜"即精思、覃思或玄思之义。"心"通过"潜"而通"神"，故而"心"本身亦有"神"的特点，所以《问神》云："人心其神矣乎！操则存，舍则亡。能常操而存者，其惟圣人乎？"[3] 最能以"心"通"神"者，是圣人，故《法言·修身》云："或问众人，曰：富贵生。贤者，曰：义。圣人，曰：神。"[4]

扬雄不仅在理论上阐释了"思"是人之特性，"思"于知识学问之重要价值，而且其本人亦是好学深思之人，故其《自叙》自称"默而好深湛之思"。学者评论扬雄，亦多称道其能深思，好覃思，如刘歆《与扬雄书从取〈方言〉》，称道扬雄所著《方言》说："非子云澹雅之才，沈郁之思，不能经年锐精以成此书，良为勤矣。"[5] 王充《论

[1] 汪荣宝：《法言义疏》第 137 页，中华书局 1987 年版。

[2] 《性理大全》卷五十八。

[3] 汪荣宝：《法言义疏》第 140 页，中华书局 1987 年版。

[4] 汪荣宝：《法言义疏》第 104 页，中华书局 1987 年版。

[5] 张震泽：《扬雄集校注》第 273 页，上海古籍出版社 1993 年版。

衡·超奇》说扬雄"造于眇思，极睿冥之深"。班固《汉书·扬雄传》说他"覃思浑天，参摹而四分之，极于八十一"。又说："渊哉若人，实好斯文。初拟相如，献赋黄门。辍而覃思，草《法》纂《玄》。"其《答宾戏》说："刘向司籍，辨章旧闻。扬雄覃思，《法言》《太玄》。"张衡《与崔瑗书》说："《玄》四百岁，其兴乎？竭已精思，以揆其义，更使人难论阴阳之事。"范望《太玄解赞》说："子云志不申显，于是覃思，耦《易》著《玄》。"葛洪《抱朴子·外篇·酒戒》说："扬雄通人，才高思远。"左思《蜀都赋》说："扬雄含章挺生，幽思绚道，摭捼天庭。"刘勰讨论扬雄文学，亦屡言其为文之用"思"，如《文心雕龙·时序》说："子云锐思于千首。"[1]《才略》说："子云属意，辞人最深。观其涯度幽远，搜选诡丽；而竭才以钻思，故能理赡而辞坚矣。"[2]《哀吊》说："扬雄吊屈，思积功寡。意深文略，故辞韵沉膇。"[3]《杂文》说："扬雄覃思文阔，业深综述。"[4]《封禅》说扬雄《剧秦美新》"骨掣靡密，辞贯圆通。自称极思，无遗力矣"。[5]另外，朱熹亦说："扬子云为人深沉，会去思索。如阴阳消长之妙，他直是去推求。"[6]孙承恩《扬子云像赞》说："扬子好学，研精覃思。"[7]等等。总之，凡论及扬雄者，无不指出其为学重"思"的特点。甚至可以说，"思"之于扬雄，如同酒之于扬雄、贫之于扬雄、独之于扬雄一样，在中国文化史上，均有标志性意义。

"造于眇思"并非易事，它需要一定的条件。王充《论衡·书解》说：

---

[1]　范文澜：《文心雕龙注》第 672 页，人民文学出版社 1978 年版。

[2]　范文澜：《文心雕龙注》第 699 页，人民文学出版社 1978 年版。

[3]　范文澜：《文心雕龙注》第 241 页，人民文学出版社 1978 年版。

[4]　范文澜：《文心雕龙注》第 254 页，人民文学出版社 1978 年版。

[5]　范文澜：《文心雕龙注》第 394 页，人民文学出版社 1978 年版。

[6]　黎靖德：《朱子语类》卷一百三十七第 3260 页，中华书局 1986 年版。

[7]　《文简集》卷四十一。

或曰：著作者，思虑间也，未必材智出异人也。居不幽，思不至，使著作之人，总众事之凡，典国境之职，汲汲忙忙，或暇著作？试使庸人积闲暇之思，亦能成篇八十数。文王日昃不暇食，周公一沐三握发，何暇优游为丽美之文于笔札？孔子作《春秋》，不用于周也。司马长卿不预公卿之事，故能作《子虚》之赋。扬子云存中郎之官，故能成《太玄经》，就《法言》。使孔子得王，《春秋》不作。长卿、子云为相，赋、《玄》不工。[1]

从事"著作"（"作"）之人，当有"思虑"，即有抽象思辨之能力。而"思虑"之培育，当有优游闲暇之环境。以优游闲暇之环境培育平淡自然之心境，在平淡自然之心境中展开"思虑"，从事"著作"，故曰："居不幽，思不至。"王充的这层意思，用刘劭《人物志》的话说，就是"质性平淡，思心玄微"。《人物志·材理》说："质性平淡，思心玄微，能通自然，道理之家也。"所谓"道理"，即是"天地气化，盈虚损益"之理，研究"道理"者，即为"道理之家"。那末，"道理之家"研究"道理"的方法是什么呢？用刘劭的话说，就是"质性平淡，思心玄微，能通自然"。此三者密切相关，"质性自然"是道理家的质性特点，"思心玄微"是其运思方式，"能通自然"是其学术目的。只有"平淡"之人，其"思心"才有"玄微"的特点。亦只有"思心玄微"者，才能通于"自然"之道。[2]

　　"造于眇思"并非易事，它是颇"伤精神"的思维活动。据桓谭《新论·祛蔽》说：

---

[1] 黄晖：《论衡校释》第1152页，中华书局1996年版。

[2] 汪文学：《从〈人物志〉论汉晋学风之变迁》，见《汉唐文化与文学论集》，贵州大学出版社2008年版。

余少时见扬子云丽文高论，不自量年少新进，猥欲逮及。尝激一事而作小赋，用精思太剧，而立感动致发病。子云亦言：成帝时，赵昭仪方大幸，每上甘泉，诏使作赋，一首始成，卒暴倦卧，梦五脏出地，以手收内之。及觉，大少气，病一年。由此言之，尽思虑，伤精神也。[1]

扬雄之所以具备此种"造于眇思"之能力，与他的生活环境和个性特征密切相关。笔者在本书第二章讨论扬雄影响六朝之学的可能性时，已经指出：多次迁徙和五世单传的家庭背景，孤独和贫俭的生活环境，寂寞清静和安贫乐道的性格特征，"用心于内，不求于外"的"自守""泊如"的恬淡心境，对于扬雄"眇思"能力之培育，当有重要的促进作用。应该说，超越功利得失和是非荣辱的扬雄，其内心是平淡清静的，故而具备"玄微"之"思心"。[2] 虽然客寓京师，身为执戟之臣，但却能"休脱直事之徭""藏心于渊""泊如自守"，可谓"居幽处暇"，故能"思至"，能以"思虑"而"著作"。再则，扬雄重通尚博，推崇简要，以"博通简要"为治学取径，以求"大义"或"大体"为学术旨归，故能"玄思"。因为"通则渐藻玄思"，有"玄思"之人，多是博通简要之士。博通简要是"玄思"之前提和基础；拘泥执障，繁琐冗杂，则不宜"玄思"。

总之，在儒道兼综的学术背景上，在独特的家庭背景、生活环境、

---

[1]　朱谦之：《新辑本桓谭新论》第 52 页，中华书局 2009 年版。

[2]　刘歆《与扬雄书从取〈方言〉》称道扬雄所著之《方言》说："非子云澹雅之才，沈郁之思，不能经年锐精以成此书，良为勤矣。"（张震泽《扬雄集校注》第 273 页，上海古籍出版社 1993 年版）即扬雄有"澹雅之才"，方能有"沈郁之思"，故而能"锐精以成此书"。

个性特征和治学取径等多种因素的影响下，扬雄接受孔子学思兼顾和孟子"重思而去学"的影响，参之以老庄之"玄鉴"或"玄览"之玄想思维，形成了在两汉知识群体中特显突出的"玄思"思维方式和治学方法，成为两汉知识群体中最具抽象思辨能力的学者之一。

接下来，需要追问的是，扬雄开启的这种"玄思"之法，其直接的学术影响是什么？笔者认为，"玄思"是为求"大义"，明"大体"。张衡《与崔瑗书》说："《玄》四百岁，其兴乎？竭己精思，以揉其义，更使人难论阴阳之事。"[1] 扬雄"竭己精思"之目的，是为"揉其义"，即通过"玄思"以追寻"大义"。"玄思"是追求"大义"的重要手段，故前引刘劭《人物志·材理》说："思心玄微，能通自然。"汉代一般知识群体治章句训诂之学，由于普遍缺乏此种具有抽象思辨特征的"玄思"能力，因而只能从事具有经验性质的类推式学术，不能体察经典中的大义，不能把经典中具有普遍性的理论问题揭示出来，从思辨的层次加以提升。因而其所重者，是经验性的"学"，其本身亦只能是知识积累型学者，其所呈现的是知识的广度，是得言忘意。而有"玄思"能力之学者，不拘泥于章句训诂和名物考证，以直探本义为学术旨归，是思想创造型学者。因此，与章句学者之重"学"不同，他们所重视的是抽象性的"识"。所以，其所呈现的是思想的深度，是得意忘言。

单独讲"思"，是指抽象的思辨能力和深邃的辨识能力。进一步讲"玄思"，即有"玄"之特色的"思"，则有妙悟、神解和体味的成分在，并不单单是冷静客观的符合逻辑的思辨。桓谭评价扬雄"勤味道腴"，此"味"字几近于"玄思"。陶渊明自称"好读书，不求

---

[1] 严可均：《全后汉文》卷五十四，《全上古三代秦汉三国六朝文》第773页，中华书局1959年版。

其解。每有会意，便欣然忘食"。[1] 所谓"会意"，其"会"几近于"玄思"，其"意"则指"大义"。即以"玄思"悟其"大义"。指出这一点很重要，因为它极有可能是扬雄"玄思"对六朝之学的学术方法和思维方式的极其重要的影响。

扬雄开启的"玄思"和所立的"太玄"，对六朝之学的影响是显而易见的。刘韶军指出：

> 把杨雄"太玄"与魏晋玄学放在一起进行分析，有重要的意义。从《老子》的道论开始，到杨雄的"太玄"论，是一个发展，再到魏晋玄学的思辨，又是一个发展。……把这几个思想史的代表作放在一起来看，就会发现这是中国古代思想史的发展长河中的一个重要链条，即思辨性的链条。……杨雄就是沿着这条致思路向继续往前行进的思想家。这样的思想家在汉代并不多见，甚至可以说是仅见者。……整个汉代，学者们都没有像杨雄那样往思辨的路线上开拓前进，只有到了魏晋玄学时代，学者之中才出现了思想家，把由《老子》开创的以道为中心的思辨性致思路线延续下去。从这个意义上讲，《老子》、杨雄与魏晋玄学是一脉相承的思辨性思想家，这个中国古代思想史中的独特链条，既有老子这样的开拓者，也有杨雄这样的中继者，更有魏晋玄学家如王弼等人那样的创新义者，他们各据擅场，前后一致，遥相呼应，使中国古代思想史长河中的思辨性链条得以承继和延续，为开启中国人的深层思辨而各自做出了自己的卓越贡献，其功不可谓不巨，其业不可谓不著。[2]

这个关于扬雄在古代中国思辨性链条上的重要贡献的评价，是恰如其

---

[1] 陶渊明：《五柳先生传》，逯钦立《陶渊明集》第175页，中华书局1979年版。

[2] 刘韶军：《杨雄与〈太玄〉研究》第370～371页，人民出版社2011年版。

分的。如前所述，扬雄之"玄"，有作为世界本体而成为研究对象的"玄"，称为"玄体"；有作为对此世界本体之特性进行描述的"玄"，称为"玄远"；有作为研究方法或思维方式的"玄"，称为"玄思"。就其对六朝之学的具体影响而言，主要侧重于具有抽象思辨特质的"玄思"和作为对世界本体之特性进行描述的"玄远"方面。因为六朝玄学虽然被命名为"玄学"，却不是主要以"玄"这个概念进行研究而探讨其内涵，它与老子的道论和扬雄的"太玄"有所不同。[1] 六朝玄学家重点探讨的是有无、本末、言意、体用、形神、性情诸问题，之所以被称作"玄"或者被命名为"玄学"，是由于这些问题本身具有超越性特征，有"玄远"之特质；是由于探讨这些问题所采用的方法，不是经验性的归纳和推理，而是有抽象思辨性质的"玄思"。或者说，六朝玄学之"玄"，不是其对象本身为"玄体"的研究，而是其研究对象有"玄远"之特点和致思路线有"玄思"之特色。扬雄之"玄思大义"于六朝之学的影响，主要体现在这个层面。

扬雄立玄，其所企慕之"玄远"和所着力之"玄思"，在东汉以来，即受到学者的关注。东汉以来之文人多有言玄之作，如张衡《思玄赋》、刘骐骥《玄根》、蔡邕《玄表》、潘勖《玄达》等等，都是在扬雄"玄远"论和"玄思"说之影响下的创作。其于六朝玄学言意之辨或有直接的影响，与六朝人物品鉴之"神鉴"亦有直接关系，于六朝文学艺术"神思"论之影响亦是显而易见。许结说：

> 扬雄立"玄"，于开东汉学术玄远旨趣的同时，亦开东汉文风中崇尚自然的思想情趣和达观玄览的艺术境界。……东汉文学作品，虽远绍汉初淡泊情绪，但却更多地表现出崇尚自然的意趣；虽沿习

---

[1] 刘韶军：《杨雄与〈太玄〉研究》第363页，人民出版社2011年版。

西汉中期铺张扬厉之风貌，但却更多地通过个性情感的发泄达到玄览之境。这种转机与深化，正是扬雄对两汉文学的重要贡献。[1]

此种寓玄于艺、依玄托旨、因玄显志、以玄达趣的艺文风尚，在六朝时有更充分的体现。

还是回到刘劭《人物志·材理》中的那句话："质性平淡，思心玄微，能通自然。"将这段话放在扬雄身上，亦很恰当。超越富贵贫贱、功利得失之扬雄，其寂寞清静、泊如自守之性情，可称作是"质性平淡"。超越对具体物质世界之构成与生成的探讨，而着意于世界本体之体悟；超越章句训诂之拘泥繁琐，以具有抽象思辨性质之"玄思"去体会（"味"）或感悟（"会"）本体世界，可称作是"思心玄微"。正是因为有"平淡"之质性和"玄微"之思心，所以扬雄"能通自然"，能够超越繁琐冗杂之大千世界而直探世界之本体——玄或自然。所以，笔者以为，刘劭关于"道理之家"（即后来的玄学家）之性格特征（"质性平淡"）、学术方法（"思心玄微"）和学术目的（"能通自然"）之概括，或者就是基于扬雄之个体学术实践而来。扬雄于六朝之学的启示和影响，于此可见一斑。

---

[1] 许结：《汉代文学思想史》第 214 页，人民文学出版社 2010 年版。

第五章　扬雄的学术思想与六朝之学

　　扬雄博览群书，学问渊博，学识深厚，举凡哲学、思想、历史、语言、美学、文学、文论等皆有涉及，且多有专书或专文传世，如哲学思想方面的《法言》《太玄》，史学方面的《蜀王本纪》，以及补撰《史记》之作，语言学方面的《方言》，文学创作上的"四大赋"及其他作品，美学和文论观点散见于各种著作中。其治学之广度和深度，在汉代文化史上是难有与之匹敌的。"六朝之学"是一个概括性的称号，举凡六朝时期的学术、文化、思想、文学、历史、艺术、语言等方面，均囊括其中。本章讨论"扬雄的学术思想与六朝之学"，不是对扬雄的学术思想与六朝之学之关系的整体观照，此既非笔者学力所能担当，亦为事实上之不可能。故本章所欲深论者，乃二者之间有明显渊源关系的问题，且是经过笔者之深入研究而略有一得之见的问题，如扬雄"尚智"论与六朝文人之理性精神的关系，扬雄"太玄"论与六朝玄学思潮之关系，扬雄"品藻"论与六朝品鉴之学的关系，扬雄的乡土意识与六朝社会的地域文化观念等问题。其他如扬雄的语言学、历史学观念于六朝之学的影响，非笔者学力所能及，故不具论。

一、扬雄的"尚智"论与六朝文人的理性精神

在扬雄的学术思想中，值得重视并对六朝之学发生重要影响的，是其"尚智"论。学者对扬雄"尚智"论有高度评价，如徐复观以为"智性是扬雄真正的出发点"，他说："扬雄承述儒家仁义礼智信之通义，然其真正有得者乃在'智'的这一方面，因为他一生的努力，都可以说是智性的活动。"[1] 金春峰以为扬雄"《法言》是成功的，《太玄》却是失败之作"，他说："《法言》思想的极有价值的贡献是对'智'的重视和强调，以及由此显示的理性精神。"[2] 陈启云发现"尚智"在扬雄思想中的重要价值，他说："王莽时代的著名思想家和学者扬雄的著作代表了前汉儒家理想主义和乐观主义的顶峰，而且亦是令人不安的批判的辨别力的早期表现，这种辨别力在后汉思想中变得更加显著。"此种"批判的辨别力"，实际上就是在"尚智"观念之影响下培养起来的能力。因此，在扬雄思想中，"对于与命相对待的人的成功努力起决定性因素，是智力而不是德行"，"因学习而得以发展的智力才是确定善恶的因素。……礼和义的原则不像智力那么重要"，"真正的大师身上应当予以珍视的品质是他拥有或意识到的'大知'"。[3] 学者对扬雄"尚智"论之内涵，及其创新价值和实践活动，或有深浅不同之探讨，但其中尚有未发之覆，尚有可论之处。尤其是关于"尚智"论价值之评估及其对六朝理性精神之影响，尚有进一步讨论之余地。

---

[1] 徐复观：《两汉思想史》（二）第 478 页，九州出版社 2014 年版。

[2] 金春峰：《汉代思想史》第 374 页，中国社会科学出版社 2006 年版。

[3] （英）崔瑞德、鲁惟一编：《剑桥中国秦汉史》第 744～747 页，中国社会科学出版社 1992 年版。

1. 扬雄"尚智"论及其创新价值

《法言·问明》说："或问：人何尚？曰：尚智。"[1] 在中国古代思想史上，崇尚智慧的观点屡见不鲜，但多与仁、义、礼、信并列而同举，如此旗帜鲜明地专门标举"尚智"，这当是第一次。《法言·修身》说："天下有三门：由于情欲，入自禽门；由于礼义，入自人门；由于独智，入自圣门。"[2] 在中国古代思想史上，标举圣人之智慧或聪明，亦是屡见不鲜，但亦往往是仁、智并举，如子贡、董仲舒所谓"必仁且智"是也。[3] 而如此特别彰显圣人之智慧和聪明，这亦是第一次。

何谓"智"？《法言·问道》说："智也者，知也。夫智用不用，益不益，则不赘亏矣。"汪荣宝《义疏》解释说："能用人所不用，则知不赘；能益人所不益，则知不亏。不知则求所以知之，知之则求所以用之。此智者之事也。"[4]《法言·修身》说："或问：仁、义、礼、智、信之用？曰：仁，宅也；义，路也；礼，服也；智，烛也；信，符也。"李轨注云："智如灯烛，可以照察。"[5] 据此可知，所谓"智"，即是一种认知能力和辨别能力。或者说，"知是对智的对象的理解"，"智是把本为人所不知的东西，变为被人所知的东西，于是可发生一种功效，即是把本来不为人所用的东西，变成为人所用的东西；把本来无益于人的东西，变成于人有益的东西"。[6]

[1] 汪荣宝：《法言义疏》第 186 页，中华书局 1987 年版。

[2] 汪荣宝：《法言义疏》第 104 页，中华书局 1987 年版。

[3] 《孟子·公孙丑上》说："昔者子贡问于孔子曰：夫子圣矣乎？孔子曰：圣则吾不能，我学不厌而教不倦也。子贡曰：学不厌，智也；教不厌，仁也。仁且智，夫子既圣矣。"（焦循《孟子正义》第 126 页，诸子集成本，上海书店 1986 年版）董仲舒《春秋繁露》著有《必仁且智》一篇。

[4] 汪荣宝：《法言义疏》第 124 页，中华书局 1987 年版。

[5] 汪荣宝：《法言义疏》第 92 页，中华书局 1987 年版。

[6] 徐复观：《两汉思想史》（二）第 479 页，九州出版社 2014 年版。

此种“智”，在扬雄的著作中，或称“聪明”。或者说，“聪明”即是“智”的实际活动。[1]如《法言·问明》说：“聪明其至矣乎！不聪，实无耳也；不明，实无目也。”[2]“聪明”于人之重要性，如同“智”。故人“尚智”，亦重“聪明”。人通过学习获得智慧，人亦是通过学习而变得“聪明”，故《法言序》说：“天降生民，倥侗颛蒙。恣乎情性，聪明不开。”[3]圣人是智者，圣人亦是聪明之人，故《法言序》说：“圣人聪明渊懿，继天测灵。冠乎群伦。”[4]“智”是一种认知能力，而“聪明”亦是一种见微知著的能力，如《法言·问明》说：“或问：明。曰：微。或曰：微何如其明也。曰：微而见之，明其悖乎？”[5]或称“明哲”，如《法言序》说：“明哲煌煌，旁烛无疆，逊于不虞，以保天命。”[6]“明哲”者可以“旁烛无疆”，正如“智”者可以“烛”见世事，如《法言·问明》说：“或问：哲。曰：旁思厥明。”[7]《方言》亦曰：“哲，智也。”

扬雄“尚智”，是崇尚“大知”“先知”，是“大聪明”。《法言·问明》说：“或问：小每知之，可谓师乎？曰：是何师与！是何师与！天下小事为不少矣，每知之，是谓师乎？师之贵也，知大知也；小知之师，亦贱矣。”[8]汪荣宝《义疏》说：“知大知，即知其元之谓。”“小知即记问之学。”[9]“大知”，即大体、大义。《法言·寡见》说：“吾

[1] 徐复观：《两汉思想史》（二）第 479 页，九州出版社 2014 年版。
[2] 汪荣宝：《法言义疏》第 179 页，中华书局 1987 年版。
[3] 汪荣宝：《法言义疏》第 566 页，中华书局 1987 年版。
[4] 汪荣宝：《法言义疏》第 571 页，中华书局 1987 年版。
[5] 汪荣宝：《法言义疏》第 179 页，中华书局 1987 年版。
[6] 汪荣宝：《法言义疏》第 569 页，中华书局 1987 年版。
[7] 汪荣宝：《法言义疏》第 211 页，中华书局 1987 年版。
[8] 汪荣宝：《法言义疏》第 180 页，中华书局 1987 年版。
[9] 汪荣宝：《法言义疏》第 181 页，中华书局 1987 年版。

寡见人之好假（远）者也。迩文之视，迩言之听，假则俪焉。"[1] 更尚"先知"，《法言·先知》说："先知其几于神乎！敢问先知。曰：不知。知其道者其如视。忽、眇、绵作昞。"[2] 尚"大聪明"，《法言·问明》说："敢问大聪明。曰：眩眩乎！惟天为聪，惟天为明。夫能高其目而下其耳者，匪天也夫。"[3] 据此，徐复观指出："智所追求的目标是'微'，是'大'，是'假'（远），这说明了西汉学术所追求的目标，乃是天人性命的贯通一体，即就是以天人合一为智所追求的最高目标。扬雄的草《玄》，就他来说，即是实现此一目标。"[4]

扬雄"尚智"，不仅尚"大知"，而且还尚"独智"。《法言·修身》说："由于情欲，入自禽门；由于礼义，入自人门；由于独智，入自圣门。"何谓"独智"？汪荣宝《义疏》说："'独智'者，神明之域，……礼义为人禽所由分，以有礼自别于禽兽者，乃为人之始。由是而真积力久，以驯至于神明之域，则睎圣之事也。"[5] 陶鸿庆《读〈法言〉札记》说："'由于独智，入自圣门'，'智'当读'知'，即君子慎独之义。"汪荣宝《义疏》说："慎独不得谓由于独智，此说非也。"按，"独智"当解为"自智"，即明哲保身。《法言·问明》说："或曰：人何尚？曰：尚智。曰：多以智杀身者，何其尚？曰：昔乎皋陶以其智为帝谟，杀身者远矣；箕子以其智为武王陈《洪范》，杀身者远矣。"[6] 汪荣宝《义疏》说："《诗》《书》所载圣贤多矣，明哲保身，其事非一。今论智而独举皋陶、箕子以为例者，皋陶两更禅让，历仕三朝；

[1] 汪荣宝：《法言义疏》第 213 页，中华书局 1987 年版。

[2] 汪荣宝：《法言义疏》第 283 页，中华书局 1987 年版。

[3] 汪荣宝：《法言义疏》第 179 页，中华书局 1987 年版。

[4] 徐复观：《两汉思想史》（二）第 479 页，九州出版社 2014 年版。

[5] 汪荣宝：《法言义疏》第 105 ~ 106 页，中华书局 1987 年版。

[6] 汪荣宝：《法言义疏》第 186 ~ 187 页，中华书局 1987 年版。

箕子先蒙内难，继丁革命，并以上哲，克全令名，各著彝训，传于后世。"[1] 皋陶、箕子不以智杀身，而因智成圣，其智是"独智"，是"保身"之"智"，是明哲保身。故晁错虽为太子家之"智囊"，但扬雄目之曰"愚"，就因为他没有以智保身，其"智"不是"独智"。张良之"智"，"用行舍藏，功成身退"，是"独智"。颜渊之所以成为孔圣最器重的弟子，就是因为他的"自知"。因其"自知"，故入"圣门"。

"由于独智，入自圣门"。扬雄对圣人的智慧属性高度重视，以为"圣人聪明渊懿，继天测灵"，或者说，在扬雄的思想中，圣人最根本的属性是"独智"或"聪明"，而不是仁义和德行。这种思想，在先秦两汉思想界都是十分独特的，故金春峰说："封建社会以成圣为最高目标——扬雄响亮而明确地提出'尚智'主张，以'旁明'作为圣哲的标准，发扬'圣'的'聪明睿智'方面是光照千古的。"[2]

扬雄"尚智"，其知识背景和理论渊源，或与其对《周易》之研究有关系。班固《白虎通德论·五经》说："经所以有五，何？经，常也，有五常之道，故曰五经。《乐》仁，《书》义，《礼》礼，《易》智，《诗》信也。"汉人治学，常有将相关之事、物或书、言相搭配之习惯，如以阴阳五行配搭天地、君臣、男女、五方、五色、四季等等，班固在这里以"五经"配"五德"，正是此种时代性学术风尚之产物。不过，此种配搭，并非随意而发，虽然有时亦不免因为整齐划一之需要而勉强搭配，但其间必有某种深浅不同的缘由在。它不具论，引起我们注意的，是班固以"智"配《易》，提出所谓的"易智"论。或许以"智"配《易》并非班固个人之私见，乃是当时学者之公论。因为《白虎通德论》并非班固的个人著述，而是在白虎观经学大会上

---

[1] 汪荣宝：《法言义疏》第 187 页，中华书局 1987 年版。

[2] 金春峰：《汉代思想史》（增订第 3 版）第 374 页，中国社会科学出版社 2006 版。

学者的共识，仅由班固执笔整理罢了。那末，需要追问的是，汉人为何普遍以"智"配《易》？《易》书与"智"到底有何关系？提出这个问题很重要，因为扬雄"尚智"，扬雄重《易》，扬雄之"尚智"与重《易》之间或有因果关联。六朝人尚理性，六朝人重《易》学，六朝人重《易》与尚理之间，亦当有某种内在的联系。据司马迁说："《易》之为术，幽明远矣，非通人达才孰能注意焉。"[1] 在五经中，《易》以艰深著称，就连孔子读《易》，亦是"韦编三绝"，且云："加我数年，五十以学《易》，可以无大过也矣。"[2] 它"弥纶天地，无所不包"，力图建立一个牢笼全有的世界模式，力图对人类社会、自然宇宙中的"变易"问题进行总体概括和理论阐释，比其他经典更富于哲学义理和更具抽象思辨色彩。故郑玄《易赞》说："《周易》者，言易道周普，无所不备。"因此，《易》本身体现了古代中国人的绝妙智慧，而演绎、探讨、传习《易》道之人，亦必然是智慧之人。这或许便是《白虎通德论》以"智"配《易》之原因。《易》之特点如上，而扬雄又是重《易》之人。他的老师严君平，就是以治《易》著称的蜀中先贤。他"以为经莫大于《易》，故作《太玄》"，其在《太玄赋》中自述其《太玄》是"观大易之损益"而作。司马光说："《玄》者所以赞《易》。""《易》天也，《玄》者为之阶也。"扬雄重《易》，更为明显的，是他和刘歆一道，以《易》为群经之首，标志着汉代今文《易》学向古文《易》学的转向，提升了《易》在经学系统中的位置，乃至在中国学术思想史上的地位。总之，《易》有"智"之特点，扬雄重《易》，故其极有可能是在研习《易》学之过程中，逐渐培育成"尚智"之学术理性。

[1] 《史记·田敬仲完世家》，《史记》（点校本）第 1903 页，中华书局 1959 年版。
[2] 《论语·述而》，刘宝楠《论语正义》第 144 页，诸子集成本，上海书店 1986 年版。

在中国古代思想史上，"尚智"论与"反智"论有着同样悠久的历史传统。据余英时说：儒家在政治上尚智，主张积极地运用智性，尊重知识；道家尚自然而轻文教，对智性以及知识本身不看重，庄子"绝圣弃智"，主张"堕肢体，黜聪明，离形去智"，是典型的反智论，而老子则是将反智论施及于政治的始作俑者；法家主张摧残智性或压制知识分子，其反智论在中国的政治传统中造成了持久而深刻的影响，"焚书"和"坑儒"这两件大事便是法家反智论在政治实践中的最后结果。秦汉以来法家化的儒家，在政治上强调君尊臣卑，因而亦逐渐与法家合流，而呈现出反智化的特征。[1] 扬雄之"尚智"，可谓直接承继早期儒家运用智性和尊重知识的传统，而与道家、法家和法家化的儒家之反智论迥然不同。实际上，无论是道家、法家，还是法家化的儒家，其反智论皆主要着眼于政治统治上，而于学术思想本身之探求上，则未必有如此显著的反智倾向，早期儒家尤其如此。而扬雄之"尚智"，亦主要是从纯粹的学术思想立场立论。或者说，因为"尚智"，"真正以智为安心立命之地"，而使扬雄成为一位'较为纯净而且少夹杂'的学者，成为一位纯粹的为学术而学术的学者。[2]

"纯净而且少夹杂"的扬雄，主要是从纯粹的知识主义立场提出"尚智"论。他没有站在政治的立场讨论智慧与聪明，否则，他亦不可避免地表现出"反智"倾向。他甚至是超越道德仁义而从纯粹知识的角度讨论智，因而与早期儒家的"尚智"亦存在一定差别。早期儒家学者如孔、孟之智论，通常是从道德、仁义之角度立论，其智论亦内在地包含在其伦理学范畴"仁"之中。如孔子说："仁者安仁，智

---

[1] 余英时：《反智论与中国政治传统——论儒、道、法三家政治思想的分野与汇流》，见余著《中国思想传统的现代诠释》，江苏人民出版社1998年版。

[2] 徐复观：《两汉思想史》（二）第479、480页，九州出版社2014年版。

者利仁。"[1]孟子曰:"仁之实,事亲是也;义之实,从兄是也;智之实,知斯二者弗去是也。"[2]董仲舒亦说:"仁而不智,则爱而不别也;智而不仁,则知而不为也。故仁者所以爱人也,智者所以除其害也。"[3]在这里,"仁"和"义"是根本,"智"是实现"仁"和"义"的手段。圣人"必仁且智",但"仁"与"智"在圣人身上有本末体用之别。"仁"是目的,"智"是手段。然而,扬雄论"智",基本不涉及仁义的内容,或者如学者所说:在扬雄的智论中,"智获得了超越于仁、义、礼、信其他四常之上的地位"。[4] 所以,因"尚智"而形成的扬雄的人生形态,与汉代一般知识群体不同,亦与早期儒家学者迥异,而是如徐复观所说,是知识型或智者型的人生形态。[5]

2. 扬雄"尚智"之实践活动

因为"尚智"而使扬雄成为一位知识型或智者型的人物。其"尚智"之实践活动,不仅体现在他的人生行为方式上,更体现在他对纯粹知识、学术和思想的执着追求中。

首先,扬雄"尚智",在其人生行为方式上的体现,就是他反复论及和身体力行的"明哲保身"论。"明哲保身"论虽非扬雄所首倡,但在两汉文化背景上,经由扬雄的反复论证和身体力行而格外引人注目。如前所述,儒家人生哲学有两极,一曰"明哲保身",二曰"杀身成仁",扬雄显然属于前者。扬雄的"明哲保身"论,体现在他对生命的关注和重视上,这对汉末六朝人士之人生观的影响,是显而易

[1] 《论语·里仁》,刘宝楠《论语正义》第75页,诸子集成本,上海书店1986年版。
[2] 《孟子·离娄上》,焦循《孟子正义》第313页,诸子集成本,上海书店1986年版。
[3] 《春秋繁露·必仁且智》,上海古籍出版社1989年版。
[4] 侯文学:《扬雄智论发微》,《宁夏社会科学》2008年第2期。
[5] 徐复观:《两汉思想史》(二)第421页,九州出版社2014年版。

见的。值得重视的是，扬雄不仅在《法言·问明》篇明确提出"明哲活身"论，对"尚智"与"杀身"之关系展开辨论；而且还将之贯穿到个人的生活实践中。或者如学者所指出的：扬雄的智论服务于自身，主要体现在两个方面，一是在自我感性生命的层面对生命的珍重，二是在自我人格价值层面对人格的保全。所以，无论是作符命，还是投阁事件，都是在"明哲保身"观念之指导下对自我生命和人格价值的珍爱和保全。[1]"明哲保身"之理论与实践，在扬雄身上得到有机的统一。其次，亦体现在他对历史人物的评价中。扬雄评价历史人物的一个重要标准，就是能否做到"明哲保身"？常常以智或愚作为评价历史人物之权衡，如关于皋陶、箕子、屈原、晁错、张良、季布、严君平、李仲元、郑子真等人的品藻，均是如此。[2]笔者认为，扬雄"明哲保身"的人生哲学，"俟时而动"的处世观念，"安贫乐道"的人生理想，均是在其"尚智"论之影响下形成的。

其次，"尚智"表现在扬雄的学术活动中，就是对纯粹知识的追求，为学术而学术的精神，就是在学术思想上执着于真伪之辨。

作为具有知识型人生形态的扬雄，在徐复观看来，他"是以好奇好异之心，投下他整个生命去追求知识"，其对政治的冷眼旁观和对权势的疏远隔离，亦是出于对纯粹知识的追求，甚至"甘为执戟之臣，只是为了追求知识的便利"。[3]或者如解丽霞所说：扬雄是"为道而学"，即为学术而学术；而刘歆、王莽则借口"托古改制"，是"为术而学"。在反对今文经学之繁琐和迷信的问题上，扬雄偏向以学问的路径进入反对的主题，刘歆则是偏向以学问求政治的路子。[4]此种"为

---

[1] 侯文学：《扬雄智论发微》，《宁夏社会科学》2008 年第 2 期。

[2] 参见本书第三章第三节"明哲保身与俟时而动：扬雄的人生哲学与处事理念"。

[3] 徐复观：《两汉思想史》（二）第 421、423、424 页，九州出版社 2014 年版。

[4] 解丽霞：《扬雄与两汉经学》第 245、246 页，广东人民出版社 2011 版。

知识而知识"的学术立场，在普遍重视功利名位的两汉时代，的确是独树一帜的，因而是引人注目的。

扬雄的"知识型"人格，首先体现在他"不汲汲于富贵，不戚戚于贫贱"，"不修廉隅以徼名当世"，超越世俗功利名位之得与失，而专注于学术学问之探讨，专心于知识的汲取。如他在《答刘歆书》中说：

> 雄为郎之岁，自奏少不得学，而心好沈博绝丽之文。愿不受三岁之奉，且休脱直事之瑶，得肆心广意，以自克就。[1]

在家境本就相当贫困之处境下，却甘愿停俸就学之态度，说明扬雄对知识的兴趣，的确是发自内心的偏好。而在"哀帝时，丁傅、董贤用事，诸附离之者，或起家至二千石。时雄方草《太玄》，有以自守，泊如也"。在世俗社会纷纷为名位利禄奔走竞尚之时，扬雄却能"自守泊如"，专注于"太玄"之研究，亦同样体现了他对学问的兴趣，是发自内心的偏好。而这种对知识学问之浓厚兴趣和执着偏好，正是一位真正的"知识型"人物应当具备的基本条件。

具备"知识型"人格的扬雄，不仅对知识学问有浓厚兴趣，还拥有数十年不间断的执着追求知识的精神。他在《答刘歆书》中叙说他编撰《方言》之经过说：

> 故天下上计孝廉及内郡卫卒会者，雄常把三寸弱翰，斋油素四尺，以问其异语，归即以铅摘次之于椠，二十七岁于今矣。而语言或交

---

[1] 张震泽：《扬雄集校注》第 264 页，上海古籍出版社 1993 年版。

错相反，方复论思详悉集之，燕其疑。[1]

勤勤恳恳，孜孜不倦，积二十七年之精力搜集、整理、论思、考辨方言材料，非有对知识之浓厚兴趣，不能及此；非有对学问之执着精神，不能坚持。

除了对知识的兴趣和学问的执着外，尚需注意者，还有扬雄在学术研究上求真求精之精神。比如，他倾注二十七年之心血编著《方言》，当刘歆致信请求观览以便录入国家书目时，便遭到他的拒绝。其拒绝之理由，就是其书尚未最后定稿，不便公诸于世。他说：

> 典流于昆嗣，言列于汉籍，诚雄心所绝极至精之所想遘也。夫圣朝远照之明，使君遘此，如君之意，诚雄散之之会也，死之日，则今之荣也；不敢有贰，不敢有爱。

其著书之目的，亦是希望公诸于众以求扬名于世。但是，尽管花了二十七年的心血，扬雄仍然不想出手，他说：

> 即君必欲胁之以威，陵之以武，欲令人之于此，此又未定，未可以见，令君又终之，则缢死以从命也。而可且宽假延期，必不敢有爱。雄之所为，得使君辅贡于明朝，则雄无恨，何敢有匿？[2]

此种对学问的求真求精之精神，确非一般"为术而学"者可比。另外，扬雄对天文学亦有相当浓厚的求知欲望，据桓谭《新论》说：

---

[1]　张震泽：《扬雄集校注》第 264 页，上海古籍出版社 1993 年版。

[2]　扬雄：《答刘歆书》，张震泽《扬雄集校注》第 265 页，上海古籍出版社 1993 版。

扬子云好天文，问之于洛下黄闳以浑天之说。闳曰：我少能作其事，但随尺寸法度，殊不晓达其意。后稍稍益愈，到今七十，乃甫适知已，又老且死矣。今我儿子受学作之，亦当复年如我，乃晓知已，又且复死焉。其言可悲可笑也。[1]

黄门老工至死不渝之求知精神，与扬雄积二十七之精力编撰《方言》的执着态度，颇为相近。据此可以推想扬雄与黄门老工之间当有知音相遇之感，而桓谭以为"可悲可笑"，实在是因为他未能体会到扬雄求知尚智之快乐。

　　求知尚智之人，必于事物真相之探究有无穷之乐趣，故往往有知错则改、见善乐从之胸襟。据桓谭《新论》说：扬雄最初信从盖天说，"以天为如盖转，常左旋，日月星辰，随而东西。乃图画形体行度，参以四时历数昏明昼夜，欲为世人立纪律，以垂法后嗣"，桓谭以浑天说难之，扬雄虽"无以解"，但未能全信，后与桓谭"奏事待报，坐白虎殿廊庑下，以寒故，背日曝背。有顷，日光去背，不复曝焉，因以示子云曰：天即盖转而日西行，其光影当照此廊下而稍东耳，无乃是反应浑天家法焉？子云立坏其所作"。[2] 追求事物之真相或存在之真实，必然重视对知识之验证。据《法言·问神》说：

　　　君子之言，幽必有验乎明，远必有验乎近，大必有验乎小，微必有验乎著。无验而言之谓妄。君子妄乎？不妄。[3]

扬雄正是通过"背日曝背"之验证而"立坏其所作"之盖天"形体行度"，

[1] 朱谦之：《新辑本桓谭新论》第28页，中华书局2009年版。
[2] 朱谦之：《新辑本桓谭新论》第29～30页，中华书局2009年版。
[3] 汪荣宝：《法言义疏》第159页，中华书局1987年版。

转而认同桓谭主张的浑天说。

因持有尚智求知之理性精神，扬雄于虚妄之事尤加痛斥。据《法言·渊骞》说："妄誉，仁之贼也；妄毁，义之贼也。贼仁近乡原，贼义近乡讪。"[1]对当时今文家之虚妄与迷信尤加贬斥，特重真伪之辨。故陈善《扪虱新话》说：

> 扬子云《法言》多致意于真伪之际，曰观人者审其作辍，为政者核其真伪，象龙之难于致雨，尸鹫之不可傅翮也。字仲尼者，比之羊质虎皮；行仪、秦者，比之凤鸣鸷翰。巫步多禹而医多卢，则以为托也。此其意在于讥王莽，然吾恐亦未免于托。

按："观人者审其作辍"，据《法言·孝至》载："子有含菽蕴絮而致滋美其亲，将以求孝也，人曰伪，如之何？曰：假儒衣书，服而读之，三月不归，孰曰非儒也？或曰：何以处伪？曰：有人则作，无人则辍之谓伪。观人者，审其作辍而已矣。"[2]"为政者核其真伪"，据《法言·先知》载："或问政核。曰：真伪，真伪则政核，如真不真，伪不伪，则政不核。"[3]即辨别真伪，使各得其所，是为政之关键。"象龙之难于致雨"，据《法言·先知》载："象龙之致雨也，难矣哉！曰：龙乎！龙乎！"李轨注云："叹非真龙，真龙而后能致云雨，明君而后道化行也。"汪荣宝《义疏》说："乃因请雨术之不验，而叹一切作伪之无益，以讥王莽制作之为徒劳也。"[4]"字仲尼者，比之羊质虎皮"，据《法言·吾子》载："或曰：有人焉，自云姓孔，而

[1] 汪荣宝：《法言义疏》第490页，中华书局1987年版。

[2] 汪荣宝：《法言义疏》第529～530页，中华书局1987年版。

[3] 汪荣宝：《法言义疏》第301页，中华书局1987年版。

[4] 汪荣宝：《法言义疏》第301页，中华书局1987年版。

字仲尼，入其门，升其堂，伏其几，袭其裳，则可谓仲尼乎？曰：其文是也，其质非也。敢问质。曰：羊质而虎皮，见草而说，见豹而战，忘其皮之虎矣。"[1] "行仪、秦者，比之凤鸣鸷翰"，据《法言·渊骞》载："或问：仪、秦学乎鬼谷术，而习乎纵横言，安中国者各十余年，是夫？曰：诈人也，圣人恶诸。曰：孔子读，而仪、秦行，何如也？曰：甚矣！凤鸣鸷翰也。"[2] "巫步多禹而医多卢"，据《法言·重黎》载："或问：黄帝终始。曰：托也。昔者姒氏治水土，而巫步多禹。扁鹊卢人也，而医多卢。夫欲仇伪者必假真。禹乎？卢乎？终始乎？"[3]此类对虚妄之事的批判，在《法言》书中还有不少，如：

《法言·问明》说："或问：尧将让天下于许由，由耻，有诸？曰：好大者为之也，顾由无求于世而已矣。允哲尧僵舜之重，则不轻于由矣。好大累克，巢父洗耳，不亦宜乎？灵场之威，宜夜矣乎！"[4]

《法言·寡见》说："或问：鲁用儒而削，何也？曰：鲁不用儒也。昔在姬公用于周，而四海皇皇，莫枕于京。孔子用于鲁，齐人章章，归其侵疆。鲁不用真儒故也。如用真儒，无敌于天下，安得削。"[5]

《法言·五百》说："或问：五百岁而圣人出，有诸？曰：尧、舜、禹，君臣也而并；文、武、周公，父子也而处。汤、孔子数百岁而生。因往以推来，虽千一不可知也。"[6]

《法言·君子》说："或问：人言仙者，有诸乎？吁！吾闻宓羲、神农没，黄帝、尧、舜殂落而死。文王，毕；孔子，鲁城之北。独

[1] 汪荣宝：《法言义疏》第 71 页，中华书局 1987 年版。
[2] 汪荣宝：《法言义疏》第 442 页，中华书局 1987 年版。
[3] 汪荣宝：《法言义疏》第 317 页，中华书局 1987 年版。
[4] 汪荣宝：《法言义疏》第 204 页，中华书局 1987 年版。
[5] 汪荣宝：《法言义疏》第 235 页，中华书局 1987 年版。
[6] 汪荣宝：《法言义疏》第 247 页，中华书局 1987 年版。

子爱其死乎？非人之所及也。仙亦无益子之汇矣。……或曰：世无仙，则焉得斯语？曰：语乎者，非嚣嚣也与？惟嚣嚣为能使无为有。"[1]

《法言·重黎》说："或问：赵世多神，何也？曰：神怪茫茫，若存若亡，圣人曼云。"[2]

此外，尚可注意者，是扬雄撰有《覈灵赋》一篇。此赋《汉书》本传不载，《古文苑》未录，严可均《全汉文》辑得七条。"覈"通"核"，据张震泽说："核灵，应即是核验考实神灵之意。……扬雄言玄理，不信神灵，故有此赋。"[3] 可见斥责虚妄，重辨真伪，崇尚理性，是扬雄一贯的主张。

综上，扬雄"尚智"之实践活动，表现于人生行为上，便是崇尚"明哲保身"之人生哲学，以"明哲"或"智"为主要标准品鉴历史人物；体现在学术活动中，则是对纯粹知识学问的浓厚兴趣和执着追求，注重对诸种附会虚妄的真伪之辨。

3. 扬雄"尚智"论对六朝文人理性精神之影响

大体而言，与两汉时期相比较，六朝时代是一个理性精神占主流地位的时代，或者说近似于欧洲的文艺复兴时期。如刘大杰说：

魏晋的文化思想，可以说是旧的破坏时代，同时又是新的建立时代。无论哲学文艺宗教人生观各方面，都脱离了旧时代的桎梏，活跃而又自由地发展着新的生命。这些新生命，都是后代文化思想的重要种子，在这个时代，从某种意义上说，具有着文艺复兴的意

[1] 汪荣宝：《法言义疏》第 517～518 页，中华书局 1987 年版。

[2] 汪荣宝：《法言义疏》第 327 页，中华书局 1987 年版。

[3] 张震泽：《扬雄集校注》第 136 页，上海古籍出版社 1993 版。

味的。[1]

宗白华亦有大体近似的观点，他认为：六朝时期，"社会秩序的大解体，旧礼教的总崩溃，思想和信仰的自由，艺术创造精神的勃发，使我们联想到西欧十六世纪的'文艺复兴'"。[2]

余英时亦发现："十四五世纪意大利知识分子个性发展之环境与历程与吾国汉晋之际之士极多相似之处"，他"以魏晋时代比敷于意大利文艺复兴"，并列举了西方学者 J. K. Shryock、日本学者森三树三郎以文艺复兴思想与汉魏时代相比较的情况。[3] 萧艾亦说：

> 只有魏晋时期相当于西欧的文艺复兴。因为这一时期的确恢复了战国百家争鸣的局面。西方文艺复兴时期，最突出的特点是冲破中世纪神权的统治，人文主义思潮澎湃；文学、艺术从宗教束缚中解脱，取得了新的成就。一言以蔽之，是人的觉醒，是个性的解放。魏晋时期不正是挣脱儒家礼教的枷锁，新学说、新理论争相萌芽，文学艺术走向自觉、独立的道路吗？[4]

的确，以个性解放、思想自由、人文勃兴、理性高扬为基本内容的欧洲文艺复兴时期之思想文化状况，与中国六朝时代有大致相似的表现。如果将两汉比附于欧洲中古神学统治时代，那末六朝则与文艺复兴时期确有许多惊人的相似之处，以六朝比附欧洲文艺复兴时期，确是很恰当的。

[1] 刘大杰：《魏晋思想论》第 156 页，上海古籍出版社 1998 年版。
[2] 宗白华：《美学散步》第 17 页，上海人民出版社 1981 年版。
[3] 余英时：《士与中国文化》第 345 页，上海人民出版社 2003 年版。
[4] 萧艾：《论〈世说〉产生的时代背景及其历史意义》，《〈世说〉探幽》之"代序"，湖南出版社 1992 年版。

在汉代，随着儒家思想的意识形态化，阴阳五行说和谶纬迷信思想的流行，蒙昧神学思潮一时风行，确有近于西欧中世纪的蒙昧状况。文艺复兴和启蒙思潮是对西欧中世纪神学蒙昧的反动，六朝文化思想不仅有"复兴"的性质，亦有"启蒙"的特点，它所高扬的以个体自觉和思想自由为内核的理性精神，就是对两汉以来神学迷信之迷障的"启蒙"，就是对先秦时期百家争鸣状态之"复兴"。六朝文人学士用以"启蒙"和"复兴"的精神资源，就是尚智重才、求知求真的理性精神。此种理性精神与东汉以来的反神学迷信思潮息息相关，追根究底，当与扬雄的尚智求知精神一脉相承。概括地说，扬雄高扬的"尚智"论，对六朝文人的理性精神之影响和启发，主要体现在以下几个方面：

其一，对智慧和才能的高度重视。如前所说，尚智是早期儒家学者的共识，但其尚智依附于重仁而存在，尚智与重仁有本末体用之分。而扬雄之尚智，是基于纯粹的知识主义立场，超越了道德仁义之局限和政治功利之牵绊，居于仁、义、礼、信之上的至高地位，这当然是一种纯粹的贵真尚才的理性立场。此种对智慧和才能的高度重视所体现出来的理性精神，对六朝社会的影响，是显而易见的，特别是在徐干《中论》和刘劭《人物志》中有最突出的体现。

徐干《中论》本于儒家之立场，立论端稳，但亦不乏新知锐见。其中尤其值得注意者，乃是张岱年指出的"重艺贵智"思想。[1]《中论》有《艺纪》一篇，阐发"重艺"思想；有《智行》一篇，讨论"贵智"观念。其《智行》说：

　　或问曰：士或明哲穷理，或志行纯笃，二者不可兼，圣人将何

---

[1]　张岱年：《中国哲学史大纲》第 324 页，中国社会科学出版社 1982 年版。

取？对曰：其明哲乎！夫明哲之为用也，乃能殷民阜利，使万物无不尽其极者也。圣人之可及，非徒空行也，智也。伏羲作八卦，文王增其辞，斯皆穷神知化，岂徒特行善而已乎？《易·离·象》称"大人以继明照于四方"，且大人，圣人也。其余《象》皆称君子，盖君子通于贤者也。聪明惟圣人能尽之，大才通人有而不能尽也。……或曰：俱谓贤者耳，何乃以圣人论之？对曰：贤者亦然，人之行莫大于孝，莫显于清。曾参之孝，有虞不能易；原宪之清，伯夷不能间。然不得与游、夏列在四行之科，以其才不如也。仲尼问子贡曰：汝与回也，孰愈？对曰：赐也，何敢望回？回也，闻一以知十；赐也，闻一以知二。子贡之行不若颜渊远矣，然而不服其行，服其闻一知十。由此观之，盛才所以服人也。仲尼亦奇颜渊之有盛才也，故曰：回也，非助我者也，于吾言，无所不说。颜渊达于圣人之情，故无穷难之辞，是以能独获亹亹之誉，为七十子之冠。曾参虽质孝，原宪虽体清，仲尼未甚叹也。或曰：苟有才智而行不善，则可取乎？对曰：……夫君子仁以博爱，义以除恶，信以立情，礼以自节，聪以自察，明以观色，谋以行权，智以辨物，岂可无一哉？谓夫多少之间耳。且管仲背君事仇，奢而失礼，使桓公有九合诸侯，一匡天下之功。仲尼称之曰：微管仲，吾其被发左衽矣。召忽伏节死难，人臣之美义也。仲尼比为匹夫匹妇之为谅矣。是故圣人贵才智之特能，立功立事益于世矣。如愆过多，才智少，作乱有余，而立功不足，仲尼所以避阳货而诛少正卯也，何谓可取乎？汉高祖数赖张子房权谋，以建帝业，四皓虽美行，而何益夫倒悬？此固不可同日而论矣。或曰：然则仲尼曰：未知焉得仁，乃高仁耶，何谓也？曰：仁固大也，然则仲尼此亦有所激，然非专小智之谓也。若有人相语曰：彼尚无有一智也，安得乃知为仁乎？昔武王崩，成王幼，周公居摄，管、蔡启殷畔乱，周公诛之，成王不达，周公恐之。天乃雷电风雨，以彰周公之德，然后成王寤。成王非不仁厚于骨肉也，徒以不聪睿之故，助畔乱之人，几丧周公之功，而坠文、武之业。……此皆蹈善而少智之谓也。故《大雅》贵既明且哲，以保其身。[1]

所谓"智行"，即智慧与德行。通篇以四问四答之形式辩论品评"明哲之士"与"志行之士"之高下优劣。其中值得注意，并与扬雄之"尚智"论有明显渊源关系，且对六朝理性精神有直接影响者，有以下几个方面：一是在"明哲穷理"与"志行纯笃"二者之间，明确提出以"明哲"为重、"志行"为轻的观点，这与《法言·问明》"或问：人何尚？曰：尚智"的观点，是一脉相承的。二是以为圣人最重要的质性是"聪明"，"聪明惟圣人能尽之"，认为"圣人之可及"，不在于"志行"，而在其"智"，这与《法言·修身》"由于独智，入自圣门"的观点，亦是若合符契的。三是其关于"明哲"之"能殷民阜利，使万物无不尽其极"的功用，与《法言·问道》"夫智，用不用，益不益，则不赘亏"的观点，是基本吻合的。四是依经立意，托圣立言，以为圣人对人物的评价，亦是以"盛才"为重，以"孝""清"为次，即亦是重"智"轻"行"的。"美行"不如"才智"，"圣人贵才智之特能立功立事益于世"，此种关于才、行轻重主次关系之观点，远承扬雄，而近与曹操"唯才是举"之用人策略，亦是彼此呼应的。五是扬雄"尚智"，不仅将"智"凌驾于礼义志行之上，而且还超越仁德之上。徐干在"仁"与"智"之轻重问题上，虽不否认仁之重要，以为"仁固大矣"，然"徒以仁德，而无明哲，则君子不贵"。此与扬雄之"尚智"论，亦是相通的。六是与扬雄一样，徐干特别强调"明哲保身"。扬雄"尚智"论对徐干"智行"说之影响，大体如此。

---

[1]　俞绍初辑校《建安七子集》第 280 ～ 282 页，中华书局 1989 年版。

刘劭《人物志》产生于汉魏之际人物品鉴的时代风气中，是中国历史上第一部研究人才质性的理论专著。其引人注目之处，则有关于圣人聪明质性的强调。他认为：具有中庸至德之圣人，除了具备平淡之性外，还必须兼具聪明之质。他说：

> 观人察质，必先察其平淡，而后求其聪明。聪明者，阴阳之精。阴阳清和，则中睿外明。圣人淳耀，能兼二美。知微知章，自非圣人，莫能两遂。

圣人之所以能够"调成五材，变化应节"，[1]能够"变化无方，以达为节"，[2]就是因为他具备聪明之质性。他认为，圣人首先是智者，"夫圣贤之所美，莫美乎聪明"。[3]智是圣人必具之品格，他说：

> 是以钧材好学，明者为师；比力而争，智者为雄。等德而齐，达者称圣。圣之为称，明智之极明也。
>
> 以明将仁，则无不怀；以明将义，则无不胜；以明将理，则无不通。然苟无聪明，无以能遂。[4]

此种观点，与徐干《中论》之"贵智"说是相通的，与扬雄《法言》之"尚智"论是一脉相承的。

应该说，徐干之"贵智"说和刘劭之"尚聪明"，与扬雄《法言》的"尚智"论之间，其渊源关系，是不言自明的。而徐干之"贵智"

---

[1]　《人物志·九征》，涵芬楼影印明正德刊本。

[2]　《人物志·体别》，涵芬楼影印明正德刊本。

[3]　《人物志·序》，涵芬楼影印明正德刊本。

[4]　《人物志·八观》，涵芬楼影印明正德刊本。

说和刘劭之"尚聪明",与汉末品评人物的重才风尚是相呼应的。日本学者冈村繁在《后汉末期的评论风气》中指出:"就当时人物批评之所重视者而言,可以举出'德''节''言''行''气''理''才''志''识''学''文'等诸多项,倘择其中主要者论之,则首位并非据'四科'之第一的'德行',亦非'志节'之类,而是'才'。"他认为,"这种重视人物之'才'的倾向在后汉时代随着其终结期的临近,似乎也日甚一日"。而其所重之"才","指的是行为中表现出的一种内在可能性,一种先天的智性能力"。值得注意的是,冈村繁在讨论此种重才风尚之原因时,特别引用了王充《论衡·讲瑞》中载录的桓谭与扬雄的一段对话:

> 桓君山谓扬子云曰:如后世复有圣人,徒知其才能之胜己,多
> 不能知其圣与非圣人也。子云曰:诚然。[1]

或许就是对此种重才风尚之渊源的暗示。还有,徐干的"贵智"说和刘劭之"尚聪明",与曹操"唯才是举"的用人策略,亦互为表里、相互呼应。尤其是徐干重"才智"轻"志行"的观点,与曹操重才轻德的用人策略,相当吻合,其间的互动影响,亦相当显豁。另外,其间关于"才性四本"之讨论,亦是在此种重才尚智之时代风尚的影响下展开的理论探讨。在当时,清谈名士固以才智相标榜,就是妇女、

---

[1] 黄晖:《论衡校释》第723页,中华书局1996年版。(日)冈村繁《汉魏六朝的思想与文学》第115～116页,陆晓光译,上海古籍出版社2002年版。

儿童的才学亦受到前所未有的关注和重视。[1]甚至六朝人的英雄崇拜观念，在尚智重才风尚之影响下，亦呈现出重"英"轻"雄"的特点。[2]

其二，强烈的批判意识和求真精神。尚智求知之士，必于事物之真相有探究之乐趣，故而热衷于真伪之辨，有求真务实之精神，有理性批判之热情。前述尚智之扬雄便是如此。正如徐复观所说："扬雄以他的理性精神、合理精神，批评了自战国末期以来，至董仲舒以后而大盛的一批夸大乃至迷信的说法，这似乎是很少人注意到的。"[1]同时，亦常常被人忽略的，是扬雄的此种求真意识和批判精神，对东汉桓谭反谶纬和王充"疾虚妄"的影响，对六朝文士求真斥伪思想的启发。

桓谭与扬雄交往甚密，二人在学术思想上是互为师友的关系。扬雄的尚智求真之观念，影响及于桓谭，最显明之事例，就是桓谭对谶纬迷信思想的批判。王充《论衡·超奇》说：桓君山"作《新论》，论世间事，辩照然否，虚妄之言，伪饰之辞，莫不证定"。[4]桓谭于世间虚妄伪饰之事件或言辞，多所辨证，其《新论》一书，有《谴非》《启寤》《祛蔽》《辨惑》诸篇，皆于虚妄不真不实之事进行辩证。

[1] 胡大雷：《中古时期家族对儿童的"文学"教育》，见《胡大雷集：南北文化与古典文学新论》，线装书局 2011 年版。萧艾在《世说探幽》中，讨论《世说新语》中有关妇女的记载，发现"《世说》集中写妇女的《贤媛》门，虽标明"贤媛"，但它所搜辑的，显然不是以"贤妻良母"为重点，而是突出表现那些有识有才、聪明智慧的女子。(《世说探幽》第 275 页，湖南出版社 1992 年版）(日)冈村繁《后汉末期的评论风气》亦指出：后汉末期所称赞的幼童之特异处，或是德性诚实温和，或是才质夙智早慧。后者更是当时时代风尚，幼童皆有的纯情稚性被忽略无视，受到关注的却成人般的思虑智辩。((日)冈村繁《汉魏六朝的思想与文学》第 142 页，陆晓光译，上海古籍出版社 2002 年版）

[2] 汪文学：《汉晋文化思潮变迁研究》第 135 页，贵州人民出版社 2003 年版。

[1] 徐复观：《两汉思想史》（二）第 480 页，九州出版社 2014 年版。

[4] 黄晖：《论衡校释》第 608 ~ 609 页，中华书局 1996 年版。

故朱谦之《新辑本桓谭新论·自序》说：

> 君山之书，非图谶，辟方士虚言，破时俗迷妄，当以论形神为第一，谓生之有长，长之有老，老之有死，若四时之代谢，以灯烛为喻，何异范缜？范缜未必非得力于《新论》也。[1]

其批判谶纬迷信思想之史实，据《后汉书·桓谭传》载：

> 是时帝方信谶，多以决定嫌疑。又酬赏少薄，天下不时安定。谭复上疏曰：……观先王之所记述，咸以仁义正道为本，非有奇怪虚诞之事。盖天道性命，圣人所难言也。自子贡以下不得而闻，况后世浅儒能通之乎？今诸巧慧小才伎数之人，增益图书，矫称谶记，以欺惑贪邪，诖误人主，焉可不抑远之哉？臣谭伏闻陛下穷折方士黄白之术，甚为明矣。而乃欲听纳谶记，又何误也。……帝省奏，愈不悦。其后有诏会议灵台所处，帝谓谭曰："吾欲谶决之，何如？"谭默然良久曰："臣不读谶。"帝问其故，谭复极言谶之非经。帝大怒曰："桓谭非圣无法。"将下斩之。谭叩头流血，良久乃得解。出为六安郡丞，意忽忽不乐，道病卒，时年七十余。[2]

桓谭这种对谶纬虚妄之说的强烈批判精神，与扬雄的"尚智"精神和真伪之辨，是有明显渊源关系的。

在两汉思想史上，王充以"疾虚妄"著称，其《论衡》一书，就是围绕着疾虚妄、求真实展开的。他在《论衡·对作》篇阐述其创作动机说：

---

[1] 朱谦之：《新辑本桓谭新论》书首，中华书局 2009 年版。

[2] 王先谦：《后汉书集解》第 344～345 页，中华书局 1984 年版

是故《论衡》之造也，起众书并失实，虚妄之言胜真美也。故虚妄之语不黜，则华文不见息。华文（不）放流，则实事不见用。故《论衡》者，所以铨轻重之言，立真伪之平，非苟调文饰辞，为奇伟之观也。其本皆起人间有非，故尽思极心，以讥世俗。……冀悟迷惑之心，使知实虚之分。实虚之分定，而华伪之文灭。华伪之文灭，则纯诚之化日以孳矣。[1]

其以"疾虚妄"为创作宗旨之意图甚明。所以，《论衡·佚文》说："《诗三百》，一言以蔽之，曰思无邪。《论衡》篇以十数，亦一言也，曰疾虚妄。"[2] 扬雄是王充最为推崇的前辈学者之一，其思想颇受扬雄之影响，其"疾虚妄"之出发点与扬雄尚智求真之间，有明显的渊源关系。徐复观注意到王充在此问题上与扬雄的关系，他说：

王充所追求的学术趋向有二：一为"疾虚妄"，一为求博通。这两者皆出自求知的精神。两汉思想家，多以人伦道德为出发点，由人伦道德的要求以构成知识系统。王充则以追求知识为出发点，顺着知识的要求而轻视人伦道德。……自孔子以来，没有不重知识的；但都是以知识为达到人伦道德的手段，所以最后总是归宿于人伦道德，连特别重视知识的荀子也不例外。我们就王充的平生以细读他的著作，在两汉思想中，确是一个例外。他有点近于扬雄；但求学的机缘及人个的才力，则远为不逮。[3]

---

[1]　黄晖：《论衡校释》第 1179 ~ 1180 页，中华书局 1996 年版。

[2]　黄晖：《论衡校释》第 870 页，中华书局 1996 年版。

[3]　徐复观：《两汉思想史》（二）第 532 ~ 533 页，九州出版社 2014 年版。

王充近似于扬雄的地方，就在于他是以贵通尚博、尚智求真为学术基础，从知识主义的角度，对社会上之真伪、虚妄之事与理，进行深度的辩证。

东汉时期桓谭、王充两位最重要的思想家，均站在知识主义的立场，开展以反谶纬和疾虚妄为主要内容的社会批判和学术阐释，一定程度上代表了东汉思想发展之新方向，于六朝文人学士之理性主义精神的形成，有重要的推动作用。这两位站在知识主义立场推动理性主义精神之发生发展的思想家，均是扬雄的崇拜者。扬雄其人其学在东汉六朝之传播和影响，均得自于此二人之阐释和张扬。扬雄的"尚智"论，与桓谭和王充的以反谶纬和疾虚妄为核心的社会批判，以及六朝社会之理性主义精神，三者之间的渊源影响关系，亦就相当显明。李泽厚在《华夏美学》中指出整个六朝时代的意识形态，具有"智慧兼深情"的特征。笔者认为，这种特征的源头，就在两汉之际的扬雄的"尚智"论中。

二、扬雄"太玄"论与六朝玄学思潮

从表面上看，六朝"玄学"与扬雄"太玄"，皆以"玄"命名，虽然它们的真正源头在《老子》书中"玄之又玄，众妙之门"一语，但二者之间或有某种渊源关系。事实上，亦早有学者指出过二者之间的渊源关系，如汤用彤在《魏晋玄学流别论》指出："谈玄者，东汉之与魏晋，固有根本之不同。"但他同时亦认为："贵玄言，宗老氏，魏晋之时虽称极盛，而于东汉亦已见其端矣。"他虽然认为扬雄之谈玄，"其所游心，未超于象数；其所研究，常在乎吉凶"，但亦承认："溯自扬子云以后，汉代学士文人即间尝企慕玄远。……其所以寄迹宅心者，已与正始、永嘉之人士无或异。"[1] "正始以后之学术兼接汉代道家（非道教或道术）之绪（由严遵、扬雄、桓谭、王充、蔡邕以至于王弼），老子之学影响逐渐显著。"[2] 实际上是肯定了六朝玄学与扬雄"太玄"之间存在着渊源关系。侯外庐亦指出："他（扬雄）在玄学的研究上，一方面开启魏晋玄学作风的先河，另一方面在两汉之际也有其独立的贡献。"[3] 许结以为：扬雄"首倡玄学思想本身，却开东汉学者'好玄经''好通老易'的风气"。[4] 石峻在审读刘韶军研究《太玄》的博士论文时，提示他注意"《太玄》与魏晋玄学之间的关系"。[5] 可以说，汤用彤、贺昌群、侯外庐、石峻、许结等学者，皆曾注意到扬雄"太玄"与六朝"玄学"之间的影响关系，但却鲜有学者对此问题作深入的探究。刘韶军在《杨雄与〈太玄〉研究》一书中，因受石峻之启发，而专著"《太玄》与魏晋玄学"一节，讨论其渊源影响关系，但亦仅仅着重于《太玄》在自《老子》至"玄学"这个中国哲学思想史中的"思辨性链条"上的承上启下之作用，其他则未予深论。笔者认为，"太玄"与"玄学"虽有本质上的区别，但"太玄"对"玄学"思潮之发生发展所产生的影响，还有诸多方面的内容值得进一步研究。

1. "太玄"大义

"玄"之名，出自《老子》。《老子》第一章曰："常无，欲观其妙；常有，欲观其徼。此两者同出而异名。同谓之玄，玄之又玄，众妙之门。"[6]

[1] 汤用彤：《魏晋玄学论稿》第 48 页，中华书局 1962 年版。

[2] 汤用彤：《读〈人物志〉》，见《魏晋玄学论稿》第 16 页，中华书局 1962 年版。

[3] 侯外庐：《中国思想通史》第二卷第 211 页，人民出版社 1957 年版。

[4] 许结：《汉代文学思想史》第 195 页，人民文学出版社 2010 年版。

[5] 刘韶军：《杨雄与〈太玄〉研究》之《后记》，人民出版社 2011 年版。

[6] 朱谦之：《老子校释》第 6 ~ 7 页，中华书局 1984 年版。

此为扬雄"太玄"和六朝"玄学"名义之所本。"玄"之义，据《广雅·释言》说："玄，天也。"《说文》说："玄，幽也。黑而有赤色者为玄。"荀悦《申鉴·杂言》说："幽深谓之玄，理微谓之妙。"是知"玄"本为"幽远""幽深"之意。"天"之苍苍，幽远难测，故以"天"释"玄"。其后引申为哲学上之专用名词。学者以为，在《老子》书中，玄是道的形容词，扬雄对《老子》的"玄"加以改造，以之作为世界的本源，万物的本根，玄的观念其实亦是道的观念的变相。[1]即把作为修饰性的"玄"（"玄远"），改造成名词性的"玄"（"玄体"），并取代其修饰的对象。朱谦之说：

> 盖华夏先哲之论宇宙，一气而已，言其变化不测，则谓之玄。变化不测之极，故能造成天地，化育万物，而为天地万物之所由出。鸢飞鱼跃，山峙川流，故曰"众妙之门"。张衡曰："玄者无形之类，自然之根；作于太始，莫之能先。包含道德，构掩乾坤，橐籥元气，禀受无形。"（《御览》引《玄图》）扬雄曰："玄者，幽摊万类而不见形者也"（《太玄经·玄摊图》）。义皆出此。[2]

"玄"义之引申演变，大体如此。

"太玄"一词，为扬雄所首创。何谓"太玄"？刘韶军说："太为极，玄为道，太玄即终极之道，这是杨雄用'太玄'命名'玄'的原因所在。"[3]即"太玄"为偏正词形，"太"修饰"玄"。而郑万耕则以为："《老子》又称'道'为'太'，说'有物混成，先天地生，……吾不知其

---

[1] 郑万耕：《扬雄及其太玄》第 42 页，北京师范大学出版社 2009 年版。

[2] 朱谦之：《老子校释》第 7 页，中华书局 1984 年版。

[3] 刘韶军：《杨雄与〈太玄〉研究》第 362 页，人民出版社 2011 年版。

名，字之曰道，强为之名曰大。扬氏取此，故称'玄'为'太玄'。"[1]
即"太玄"为联合词形，"太"与"玄"是同义连用。按，两说皆通，
且不影响于"玄"之理解，故不再申论。

扬雄"太玄"，义近于"道"。如《太玄·玄攡》说：

> 玄者，幽攡万类而不见形者也。资陶虚无而生乎规，关神明而
> 定摹，通同古今以开类，攡措阴阳而发气。[2]

与老子对"道"的定义相近。故桓谭《新论·正经》说：

> 扬雄作《玄》书，以为玄者，天也，道也。言圣贤制法作事，
> 皆引天、道以为本统，而因附续万类、王政、人事、法度。故宓羲
> 氏谓之易，老子谓之道，孔子谓之元，而扬子谓之玄。[3]

扬雄之"玄"近于"道"，而他却不用"道"这个概念，其原因，刘
韶军解释说：

> 《太玄》之"玄"是杨雄提出的一个终极性概念，即关于整个
> 世界的根本性原理。这个世界按杨雄看来，主要分为天、地、人三
> 大类，而各有其道，但又归总于"玄"，"玄"是所有事物的具体
> 之道的终极之道。杨雄没有用"道"的说法，其实"玄"与"道"
> 在本质上是一样的，但说法既然不同，则其侧重也就有所不同。"玄"
> 侧重于"道"的某种属性，如道的神秘、玄妙性，而"道"则侧重

---

[1] 郑万耕：《扬雄及其太玄》第 42 页，北京师范大学出版社 2009 年版。
[2] 司马光：《太玄集注》第 184 页，中华书局 1998 年版。
[3] 朱谦之：《新辑本桓谭新论》第 40 页，中华书局 2009 年版。

第五章 扬雄的学术思想与六朝之学

231

于阐明"道"的本质属性，即它是一切事物的必由的根本之路和终极之理。[1]

或者说，扬雄之"玄"取自于《老子》之"玄"而有所改造，其义有二：一是近于老子之"道"，是一个终极性概念，是关于整个世界的根本性原理。这是对老子之"玄"的借用，并赋予其新义，以代替老子之"道"。二是沿用老子之"玄"之本义，即是个修饰、形容"道"的词汇，意谓幽深、幽微、神秘、玄妙。如《太玄·玄告》说："玄者，神之魁也。天以不见为玄，地以不形为玄，人以心腹为玄。"[2]《玄攡》说："玄者，幽攡万类而不见形者也。"[3] 所谓"不见""不形"或"不见形"，皆是指其幽远深微、神秘玄妙之属性。所以，"玄"之在扬雄，既是其构建的宇宙之根本性原理，亦是对其根本性原理之属性的描绘。

自战国中后期以来，随着大一统思想之逐渐深入人心；特别是自西汉初年以来，随着大一统帝国之建立，建构适应政治大一统之需要的哲学体系，便成为思想家的首要任务。所以，自战国以来，学术发展有一个明显的趋向，即哲学家们在努力构建贯通天人、包含万类的哲学系统，如阴阳家以术数为基础，以阴阳为架构，配合五行相生相克之观念，构建世界模式。《易传》以八卦配四方四时，从时间和空间两个维度建立起一个以"天地"为基础的世界模式。董仲舒用"天人感应"论将阴阳五行神秘化，建构起一个以天地为轮廓、以五行为架构、以阴阳为内容的世界图式。扬雄之"太玄"，正是这一时代学术风尚之产物，它亦是力图建构一个贯穿天人、包罗万象的宇宙模式。[4]

---

[1] 刘韶军：《扬雄与〈太玄〉研究》第 360 页，人民出版社 2011 版。

[2] 司马光：《太玄集注》第 215～216 页，中华书局 1998 年版。

[3] 司马光：《太玄集注》第 184 页，中华书局 1998 年版。

[4] 参见郑万耕《扬雄及其太玄》第 46 页，北京师范大学出版社 2009 年版。

《太玄》仿《周易》而作，故《太玄》之宇宙模式类似于《周易》。《周易》有六十四卦，《太玄》则分为八十一首。《周易》按二分法，太极为一，下分阴阳，阴阳又二分为四象，四象再二分为八卦，八卦相重则为六十四卦。《太玄》按三分法，玄为一，下分为三方，三方分为九州，九州分为二十七部，二十七部再三分为八十一家，即八十一首。《周易》各卦分别有卦辞和爻辞，相应地，《太玄》八十一首亦分别有自己的首辞和赞辞。《太玄》八十一首，共有八十一条首辞，每首又有九条赞辞，共有七百二十九条赞辞。每条赞辞之下又有相应的一条测辞，犹如《周易》之象辞。《太玄》首名、首辞、赞辞、测辞在意义上均是相通相应的。《汉书·扬雄传》说："为其泰曼漶而不可知，故有《首》《衝》《错》《测》《攡》《莹》《数》《文》《掜》《图》《告》十一篇，皆以解剥玄体，离散其文。"十一篇之作，是模仿《周易》六十四卦之外的"十翼"而作。[1]

《太玄·玄图》说："夫玄也者，天道也，地道也，人道也，兼三道而天名之，君臣父子夫妇之道。"[2]即天地万物运动变化之规律和人事理则，皆包含于"玄"中。扬雄之"太玄"体系，与《周易》相比，有以下几个重要特征：

其一，在"太玄"体系中，扬雄以《老》释《易》，崇尚道家的自然论。张岱年《中国哲学史大纲》说："西汉末乃有一个学者，独持道家的自然论，便是扬雄。扬雄的宇宙论是《老子》和《易传》学说之混合，其人生论则重述孔子的思想。"[3]扬雄以《老》解《易》，推崇道家自然论，实受其师严君平的影响。《华阳国志·蜀都士女》

---

[1] 参见刘韶军《杨雄与〈太玄〉研究》之第三章"《太玄》体例考"，人民出版社2011年版。

[2] 司马光：《太玄集注》第212页，中华书局1998年版。

[3] 张岱年：《中国哲学史大纲》，中国社会科学出版社1982年版。

称严君平"专精《大易》，耽于老庄"，其著《道德指归》，以《周易》释《老子》，特重自然无为之旨。其卜筮于成都，"依蓍龟言利害"，"闭肆下帘而授《老子》"，是《老》《易》双修，相互发明。《老子》以为"道法自然"，"道常无为，而无不为"，道常"周行而不殆"。此种自然论思想在《太玄》中亦有相当明显的体现，或者说，扬雄的"太玄"思想体系就是在"法自然"之基础上建构起来的。因此，如果说《老子》是"道法自然"，《太玄》则是"玄法自然"。如《太玄·玄㨲》说：

> 上索下索，遵天之度；往述来述，遵天之术。无或改造，遵天之丑（类）。㨲拟之天元。

> 昔者群圣之作事也，上拟诸天，下拟诸地，中拟诸人。天地作函，日月固明，五行该丑（类），五岳宗山，四渎长川，五经括矩。天违、地违、人违，而天下之大事悖矣。[1]

《太玄·玄莹》说：

> 夫作者贵其有循而体自然也。其所循也大，则其体也壮；其所循也小，则其体也瘠。……故不攫所有，不强所无。譬诸身，增则赘，而割则亏。故质干在乎自然，华藻在乎人事也，其可损益与？[2]

此种以道家自然论对"玄"的解说，体现了扬雄学术儒道兼综、《老》《易》结合的特点，其对六朝之学的影响和启发，是可以想见的。

其二，扬雄《太玄》儒道兼综的特点，还体现在他以儒家之仁义弥补道家"搥提仁义"之不足。扬雄以《老》释《易》，以"道法自

[1] 司马光：《太玄集注》第 209～210 页，中华书局 1998 年版。
[2] 司马光：《太玄集注》第 190 页，中华书局 1998 年版。

然"为依据建构"太玄"体系，但他对于老子弃绝仁义，则不能苟同。据《法言·问神》说："或曰：《玄》何为？曰：为仁义。"[1] 即以"仁义"和"法自然"为理论依据构建"太玄"哲学体系。《法言·问道》说："老子之言道德，吾有取焉耳。及搥提仁义，绝灭礼学，吾无取焉耳。"[2] 其儒道兼综之态度非常鲜明。故徐复观说："《太玄》是以老子的道德为体，以儒家的仁义为用所建立起来的。"[3] 刘韶军亦说："杨雄的'太玄'是儒家思想与《老子》道论的结合，保留了儒家在道论方面与道家相比而表现出来的不足，是在融合儒家与道家基础上对儒家思想的发展。"[4] 当然，这种知识取径仍与其师严君平的影响有关。据《汉书·王贡两龚鲍传》记载：严君平一方面"依老子、庄周之指著书十余万言"，另一方面，他卜筮成都，"与人子言，依于孝；与人弟言，依于顺；与人臣言，依于忠，各因势利导之以善"。儒家之"仁义"、老庄之"道德"和《周易》之"利害"，在严君平这里相得益彰，并行不悖。这种兼综儒道之观念影响及于扬雄，并通过扬雄影响及于六朝之学。

其三，扬雄"太玄"之抽象思辨特点，是其"太玄"理论中最有价值的部分，亦当是其对六朝玄学影响最大的部分。扬雄之"太玄"与六朝"玄学"之分别，汤用彤言之甚详，其云：

> 贵玄言，宗老氏，魏晋之时虽称极盛，而于东汉亦已见其端矣。然谈玄者，东汉之与魏晋，固有根本之不同。桓谭曰："扬雄作《玄》书，以为玄者天也，道也。言圣贤著法作事，皆引天道以为本统。

[1] 汪荣宝：《法言义疏》第168页，中华书局1987年版。
[2] 汪荣宝：《法言义疏》第114页，中华书局1987年版。
[3] 徐复观：《两汉思想史》（二）第448页，九州出版社2014年版。
[4] 刘韶军：《杨雄与〈太玄〉研究》第363页，人民出版社2011版。

而因附属万类王政人事法度。"亦此所谓天道,虽颇排斥神仙图谶之说,而仍不免本天人感应之义,由物象之盛衰,明人事之隆污。稽察自然之理,符之于政事法度。其所游心,未超于象数。其所研求,常在乎吉凶(注文略,下同)。魏晋之玄则不然。已不复拘拘于宇宙运行之外用,进而论天地万物之本体。汉代寓天道于物理,魏晋黜天道而究本体,以寡御众,而归于玄极;忘象得意,而游于物外。于是脱离汉代宇宙之论而留连于存存本本之真。……汉代偏重天地运行之物理。魏晋贵谈有无之玄致。二者虽均尝托始于老子,然前者常不免依物象数理之消息盈虚,言天道,合人事;后者建言大道之玄远无朕,而不执著于实物,凡阴阳五行以及象数之谈,遂均废置不用。因乃进于纯玄学之讨论。汉代思想与魏晋清言之别,要在斯矣。[1]

扬雄以《老》解《易》,其所建构的"太玄"理论,虽亦颇重义理,然其基本架构还是象数,还是"偏重于天地运行之物理",与汉代一般的宇宙生成论一样,讲的是"阴阳五行以及象数"。与六朝玄学"论天地万物之本体",仍有本质的区别。或者说,扬雄之"太玄",兼具本体论与构成论之两面性,是义理学与象数学之并重。故汉魏转折之际,《太玄》大行于世,有专门阐释其义理并进而启发玄学本体论之建构者,如宋衷;有专门阐发其象数,如陆绩、虞翻等人(详后)。

扬雄构建的"太玄"论本身,未能完全摆脱汉代宇宙生成论之局限,故其在思想史上之独特价值是有限的,而其构建"太玄"论之手段,即"玄思大义"之思维方式,在思想史上之价值和影响,或者反在其"太玄"论本身之上。徐复观讨论扬雄"太玄"论之价值,即特重其"运思"

---

[1] 汤用彤:《魏晋玄学流别论》,见《魏晋玄学论稿》第48～49页,中华书局1962年版。

方式。他认为"扬雄的《太玄》，是卦气说的发展"，其"思想性不明显"，它"在知识上是全盘落空的"。但是，对其构建"太玄"之"运思"方式即"玄思"，则予以极高的评价。他说：

> 从思想史上看，西方许多人在哲学上的成就，不能受今日知识的考验，一直到近代的莱布尼兹、斯宾诺塞、黑格尔等。但他们求知的精神及其运思的方式，哲学史家不能不承认他们在思想史上的地位。准此，尽管《太玄》这一大系统，在知识上是虚假的，但它运思的既精且密，不是西方许多形而上学家中的本体论者所能企及。所以不应因其知识的虚假性，而否定扬雄此一辛勤工作在思想史上的意义。桓谭称其不仅为"西道孔子，亦为东道孔子"，张衡称其"竭己精思"与五经"相似"。在宋代思想中，又再发生巨大影响，不是偶然的。[1]

扬雄构建"太玄"论之运思方式，可命名为"玄思"。所谓"玄思"，用刘劭《人物志》的话说，就是"思心玄微"。构建具有幽深玄妙之特点的"太玄"论，"玄微"之"思心"即"玄思"是必要的。正如刘劭《人物志》所说："思心玄微，能通自然。"构建以"自然"为旨归的"太玄"论，必须具备以"玄微"为特点的"思心"。此种"玄思"于六朝玄学和文学的影响，当大于"太玄"论本身（详后）。

2. 《太玄》在汉晋之际的传播及其与六朝玄学之关联

扬雄《太玄》之得与失，在当时即有两种不同的评价。一是以刘歆为代表的批评意见，据《汉书·扬雄传》载："诸儒或讥，以为雄非圣人而作经，犹春秋吴、楚之君僭号称王，盖诛绝之罪也。"诸儒

---

[1] 徐复观：《两汉思想史》（二）第 457 ~ 458 页，九州出版社 2014 年版。

第五章　扬雄的学术思想与六朝之学

237

所讥，乃扬雄拟经之行为，非对《太玄》学术价值本身之评判，可置而不论。又载："巨鹿侯芭常从雄居，受其《太玄》《法言》焉。刘歆亦尝观之，谓雄曰：空自苦，今学者有利禄，然尚不能明《易》，又如《玄》何？吾恐后人用覆酱瓿也。雄笑而不应。"[1] 刘歆的批评，亦不是对《太玄》学术价值的评判，而是因为《太玄》的太深难解或者不合时宜，而不可能获得一般读者的认同和理解。当然，亦可能还有其他原因。[2] 另外，扬雄撰《解嘲》和《解难》，回应时人对他撰著《太玄》的批评，亦不是对《太玄》本身的学术价值的辩护。如《解难》之作，是由于"客有难《玄》太深，众人之不好也，雄解之，号曰《解难》"。[3] 如《解嘲》之作，是因为"或嘲雄以玄为白，而雄解之，号曰《解嘲》"。所谓"以玄尚白"，即"作黑未成，仍是白的，双关作《太玄》而未得禄位"，[4] 即文中所谓"何为官之拓落也"。总之，时人于扬雄之著《太玄》的批评，或斥其非圣人而作经的僭越之举，或难其"太深"而不合时宜，或嘲其"空自苦"而未获得禄位，皆未涉及对《太玄》本身之学术价值的评判，这说明当时的批评者亦并未完全否定《太玄》的学术价值。

二是以桓谭为代表的表彰意见。应该说，桓谭是历史上第一位充分肯定《太玄》的学者。据《汉书·扬雄传》载：

---

[1] 王先谦：《汉书补注》第 1512～1513 页，中华书局 1983 年版。

[2] 徐复观认为：刘歆《三统历》和扬雄《太玄》，皆力图将乐律与时历组合成一个综合性的大系统，刘歆与扬雄所努力作用的，本应算是同一性质的工作。刘歆所以讥《太玄》为"吾恐后人用覆酱瓿也"，不仅因《太玄》之难解，实亦对用心同，方向同，但在思辨与形式上却不相同的扬雄，多少含有妒意。（《两汉思想史》（二）第 450 页，九州出版社 2014 年版）可备一说。

[3] 张震泽：《扬雄集校注》第 199 页，上海古籍出版社 1993 年版。

[4] 张震泽：《扬雄集校注》第 176 页，上海古籍出版社 1993 年版。

（雄）丧之三年，时大司空王邑、纳言严尤闻雄死，谓桓谭曰：子尝称扬雄书，岂能传于后世乎？谭曰：必传，顾君与谭不及见也。凡人贱近而贵远，亲见杨子云禄位容貌不能动人，故轻其书。……今扬子之书，文义至深，而论不诡于圣人。若使遭遇时君，更阅贤知，为所称善，则必度越诸子矣。[1]

此是泛论扬雄其人其书，未专就《太玄》作评判。桓谭《新论》说：

王公子问：扬子云何人耶？答曰：才智开通，能入圣道，卓绝于众，汉兴以来未有此人也。国师子骏曰：何以言之？答曰：通才著书以百数，惟太史公为广大，余皆丛残小论，不能比之，子云所造《法言》《太玄经》也。《玄经》数百年外，其书必传，顾谭不及见也。……若遇上好事，必以《太玄》次《五经》也。[2]

虽然仍未具体从学术价值上评判《太玄》，但将之与"五经"并列，以为"能入圣道"，认为是"必传"之佳构，可谓评价至高。

或许因为《新论》之散佚，桓谭于《太玄》学术价值之具体评判，今不及见。桓谭之后的王充，于《太玄》亦有极高的评价，如《论衡·超奇》说：

阳成子长作《乐经》，扬子云作《太玄经》，造于眇思，极窅冥之深，非庶几之才，不能成也。孔子作《春秋》，二子作两经，所谓卓尔蹈孔子之迹，鸿茂参贰，圣之才者也。[3]

---

[1] 王先谦：《汉书补注》第 1513 页，中华书局 1983 年版。

[2] 朱谦之：《新辑本桓谭新论》第 41 页，中华书局 2009 年版。

[3] 黄晖：《论衡校释》第 608 页，中华书局 1996 年版。

《对作》亦说:

> 阳成子张作《乐》,扬子云造《玄》,二经发于台下,读于阙掖,卓绝惊耳,不述而作,材拟圣人。[1]

王充将《太玄》与圣人之作并提,与桓谭的评价近似。另外,张衡著有《思玄赋》《玄图》,亦极为推崇《太玄》。据《后汉书·张衡传》载:

> 衡善机巧,尤致思于天文、阴阳、历算,常耽好《玄经》,谓崔瑗曰:吾观《太玄》,方知子云妙极道数,乃与五经相拟,非徒传记之属,使人难论阴阳之事,汉家得天下二百岁之书也,复二百岁,殆将终乎? 所以作者之数,必显一世,常然之符也。汉四百岁,《玄》其兴矣! [2]

可见,将《太玄》与"五经"并举,并非桓谭个人之私论,乃是当时多数学者的共识。

"汉四百岁,《玄》其兴矣",张衡的预言得到应验。在汉末魏初,的确兴起了一个《太玄》研习之高潮。其研习之情况,大体分为两派:

一是以宋衷为代表的荆州学者。建安时期,在刘表的积极支持和大力奖掖下,荆州成为全国的学术中心,一大批学者如宋衷、王粲等

---

[1] 黄晖:《论衡校释》第 1182 ~ 1183 页,中华书局 1996 年版。

[2] 王先谦:《后汉书集解》第 663 页,中华书局 1984 年版。

云集于此，[1] 开展以"五经"为中心的学术研究，尤其以《易》学研究最负盛名。作为荆州五业从事的宋衷，最善古学，尤长《易》学。据《隋书·经籍志》载，他著有《周易注》十卷。宋衷研究《周易》而及于扬雄《太玄》，似为学术研究之自然延伸。据《华阳国志·蜀郡士女赞·扬雄赞》说："其（引者按：即《太玄》）玄渊源懿，后世大儒张衡、崔子玉、宋仲子、王子雍皆为注解。"[2] 仲子，宋衷字。陆绩《述玄》称"章陵宋仲子为作《解诂》"，范望《太玄解赞》称宋衷、陆绩"各以渊通之才，……为十篇解释"。据考察，宋衷《太玄解诂》十篇，不包括《太玄》的"本经三篇"，仅是对《首》《冲》《错》《测》《摛》《莹》《数》《文》《掜》《图》《告》十一篇的解释，而谓十一篇为十篇者，可能由于《冲》《错》两篇字数较少，便合为一篇。另外，梓潼人李譔著《太玄指归》，据《三国志·蜀书·李譔传》载：李譔之父李仁曾游学荆州，从宋衷问学。故李譔撰《太玄指归》，是传其父李仁之业，属于以宋衷为代表的荆州《太玄》研究系统。又，建安曹魏著名古文学者王肃著《太玄解》，据《三国志·魏书·王肃传》载："（肃）年十八，从宋忠读《太玄》，而更为之解。"[3] 建安十三年宋衷随刘表之子刘琮归曹操，建安十八年王肃从宋衷读《太玄》。故王肃亦属于荆州《太玄》研究系统。汉魏之际，荆州《太玄》研究，今可考者，即有宋衷、李譔、王肃三人，而又以宋衷为核心人物。汤用彤总结荆州学派说：

[1] 《后汉书·刘表传》载："表招诱有方，威怀兼洽，其奸猾宿贼更为效用，万里肃清，大小咸悦而服之。关西、兖、豫学士归者盖有千数。表安慰赈赡，皆得资全。遂起立学校，博求儒术，綦毋闿、宋忠等，撰立《五经章句》，谓之'后定'。"（王先谦《后汉书集解》第848页，中华书局1984年版）

[2] 刘琳：《华阳国志校注》第705页，巴蜀书社1984年版。

[3] 卢弼：《三国志集解》第384页，中华书局1982年版。

　　荆州儒生之最有影响者，当推宋衷。仲子不惟治古文，且其专长似在《太玄》。王肃从读《太玄》，李譔学源宋氏，作《太玄指归》。江东虞翻读宋氏书，乃著《明杨》《释宋》。……可见荆州之学甚盛。而仲子为海内所宗仰，其《太玄》并特为天下所重。夫《太玄》为《易》之辅翼，仲子之《易》，自亦有名于世。[1]

　　二是以陆绩、虞翻为代表的江东学者。陆绩，吴郡吴人，著有《周易注》《太玄注》《浑天图》等，其《太玄注》是为纠正宋衷《太玄解诂》之缺失而作。他认为宋衷之《太玄解诂》未曾关注到《太玄》的占筮性质，以为"《玄》之大义，揲蓍之谓，而仲子失其旨归，休咎之占，靡所取定，虽得文间义说，大体乖矣"。故其《太玄注》之重点就是补充宋衷《太玄解诂》缺失的占筮内容。虞翻，会稽余姚人，为江东《易》学大家，据《三国志·吴书·虞翻传》注引《翻别传》称："（翻）以典籍自惩，依《易》设象，以占吉凶。又以宋氏解《玄》颇有谬错，更为立法，并著《明杨》《释宋》以理其滞。"[2]其注《太玄》，是沿袭陆绩之途径，重视《太玄》之占筮揲蓍，以补宋衷《解诂》之失，故与陆绩《太玄注》性质类似。另外，有吴郡吴县人陆凯注《太玄》十三卷，据称亦是侧重于占筮性质的著作。汉魏之际江东的《太玄》研究，今可考见者，即有陆绩、虞翻、陆凯三人，又以陆绩为核心人物。[3]

　　汉魏转折之际的《太玄》研究，大体有如上所述之荆州派和江东

---

[1]　汤用彤：《王弼之〈周易〉〈论语〉新义》，见《魏晋玄学论稿》第86页，中华书局1962年版。

[2]　卢弼：《三国志集解》第1050～1051页，中华书局1982年版。

[3]　关于汉魏之际《太玄》研注情况之介绍，主要参考了刘韶军《杨雄与〈太玄〉研究》之第二章第二节《〈太玄〉存佚考》，人民出版社2011年版。

派。关于两派之特点及其区别，概括地说，荆州《太玄》研究重义理，故宋衷《太玄解诂》不注《太玄》之"本经三卷"，而注《首》《测》等"解剥玄体"、阐释"太玄"大义的十一篇。陆绩称其《解诂》"得文间义说"，便是指此。江东《太玄》研究重象数，侧重于占筮揲蓍之内容，无论是陆绩还是虞翻，皆是有感于宋衷重义理而轻象数，故以占筮揲蓍之内容弥补荆州《太玄》研究之不足。如前所述，扬雄《太玄》虽甚重义理，但亦不放弃象数，是义理之学和象数之学的综合体。而荆州《玄》学和江东《玄》学则是分别选定其中一个方向进行研究和诠释。

大体而言，汉代《易》学有象数和义理之分，象数之学是汉代《易》学之主流，其中以京氏《易》为代表，立于学官者皆属此派；义理之学则是汉代《易》学之潜流，其中以费氏《易》为代表，非主流的学者常常热衷于义理之阐发。或者说，讲象数者，属于今文学；讲义理者，属于古文学。随着今古文学之势力在汉代的此消彼长之发展，至东汉中后期，今文经学逐渐失去了往日之荣光，古文经学以不可遏制的发展势力逐渐为知识界所普遍接受。在汉魏之际，引领学术发展之新趋向的是古文义理之学。如果仍然拘于象数而讲占筮，则不免有守旧因循之嫌疑。因此，笔者认为，荆州《玄》学是创新的，引领着时代学术之新风尚；江东《玄》学是守旧的，保守着传统学术之旧习尚。此与唐长孺在《读〈抱朴子〉论南北学风之异同》一文中，所指出的江东学风之保守的观点，是吻合的。[1]

接下来需要讨论的，是扬雄《太玄》和荆州《玄》学与六朝玄学之间的关联。据汤用彤《魏晋思想的发展》一文所说，"我们回溯魏晋思潮的源头，当然要从汉末三国时荆州一派易学与曹魏'形名家'

---

[1] 唐长孺：《魏晋南北朝史论丛》，生活·读书·新知三联书店1995年版。

言的综合说起"，他指出：

> "新学"（玄学）的生成有两个主要因素：（一）研究《周易》
> 《太玄》……等而发展出的一种"天道观"；（二）是当代偏于人
> 事政治方面的思想，如现存刘劭《人物志》一类那时所谓"形名"
> 派的理论，并融合三国时流行的各家之学。上述二者才是"玄学"
> 所以成为魏晋时代特有思想的根源。[1]

汤用彤关于六朝玄学以《易》学"天道观"和品鉴"形名学"为
思想源头的观点，可谓探本溯源的不刊之论，已为学界普遍接受。实
际上，在这里，汤氏已经注意到作为玄学之思想根源的"天道观"，
与扬雄《太玄》的关系。他以为三国时期的《易》学分为三派：一是
在江东，以虞翻、陆绩等人为代表；二是在荆州，以宋衷等人为代表；
三是在北方，以郑玄、荀融等人为代表。其中荆州一派的见解最新，
江东一派颇受荆州新学的影响，北派最旧，多传习汉儒之象数。所以，
荆州一派之《易》学，便是魏晋玄学的两大重要思想源头之一。关于
荆州《易》学之特点，汤用彤特别指出：

> 当时讲《易经》的又多同时注意《太玄》。宋衷对扬子《太玄》、《法
> 言》两书，素称名家。虞翻、陆绩辈既是《易》学专门，也都诵习《太
> 玄》，可以为证。[2]

六朝玄学之思想源头是荆州《易》学，荆州《易》学之核心人物
是宋衷，而宋衷又是研究《太玄》《法言》的专家，宋衷之《易》学

[1] 汤用彤：《魏晋玄学论稿》第126页，中华书局1962年版。
[2] 汤用彤：《魏晋玄学论稿》第123页，中华书局1962年版。

是在扬雄《太玄》之基础上建构起来的。因此，说荆州《易》学是六朝玄学之原点，毋宁说以宋衷为代表的荆州《太玄》之学才是六朝玄学的根本源头。[1] 扬雄《太玄》与六朝玄学之关系，于此可见一斑。

3. "太玄"论对以玄学为中心的六朝之学的启发和影响

扬雄《太玄》与六朝玄学之关联，亦如上所述。接下来需要讨论的，是扬雄及其《太玄》对六朝玄学到底有何启示？到底发生了怎样的影响？

首先，在学术取径上的启发。六朝玄学儒道兼综、《老》《易》结合的学术取径，与扬雄有一定的渊源关系。大体而言，六朝玄学是指六朝时期以老庄思想为骨架、调和儒道、会通"自然"与"名教"的一种哲学思潮。[2] 儒道兼综是玄学主要的知识取径，如玄学家王弼、何晏"好老氏之学"，"祖述老庄，立论以为天地万物皆以无为本"。[3] 然王弼注《周易》，又注《老子》，还撰有《论语释疑》。何晏注《道德经》，撰《道德论》，又著《论语集解》，其儒道兼综的特点相当显著。实际上，他们就是以《老》注《易》，以老子思想解释儒家经典，调和"自然"（道）与"名教"（儒）之关系，从而建构起玄学新理论。

学者治学在知识取径上兼综儒道，可谓源远流长，在汉初陆贾《新语》、刘安《淮南子》等著作中已见其端倪。学者讨论玄学儒道兼综之学术取径的渊源，或以为始于刘劭之《人物志》，[4] 或以为始于王

[1] 解丽霞亦认为："真正兴起《太玄》研究的是宋衷。""宋衷是《太玄》与魏初玄学联结的重要纽带。"（《扬雄与两汉经学》第292、297页，广东人民出版社2011年版）

[2] 汤一介：《郭象与魏晋玄学》（修订本）第13页，北京大学出版社2000年版。

[3] 《晋书·王衍传》，《晋书》（点校本）第1236页，中华书局1974年版。

[4] 汤一介：《郭象与魏晋玄学》（修订本）第27页，北京大学出版社2000年版。

肃之《孔子家语》，[1] 或以为始于马融，[2] 皆是就其近源言之。若就其远源来说，则应始于汉初。不过，汉初学者之儒道兼综，还是一种不自觉的行为，自觉地将儒道兼通并以此构建学术思想体系者是扬雄。考虑到扬雄《太玄》与六朝玄学之间的密切关联，笔者认为，玄学家儒道兼综的学术取径取资于扬雄的可能性是最大的。

另外，玄学家儒道兼综的又一个重要表现，就是以《老子》《庄子》和《周易》为"三玄"，将《老子》与《周易》互通互释。其实，以《老》释《易》，亦与扬雄有关，或者说此风起于严君平，而发扬光大于扬雄。扬雄"太玄"论的一个重要的知识支撑，就是以《老》解《易》，《老》《易》通释。

还有，名教与自然之关系是六朝玄学讨论的核心问题，[3] 从何晏、王弼的"名教出于自然"论，到阮籍、嵇康的"越名教而任自然"论，到裴𬱟、郭象的"名教即自然"论，无不围绕此问题而展开。玄学家关于此问题的讨论，实际上体现了他们调和儒道之意图。"自然"为道家所崇尚，故老子提出"道法自然"论；"名教"为儒家所推崇，指的是汉代以来确立的社会秩序和组织原则。事实上，调和道家"自然论"与儒家仁义论之关系，在扬雄的思想建构中已经体现出这方面的努力。如前所述，在《太玄》中，扬雄一方面有取于"老子之言道德"，推崇"作者""贵其有循而体自然"，提出"玄法自然"之观点；另一方面他又扬弃老子"搥提仁义，绝灭礼学"之偏见，声称其《太玄》是为"仁义"而作。其调和儒道、融通自然与名教关系之努力，是相

---

[1]　那薇：《"孔子家语"中儒道兼综的倾向》，《孔子研究》1987年第2期。

[2]　贺昌群：《魏晋清谈思想初论》，辽宁教育出版社1998年版。

[3]　陈明以为："唯——对能够使魏晋思想真正贯穿起来，并能真实反映其思想底蕴的范畴，是自然与名教。"（陈明《六朝玄音远，谁似解人归——魏晋玄学研究四十年的回顾与反思》，《原学》第二辑，中国广播电视出版社1995年版）

当显明的。这种知识取径，于六朝玄学家来说，应当是有所影响的。

其二，在学术方法上的影响。一种哲学思想新体系之建立，必有赖于一种新的哲学方法的被发现和被利用。六朝玄学新体系之建立，则有赖于玄学家在学术方法上的突破，此新方法，一是汤用彤揭示的"言意之辨"，[1]二是冯友兰揭示的"辨名析理"。[2]即六朝玄学家是通过"言意之辨"（有王弼之"得意忘言"与郭象之"寄言出意"之别）和"辨名析理"之新方法的发现和使用，从而建构起玄学新体系。那末，这两种学术新方法，与扬雄有无关系？有何关系？情况或许相当复杂，目前尚难定论。但是，可以肯定的是，在扬雄的著作中，确有关于言意关系的讨论。《法言·问神》说：

> 言不能达其心，书不能达其言，难矣哉！惟圣人得言之解，得书之体，白日以照之，江河以涤之，灏灏乎其莫之御也。面相之，辞相适，捔中心之所欲，通诸人之嚍嚍者，莫如言；弥纶天下之事，记久明远，著古昔之昏昏，传千里之忞忞者，莫如书。故言，心声也；书，心画也。声画形，君子小人见矣。声画者，君子小人之所以动情乎！[3]

很显然，扬雄的言意论，介于"言尽意论"（圣）与"言不尽意论"（众人）之间，与老庄的"言不尽意论"和"得意忘言说"均有区别。其与玄学家"言意之辨"的关系，尚需进一步研究，兹不具论。

另外，玄学家"辨名析理"的学术方法，亦即当时流行的"名理之学"，其最初重在讨论人君臣民各尽其职守的"名份之理"，即名实相副的问题，进而讨论品鉴人物之标准，而逐渐趋向于"辨名析理"，

[1] 汤用彤：《言意之辨》，见《魏晋玄学论稿》第 26 页，中华书局 1962 年版。

[2] 冯友兰：《中国哲学史新编》第四册第 32 页，人民出版社 1986 年版。

[3] 汪荣宝：《法言义疏》第 160 页，中华书局 1987 年版。

便形成专门的"名理之学"，或称"形名之学"。[1] 在扬雄的著作中，名实问题亦是一个时常被关注的问题，如《法言·君子》说："人必先作，然后人名之。"[2]《孝至》说："不为名之名，其至矣乎！为名之名，其次也。"[3]《重黎》说："名者，谓令名也。"[4]《渊骞》说："东方生，名过实者。"[5] 又说："妄誉，仁之贼也；妄毁，义之贼也。贼仁近乡原，贼义近乡讪。"[6]《问神》说："或曰：君子疾没世而无名，盍势诸名卿？可几也。曰：君子德名为几。"[7] 值得注意的是，扬雄还著有《十二州箴》《百官箴》，"箴"之一体，虽然其内容属规劝、纠缪之劝谏文字。劝谏州牧、百官之箴文，其中有劝谏州牧、百官各尽其职守的"名分之理"，故亦当属于"名理之学"的范畴。还有，扬雄《法言》之《重黎》《渊骞》二篇，品鉴人物，对汉末六朝品鉴之学有重要影响（详后），其书虽未专门阐发人物品鉴之标准，但与在汉末人物品鉴之基础上兴起的以"辨名析理"为特点的"名理之学"或"形名之学"，亦不能说完全没有关系。

总之，玄学家构建玄学思想的主要方法"言意之辨"和"辨名析理"，在扬雄的著作中皆有先期的体现，其间的渊源影响关系，是比较明显的。

其三，在学术取材和运思方式上的影响。扬雄《太玄》与六朝玄学，虽然在概念上均以"玄"命名，但其研究对象却稍有区别。刘韶军说：

---

[1] 汤一介：《郭象与魏晋玄学》（修订本）第 214 页，北京大学出版社 2000 年版。

[2] 汪荣宝：《法言义疏》第 515 页，中华书局 1987 年版。

[3] 汪荣宝：《法言义疏》第 531 页，中华书局 1987 年版。

[4] 汪荣宝：《法言义疏》第 367 页，中华书局 1987 年版。

[5] 汪荣宝：《法言义疏》第 484 页，中华书局 1987 年版。

[6] 汪荣宝：《法言义疏》第 490 页，中华书局 1987 年版。

[7] 汪荣宝：《法言义疏》第 173 页，中华书局 1987 年版。

魏晋玄学虽然称为玄学，却不是直接以"玄"这个概念进行研究而探讨其内涵的，这与《老子》的道论和扬雄的"太玄"论是有所不同的，这一点必须首先明确。魏晋玄学的学者是以有无、本末、体用、言与意、形与神、性与情等一组组的概念为中心，从高度抽象思辨的层次探讨相关的理论问题，并由此而形成了一种玄思之风。[1]

如前所论，"玄"之于扬雄，当有三义：一是名词性的，是作为研究对象的"玄"，此"玄"在扬雄思想体系中居于本体高度，其义近于老子之"道"。二是作为方法论的"玄"，作为研究方法或思维方式的"玄"，称为"玄思"。三是形容词性的，是具有修饰性质的"玄"，有玄妙深微之意。"玄"之于老子和六朝玄学家，则基本上只有修饰性的形容词义和方法论上的"玄思"义，主要是玄妙、玄远、玄微、玄思之义。犹如徐复观所称，扬雄"既精且密"之"运思"方式在中国思想史上之影响当大于《太玄》本身。笔者进一步认为，扬雄于六朝玄学之启示和影响，其运思方式（"玄思"）当远远大于"太玄"论本身。扬雄对于玄学之主要影响，在于它开启了"玄微之思"和"玄远之风"。

关于"玄微之思"，笔者在前面已有详论，兹不赘述。[2]此仅就"玄远之风"之影响略作申述。所谓"玄学"，即"玄远之学"。六朝学者常以"玄远"称"玄学"，如《世说新语·德行》注引《魏氏春秋》说："上曰：天下之至慎者，其惟阮嗣宗乎？每与之言，言及玄远，而未尝评论时事，臧否人物。"《规箴》说："王夷甫雅尚玄远。"陆澄《与王俭书》说："于时政由王、庾，皆隽神清言，能言玄远。"何劭《荀粲传》说："（傅）嘏善名理，而（荀）粲尚玄远。"等等。"玄远"

[1] 刘韶军：《杨雄与〈太玄〉研究》第363页，人民出版社2011年版。
[2] 参见本书第四章第三节"扬雄在学术观念和学术方法上的创新"。

或称"玄虚""虚胜",如《晋书·嵇含传》引嵇含《吊庄周图文》说:"借玄虚以助溺,引道德以自奖。"《世说新语·文学》说:"傅嘏善于虚胜,荀粲谈尚玄远。"孙盛《老聃非大贤论》说:"昔裴逸民作《崇有》《贵无》二论,时谈者或以为不达虚胜之道。"裴颁《崇有论》说:"立言藉其虚无,谓之玄妙。"王衍临终之际说:"吾曹虽不如古人,向若不祖尚浮虚,戮力以匡天下,犹可不至今日。"[1] 是知"玄远""玄虚"是玄学的外在特征。玄学之"玄",其义亦在"远"、在"虚",与扬雄"太玄"之"玄"的本体意义完全不同。故汤用彤说:

> 夫玄学者,谓玄远之学。学贵玄远,则略于具体事物而究心抽象原理。论天道则不拘于构成质料,而进探本体存在。论人事则轻忽有形之粗迹,而专期神理之妙用。[2]

又云:"玄者玄远。宅心玄远,则重神理,而遗形骸。"[3] 而此种"宅心玄远"之新风尚,在汤用彤看来,是起于扬雄,发展于东汉,而盛行于六朝,他说:

> 溯自扬子云以后,汉代学士文人即间尝企慕玄远。凡抗志玄妙者,"常务道德之实,而不求当世之名。阔略杪小之礼,荡佚人间之事"(冯衍《显志赋》)。"逍遥一世之上,睥睨天地之间。不受当世之责,永保性命之期"(仲长统《昌言》)。则其所以寄迹宅心者,已与正始、永嘉之人士无或异。……则贵玄言,宗老氏,魏晋之时虽称极盛,

[1] 《晋书·王衍传》,《晋书》(点校本)第1238页,中华书局1974年版。

[2] 汤用彤:《言意之辨》,见《魏晋玄学论著稿》第26~27页,中华书局1962年版。

[3] 汤用彤:《言意之辨》,见《魏晋玄学论著稿》第39页,中华书局1962年版。

而于东汉亦已见其端矣。[1]

扬雄与六朝玄学"玄远之风"的亲密关系，由此可以得到进一步的证明。

需要补充说明的是，六朝学者演绎玄学，常常是以经注的方式展开，如何晏、王弼、向秀、郭象等人，皆是如此。如果说汉代儒生的经注是"我注六经"，那末玄学家则多是"六经注我"，即通过注经之形式建构玄学思想体系。作为玄学先驱的荆州学派学者宋衷，选择注释《太玄》之方式创立新说；李轨演绎玄学，选择注释《法言》的方式进行，皆是深可注意之事。李轨注《法言》，常以老庄解析《法言》之意旨，汪荣宝《义疏》多有指明。汤用彤亦指出其"注中所陈颇袭向、郭注《庄》之义。其于扬子诽议庄周，亦同用寄言之法，解释其牴牾，其事与《庄子注》全同。则李弘范虽名注儒书，实宗玄学也"。[2]引起我们注意的是，开启玄学的宋衷和"实宗玄学"的李轨，何以选择注解扬雄《太玄》和《法言》以阐释其玄学观念，而不是其他著作。其中之意义，至少可以说明扬雄的学术思想与六朝玄学之间，确有较深的渊源影响关系存在。

三、扬雄的"品藻"论与六朝品鉴之学

品鉴人物是六朝时期在名士圈子中普遍开展、影响深远的一项社会活动，其间既有关于人物品鉴之理论性著作——刘劭《人物志》，亦产生了汇集人物品鉴具体资料之专书——刘义庆《世说新语》，由此而形成的品鉴之学，对六朝学术思想和文学艺术，皆产生了极为深

[1] 汤用彤：《魏晋玄学论稿》第 48 页，中华书局 1962 年版。
[2] 汤用彤：《魏晋玄学论稿》第 39 页，中华书局 1962 年版。

远的影响。所以，研究六朝之学，人物品鉴是一项重要内容。学者一般认为，六朝之学始于汉末，起于汉末之人物品鉴。这亦是笔者在旧著《汉晋文化思潮变迁研究——以尚通意趣为中心》一书中所持之观点。如今，笔者认为，六朝之学始于两汉之际，两汉之际的扬雄于六朝之学有导夫先路之功，六朝时期特别盛行的人物品鉴，以及在此基础上形成的品鉴学和形名学，与扬雄有重要关联。或者说，依照汤用彤的观点，人物品鉴之"形名学"是六朝玄学的两大思想源头之一，扬雄与此思想源头亦有重要关联。

1. 汉末六朝人物品鉴概说

人物品鉴，又称"品藻"或"品题"。所谓"品"，即"等级"之谓，《汉书·匈奴传》说："故约汉常遣翁主，给缯絮食物有品以和亲。"颜师古注说："品，谓等差也。"《后汉书·郭泰传》注引谢承书说："泰之所名，人品乃定。先看后验，众皆服之。"所谓"人品"，即人之品第等级。六朝人言"品"，多含有品第等级的意思。如谢赫《古画品序》说："夫画品者，盖众画之优劣也。"钟嵘《诗品序》评论当时的文论著作是"就谈文体，不显优劣"，"并义在文，曾无品第"，其著《诗品》，就是要为汉魏晋宋时期一百二十余位诗人作出品第等级，并在品第中显现优劣。当时产生的《画品》《棋品》和《书品》之类以"品"为题的著作，其旨意与钟嵘《诗品》相同，即有分列品第以显优劣的意思。

"品藻"一词，最早见于扬雄《法言》，其《重黎篇》说："或问：《周官》。曰：立事。《左氏》。曰：品藻。《太史迁》。曰：实录。"[1] 在六朝，"品藻"成为文人常用语，如刘义庆《世说新语》，专著《品

---

[1]　汪荣宝：《法言义疏》第 413 页，中华书局 1987 年版。

藻》一篇。如葛洪《抱朴子·尚博》说："然时无圣人目其品藻。"又云："夫唯精也，故品藻难一焉。"颜之推《颜氏家训·涉务》说："吾见世中文学之士，品藻古今，若指诸掌。"何谓"品藻"？颜师古《汉书·扬雄传注》注"尊卑之条，称述品藻"一句说："品藻者，定其差品及文质。"即"品藻"包含定其差品和评价文质两方面的含义。

与"品藻"义近者，有"品鉴"一词，"鉴"与"藻"义近，有鉴别之意，故古代常有"藻鉴""藻镜（同'鉴'）"之语，如江总《让尚书仆射表》说："藻镜官方，品裁人物。"杜甫《上韦丞相二十韵》说："持衡留藻鉴，听履上星辰。"《旧唐书·李义府传》说："义府本无藻鉴才，怙武后之势，专以卖官为事，铨序失次，人多怨讟。"故"品鉴"亦有定其差品和鉴定文质之二义。

与"品藻""品鉴"义近者，还有"品题"一词。如《后汉书·许劭传》载："劭与靖俱有高名，好共核论乡党人物，每月辄更其品题，故汝南俗有'月旦评'焉。"李白《与韩荆州书》亦说："今天下以君侯为文章之司命，人物之权衡，一经品题，便作佳士。"按，"品题"一词，亦当有品第和题目二义，所谓"题"者，义近"藻""鉴"，时人或称"题目"，或径称之为"目"，如《世说新语·政事》说："山司徒前后选，殆周遍百官，举无失才。凡所题目，皆如其言。"《赏誉》说："时人欲题目高坐而未能，桓廷尉以问侯，周侯曰：可谓卓朗。"又说："世目李元礼：谡谡如劲松下风。""公孙度目邴原，所谓云中白鹤，非燕雀之网所能羁也。""钟士季目王安丰：阿戎了了解人意。"以上所举是品题人，当时品题其他事物亦有称"目"的，如《世说新语·言语》说："桓征西治江陵城甚丽，会宾僚出江津望之，云：若能目此城者有赏。顾长康时为客，在坐，目曰：遥望层城，丹楼如霞。桓即赏以二婢。"[1] 从以上所举例子可知，所谓"题目"，就是评鉴之语。

所以，"品题"与"品鉴""品藻"一样，是一个联合词组，包含两方面含义：一是定其差品，即当时品鉴之三品、九品之类；二是定其题目，即用简洁之语言描述其风格特点，如上引《世说》诸例即是，《诗品》关于诗人的评论亦属此类。所谓"人物品鉴"，就是对人物定其差品和鉴赏评价。

在汉晋以前，为了选拔、铨衡人才，已经非常注意对人物的品行、学问进行观察和评论，并逐步建立起一些品评人才的方法和原则，如孔子就曾以德行、言语、政事、文学四科评价他的弟子。[2] 孟子亦曾以圣之清、圣之任、圣之时、圣之和等名目评价伯夷、伊尹、柳下惠、孔子等人。[3] 庄子论人亦有神人、真人、圣人等品目。[4] 孔子把人格道德修养分为知之、好之、乐之三重境界。[5] 孟子则把人格道德修养所达到的境界，从低到高依次分为善、信、美、大、圣、神六个等级。[6] 至汉代，学者又把相术与人物品评结合起来，如王充《论衡》有《骨相篇》，论述骨相与性命之关系。王符《潜夫论》有《相列篇》，对王充观点作了进一步的阐述。三国曹植、王朗亦分别撰有《相论》，发表对相人之术的看法。

总之，在汉晋以前，人物品鉴已经备受重视。但是，人物品鉴成为一项影响广泛的社会活动，甚至成为某些人的职业或一项专门学问，

[1] 余嘉锡：《世说新语笺疏》（修订本）第141页，上海古籍出版社1993年版。参见萧艾《〈世说〉探幽》上篇《〈世说〉中所见魏晋六朝习用语集释》之"目、题目"条。另外，侯外庐《中国思想通史》第二卷第十章亦有专论"题目"一节。

[2] 《论语·先进》，刘宝楠《论语正义》第238页，诸子集成本，中华书局1986年版。

[3] 《孟子·万章下》，焦循《孟子正义》第397页，诸子集成本，中华书局1986年版。

[4] 《庄子·逍遥游》，王先谦《庄子集解》第3页，诸子集成本，中华书局1986年版。

[5] 《论语·雍也》，刘宝楠《论语正义》第126页，诸子集成本，中华书局1986年版。

[6] 《孟子·尽心下》，焦循《孟子正义》第585页，诸子集成本，中华书局1986年版。

对社会政治、学术文化和文人的日常生活发生重要影响，则是在汉末六朝时期。

考察汉末六朝时期的人物品鉴，似有以此为专职者，如汝南许劭、许靖兄弟的"月旦评"，其他如何颙、郭泰、李膺诸人，虽不以此为专职，然其一生中相当多的时间都是在品鉴人物，并且有一言九鼎、隐操士人命运和影响皇朝政治的功效。其间学者品鉴人物，著为专书者，据《隋书·经籍志》载，有《士操》（魏文帝撰）、《人物志》（刘劭撰）、《刑声论》（佚名）、《士纬新书》（姚信撰）、《姚氏新书》（疑为姚信撰）、《九州人士论》（卢毓撰）、《通古人论》（佚名）等数种。刘孝标《世说新语注》引录的《名士传》《江左名士传》《汝南先贤传》《竹林七贤论》《晋诸公赞》《楚国先贤传》《海内先贤传》《高士传》《逸士传》等书，以及王粲《英雄传》、孔融《汝颍优劣论》等，皆是这种时代风气的产物。

其间之子书亦很关注人物品鉴，如扬雄《法言》之《重黎》《渊骞》，王充《论衡》之《骨相》《答佞》《程材》《量知》《谢短》《效力》《别通》《超奇》《定贤》等篇，皆专门讨论如何鉴别人物的问题。《重黎》《渊骞》是对古今人物的具体品鉴。《骨相》讨论骨相与性命的关系，《答佞》回答了如何识别佞人的问题，《程材》《量知》和《效力》三篇分别从"材能行操""学知"和"才力"三个方面讨论文吏与儒生的区别，《识通》旨在论述如何识别"通人"，《超奇》旨在论述如何识别超等人才，并将人才分为俗人、儒生、通人、文人、鸿儒五等，《定贤》批驳了十九种识别贤人的错误观点，提出了自己的鉴别标准。葛洪《抱朴子》之《擢才》《名实》《清鉴》和《行品》诸篇，亦讨论人物品第优劣问题，《擢才》讨论如何选拔"弘伟之士"的问题，《名实》讨论人物品鉴中的名实问题，《清鉴》讲具体的人物品鉴方法和原则,《行品》则将人分为善人和恶人两类,共八十五目,其中善人有圣人、贤人等四十目,恶人有悖人、逆人等四十五目,并从十个方面分析了人物何以难鉴的问题。

汉晋间人物品鉴之专书,流传至今且影响较大者,当推刘劭《人物志》和刘义庆《世说新语》。刘劭《人物志》,凡三卷,共十二篇,是中国历史上第一部研究人物才性的人才学专著。汉晋间的人物品鉴著作,在当时虽不在少数,但流传至今且保存完整者,唯有刘劭的《人物志》。就其他散佚著作的留存片断看,《人物志》又是当时品鉴著作中最有理性色彩和理论深度的著作,它产生于汉末魏初人物品鉴的风气中,又超越了当时就事论事、就人论人的具体操作层次,将之上升到理论高度,从理论上对当时的人物品鉴进行原则、规律、方法的归纳和整理,是一部总论人物品鉴原理之专著。它不仅从人物外在的言语、体貌、行为等方面,系统地阐释人才的本质、人才的分类和鉴人用人的标准和原则,而且亦从哲学、心理学的角度论述了鉴人用人之道。刘义庆《世说新语》,全书分三十六门,共一千一百三十条。从整体上看,最主要的部分是对人物的品鉴,是汉晋间一部着重搜集人物品鉴材料的著作。《世说》一书的类目设置,差不多都是以人物品题和鉴赏为视点而区分的:有的品鉴人物的不同类型,如德行、言语、政事、文学、自新、栖逸、轻诋、假谲、俭啬、汰侈、惑溺等门;有的品鉴人物的不同性格,如方正、雅量、豪爽、任诞、简傲、忿狷、谗险等门;有的品鉴人物的不同才能,如捷悟、夙惠、术解、巧艺、排调等门;有的则直接是人物品题的记载,如识鉴、赏誉、品藻、容止、企羡等门。其他如规箴、伤逝、宠礼、黜免、尤悔、纰漏、仇隙等门,虽与人物品鉴关系不明显，但从广义上讲，亦是一种人物品评。[1]总之，与《人物志》一样，《世说新语》亦是一部人物品鉴的专书。比较而言，《世说新语》是一部人物品鉴具体资料的汇编，而《人物志》则是一部总论人物品鉴原理的理论专著。

2. 六朝之学始于品鉴之学

自汤用彤揭示出六朝玄学起于人物识鉴这个观点以来，研究汉晋文化思潮之变迁者，如贺昌群、王瑶、宗白华、李泽厚等学者，皆特别重视人物品鉴在汉晋文化变迁中的重要作用。笔者认为，人物品鉴作为汉晋间的一项影响广泛的社会活动，对当时社会的审美情趣、士风、文风、学风皆产生过十分深入的影响。因为人物品鉴直接决定一个人的荣辱浮沉，比如，在汉末，人物品鉴决定一个人的仕途进退和升降；在六朝，它又决定一个人在社会上的地位和声誉，与个人利益有特别密切的关系。所以，人物品鉴决定士风的取向，而士风又直接影响哲学、美学、文学、文论的特征。人物品鉴对士风的影响是最直接的，亦是决定性的，从汉代的砥砺名节之风到魏晋的浮华交会之风，就与人物品鉴之变迁有直接的对应关系。此点较为明显，毋需赘言。以下所欲陈述者，乃学术界关于人物品鉴与当时哲学、美学、文学和文论之关系的讨论。

人物品鉴于六朝玄学之影响，最为学者所关注，如汤用彤在《言意之辨》中指出：

> 凡欲了解中国一派之学说，必先知其立身行己之旨趣。汉晋中

---

[1] 参见萧艾《〈世说〉探幽》第 11 页，湖南出版社 1992 年版。王能宪《〈世说新语〉研究》第 41 页，江苏古籍出版社 1992 年版。张海明《玄妙之境》第 119～122 页，东北师范大学出版社 1998 年版。

> 学术之大变迁亦当于士大夫之行事求之。……世风虽有迁移，而魏晋之学固出于汉末，而在在与人生行事有密切之关系。

古代中国学术的人文特点，决定其与人生行事有密切关系。所以，在汤用彤看来，汉晋学术文化思想之变迁，与当时士人之人生观大有关系。他认为：

> 玄学统系之建立，有赖于言意之辨。但详溯其源，则言意之辨实亦起于汉魏间之名学。名理之学源于评论人物。……言意之辨盖起于识鉴。[1]

于是，他从"集当世识鉴之术"的刘劭《人物志》来研究汉晋学术变迁，指出："汉末晋初，学术前后不同，此可就《人物志》推论之。"[2]此后的学者基本上采用他的这种研究思路，如李泽厚指出：《人物志》"这部著作较早地，同时又鲜明具体地反映了从汉到魏思想的新变化，对了解魏晋的哲学和美学思想有着十分重要的作用"。[3]孔繁亦说："刘劭《人物志》的出现，标志着汉末清议的变化。""《人物志》在汉末魏晋由清议到清谈之演进中，具有承上启下的意义。"[4]

人物品鉴于六朝美学之影响，亦为学者所重视，如宗白华说："晋人的美学是'人物的品藻'。""中国美学竟是出发于'人物品藻'之美学。美的概念、范畴、形容词，发源于人格美的评赏。"[5]李泽

---

[1] 汤用彤：《魏晋玄学论稿》第41、27页，中华书局1962年版。

[2] 汤用彤：《魏晋玄学论稿》第11、14页，中华书局1962年版。

[3] 李泽厚：《中国美学史》（魏晋南北朝卷）第74页，安徽文艺出版社1999年版。

[4] 孔繁：《魏晋玄谈》第23页，辽宁教育出版社1991年版。

[5] 宗白华：《论〈世说新语〉和晋人的美》，见《美学散步》第186、178页，上海文艺出版社1981年版。

厚亦认为：人物品鉴"在魏晋南北朝时期，它对审美的意识、趣味、好尚的变化，艺术的鉴赏、创造的发展，以至许多重要美学概念的形成，都产生了直接重大的影响"，并认为"这是了解魏晋南北朝美学的重要关键"。[1]

人物品鉴于六朝文学和文论之影响，更是显而易见。如王瑶指出："中国文论从开始起，即和人物识鉴保持着极密切的关系；而文学原理等反是由论作者引导出来的。"[2] 宗白华亦发现："中国艺术和文学批评的名著，谢赫的《画品》，袁昂、庾肩吾的《画品》、钟嵘《诗品》、刘勰的《文心雕龙》，都产生在这热闹的品藻人物的空气中。"[3] 黄霖构建中国古代文学理论体系，以"人"为中国古代文学和文论的本源，用"原人"二字来概括中国古代文学理论批评体系的基本品格和核心精神，他说："一部中国古代文学批评史，千言万语，归根结底就是立足在'原人'的基点上。中国古代文学理论批评体系的核心就是以人为本质。"[4] 刘明今更进一步指出："中国古代文论产生的契机有二：一是因观风俗、识美刺，而促成教化论批评；另一便是人物品藻，因

[1] 李泽厚：《中国美学史》（魏晋南北朝卷）第 55 页，安徽文艺出版社 1999 年版。

[2] 王瑶具体研究了人物识鉴与魏晋六朝文体辨析的影响关系，他说："政治上要'考核名位'，在'名检'，研究人才是否称职，和职位是否相合；因而中国的文学批评也即沿着两条路线发展——一方面是论作家，研究其所长的文体和所具的才能；一方面即是辨析文体，研讨每一种文体的渊源、性质和应用。从当时的观点说，文学亦正如官位之必须合于职守一样，如果明白了某一职守的性质和作用，则官之是否称职，才之是否合位，便可'一目了然'了。同样的道理，如果能够确定了某种文体的标准是应该如何的，然后再来考核某一作家或作品是否合于此种文体的说明，则也必然地优劣自见了。"（《文体辨析与文章总集》，《中古文学史论》第 89 页，北京大学出版社 1986 年版）这是人物品鉴对文学理论产生直接影响的一个显著例子。

[3] 宗白华：《论〈世说新语〉和晋人的美》，见《美学散步》第 178 页，上海文艺出版社 1981 年版。

[4] 黄霖：《中国古代文学理论体系·原人论》第 5 页，复旦大学出版社 2000 年版。

品藻人物而关注其才性，关注其体现才性的文学，以至品赏文学之美，由此而形成以才性论为中心的文学批评。""由此导致文学观念、批评观念以及批评具体操作的一系列变化，从而根本上改变了西汉时期教化论批评的模式，有力地促进了文学批评的发展。"[1]

总之，人物品鉴是汉末六朝时期影响广泛的一项社会文化活动。六朝之学源于人物品鉴，六朝时期的哲学、美学、文学、文论皆受到人物品鉴的直接影响，而呈现出与汉代文化截然不同的面目。因此，研究汉晋文化思潮之变迁，讨论六朝之学的渊源，人物品鉴当是一个重要的切入点。

3. 扬雄的人物品评与六朝人物品鉴之关联

扬雄《法言》有《渊骞》和《重黎》两篇，专门对历史人物和当代人物进行品鉴。对扬雄《法言》中的人物品鉴引起重视，并首次将它与六朝品鉴之学进行联系讨论的，是民国学者刘咸炘，他在《旧书别录》里说：

> 又东汉以降，品藻之风盛行，儒家书由扬雄《渊骞篇》而推广之，臧否当时人物，若周明《周子》、殷基《通语》、袁准《正书》《正论》之类，开史论之先，侵记事之职。[2]

明确提出"东汉以降品鉴之风盛行"，是从扬雄《法言·渊骞篇》推广而来。对扬雄《法言》中的人物品鉴引起高度重视并展开深入研究的，是徐复观，他说：

---

[1] 刘明今：《中国古代文学理论体系·方法论》第79、93页，复旦大学出版社2000年版。

[2] 刘咸炘：《刘咸炘学术论集·子学编下》第460页，广西师范大学出版社2007年版。

《法言》实由两大部分所构成。一部分是拟《论语》，另一部分则在用心上是拟《春秋》。虽然前一部分文字的分量远超过后一部分，但为了真正了解他的思想，以及后一部分所给予班氏父子所作《汉书》的巨大影响，决不应把它忽略过。很遗憾的是，后一部分，却从来没有人检别出来。在两汉任何一部思想性的著作中，找不出一部像《法言》这样以大量篇幅来品评人物的。他是力追孔子。孔子的思想人格，不仅表现在《论语》上，更表现在《春秋》上。孔子作《春秋》，以褒贬为万世立人极，好胜的扬雄，断没有不向往之理。但"《春秋》，天子之事也"，他的这一野心，只能用间接的方式表达出来，当时及后人便被他瞒过了。[1]

所谓"拟《春秋》"部分，就是《法言》中的《渊骞》和《重黎》两篇。按照徐复观的理解，是因为"太史公记六国，历楚汉，记（迄）麟止，不与圣人同是非，颇谬于经"，故扬雄著此二篇，"意在准《春秋》以补正《史记》的缺失"。[2] 徐复观的观点值得重视：其一，扬雄是仿《春秋》以作《渊骞》和《重黎》两篇，褒贬历史人物，以补正《史记》之缺失。其二，扬雄在褒贬历史人物中体现的"史观"，对班氏父子撰著《汉书》有较大影响。其三，扬雄《法言》以大量篇幅来品鉴人物，不同于两汉时代其他子书和思想性著作。徐氏用了大量的篇幅讨论扬雄品评人物时所体现出来的"史观"及其对《汉书》的影响，却只字不提他对六朝品鉴之学可能发生的重要影响，不能不说是一个缺憾。

　　继徐复观之后，对扬雄的人物品评有一定研究的是郑万耕。他在《扬雄及其太玄》一书列专章讨论"扬雄对人物的品评"，其受徐复

[1]　徐复观：《两汉思想史》（二）第 462 ~ 463 页，九州出版社 2014 年版。

[2]　徐复观：《两汉思想史》（二）第 485 页，九州出版社 2014 年版。

观的影响，是显而易见的。他在本章之开篇即说："有一个十分有趣的现象，就是扬雄在其《法言》中，以大量的篇幅来品评人物，甚至专门辟出了《重黎》《渊骞》两篇。这在任何一部思想性的著作中，是再也找不到的。"[1] 其语调与徐复观很相近。他的研究虽未超出徐复观的范围，但他的一句提示引起我们的注意："扬雄对历史人物的评价，深深地影响了班彪、班固父子。他所开启的品评人物的学风，对魏晋玄学实有重要影响。"[2] 前半句仍是徐复观的观点，后半句则是有重要意义的发明。遗憾的是，扬雄开启的品评人物之风气如何影响于魏晋玄学，郑氏仍是只字不提。

就目前所见，对汉末魏晋六朝人物品鉴之研究做得比较深入的，是日本学者冈村繁。他先后撰有《后汉末期的评论风气》《郭泰和许劭的人物评论》《郭泰之生涯及其为人》《"才性四本论"之性格及其形成》《刘劭〈人物志〉的人物论构想及其意图》《刘劭〈人物志〉刘注校笺》等论文，收入中译本《汉魏六朝的思想与文学》一书中。冈村繁对汉末六朝人物品鉴之渊源流变有特别精细的研究，但是，他仅将此种品鉴风气溯源至东汉光武帝时期，他说："评论人物的记载早在《论语》等先秦和前汉的文献中就时有所见，但是它们皆为零散，且随意而发，尚未成为各自时代的风尚。"他认为"人物评论成为世人普遍感兴趣之事的现象"，当始于东汉光武帝时马援《戒兄子书》中提到的"好议论人长短"的现象。他还提到同时期的苏纯、邓禹、第五伦等人的品评，甚至还专门提到桓谭及其《新论》，以为"桓谭对人物鉴识似乎异常重视，《桓子新论》的残篇中也有不少相关记载

---

[1] 郑万耕：《扬雄及其太玄》第168页，北京师范大学出版社2009年版。

[2] 郑万耕：《扬雄及其太玄》第169页，北京师范大学出版社2009年版。

反映出他的这种喜好"。[1]冈村繁的研究有两点引起我们的注意：其一，他以为人物品鉴始于东汉光武帝时，此论未必妥当。特别是他提到了与扬雄差不多同时而且关系甚为密切的桓谭及其仅存残篇之《新论》，而于扬雄及其《法言》中保存完整且差不多自成体系的人物品评，却只字不提，是无意忽略还是有意放弃，值得深思。以冈村繁的博学，无意忽略的可能性似乎不大，有意放弃的可能性更大，那末这种有意放弃到底是基于什么原因，尚需深究。其二，他认为"该时期（光武帝）的人物评论尚未形成显著的时代性风气，并且即便就人物品评方面而言，它在此后数十年中完全绝迹，呈现空白。因此可以认为，该时期对后汉半期出现的人物评论盛行之风并无直接的重大影响"。[2]说它尚未形成风气，大体妥当；说它于东汉后期之评论无直接影响，则未免武断。

　　明确将扬雄人物品评与汉末六朝人物品鉴联系起来，并进行初步考察的，是许结。他在《汉代文学思想史》中说：

> 　　个性意识的觉醒与沉沦于西汉经学氛围的先秦人本位思想的复苏，使扬雄开在子书中以文学笔触品藻人物之风。……在西汉儒学崩坏之际，扬雄著作中出现的人物品藻文学化倾向，实为东汉清议品藻、魏晋清谈品藻风气之滥觞。

他还说："在扬雄人物品鉴与汉末清议品藻之间，王充《论衡·定贤》

[1]　（日）冈村繁：《后汉末期的评论风气》，见《汉魏六朝的思想与文学》第81～82页，陆晓光译，上海古籍出版社2002年版。

[2]　（日）冈村繁：《后汉末期的评论风气》，见《汉魏六朝的思想与文学》第83页，陆晓光译，上海古籍出版社2002年版。

对各种经生、文士的品评，是其发展过程中的一个环节。"[1] 或许是专注于文学思想之研究，许结重在讨论扬雄人物藻之文学化倾向对汉末六朝人物品鉴之影响。虽然他关于此种影响关系之研究，亦做得相当简略，但已经比同期或之前的研究前进了一步，所以值得重视。

4. 扬雄的人物品评与六朝玄学之关联——兼论扬雄对刘劭的影响

关于六朝玄学的思想根源，汤用彤在《魏晋思想的发展》一文中说：

> "新学"（玄学）的生成有两个主要因素：（一）研究《周易》《太玄》……等而发展出的一种"天道观"；（二）是当代偏于人事政治方面的思想，如现存刘劭《人物志》一类那时所谓"形名"派的理论，并融合三国时流行的各家之学。上述二者才是"玄学"所以成为魏晋时代特有思想的根源。[2]

即六朝玄学之思想源头有二：一是通过研究和阐释《周易》《太玄》发展起来的荆州《易》学，二是在汉魏之际盛行的人物品鉴之基础上发展起来的形名之学。此论经汤用彤揭出，已成为玄学研究者之共识。笔者认为，六朝之学起于扬雄，六朝玄学的这两个思想源头皆与扬雄有密切关联。笔者在上节讨论"扬雄'太玄'论与六朝玄学思潮"，初步揭示了扬雄与六朝玄学思想源头之一——荆州《易》学——的关联，本节着重探讨扬雄与六朝玄学的另一个思想源头——形名之学——的关联。

形名之学古亦有之，先秦诸子中即有称为"名家"者，《汉书·艺

[1]　许结：《汉代文学思想史》第 216 页，人民文学出版社 2010 年版。

[2]　汤用彤：《魏晋玄学论稿》第 126 页，中华书局 1962 年版。

文志》区分古代中国学术为九家，亦有"名家"之目。所谓"名家"，据马非百说："就是专门研究与这个'名'有关的学术问题，如名法、名理、名言、名辩、名分、名守、形名、正名等等学问的皆是。""名家"与"形名家"只是"异名而同实之称"，非谓"名家"之外别有"形名"之家。[1] 汉魏转折之际，形名之学呈复兴之势，综核名实成为当时学术界甚为关注的问题。汤用彤《读〈人物志〉》征引汉末政论家崔寔、仲长统、王符、徐干、刘廙等人的言论，以为"据此诸言，可征形名名形之辨，为学术界所甚注意之问题"。在当时，"王者通天地之性，体万物之情，作为名教。建伦理，设百官，是谓名分。察人物彰其用，始于名目。以名教治天下，于是制定礼法以移风俗。礼者国家之名器，法者亦须本于综核名实之精神。凡此皆汉晋间流行之学说，以名实或名形一观念为中心"。[2] 形名之学盛行于汉魏之际的情形，于此可见一斑。更进一步的发展，则是形名之学的"辩名析理"方法，成为玄学家的重要学术方法。《世说新语·文学》刘孝标注引《荀粲别传》说："傅嘏善名理，荀粲尚玄远。"所谓"名理"，据冯友兰说，就是"辩名析理"；"名"就是名词，"理"就是一个名词的内涵。他认为由郭象《庄子·天下篇注》提出的"辩名析理"，是对先秦名家之说的继承，是对汉魏之际综核名实风尚的发展，是对玄学的基本学术方法的一个概括和总结。他说：

> 名理和玄远本来就是玄学的两个方面，名理是一种学问，玄远是一种境界，名理是方法，玄远是目的，这两者本来是相通的。[3]

---

[1] 马非百：《〈中国古名家言〉总序》，见《中国古名家言》（上），中国社会科学出版社 2009 年版。

[2] 汤用彤：《魏晋玄学论稿》第 13 ~ 14 页，中华书局 1962 年版。

[3] 冯友兰：《中国哲学史新编》第四册，人民出版社 1986 年版。

冯友兰提出"辩名析理"是六朝玄学的基本方法，确为不刊之论，但此种学术方法何以被当时学者普遍采纳，他尚未作具体说明。另外，学者或以为冯友兰提出的"辩名析理"与汤用彤提出的"言意之辨"，有显著区别。如汤一介、胡仲平《在西方学术背景下的魏晋玄学研究》说："同汤用彤关于'言意之辨'是玄学的方法的观点有所不同，冯友兰认为玄学更重要的方法是'辩析名理'。"[1] 其实，笔者认为，这两种学术方法并无本质的区别，两者或许就是同一关系，并且其产生皆与其间的人物品鉴有密切关系。据汤用彤《言意之辨》说：

> 迹象本体之分，由于言意之辨，依言意之辨，普遍推之，而使之为一切论理之准量，则实为玄学家所发现之新眼光新方法。

即"言意之辨"是玄学最基本的学术方法。他认为：

> 玄学统系之建立，有赖于言意之辨。但详溯其源，则言意之辨实亦起于汉魏间之名学。名理之学源于评论人物。……故言意之辨盖起于识鉴。[2]

此段文字有两个问题值得注意：其一，"言意之辨实亦起于汉魏间之名学"，即"言意之辨"与"辩名析理"作为玄学方法，并无二致。对于二者之关系，汤用彤言之甚详，其云：

> 魏晋名家之用，本为品评人物，然辨名实之理，则引起言不尽

---

[1] 汤一介、胡仲平编《魏晋玄学研究》第 34 页，湖北教育出版社 2008 年版。
[2] 汤用彤：《魏晋玄学论稿》第 27 页，中华书局 1962 年版。

意之说，而归宗于无名无形。夫综核名实，本属名家，而其推及无名，则通于道家。而且言意之别，名家者流因识鉴人伦而加以援用，玄学中人则因精研本末体用而更有所悟。王弼为玄宗之始，深于体用之辨，故上采言不尽意之义，加以变通，而主得意忘言。于是名学之原则遂变而为玄学家首要之方法。[1]

其二，对于冯友兰未曾说明的"名理之学"的"辩名析理"之方法何以成为玄学基本方法之原因问题，汤用彤给予了回答，即"名理之学源于评论人物"，"言意之辨盖起于识鉴"。换句话说，汉末魏晋学者因评论人物而特重综核名实的名理之学，以名理之学的"辩名析理"之方法开展人伦识鉴。据汤用彤考察，六朝时期评论人物之专书如魏文帝《士操》、刘劭《人物志》、姚信《士纬新书》、卢毓《九州人士论》等等，《隋书·经籍志》皆列入名家，可见其时学者已深明人物评论与名理学之关系。以量才授官为目的，以检形定名、控名责实为方法的人物评论之所以盛行于汉魏之际，实与当时的社会现实有较大的关系。汤用彤说：

> 溯自汉代取士大别为地方察举，公府征辟。人物品鉴遂极重要。有名者入青云，无闻者委沟渠。朝廷以名为治（顾亭林语），士风亦竞以名行相高。声名出于乡里之臧否，故民间清议乃隐操士人进退之权。于是月旦人物，流为俗尚；讲目成名（《人物志》语），具有定格；乃成社会中不成文之法度。

而在汉末之世，品藻乖滥，名实不符，成为当时社会之大问题，"天

---

[1] 汤用彤：《魏晋玄学论稿》第 28 页，中华书局 1962 年版。

下人士痛名实之不讲，而形名之义见重，汉魏间名法家言遂见流行"。[1]

总之，六朝玄学的学术方法，无论是汤用彤所谓的"言意之辨"，还是冯友兰提出的"辩名析理"，皆源于当时盛行的名理之学。而名理之学的盛行，又与其间影响广泛而深远的人物品评活动密切相关。值得注意的是，六朝玄学的两个重要学术源头——名理之学与人物品鉴——皆与刘劭及其《人物志》有关。一方面，《人物志》作为人才学理论专著，是当时人物品鉴风气的结果；另一方面，作为名家之《人物志》，是以讨论人物名实为旨归的著作，又是当时检形定名、控名责实学术风气之产物。所以，汤用彤讨论汉晋之际学术之变迁，甚重《人物志》在其中的承上启下之作用。笔者亦曾著有《从〈人物志〉论汉晋学风之变迁》一文，[2] 探讨《人物志》在当时学术变迁中的重要作用。

名理之学的复兴缘于人物品评活动之实际需要。或者说，因人物品评活动之深入开展而激发了名理之学的盛行。因此，从根本上讲，六朝玄学起于人物品鉴。除了前述汤用彤《读〈人物志〉》甚重人物品鉴于玄学之影响外，陈寅恪在《逍遥游向郭义及支遁义探源》一文中，亦注意到在由清议向清谈演进的过程中，人物识鉴所呈现的意义。他认为：由于党锢之祸和曹魏父子的摧抑，清议已为社会所不容，作为清议之要旨的人物品评，遂舍去具体人物之品评而变为抽象学理之讨论，刘劭《人物志》和钟会《才性四本论》就是在这个转折过程中产生的作品。冯友兰《中国哲学史新编》讨论六朝玄学，亦专门讨论过《人物志》和《才性四本论》在玄学发生发展过程中所扮演的角色及其所发生的影响。

六朝玄学与人物品评和名理之学既有如此亲密的关系，故学者讨论六朝玄学的渊源，大多追溯到汉魏转折之际，于汉末魏初以刘劭《人

[1] 汤用彤：《魏晋玄学论稿》第 12～13 页，中华书局 1962 年版。

[2] 汪文学：《从〈人物志〉论汉晋学风之变迁》，《毕节学院学报》2014 年第 2 期。

物志》为中心的人物品评和名理之学对玄学形成的影响，有深度的探讨。但是，笔者认为，早于刘劭两百多年的扬雄，在其《法言》一书中，不仅专著《重黎》《渊骞》二篇开展人物品评，而且亦常常论及名实关系，讨论名实问题，其理论观点对刘劭《人物志》有相当重要的影响。而此影响常为学者所忽略，因此关于玄学之渊源问题，尚有未发之覆。

人物品鉴成为一种时代风尚，固然是在汉末六朝时期，但两百多年前的扬雄对人物品鉴的高度重视，实超过同时代的任何学者或思想家，其影响不仅及于班固《汉书》，而且对汉末六朝时期的人物品鉴亦有相当重要的影响。但是，如上所述，冈村繁讨论汉末六朝品鉴人物之风尚，在源头的追溯上及于桓谭而不提扬雄，可能另有原因，兹不具论。徐复观强调扬雄人物品鉴之重要性，并深入探讨其对班彪、班固父子所著《汉书》的影响，而未将扬雄的人物品评与汉末六朝之人物品鉴联系起来考察，亦未知何故。较早将二者联系起来考察的，是民国学者刘咸炘。而明确指出扬雄的人物品评对六朝玄风有重要影响的，是郑万耕，惜其未能对之作具体的探讨。明确将扬雄的人物品评与六朝玄学联系起来，并对前者于后者之影响关系，做过初步探讨者，是许结。但是，鉴于其著作之主题是文学思想研究，故而仅仅侧重于前者的文学倾向对后者的影响，且其讨论亦相当粗略。应该说，这是学术界的一个普遍疏忽。

人物品评是就人物而检形定名，控名责实，以为量才授官提供依据。所以，品评人物的学者必重名实关系之探讨。扬雄正是如此，他因品评人物而常就人物之名与实或形与名作深入的讨论，名实之辨亦就成为《法言》一书中经常讨论的问题。扬雄重名，如《法言·学行》说："学以治之，思以精之，朋友以磨之，名誉以崇之，不倦以终之，可谓好学也已矣。"[1]《法言·先知》说:"为政日新。或人:敢问日新。曰:使之利其仁,乐其义,厉之以名,引之以美,使之陶陶然之谓日新。"[2] 即对于学者,"名誉以崇之",可使其"好学";对于为政者,"厉之以名",可使其"日新'。可见"名"之于治学和为政,皆有极其重要的意义。但是,扬雄所重之"名",是"令名",《法言·重黎》说:"名者,令名也。"[3] 此种"令名",非为"修廉隅以徼名"之"名",即不是通过"修廉隅"之虚伪做作所获得者。他反对通过有意"修廉隅"而获得的虚名,以为"不为名之名,其至矣乎!为名之名,其次也",[4] 认为"人必先作,而后名之";[5] 于妄毁妄誉尤其反感,以为"妄誉,仁之贼也;妄毁,义之贼也。贼仁近乡原,贼义近乡讪"。[6] 批评东方朔是"名过实者"。[7] 他重视之"令名",是"德名"而非"势名"。《法言·问神》说:

> 或曰:君子疾没世而无名,盍势诸名卿,可几也。曰:君子德名为几,梁、齐、赵、楚之君非不富且贵也,恶乎成名?谷口郑子真,不屈其志,而耕乎岩石之下,名振于京师,岂其卿!岂其卿![8]

"势名"是"为名之名",是通过"修廉隅"而获得;"德名"是"不为名之名",是以"玄静自守,履至德之行"而获得。郑子真之"名",

[1] 汪荣宝:《法言义疏》第 12 页,中华书局 1987 年版。

[2] 汪荣宝:《法言义疏》第 290 页,中华书局 1987 年版。

[3] 汪荣宝:《法言义疏》第 267 页,中华书局 1987 年版。

[4] 《法言·孝至》,汪荣宝《法言义疏》第 531 页,中华书局 1987 年版。

[5] 《法言·君子》,汪荣宝《法言义疏》第 515 页,中华书局 1987 年版。

[6] 《法言·渊骞》,汪荣宝《法言义疏》第 490 页,中华书局 1987 年版。

[7] 《法言·渊骞》,汪荣宝《法言义疏》第 484 页,中华书局 1987 年版。

[8] 汪荣宝:《法言义疏》第 173 页,中华书局 1987 年版。

是"德名"而非"势名"，故为扬雄所重。扬雄对当代名实不符之现象多有批评，如《法言·孝至》说：

> 子有含菽蕴絮而致滋美其亲，将以求孝也，人曰伪，如之何？曰：假儒衣书，服而读之，三月不归，孰曰非儒也？或曰：何以处伪？曰：有人则作，无人则辍之谓伪。观人者，审其作辍而已矣。[1]

《法言·吾子》说：

> 或曰：有人焉，自云姓孔，而字仲尼，入其门，升其堂，伏其几，袭其裳，则可谓仲尼乎？曰：其文是也，其质非也。敢问质。曰：羊质而虎皮，见草而说，见豹而战，忘其皮之虎矣。[2]

另外，尚需注意的是，作为玄学之近源的刘劭和作为玄学之远源的扬雄二者之间，在人物品鉴上，实有比较明显的渊源影响关系，此亦常为学者所忽略。概括地说，此种影响关系，在如下两个方面表现得尤其显著。

其一，尊圣人，重聪明，尚理性，此为扬、刘二人思想上最显著的共同特点。在汉代普遍尊圣的社会风气中，扬雄亦不例外。但是，与汉代一般学者因尊圣而将圣人神化之做法不同，扬雄之尊圣，是尊圣之聪明与理性。他认为"尚智"是人之基本属性，"聪明"是圣人区别于一般人的显著特征，甚至将智慧提升到仁德之上。这种观念在汉代独树一帜，其对六朝理性精神之形成所发生的影响是显而易见的。笔者在本章第一节"扬雄的'尚智'论与六朝文人的理性精神"，于此有专门讨论，兹

[1] 汪荣宝：《法言义疏》第 530 页，中华书局 1987 年版。
[2] 汪荣宝：《法言义疏》第 71 页，中华书局 1987 年版。

不赘述。扬雄此种别开生面之新观点，在汉魏之际得到有力回应，并集中体现在刘劭《人物志》一书中。刘劭《人物志》一书，其引人注目之处，就是对圣人的聪明质性和理性精神的高度强调。他认为：具有中庸至德之圣人，除了具备平淡之性外，还需兼具聪明之质。他说：

> 观人察质，必先察其平淡，而后求其聪明。聪明者，阴阳之精。阴阳清和，则中睿外明。圣人淳耀，能兼二美。知微知章，自非圣人，莫能两遂。

圣人之所以能够"调成五材,变化应节",[1]能够"变化无方,以达为节",[2]就是因为他具备聪明之质性。他认为，圣人首先是智者，"夫圣贤之所美，莫美乎聪明"。[3]智是圣人必具之品格，他说：

> 是以钧材好学，明者为师；比力而争，智者为雄。等德而齐，达者称圣。圣之为称，明智之极明也。
>
> 以明将仁，则无不怀；以明将义，则无不胜；以明将理，则无不通。然苟无聪明，无以能遂。[4]

这种看法，与上述扬雄的观点是一脉相承的。

其二，以平淡之质性，培育玄微之思心，以通于自然之大道，此为扬、刘二人在学术方法和致思路径上最显著的共同特点。扬雄在学术思想史上的重要贡献之一，就是突破汉代学者"重学去思"而偏爱

[1] 《人物志·九征》，涵芬楼影印明正德刊本。
[2] 《人物志·体别》，涵芬楼影印明正德刊本。
[3] 《人物志·序》，涵芬楼影印明正德刊本。
[4] 《人物志·八观》，涵芬楼影印明正德刊本。

类推的学术思维，远承孟子"去学重思"而提倡具有抽象思辨特征的"玄思"方法。此种"玄思"方法实际上就是在孟子与宋明程、朱、陆、王之学之间架起一座过渡的桥梁，因而在中国思想史上具有特别重要的意义。笔者在第四章第三节之"玄思大义：扬雄的思辨精神"中，于此有详细的讨论，兹不赘述。扬雄的"玄思"方法，以及如何培育"玄思"和"玄思"之作用，对刘劭《人物志》有重要启示和直接影响。笔者在《从〈人物志〉论汉晋学风之变迁》一文中，以为刘劭《人物志·材理》提出的"道理家"之"质性平谈，思心玄微，能通自然"，是刘劭在学术方法上创新。"平淡"是"道理家"的质性特点，"玄微"是其学术方法，"通自然"是其学术目标。只有"平淡"之人，才具备"玄微"之"思心"；亦只有"思心玄微"者，才能通于"自然"之道。这种方法，不仅是刘劭个人的人才学研究方法，亦为六朝玄学家所普遍采用。刘劭之所以能够引领六朝学术思想新方向，在相当程度上就是因为他在学术方法上的创新。[1] 而事实上，刘劭的此种学术新方法，实则渊源于扬雄的"玄思"论。因为超越富贵贫贱、功利得失之扬雄，其寂寞清静、泊如自守之性情，可称作是"质性平淡"。超越对具体物质世界之构成与生成的探讨，而着意于世界本体之体悟；超越章句训诂之拘泥繁琐，而以具有抽象思辨性质之"玄思"去体会（"味"）或感悟（"会"）本体世界，可称作是"思心玄微"。正是因为有"平淡"之质性和"玄微"之思心，所以扬雄"能通自然"，能够超越繁琐冗杂之大千世界而直探世界之本体——玄或自然。所以，刘劭关于"道理之家"（即后来的玄学家）之性格特征（"质性平淡"）、学术方法（"思心玄微"）和学术目标（"能通自然"）之概括，实际上就是受扬雄"玄思"论之影响，是基于扬雄之个体学术实践而来。

---

[1] 汪文学：《从＜人物志＞论汉晋学风之变迁》，《毕节学院学报》2014年第2期。

综上，笔者认为，扬雄《法言》书中的人物品评和名实讨论，实为汉魏之际品鉴之学和名理之学的先驱。如果说汉魏之际的品鉴之学和名理之学是六朝玄学之近源，那末《法言》书中的人物品评和名实讨论则是其远源。刘劭《人物志》开启一代新学风，对六朝玄学之形成有重要影响。扬雄的诸多观点，特别是在人物品评和名实之辨问题上，对刘劭《人物志》有直接影响。那末，扬雄与六朝玄学之间的影响关系，亦就不言自明了。

四、扬雄的乡土意识与六朝社会的地域文化观念

传统中国人的乡土意识和家族观念特别浓厚。用费孝通的话说，传统中国社会是一个"乡土社会"。此种发达的乡土意识和浓厚的家族观念，与传统中国人的地域文化观念密切相关。或者说，在传统中国，地域观念、乡土意识和家族观念互为表里、相辅相成、联动共生的关系，决定了传统中国的"乡土社会"性质。大体而言，传统中国人的乡土意识、家族观念和地域意识，产生于秦汉时期，自觉于汉魏之际，成熟于六朝时期，盛行于唐宋以来的整个中国古代社会，至今仍有相当广泛的影响。在此种观念或意识的发生和发展过程中，扬雄扮演着比较重要的角色。本节在概述两汉时期乡土意识和地域观念发生发展之基础上，讨论扬雄的乡土意识、地域观念和家族意识，并着重探讨其对六朝地域文化观念所发生的影响。

1. 地域观念、乡土意识和家族意识的联动影响关系

讨论扬雄的乡土意识，及其对六朝社会地域观念和家族意识的影响，笔者拟从此三种观念或意识之联动影响关系说起。

一般地说，地域空间和地域文化是客观存在的，山川河流的阻隔必然将大地分隔成若干相对独立的地域空间，而地域空间内特定的气

候、土壤、植被等自然环境必将塑造成若干独具特色的地域文化。但是，人类的地域意识和地域文化观念，则是一种主观的存在，并且有自觉与不自觉之区分。自觉的地域意识往往是在与"他者"的对照中，在"他者"的启示下被唤起的；自觉的地域文化观念是在自觉的地域意识之影响下，在地域中的地方官员、在地文人和民间社会的共同努力下建构起来的。就像在古代中国，在缺乏"他者"的对照下，古代中国人只有"天下"观念而没有国家观念。亦像在古代贵州，在缺乏"他者"的对照下，夜郎王便产生"自大"的心理。所以，地域观念之产生，往往是社会发展到一定阶段，各地域之间有了相当频繁的交通往来之后，在不同地域的相互比照之中逐渐产生的。因此，朱伟华说："地域始终存在，而地域意识和本土文化却是被唤起的。没有异域的存在和他者文化的介入无法观照本土，就如鱼儿不离开水就很难意识到水的存在。"因此，"地域文化不是异域强者作为异国情调撷取的那些表浅的人情风貌，而是土地所有者被唤起的自我意识，是处于劣势一方的自我体认和识别，是有比较因素存在下对自我的发掘与观察，是一种思考与固守。"[1] 通过与"他者"地域之比较，从而唤起自我的地域意识；通过与"他者"地域文化之比较，从而有助于自我认识的深化，有助于自我认同之形成，进而建立起自我的地域文化观念。自觉的地域意识是在与"他者"的对比中建构起来的，建构起来的地域意识，又反过来强化人们的地域观念，增强人们的地域认同感，并进而影响人们的日常行为、审美趣味和文化心理。

关于乡土意识，其边界和所指比较模糊，目前尚难准确界定。如程歗以为：乡土意识的主体是"以农民为主要构成的乡里群体"，"是在文化贫困的群体活动中自发形成的"一种"缺乏理性思维的机能"

---

[1] 朱伟华：《地域文化与地域文学之断想》，《山花》1998 年第 2 期。

和"高于生存本能而低于逻辑运筹的精神状态"。[1] 即把乡土意识视为一种低层次的农民意识。王子今显然不同意这样的观点，他认为：乡土意识"是指当时人们对于自己家族与自己本人出生与生活的家乡故土的特殊心理、特殊观念、特殊感情"，以为乡土意识不仅涉及到"文化贫困的群体"，亦涉及"文化层次较高的群体"。[2] 笔者认为，王子今的看法比较全面，乡土意识不仅仅是一种农民意识，而是社会各阶层普遍具有的一种对家乡故土的特殊心理或感情，它与理性思维无关，亦与"生存本能"或"逻辑运筹"无涉，它根本上就是一种共同心理或者普遍意识。如同地域意识是在"他者"地域之比照中被唤起的，乡土意识亦是被唤起的，是在身处异乡之环境中，在异域风土和文化的比照下所唤起的对家乡故土的眷念情感。足不出户的人没有明显的地域意识，没有过背井离乡之经历的人，其乡土意识亦比较淡薄。从这层意义上讲，地域意识和乡土意识有近似或者交叉的地方。当然，其不同之处亦是显而易见的。相较而言，如果说地域意识是理性的，客观的；乡土意识则是感性的，主观的。二者之间有联动影响关系，地域意识唤起乡土意识，乡土意识促进地域意识的强化。

所谓家族意识，就是在对家族历史之体认和家族成员情感之交流中培育起来的一种对家族历史、现状及其成员的认同意识或亲近情感，它包括对家族历史之尊重、家族先贤之景仰、家族现状之认同和家族成员之亲近等情感或意识。大体而言，家族意识与地域观念、乡土意识有交叉的部分，是相互联动、彼此促进的关系。家族在特定的地域中生存，家族本身就是地域性的，地域因家族的存在而成为乡土，乡土必是家族生存的地方，乡土必定是在某块特定的地域中。因此，乡

---

[1]　程歗：《晚清乡土意识》第 12 页，中国人民大学出版社 1990 年版。

[2]　王子今：《秦汉区域文化研究》第 262 页，四川人民出版社 1998 年版。

土意识不妨说就是地域意识，家族意识不妨说就是乡土意识。家族意识促进乡土意识，乡土意识激发地域意识。家族意识浓厚的个体或民族，其乡土意识和地域意识亦必然强烈。

由于受到根深蒂固的宗法血缘观念之影响，传统中国是一个家族取向的社会，是一个以家庭为核心单位的社会，孟子所谓"天下之本在国，国之本在家"，就是对这种家族取向之社会性质的概括。所以，古代中国人的家族观念很强烈，数以万计的家谱或族谱之编撰和流布，成为世界历史上的一道奇异的风景，就体现了这种观念的强大势力和深层影响。极为浓郁的家族观念培育出传统中国人浓厚的乡土意识，"亲不亲，故乡人；美不美，乡中水"，"老乡见老乡，两眼泪汪汪"，"谁不说俺家乡好"等民谚或歌曲，就是这种意识的具体呈现。而明清以来遍布全国各大中城市和集镇的同乡会馆，亦很能说明古代中国人乡土意识的发达情况。

乡土总是存在于特定的地域中，发达的乡土意识必然导致浓厚的地域意识。古代中国人的地域意识起源甚早，在《诗经》时代，《诗经》编纂者以地域分野编辑十五国风，就体现了周人的地域观念。不过，以地域分野编辑十五国风，可能存在着某种政治目的，或者是出于编辑之便利，还不能算作是自觉地域观念的产物。笔者认为，古代中国人自觉地域观念之发生，乡土意识和家族意识之成熟，当是在汉末六朝时期，这主要体现在三个方面：一是当时地方人士开始热衷于研究地域景观和地域风俗，大量的地记作品由此产生。这说明当时人们已经初步具备了自觉的地域意识，并且努力地构建地域文化传统，强化地域文化观念。二是当时地域人士的群体意识增强，他们相互激励，彼此称誉，企图以地域文人集团之姿态展现。同时，后进之士对地域先贤之称扬，亦是力图构建地域文化传统，增强地域自豪感和荣誉感。

大量郡书作品之创作，就是这种意识的体现。[1] 三是当时文人家族意识增强，家族官僚集团和文人集团逐渐涌现。在门阀制度之影响下，世家大族代代相传，家族荣誉倍受珍惜，大量家族谱牒之编撰，和家传、别传之创作，就是这种时代风尚的产物。

自觉地域观念之产生，乡土意识之发展，家族意识之形成，是汉末六朝时期引人注目的文化现象。学者讨论此种现象之发生或起源，多注目于东汉后期。笔者认为，此种做法固然不错，六朝人之地域观念、乡土意识和家族观念，确实是发展于东汉后期。但是，从追本溯源之角度看，扬雄对六朝社会地域观念、乡土意识和家族观念之影响，亦许更值得注意，更有根源意义或源头价值。

2. 汉人的地域观念、乡土意识和家族观念——以扬雄为中心的讨论

在地域文化观念之影响下，汉人的乡土意识表现得比较强烈。王子今著有《"衣绣夜行"遗憾与"马革裹尸"壮心：秦汉时人的乡土意识》一文，对汉人的乡土意识有初步研究，其中有如下几个问题值得重视，并且尚有进一步申论之必要。

第一，楚汉之际的刘邦、项羽皆有浓厚的乡土意识，其对汉人乡土观念之形成或有直接的影响。项羽之败局，就与其浓厚的乡土意识有关。当其逃亡途中，若能采纳乌江亭长之建议，渡江还乡，或许有卷土重来之机会，可是，项羽却认为："天之亡我，我何渡为？且籍与江东子弟八千人渡江而西，今无一人还，纵江东父老怜而王我，我何面目见之？纵彼不言，籍独不愧于心乎？"项羽之不愿渡江，是因为他秉持着浓厚的乡土意识而自觉无颜见江东父老。其次，项羽放弃

---

[1]　参见王永平《中古士人迁移与文化交流》第20页，社会科学文献出版社2005年版。

关中而移都彭城，亦是因为浓厚的乡土意识。他"心怀思欲东归"，以为"富贵不归故乡，如衣绣夜行"，故而"背关怀楚"，浓厚的乡土意识导致其决策上的重大失误。[1]另外，刘邦正是利用项羽的乡土意识，分散其军心，致使其最终灭亡。史称："项王军壁垓下，兵少食尽，汉军及诸侯兵围之数重。夜闻汉军四面皆楚歌，项王乃大惊曰：汝皆已得楚乎？是何楚人之多也！"[2]刘邦令"汉军四面皆楚歌"，以楚歌诱发项军之乡土意识，从而达到涣散项羽军心之目的。学者以为："在当时乡土意识占主导地位的区域文化观念的作用下，故土已陷导致的心理打击，竟然可以使曾经屡战屡胜的项羽军将士军心沮败。"[3]这种说法是有道理的。

刘邦的乡土意识亦不弱，他除了利用乡土意识涣散项羽之军心以打败项羽，他自己亦是在打败项羽后，"大风起兮云飞扬，威加海内兮归故乡"，仍有衣锦还乡之心理。他还对家乡父老直言："游子悲故乡。吾虽都关中，万岁后吾魂魄犹乐思沛。且朕自沛公以诛暴逆，遂有天下，其以沛为朕汤沐邑，复其民，世世无有所与。"[4]其浓厚的乡土意识，于此可见一斑。还有，刘邦亦因为乡土意识而在定都长安与洛阳之问题上犹豫不决，因为刘邦群臣和军士多山东人，在天下大定之初，"军士皆欲东归"，刘邦拟都洛阳，而娄敬力劝都长安，"上疑而未能决"，幸得张良力排众说，鼎力支持娄敬之建议，才得以定都关中之长安。[5]笔者以为，刘邦、项羽的乡土意识，对汉代一般士

---

[1] 参见汪文学《论刘邦项羽的政治策略》，见《汉唐文化与文学论集》，贵州大学出版社 2008 年版。

[2] 《史记·项羽本纪》，《史记》（点校本）第 333 页，中华书局 1959 年版。

[3] 王子今：《"衣绣夜行"遗憾与"马革裹尸"壮心：秦汉时人的乡土意识》，见《秦汉地域文化研究》，四川人民出版社 1998 年版。

[4] 《史记·高祖本纪》，《史记》（点校本）第 389 页，中华书局 1959 年版。

[5] 《史记·刘敬叔孙通列传》，《史记》（点校本）第 2716 页，中华书局 1959 年版。

人之乡土观念当有重要影响。

第二，项羽"富贵不归故乡，如衣绣夜行"之言，成为汉代通行习用语，足见其对汉人乡土意识之影响。所以，王子今说："两汉所谓'富贵不归故乡，如衣绣夜行'，已经成为通行习用语，而项羽虽然因此有'楚人沐猴而冠'之讥，此语仍然出自汉高祖、汉武帝、汉光武帝这样雄健有为的帝王之口，而且似乎并无轻忽调侃之意。对这样的现象进行社会语言学的思考，也可以进一步认识当时人的乡土意识。"[1]

第三，汉人浓厚的乡土意识，还体现在同一乡土之人一般不存在隔阂，乡土观念有时竟能打破阶层等级的限制，"有共同乡土情结的人们相互容易建立友爱关系"，而"出身不同文化区域的人们往往容易产生相互鄙视相互敌对的情感倾向"。[2]如齐人虞将军打破阶层等级之限制，向刘邦引荐与之素不相识的同乡布衣娄敬；[3]楚人曹丘生不为同乡季布所重，他便批评季布不重同乡之谊，说："且仆楚人，足下亦楚人也，……何足下距仆之深也。"[4]这说明，在一般情况下，汉人是颇重同乡之谊的。又如，汉人普遍对齐人不怀好感，或骂之为"齐虏"，或说"齐人多诈而无情实"；又或有骂赵人为"赵虏"者，或称楚人"沐猴而冠"，或称北方少数族人为"胡儿"，还有关中人与关东人之间的相互歧视，等等。这些现象，都说明在汉代社会已经普遍存在本着乡土意识而歧视异乡之人的情况。

---

[1] 王子今：《"衣绣夜行"遗憾与"马革裹尸"壮心：秦汉时人的乡土意识》，见《秦汉地域文化研究》，四川人民出版社 1998 年版。

[2] 王子今：《"衣绣夜行"遗憾与"马革裹尸"壮心：秦汉时人的乡土意识》，见《秦汉地域文化研究》，四川人民出版社 1998 年版。

[3] 《史记·刘敬叔孙通列传》，《史记》（点校本）第 2715 页，中华书局 1959 年版。

[4] 《史记·季布栾布列传》，《史记》（点校本）第 2732 页，中华书局 1959 年版。

第四，汉人乡土意识之强烈，致使朝廷在政治决策时亦不得不顾及民众的乡土意识之强大力量和重要影响。如汉文帝时拟往北方边地移民，晁错上书，以为移民安置当"使先至者安乐而不思故乡，则贫民相募而劝往矣"，当使民"轻去故乡而劝之新邑"，"使民乐其处而有长居之心"。[1]又如汉元帝时就祖陵不置县邑一事，于永光四年（公元前 40）颁布诏书说："奏徙郡国民以奉园陵，令百姓远弃先祖坟墓，破业失产，亲戚别离，人怀思慕之心，家有不自安之意。是以东垂被虚耗之害，关中有无聊之民，非久长之策也。"[2]即移民必须考虑民众的乡土观念，不可轻举妄动或者随意安置。汉人乡土意识之强烈，于此可见一斑。

扬雄的乡土意识应当在上述背景上来理解。从现存文献看，扬雄的作品中并未直接表现对家乡故土的思念，这亦许与扬雄家族"五世单传"，蜀中没有亲人的情况有关。但是，扬雄的地域意识和家族观念则是相当强烈的，其浓郁的地域意识和家族观念亦间接体现了他的故土之思和乡土观念。

可以确认的是，扬雄是在浓郁的地域文化背景上成长起来的，并且深受地域文化影响的文人，其文化学术方面的几项重要活动，皆是在蜀中地域文化背景上展开的。

其一，扬雄的文学创作深受蜀地先贤司马相如的影响。事实上，扬雄就是在司马相如的直接影响下开始他的文学创作，其《自叙》说："先是时，蜀有司马相如，作赋甚弘丽温雅，雄心壮之，每作赋，常拟之以为式。"其创作之启蒙者是司马相如，其创作所追慕之对象是司马相如，其因文成名亦是因为司马相如。据其《自叙》称："孝成

---

[1] 《汉书·爰盎晁错传》，王先谦《汉书补注》第 1075~1076 页，中华书局 1983 年版。
[2] 《汉书·元帝纪》，王先谦《汉书补注》第 125 页，中华书局 1983 年版。

帝时，客有荐雄文似相如者，上方郊祠甘泉時，汾阴后土，以求继嗣，召雄待诏承明之庭。"可知扬雄是因为"文似相如"而得"待诏承明之庭"。由此之故，他对司马相如推崇备至，以为其赋非人力所为，乃"神化所至"。虽然他晚年亦批评相如赋"文丽用寡"，但这并未能完全打消他心中对相如的崇尚之情。所以，笔者认为，扬雄的文学创作是在蜀中地域文化之影响下开展起来的，是在蜀中先贤之启发下开始创作的。

其二，扬雄的"太玄"研究深受蜀中先贤严君平的影响。严君平著有《道德指归》，其几项重要特色直接影响了扬雄的"太玄"研究，如《指归》儒道兼综、《老》《易》兼通的思想特色，直接影响了扬雄的思想取向。其对老子自然无为思想的阐释，亦影响着扬雄崇尚自然的思想。其以道为本体、道即自然的本体论思想，亦在《太玄》中有明显体现。其高度的抽象思辨能力，亦对扬雄"玄思大义"之运思方式不无启迪。其博通的知识取径，亦对扬雄的治学特色大有影响。总之，扬雄以严君平为师，其学术宗旨、治学方法与知识取径，皆受到严君平的直接影响。所以，笔者认为，扬雄的"太玄"研究，是在蜀中地域文化之影响下发展起来的。

其三，扬雄的方言辑录和研究，亦是在蜀地学者的影响下开展起来的。其《答刘歆书》说：

> 雄少不师章句，亦于《五经》之训所不解。尝闻先代輶轩之使，奏籍之书，皆藏于周秦之室。及其破也，遗弃无见者。独蜀人有严君平、临邛林闾翁孺者，深好训诂，犹见輶轩之使所奏言。翁孺与雄外家牵连之亲。又君平过误有以私遇，少而与雄也。君平财有

千言耳，翁孺梗概之法略有。[1]

扬雄耗时二十七年著成《方言》，其最初之起因和依据，则是受到蜀地先贤严君平和林闾翁的影响，甚至可以说他是在完成蜀地文人的未竟之作。所以，笔者认为，扬雄《方言》之编撰，亦是在蜀中地域文化之影响下开展起来的。

其四，扬雄由蜀入京，得到皇帝的重视，得以"待诏承明之庭"，亦与蜀中人士的推荐有关。扬雄《答刘歆书》说：

> 雄始能草文，先作《县邸铭》《王佴颂》《阶闼铭》及《成都城四隅铭》。蜀人有杨庄者，为郎，诵之于成帝。成帝好之，以为似相如，雄遂以此得外见。[2]

《文选·甘泉赋》五臣李周翰注亦说：

> 扬雄家贫好学，每制作，慕相如之文。尝作《绵竹颂》，成帝时，直宿郎杨庄诵此文。帝曰：此似相如文。庄曰：非也，此臣邑人扬子云。帝即召见，拜为黄门侍郎。

据此可知，扬雄获得成帝之召见，主要有三个原因：一是得蜀地同乡杨庄之推荐。此与司马相如得杨得意之推荐，极为相似。二是创作的以蜀地为题材的作品，引起成帝的重视。三是创作的作品与蜀地前辈文人司马相如的文风相似。就是因为这三个与蜀地文化密切相关的因

---

[1] 扬雄：《答刘歆书》，张震泽《扬雄集校注》第 263 ~ 264 页，上海古籍出版社 1993 年版。

[2] 张震泽：《扬雄集校注》第 264 页，上海古籍出版社 1993 年版。

素，扬雄才得以走出巴蜀，入居文化中心与主流文人切磋交流。所以，笔者认为，是蜀中地域风土和地方人士成就了扬雄。

其五，扬雄的性格特征亦与蜀中前辈严君平、李仲元等人的影响有关。扬雄推崇的当代闻人，多是蜀中前辈，尤其是严君平和李仲元，此二人之性格情操和人生态度，对扬雄有直接影响。如严君平，据《汉书·王贡两龚鲍传》载：

> 谷口有郑子真，蜀有严君平，皆修身自保，非其服弗服，非其食弗食，……君平卜筮于成都市，以为卜筮者贱业，而可以惠众，人有邪恶非正之问，则依蓍龟为言利害。与人子言，依于孝；为人弟言，依于顺；与人臣言，依于忠。各因势导之以善，从吾言者，已过半矣。裁日阅数人，得百钱，足自养，则闭肆下帘而授《老子》。博览无不通，依老子、严周之指著书十余万言。扬雄少时从游学。[1]

严君平对扬雄的人格情操和学术思想影响最大，扬雄《法言·问神》对之有高度评价：

> 蜀庄沈冥，蜀庄之才之珍也，不作苟见，不治苟得，久幽而不改其操，虽随、和何以加诸？举兹以旃，不亦宝乎！吾珍庄也，居难为也。[2]

又如李仲元，据《高士传》载：

> 李弘，字仲元，蜀人也，成都里中化之，班白不负戴，男女不错行。

---

[1] 王先谦：《汉书补注》第1341页，中华书局1983年版。

[2] 汪荣宝：《法言义疏》第200页，中华书局1987年版。

弘尝被召为县令，乡人共送之，仲元无心就行，因共酣饮，月余不去，
刺史使人喻之，仲元遂游奔不之官。

据《华阳国志》卷十上《先贤士女总赞》称："仲元抑抑，邦家仪形。"
其自注云："李弘，字仲元，成都人。少读《五经》，不为章句。处陋巷，
淬励金石之志，威仪容止，邦家师之。以德行为郡功曹，一月而去。"[1]
扬雄对其人甚为推崇，当人问及蜀中名人时，扬雄即以李弘对，并称
其为人"不屈其意，不累其身"。[2] 扬雄为人简易佚荡，一往情深，
其明哲保身之人生哲学，俟时而动之处世观念，安贫乐道之人生旨趣，
其不为章句、通博简要的治学方法和儒道兼综之学术取径，皆受到上
述二位蜀中先贤的直接影响。因此，可以说，扬雄是在蜀中地域文化
培育下成长起来的文人。

　　综上，扬雄在文学创作、学术研究、性情好尚、处世观念，乃至
其由蜀入京步入仕途，皆与蜀中地域文化的启迪、涵养和培育有直接
关系。亦正是因此，扬雄其人、其文、其思想、其学术皆有浓厚的蜀
中地域文化色彩。

　　在蜀中地域文化之浸润下成长起来的扬雄，自始便被埋下了深厚
的地域观念。在地域观念之影响下，其乡土意识和家族意识亦表现得
特别浓厚，这主要体现在以下几个方面：

　　其一，编撰《方言》之目的和动机，体现了扬雄的地域文化观念。
关于扬雄编撰《方言》之动机，据《华阳国志》卷十上《先贤士女总赞》
说：

---

[1]　刘琳：《华阳国志校注》第 703 页，巴蜀书社 1984 年版。

[2]　《法言·渊骞》，汪荣宝《法言义疏》第 490 页，中华书局 1987 年版。

林闾，字公孺，临邛人也。善古学。古者天子有輶车之使，自汉兴以来，刘向之徒但闻其官，不详其职。惟闾与严君平知之，曰：此使考八方之风雅，通九州之异同，主海内之音韵，使人主居高堂知天下之风俗也。扬雄闻而师之，因此作《方言》。[1]

据应劭《风俗通义序》说：“周秦常以岁八月遣輶轩之使，求异代方言，还奏籍之，藏之秘室。”[2]可知遣使以采方言，是周秦以来的官方制度，采方言之目的是为了“考八方之风雅，通九州之异同”，即是为了呈现地域性的语言和文化，最终目的是“使人主居高堂知天下之风俗”。对方言的重视和采集，是为了呈现不同地域之语言文化特征，体现了鲜明的地域文化观念。亦知扬雄编撰此书，是在蜀中先贤严君平和林闾的影响和启发下开展起来的，其编撰之目的是为了呈现不同地域之文化和语言特征。故刘歆《与扬雄书从取〈方言〉》说：

今圣朝留心典诰，发精于殊语，欲以验考四方之事，不劳戎马高车之使，坐知徭俗，适子云攘意之秋也。[3]

扬雄《答刘歆书》亦说：

其不劳戎马高车，令人君坐帷幕之中，知绝遐异俗之语，典流于昆嗣，言列于汉籍，诚雄心所绝极至精之所想遘也。

---

[1] 刘琳：《华阳国志校注》第 708 页，巴蜀书社 1984 年版。

[2] 王利器：《风俗通义校释》第 11 页，中华书局 1981 年版。

[3] 刘歆：《与扬雄书从取〈方言〉》，张震泽《扬雄集校注》第 273 页，上海古籍出版社 1993 年版。

扬雄为了呈现地域文化特征而编撰《方言》之动机甚明。而编撰此书，亦非易事，其回顾编撰之经历说：

> 故天下上计孝廉及内郡卫卒会者，雄常把三寸弱翰，斋油素四尺，以问其异语，归即以铅摘次之于椠，二十七岁于今矣。而语言或交错相反，方复论思详悉集之，燕其疑。[1]

如此劳心费神二十七年编著此书，非有浓厚的地域文化观念、对地域文化之价值有深刻认识，以及对地域文化有浓厚兴趣，是无法做到和坚持下来的。

其二，《蜀王本纪》之编著，亦体现了扬雄浓厚的乡土意识。关于《蜀王本纪》一书，《汉书·扬雄传》和《汉书·艺文志》均未提及。最早提及扬雄撰著《蜀王本纪》，是常璩的《华阳国志》；最早明确引用其书，是刘逵的《三都赋》注。宋代以后之公私书目，不见著录，可能已经散佚。严可均《全汉文》辑录为一卷，凡二十六条。关于《蜀王本纪》之作者，旧题多作扬雄，近代以来则引起质疑，徐中舒《论〈蜀王本纪〉成书年代及其作者》一文认为：《蜀王本纪》的作者不是扬雄，而是三国蜀汉时期的谯周。以为是谯周在蜀汉来敏《本蜀论》之基础上改编而成，其理由有二：一是此书不见于《汉书·艺文志》，始见于《隋书》和新、旧《唐书》的著录。二是"扬雄文章简洁艰深，而《蜀王本纪》结构松散，浅显易晓，不类扬雄文章"。[2] 但是，据当代学者的考证辨析，徐中舒对《蜀王本纪》之作者的质疑，依据并不充分，

---

[1] 扬雄：《答刘歆书》，张震泽《扬雄集校注》第 264 ~ 265 页，上海古籍出版社 1993 年版。

[2] 徐中舒：《论〈蜀王本纪〉成书年代及其作者》，见《先秦史十讲》，中华书局 2009 年版。

其所列之两条理由亦不能说明问题，其论证亦多属推测之辞，扬雄《蜀王本纪》的著作权，不容否定。[1] 于此，姚振宗在《补三国志艺文志》中的考证，值得重视，其云：

> 《华阳国志·序志》曰：司马相如、严君平、扬子云、阳城子玄、郑伯邑、尹彭城、谯常侍、伍给事等各集传记以作《本纪》。侯志曰：《蜀志·秦宓传》注引谯周《蜀王本纪》曰：……其文与扬雄《蜀王本纪》同，则无以定其必为谯书也。按《蜀本纪》之书，据常道将言，则司马长卿倡为之，诸家递有增益。……自司马以迄伍氏，为蜀本纪者凡八家。

据此可知，《蜀王本纪》当是"自司马以迄伍氏"等蜀地八位文人的集体创作，是层层累积、递有增益而成。而后世何以独称扬雄撰著《蜀王本纪》呢？笔者认为，在扬雄之前的司马相如和严君平，据现存文献考察，其地域意识并不明显，其有关地域性的创作亦基本没有，或许他们有志于编撰《蜀王本纪》，但最终未能著成。而扬雄则是一位地域意识相当浓厚的文人，其受蜀中地域文化之影响亦相当深刻，并且有多篇以蜀中地域为题材的作品传世。所以，他撰著《蜀王本纪》的可能性极大。当然，扬雄之后的阳城子玄等人对此书"递有增益"，是极有可能的事情，亦符合古代著述的惯例。因此，称扬雄撰著《蜀王本纪》，大体可信。

　　值得我们关注的，是扬雄为何要撰著此书？虽然其书现存之二十六条不能显示扬雄撰著之动机和目的，但是，可以推测的是，扬雄是在地域文化观念之影响下，本着传承乡邦文献和张扬蜀中地域文

---

[1] 唐妤：《扬雄与巴蜀文化》，四川师范大学硕士学位论文，2008 年。

化之目的，撰著此书。所以，此书之撰著，亦体现了扬雄浓厚的乡土观念，其对六朝地记、郡书之创作，当有很重要的影响（详后）。

其三，其以蜀中地域为题材的文学创作，如《蜀都赋》等，亦体现了扬雄浓厚的乡土意识。关于《蜀都赋》，最早提及的是王羲之的《蜀都帖》，其云："扬雄《蜀都》、左太冲《三都》，殊为不备悉，彼故多奇。"郦道元《水经注·江水一》亦引用《蜀都赋》语。《北齐书·司马子如传》记录司马膺"好读《太玄经》，注扬雄《蜀都赋》，每云：我欲与扬子云周旋。"可见南北朝人以为扬雄撰《蜀都赋》，是确定无疑的。近代以来，扬雄著《蜀都赋》的说法遭到质疑，其可疑之处有四：一是《文选》不录，来历不明的《古文苑》始载之。二是蜀之为都自蜀汉始，扬雄时蜀无都。三是左思《三都赋》未提及扬雄撰此赋。四是《蜀都赋》文不畅，韵不叶，不类扬雄之作。关于上述四点，唐好于《扬雄与巴蜀文化》一文中，一一给予驳斥，证据充分，事实显明，可以采信。[1] 因此，笔者基本认同《蜀都赋》是扬雄的创作。

《蜀都赋》叙写蜀都之方位、特产及异物，描述蜀地境内之山与水，记录蜀地境内丰富的物产、农业发展的情况和水运之便利，叙写蜀都手工业和商业之发展盛况，载记蜀都宗庙祭祀、节日嘉会与民间歌舞等等，几乎是对蜀都人文地理、自然物产、社会生活、农商经济的一个全景式描绘。作为现存最早的都邑赋，它不仅对后世同类作品的创作产生了重要影响，[2] 而且对六朝时期的地记创作亦有直接的影响（详后）。"始作俑者"，必有某种原因以促使之。与前述扬雄撰著《蜀王本纪》一样，值得我们关注的，亦是扬雄撰著《蜀都赋》之动机。

[1] 唐好：《扬雄与巴蜀文化》，四川师范大学硕士学位论文，2008 年。

[2] 王青《扬雄评传》说：扬雄《蜀都赋》"开后世京都大邑赋的先河，到了东汉魏晋时期，出现了班固《二都赋》、张衡《两京赋》和左思《三都赋》这样的巨作"。（第 278 页，南京大学出版社 2000 年版）

在扬雄的文学创作中，以蜀中地域为题材的作品，除了此篇，还有《成都城四隅铭》《县邸铭》（即《绵竹颂》）等等。这说明，对蜀地乡土题材的关注，是扬雄创作的一大特色。而其所以特别关注乡土题材，正是因为他有浓厚的乡土意识，以及为了张扬蜀中地域文化之目的。

其四，扬雄在京师称扬蜀中先贤，亦体现了他浓厚的乡土意识。蜀中先贤司马相如、严君平、李仲元等人之声名，皆得到扬雄之推崇和张扬。可以说，这几位蜀中前辈在当时及后世的影响，皆与扬雄的表彰有密切关系。如严君平，据《汉书·王贡两龚鲍传》称：

> （严君平）博览无不通，依老子、严周之指著书十余万言。扬雄少时从游学，以而仕京师，显名数为朝廷在位贤者称君平德。杜陵李强素善雄，久之为益州牧，喜谓雄曰：吾真得严君平矣。雄曰：君备礼以待之，彼人可见而不可得诎矣。强心以为不然，及至蜀，致礼与相见，卒不敢言以为从事。乃叹曰：扬子云诚知人。[1]

其《法言·问神》亦称道之曰：

> 蜀庄沈冥，蜀庄之才之珍也，不作苟见，不治苟得，久幽而不改其操，虽随、和何以加诸？举兹以旃，不亦宝乎！吾珍庄也，居难为也。[2]

可以说，严君平其人其学在当时和后世的重要影响，与扬雄的学术传承和褒奖表彰有直接的关系。

又如对李仲元的表彰，据《法言·渊骞》云：

[1] 王先谦：《汉书补注》第 1341 页，中华书局 1983 年版。

[2] 汪荣宝：《法言义疏》第 200 页，中华书局 1987 年版。

或问：子，蜀人也，请人。曰：有李仲元者，人也。其为人也，奈何？曰：不屈其意，不累其身。曰：是夷、惠之徒与？曰：不夷不惠，可否之间也。如是，则奚名之不彰也？曰：无仲尼，则西山之饿夫与东国之绌臣恶乎闻？曰：王阳、贡禹遇仲尼乎？曰：明星皓皓，华藻之力也与？曰：若是，则奚为不自高？曰：皓皓者，己也；引而高之者，天也。子欲自高邪？仲元，世之师也。见其貌者，肃如也；闻其言者，愀如也；观其行者，穆如也。郸闻以德诎人矣，未闻以德诎于人也。仲元，畏人也。或曰：育、贲。曰：育、贲也。人畏其力，而侮其德。请条。曰：非正不视，非正不听，非正不言，非正不行。夫能正其视听言行者，昔吾先师之所畏也。如视不视，听不听，言不言，行不行，虽有育、贲，其犹侮诸！[1]

　　在《法言》品评人物之《渊骞》和《重黎》二篇中，对李仲元的称道和言说，最为详尽，亦是篇幅最长的一段（全段文字共243字，为《法言》中的绝无仅有），可见扬雄表彰乡贤的良苦用心。再说，扬雄《法言》之《渊骞》和《重黎》二篇之人物品鉴，其品评对象之选择是很严格的，据《论衡·佚文》说："扬子云作《法言》，蜀富人赍钱千万，愿载于书，子云不听。"[2] 此事之真伪，已难确认。但至少可以说明扬雄对人物之载录和表彰，有极精严之选择。而其不惜长篇笔墨表彰李仲元，正体现了他为李仲元扬名的强烈愿望。故《三国志·秦宓传》说："如李仲元不遭《法言》，令名必沦，其无虎豹之文故也，可谓攀龙附凤者矣。"[3] 即李仲元正是因为得到扬雄的表

[1]　汪荣宝：《法言义疏》第490～491页，中华书局1987年版。
[2]　黄晖：《论衡校释》第869页，中华书局1986年版。
[3]　卢弼：《三国志集解》第801页，中华书局1982年版。

彰而名垂青史。

还有对司马相如的推扬。据扬雄《自叙》说："蜀有司马相如，作赋甚宏丽温雅，雄心壮之，每作赋，常拟之以为式。"其推崇之情，可想而知。其在《与桓谭书》中亦说："长卿赋不似从人间来，其神化所至邪。"[1] 相如在汉代文坛上的重要影响，亦与扬雄之推尊不无关系。值得注意的，还有蜀中文人王褒，似未得到扬雄的推扬。徐复观注意到这个问题，他说："在以辞赋得名，与扬雄时代较近，也与他同为蜀人的，还有王褒。但在今日可以看到的扬雄著作中，几乎没有提到王褒的名字。他之所以推重相如，我的推测，不仅是作品的高下问题，也有人格的感应问题在里面。……两人品格高下，也成为扬雄仰慕相如而弃王褒的一个因素。"[2] 可见，扬雄即便表彰乡贤，亦不主张"妄誉"或"妄毁"，因为他认为："妄誉，仁之贼也；妄毁，义之贼也。贼仁近乡原，贼义近乡讪。"[3]

出于浓厚的乡土意识，扬雄不仅不遗余力地表彰蜀中先贤，亦尽力向朝廷推荐和提携蜀中后进之才。就像当年杨得意、杨庄出于乡土情谊向皇上推荐相如和他一样，扬雄亦向朝廷推荐乡人田仪。而乡人田仪之不才，亦给他带来一些麻烦。据刘歆《与扬雄书从取〈方言〉》说："昨受诏宓五官郎中田仪与官婢陈徵、骆驿等私通，盗刷越巾事。"[4] 扬雄《答刘歆书》说：

　　又告以田仪事，事究竟白，案显出，甚厚甚厚！田仪与雄同乡里，

[1] 扬雄：《与桓谭书》，张震泽《扬雄集校注》第274页，上海古籍出版社1993年版。

[2] 徐复观：《两汉思想史》（二）第429～430页，九州出版社2014年版。

[3] 《法言·渊骞》，汪荣宝《法言义疏》第490页，中华书局1987年版。

[4] 刘歆：《与扬雄书从取〈方言〉》，张震泽《扬雄集校注》第273页，上海古籍出版社1993年版。

幼稚为邻，长艾相更，视凯动精采，似不为非者，故举至之，雄之任也。不意淫迹污暴于官朝，令举者怀赧而低眉，任者含声而冤舌，知人之德，尧其病诸，雄何惭焉！[1]

观其文意，刘歆似有以田仪事为交换条件要求扬雄交出《方言》的意思，举荐乡人田仪的确给扬雄带来了麻烦。

总之，扬雄本着乡土情感，积极推扬和彰显本土人才，尽力宣扬蜀中地域文人。这种行为，对六朝文人推尊乡贤、夸耀本土之做法，当有一定的影响。

其五，扬雄归葬其子，撰写《自叙》和《家牒》，体现了他浓厚的家族意识。据桓谭《新论·正经篇》说：

> 扬子云在长安，素贫约，比岁已甚，亡其两男，哀痛不已，皆归葬于蜀，遂至困乏。子云达圣道，明于死生，宜不下季札。然而慕恋死子，不能以义割恩，自令多费。[2]

按：扬雄不惜困乏而归葬其早夭之二子，不仅是因为他"情不容已"和"一往情深"，亦体现了他浓厚的家族意识。桓谭批评他"不能以义割恩，自令多费"，不仅不能理解扬雄之"一往情深"，而且亦忽略了扬雄浓厚的家族意识和乡土观念。

记录祖先世系和个人身世经历之作品，称为"自叙"或"自纪"。汉人有著"自叙"之惯例，如司马相如、司马迁、东方朔、扬雄、班固、王充、马融、郑玄等等，皆有"自叙"之作。扬雄《自叙》，班固全文录入《汉书·扬雄传》，其文记录扬氏家族从伯侨、扬侯、扬季等

[1] 扬雄：《答刘歆书》，张震泽《扬雄集校注》第261页，上海古籍出版社1993年版。
[2] 朱谦之：《新辑本桓谭新论》第44页，中华书局2009年版。

先祖从中原河汾至楚巫山、巴江州到成都郫县的迁徙过程，以及扬雄本人的身世经历和著述情况。其实，此种"自叙"，在某种意义上讲，就是汉人的族谱，或者说它有谱牒的性质，是谱牒的刍形。如果说"自叙"侧重于叙述本人之生平经历，那末，谱牒则倾向于记叙一姓一氏之世系。

扬雄除撰著《自叙》，据说还撰有《扬雄家牒》。据李善注《文选》任彦升《王文宪集序》引刘歆《七略》说："子云《家牒》言（子云）以甘露元年生也。"《北堂书钞》卷九十四引《扬雄家录》云："子云以甘露元年二月戊寅鸡鸣生，天凤五年四月癸丑脯卒。"《艺文类聚》卷四十引《杨雄家牒》云："子云以天凤五年卒。"根据以上引述可知，唐前必有一种名为《子云家牒》或《扬雄家录》《扬雄家牒》（当是一书三名）的扬氏家谱传世。关于此书之作者，严可均《全汉文》以为"不知何人何时撰"，姚振宗《汉书艺文志拾补》以为"大抵侯芭诸人所作"，余嘉锡《四库提要辨证·扬子云集》认为是"其家自著谱牒"。刘韶军《杨雄与太玄研究》则认为"《家录》《家牒》是不可信的"，"《文选》李善注所引《七略》也是不可信的"，其理由有五条：第一，不可能有人为扬雄作《家牒》；第二，《七略》之成书在扬雄卒年之前，无缘得载《家牒》；第三，就《七略》的体例言，亦无载《杨雄家牒》之理；第四，以时代风尚言，汉代尚无撰写谱牒之风气；第五，《七略》与《汉书》有矛盾。[1] 刘氏之辩论有一定道理，但其中尚有诸多可疑之处：一，诚如刘氏所言，扬雄二子皆死于其生前，不可能是《家牒》的作者；扬雄死后扬氏即绝嗣，无子息后代再作《家牒》。但是，即便如此，亦不能因此否认余嘉锡"其家自著谱牒"之说，因为扬雄虽然无子息后代作《家牒》，但并不能排除扬雄自撰《谱牒》

[1] 刘韶军：《杨雄与〈太玄〉研究》第 15 ~ 22 页，人民出版社 2011 年版。

的可能性。二，《北堂书钞》《艺文类聚》《太平御览》诸书引《家牒》载录扬雄卒年，乃至精确到卒月卒日卒时。刘氏以为若扬雄自撰《家牒》，绝无记录本人卒日卒时之可能性，故而否认扬雄自撰《家牒》的可能性，亦认为成书于扬雄卒年之前的刘歆《七略》无缘得载《家牒》。但是，根据古代家牒撰写有世代补录之惯例，扬雄虽无缘得在《家牒》中记录本人卒月卒日卒时之可能，但并不能排除其弟子如侯芭等人补录之可能。扬雄既在生前撰写《家牒》，刘歆《七略》就有可能得载《家牒》。刘歆《七略》已佚，其著作体例不可确知，故而不能否认其载录《家牒》之可能性。《七略》与《汉书》的矛盾亦不能成为否定其载录《家牒》之理由。三，刘氏以为，扬氏家族如果真有一本谱牒，亦必然要由家族中人来撰，不会由外人去作，纵使这个人是其最亲近的弟子亦不行，这在重视家族伦理的古代中国，乃是一个定理。其实，这个"定理"可能是六朝以来的"定理"，早期的谱牒撰写可能并不存在这个"定理"。再说，扬雄绝后，与其最亲近的弟子能为其"负土作坟'，为其撰写或者补写《家牒》的可能性亦不是完全没有。笔者认为，最大的可能性，是扬雄自撰《家牒》；扬雄去世后，弟子侯芭补录其卒年卒月卒日卒时。正因是为其"负土作坟"的侯芭所补撰，才有可能将其去世的时间精确到具体时刻。四，以扬雄为《家牒》之作者，并非始于余嘉锡，而是始于刘歆《七略》。前引李善注《文选》引刘歆《七略》云："《子云家牒》言（子云）以甘露元年生也。"刘氏以"子云家牒"为书名《子云家牒》，认为如果扬雄自撰家牒，绝无自称"子云家牒"之理。当然，扬雄自撰家牒，定无可能命名其书为"子云家牒"之理。其实，刘歆那句话的标点应该是"子云《家牒》言（子云）以甘露元年生也"。"子云"是作者，"家牒"是书名。五，刘氏以为汉代缺乏崇尚谱牒之风气，故而扬雄没有撰写家牒的可能性。确实，中国人热衷于撰著谱牒是在六朝时期，但是，我们亦不能因此而否定扬雄开启六朝崇尚谱牒之风气。对于地域观念、乡土意识和家族观念极强的扬雄来说，他极有自撰《家牒》之可能性，为其"负土作坟"的侯芭有补录《家牒》的可能性，扬雄有开启六朝重视谱牒风尚的可能性。即便上述五条反驳理由均不成立，或者真如刘韶军所说，《杨氏谱牒》"很有可能是隋唐时某人在崇尚门阀族姓的风气中托雄之名而伪造出来的"，[1] 那末，在崇尚门阀族姓风气中的作伪者，为何要将第一部家牒托名于扬雄和扬氏家族？亦是一个意味深长的问题。笔者认为，这从另一面亦说明扬雄具有浓厚的家族意识，因而将第一部家牒托名于他，才有较强的可信度。所以，《扬氏谱牒》的或真或伪，皆能说明扬雄是一位家族意识极为浓厚的文人。这种意识对六朝社会崇尚谱牒之风尚所发生的影响，亦是不能忽略的。

3. 扬雄的乡土意识对六朝社会地域文化观念之影响

传统中国人的地域文化意识自觉于六朝时期，其具体呈现，就是形成了自觉的乡土意识和家族观念。体现其乡土意识之载体，就是大量郡书和地记作品的创作；体现其家族意识之载体，就是众多家族谱牒的撰述。

六朝地域文化观念之自觉与乡土意识和家族意识之发达，自有其特殊的社会历史原因和文化思想背景。自东汉中后期以来，因朝廷内部外戚与宦官势力此起彼伏地控制着皇权，导致皇权的旁落，大一统中央政治集权的衰微，地方豪族势力得以迅速发展。地方豪族势力的发展壮大，分别与中央的外戚和宦官势力相勾结，最终灭亡了东汉王朝，历史由此进入三国鼎立时代。可以说，整个东汉时代，就是地方

---

[1]　刘韶军：《杨雄与〈太玄〉研究》第20页，人民出版社2011年版。

势力逐渐得以发展壮大的时代。从光武帝刘秀依凭南阳豪强势力起家，并进而有意眷顾和培育南阳地域豪族集团，到东汉中后期地方豪族势力的迅猛发展，进展到中央政府不能控制的局面。甚至汉末党人运动亦主要是由汝、颍地方势力所发起，导致地方势力与中央政权抗衡的局面。因此，在汉末六朝，随着社会的急剧动荡，皇权的旁落，国家大一统盛况之衰微，整个社会的政治、经济、文化之重心在一定程度上皆存在着由上而下、由中央到地方的下移发展趋势。地方势力之崛起，国家政治、文化中心之下移，所导致的必然结果，就是地方社会地域观念之增强，而地域观念之强化所推动形成的，就是乡土意识和家族观念的自觉。

乡土意识古亦有之，但自觉的乡土意识则是在浓郁的地域自觉观念之基础上培育起来的。自东汉中后期以来至六朝时期，自觉的乡土意识的一个重要表现，就是各地人士在各种场合纷纷夸耀家乡的地理之美和人物之盛。在西汉时期，相对于中原地区地理之美与人物之盛，地域性人才团队之异军突起而引人注目者，是蜀地，故《汉书·地理志》说：西汉时蜀地自司马相如"以文辞显于世，乡党慕循其迹。后有王褒、严遵、扬雄之徒，文章冠天下"。[1] 在东汉时期，特别引人注目的地域人物盛况和地域观念之自觉，则是汝颍和吴越地区。汝颍地区可谓东汉后期的文化中心和人才聚集之地，日本学者冈村繁研究东汉后期的人物评论风气，发现在当时按出身地域之别而比较人物的评论成为一时之风气，特别是以孔融为代表的"汝颍优劣论"，成为一时评论界的中心话题。[2] 称扬本地风土之美与人物之盛，成为当时当地的一种风气，据《太平御览》卷一五九引佚名《后汉书》说：

[1] 王先谦：《汉书补注》第 846 页，中华书局 1983 年版。
[2] （日）冈村繁：《后汉末期的评论风气》，见《汉魏六朝的思想与文学》第148～150 页，陆晓光译，上海古籍出版社 2002 年版。

朱宠为颍川太守，问功曹郑凯曰：闻贵郡山川，多产奇秀。前贤往哲，可得闻乎？凯对曰：鄙郡禀嵩高之灵，中岳之精，是以圣贤龙蟠，俊乂凤集。昔许由、巢父，耻受尧禅，洗耳河滨，重道轻帝，邈世高蹈。樊仲父者，志洁心退，耻山河之功，贱天下之重，抗节参云。公仪、许由，俱出阳城。留侯张良，奇谋辅世，玄算入微，济生民之命，恢帝王之略，功成而不居，爵厚而不受，出于父城。胡元安，体曾参之至行，履乐正之纯业，丧亲泣血，骨立刑存，精神通于神明，雄兔集于左右，出颍旭。彪义山，英姿秀伟，逸才挺出，究孔门之房奥，存文武之将堕，出于昆阳。杜伯夷，经学著于师门，政治熙于国朝，清身不苟，有于陵之操，损己存公，有公仪之节，出定陵。

郑凯如数家珍般地历数故土古今才俊，其自豪之情逸于言表。

在东汉后期，吴越人士在政治、经济和学术上皆有重要成就，吴越地区成为当时引人注目的文化中心和人才聚集之地，故吴越人士对本土文化有强烈的自豪感，亦常常积极推扬本土地理之美和人物之盛，体现出自觉的地域意识。吴越人士地域观念之强烈，首先表现在他们对吴越地理之美的推扬上。中国最早的两部地方志《越绝书》和《吴越春秋》，分别由东汉吴越文人袁康和赵晔所著，便体现了吴越文人推扬本土历史、地理的强烈意识。其次体现在他们对本土人物之推扬上。吴越人士推扬本土人才，似成一时风气。如谢夷吾对王充的推扬："充之天才，非学所加，虽前世孟轲、孙卿、近汉扬雄、刘向、司马迁，不能过也。"其结果是"肃宗特诏公车征"。[1] 王充在《论衡·超奇》对周长生的推扬："周长生者，文士之雄也。""长生之才，非

---

[1]　《后汉书·王充传》注引谢承《后汉书》。

徒锐于牒牍也，作《洞历》十篇，上自黄帝，下至汉朝，锋芒毛发之事，莫不纪载，与太史公《表》《纪》相似类也。上通下达，故曰《洞历》。然则长生非徒文人，所谓鸿儒者也。"[1] 周长生所著《洞历》，今已亡佚，未能知其梗概，然王充表彰本土人才之意图则是很明显的。最为著名的是虞翻对江南地理与人物的称道，据《三国志·吴书·虞翻传》注引《会稽典录》载，汉末王朗为会稽郡守，虞翻为郡功曹，王朗问及江南贤俊，虞翻作答，其文曰：

> 昔初平末年，王府君以渊妙之才，超迁临郡，思贤嘉善，乐采名俊，问功曹虞翻曰：闻玉出昆山，珠生南海，远方异域，各生珍宝。且曾闻士人叹美，贵邦旧多英俊，徒以远于京畿，含香未越耳。功曹雅好博古，宁识其人邪？翻对曰：夫会稽上应牵牛之宿，下当少阳之位，东渐巨海，西通五湖，南畅无垠，北渚浙江。南山攸居，实为州镇，昔禹会群臣，因以命之。山有金木鸟兽之殷，水有鱼盐珠蚌之饶。海岳精液，善生俊异，是以忠臣继踵，孝子连闾，下及贤女，靡不育焉。王府君笑曰：地势然矣，士女之名，可悉闻乎？翻对曰：不敢及远，略言其近者耳。往者孝子句章董黯，尽心色养，丧致其哀，单身林野，鸟兽归怀，怨亲之辱，白日报仇，海内闻名，昭然光著。太中大夫山阴陈嚣，渔则化盗，居则让邻，感侵退藩，遂成义里，摄养车妪，行足厉俗，自扬子云等上书荐之，粲然传世。太尉山阴郑公，清亮质直，不畏强御。鲁相山阴钟离意，禀殊特之资，孝家忠朝，宰县相国，所在遗惠，故取养有君子之暮，鲁国有丹书之信。及陈宫、费齐，皆上契天心，功德治状，记在汉籍。有道山阴赵晔，征士上虞王充，各洪才渊懿，学究道源，著书垂藻，络绎百篇，释经传之宿疑，解当世之槃结，或上穷阴阳之奥秘，下据人情之归极。

[1]　黄晖：《论衡校释》第 613～614 页，中华书局 1996 年版。

交趾刺史上虞綦母俊，拔济一郡，让爵土之封。决曹掾上虞孟英，
三世死义。主薄句章梁宏，功曹史余姚驷勋，主薄句章郑云，皆敦
终始之义。……王府君曰：是既然矣，颍川有巢许之逸轨，吴有太
伯之三让，贵郡虽士人纷纭，于此足矣。翻对曰：故先言其近者耳，
若乃引上世之事及抗节之士，亦有其人。昔越王翳让位逃于巫山之
穴，越人薰而出之，斯非太伯之俦邪？且太伯外来之君，非其地人也。
若以外来言之，则大禹亦巡于此而葬之矣。鄞大里黄公洁已暴秦之世，
高祖即阼，不能一致，惠帝恭让，出则济难。征士余姚严遵，王莽数聘，
抗节不行，光武中兴，然后俯就，矫手不拜，志陵云日，皆著于传籍，
较然彰明，岂如巢许流俗遗谭，不见经传者哉！王府君笑曰：善哉
话言也，贤矣，非君不著，太守未之前闻也。[1]

虞翻彰扬吴越地理之美和人物之盛，如数家珍，其地域自豪感溢于言
表，地域自觉意识表现得相当地强烈。六朝时期像这样夸耀地域人物
之风气相当盛行，如《世说新语·言语》记录王武子（名济，太原晋
阳人）和孙子荆（名楚，太原中都人）各言其土地人物之美；王中郎（平
昌安丘人）和习凿齿（襄阳人）论青、楚人物等等，就是这种风气的
产物。

汉末六朝文士本着地域观念和乡土意识夸耀各自乡土地理之美和
人物之盛，不仅表现在言语上，亦体现在著述中，此间大量地记、郡
书之创作，就是这种风气的产物。一般而言，地记侧重于记述地理风
俗物产，郡书侧重于记述人物。刘知几《史通·杂述》说：

汝颍奇士，江汉英灵，人物所生，载光郡国。故乡人学者，编
而记之，若圈称《陈留耆旧》、周斐《汝南先贤》、陈寿《益都耆旧》、

[1] 卢弼：《三国志集解》第 1052 ~ 1054 页，中华书局 1982 年版。

虞预《会稽典录》，此之谓郡书者也。

> 九州土宇，万国山川，物产殊宜，风化异俗，如各志其本国，足以明此一方，若盛弘之《荆州记》、常璩《华阳国志》、辛氏《三秦》、罗含《湘中》，此之谓地里书者也。[1]

所谓"地里书"，即地记。地记记地理，郡书记人物，此就大概而言，实际上两者往往有交叉之处，常见的情况是，郡书不必兼及地理，而地记往往兼及人物。六朝时期地记、郡书之创作非常发达，基本上成为当时文人创作的一种时代风尚，产生的作品数量相当庞大，今可考知者，仅地记就有约二百余种。

需要追问的是，当时文人何以如此热衷于创作此类作品？据黎子耀《魏晋南北朝史学的旁支——地记与谱学》说："魏晋南北朝时期，地记的发达代表了当时地理学发展的趋向，这种趋向反映了地方经济的发展和地方豪族的成长。"[2]的确，东汉中后期以来，政治、文化重心的下移，地方豪族势力的成长，地域经济之发展，门阀势力之兴起，地域观念和乡土意识之逐渐自觉，家族意识之勃兴，不仅导致了地记创作的兴盛，亦是郡书、谱牒之撰述备受重视的重要原因。或者说，地记、郡书的创作，是本土文人基于乡土意识为宣扬本土地理之美和人物之盛，有着明显的自我夸耀和本土张扬的性质。因为创作地记、郡书之作者，多半是本土人氏。

据《隋书·经籍志二》"史部·地理类叙"说：

> 武帝时，计书既上太史，郡国地志，固亦在焉。而史迁所记，

---

[1] 浦起龙：《史通通释》内篇《杂述第三十四》，江苏广陵古籍刻印社 1991 年版。

[2] 黎子耀：《魏晋南北朝史学的旁支——地记与谱学》，《杭州大学学报（哲学社会科学版）》1982 年第 2 期。

但述河渠而已。其后刘向略言地域，丞相张禹使属朱贡条记风俗，班固因之作《地理志》。其州国郡县山川夷险时俗之异，经星之分，风气所生，区域之广，户口之数，各有攸叙，与古《禹贡》《周官》所记相埒。[1]

若此说可信，则地记之创作或可溯源到汉武帝时代。又《隋书·经籍志》"杂传类叙"说：

> 后汉光武，始诏南阳，撰作风俗，故沛、三辅有著旧节士之序，鲁、庐江有名德先贤之赞。郡国之书，由是而作。[2]

是知郡书之创作或可追溯到光武帝时代。不过，笔者认为，地记创作或许起于武帝时代，但对地记创作之发展有直接影响者，当是扬雄。扬雄创作的《蜀都赋》，无论是其创作动机还是其作品内容，皆与六朝地记非常相似。首先，动机相似。扬雄创作《蜀都赋》与六朝地记创作之动机一样，皆是本土文人缘于乡土意识而夸耀本土地理之美。其二，内容相似。扬雄《蜀都赋》的内容，叙写蜀都之方位星野、山川河流、物产异物、农商发展、宗庙祭祀、节日嘉会、民间歌舞等等，与六朝地记之内容极为相似。因此，不妨将《蜀都赋》视为扬雄创作的蜀中地记。郡书之创作或许起源于光武诏"南阳撰作风俗"，但亦与扬雄有相当密切的关联。郡书记人物，夸耀本土人物之盛。而据前述可知，扬雄正是一位缘于乡土意识而积极推扬本土人物的学者，其《蜀王本纪》虽与六朝郡书有本质的区别，但其创作动机确有相近之处，即皆是本于乡土意识而夸耀本土人物之盛，只不过所记人物之类型有

---

[1] 《隋书》（点校本）第988页，中华书局1973年版。

[2] 《隋书》（点校本）第982页，中华书局1973年版。

别而已。另外,《蜀王本纪》亦记蜀中民间庙祀习俗,有地记之性质,如记录蜀人庙祀鱼凫于湔山、蜀人悲子规鸣而思望帝、蜀人求雨之习俗、大禹事迹在蜀地的传说、蜀地穿盐井之情况,记录成都之建置、蜀道之开辟,记录武担、五妇侯台、青牛观、石犀里、天彭山之来历等等,诸如此类,在六朝地记中是相当普遍的,可见《蜀王本纪》与六朝地记的渊源关系。所以,六朝文士重地记、郡书,扬雄《蜀都赋》和《蜀王本纪》对于地记、郡书创作的影响,是可以想见的。

家族意识古亦有之,但自觉的家族意识则是形成于六朝时期。家族意识自觉的一个重要表现,就是修撰谱牒成为一时之风气。谱牒之修撰,一是为了传承家族历史,慎终追远。二是为了展现家族列祖列宗,自叙风徽,流芳祖德,呈现家族之光荣历史。谱牒之学,源远流长,或以为起于周代之"小史"。如章学诚据《周礼》"小史奠世系,辨昭穆"而断定"谱牒之学,世有专官"。而谱牒之学的兴旺发达,以致成为与地记、郡书并美之一支,则是在六朝时代。如章学诚《和州氏族表序序例》说:

> 自魏、晋以降,迄于六朝,族望渐崇,学士大夫,辄推太史世家遗意,自为家传。其命名之别,若《王肃家传》《虞览家记》《范汪世传》《明粲世录》《陆煦家史》之属,并于谱牒之外,勒为专书,以俟采录者也。[1]

谱牒之兴盛,与六朝时期以门第取士,士大夫以郡望自矜的社会现状密切相关,是由强烈的家族意识决定的。笔者认为:六朝文人在家族观念之影响下兴起的撰著谱牒之风,当是受到扬雄的启发。如前所述,

<hr>

[1] 章学诚:《文史通义》第 200 页,上海古籍出版社 2008 年版。

扬雄正是在强烈的地域意识和浓厚的家族观念之影响下，撰述《家录》。由于此间的谱牒文献均已散佚，我们目前无法考知其间的直接影响关系，但其渊源关系是可以推论的。

综上，扬雄是在巴蜀地域文化之涵孕和培育下成长起来的文人，其身上具有比较浓厚的地域观念、乡土意识和家族意识。因此，他的文学创作和文化思想之研究，乃至其人生行为方式，皆深受地域意识、乡土观念和家族意识之影响。其《方言》之编撰，是缘于地域观念；其《蜀王本纪》《蜀都赋》等作品的创作，是缘于乡土意识；其归葬二子和自撰《家牒》，是缘于家族意识。在中国文化史上，秉持浓厚的地域意识、乡土观念和家族观念开展文学创作和文化创造，扬雄当是第一人。六朝文士持有浓厚的乡土意识，积极推扬本土人才，其意识当源于扬雄；六朝文人地域文化观念发达，积极撰写地记和郡书，当受到扬雄《蜀王本纪》和《蜀都赋》之启发；六朝文士家族观念极强，热衷于谱牒之编撰，其源头亦在扬雄这里。

第六章　扬雄在中古文学史上的转折性意义

扬雄在两汉学术思想和文学艺术发展中的转折性意义，实有赖于他具有兼备西汉学术和文学之容量，而呈现出承上启下之开拓精神。在学术思想方面，徐复观说：

> 扬雄一生的学术活动，可以代表西汉学术风气演变的三大阶段。由文帝经景帝到武帝中期，学术风气的主流是辞赋。这是扬雄"少而好赋"的阶段。由景末武初的董仲舒开其端，到武帝中期以后迄于宣、元而极盛的学术风气主流是傅会经义，以阴阳术数讲天人性命的合一。这是扬雄中年后草《玄》的阶段。从成帝时起，开始有人对由术数所讲的天人性命之学发生怀疑，渐渐要回到五经的本来面目，以下开东汉注重五经文字本身了解的训诂学，并出现了以桓谭为先河的一批理智清明的思想家，此在西汉末期，虽未能成为学术风气的主流，但实开始了一个新的阶段。扬雄末年的《法言》，担当了开辟此新阶段的责任。[1]

---

[1]　徐复观：《两汉思想史》（二）第 400 页，九州出版社 2014 年版。

因其学术活动如数经历了西汉学术演变的三个阶段，故其对于旧有的学术有相当深切的了解，因而具备推陈出新、引领学术新风尚的宽宏容量和开创精神。这种容量和精神亦体现在他的文学创作中，因为他的文学创作亦具有兼备西汉文学之气度与容量。汉赋之发展经历了骚赋、大赋、抒情小赋三个阶段，扬雄的创作亦可以划分为三个阶段，即《反离骚》为第一阶段，即骚赋阶段；四大赋（《甘泉赋》《长杨赋》《河东赋》《羽猎赋》）为第二阶段，即大赋阶段；《太玄赋》《解嘲》《解难》《逐贫赋》是第三阶段，即抒情小赋阶段。在某种意义上可以说扬雄的创作就是汉赋史的一个缩影。[1] 正因为他的文学创作如数经历了汉赋创作发展的三个阶段，故其对于西汉文学之得失成败有深切的体味，所以具备引领文学创作新风尚的潜质和能力。

笔者认为，六朝之学起于扬雄，扬雄为人之简易佚荡、为学之渐尚玄远、运思之玄思大义，于六朝士风、学风、文风之产生皆有重要的启示意义。扬雄"心好沉博绝丽之文""欲求文章成名于后世"，其对六朝文学创作新风尚和艺术新观念之形成，亦有重要的开创意义。扬雄于六朝文学之影响，分别体现在文学创作和文学理论两个方面，以下分别讨论之。

一、作为"文儒"传统之开创者的扬雄

扬雄在两汉之际文学史上的转折性意义，前贤时彦均有详略不同的指示。如刘勰《文心雕龙·才略》说："自卿、渊已前，多俊（役）才而不课学。雄、向以后，颇引书以助文。"[2] 以为文学创作从"役才而不课学"发展至"引书以助文"之关键人物是扬雄、刘向。近代

---

[1] 参见方铭《经典与传统：先秦两汉诗赋考论》第296页，人民文学出版社2003年版。

[2] 范文澜：《文心雕龙注》第699～700页，人民文学出版社1978年版。

学者刘咸炘亦说："西汉儒者犹有质行之意，能持宗旨，无骛于文者，骛文自扬雄始，桓谭继之。""大抵宋儒未出以前，儒者醇谨多文者皆扬雄之流。"[1] 是以扬雄为"文儒"之始。傅斯年说："西汉扬子云的古典主义与东汉近，反和西汉初世中世甚远；东汉的文章又和魏晋近，和西汉远。"[2] 以扬雄为"古代文学"到"古典文学"之间的转折性人物。陆侃如《中古文学系年》以扬雄为开篇人物，虽未陈述其所以如此安排之理由，鉴于陆氏曾对扬雄有过专门研究，曾著文考证扬雄之生平和经历，故此安排并非率意而为，实际上亦体现了他以扬雄为中古文学之起点的意义。许结亦认为："文学思想方面，扬雄由语言文学口语型向文字型转变。"在汉代文学史上，扬雄"堪称由正而变的转扭"。[3] 还有学者以为扬雄是中国文学史上文学自觉时代的开创性人物。归纳起来说，以上意见，或以为扬雄开启"引书以助文"之新风气，或以为"儒者骛文自扬雄始"，或以为扬雄开创"古典文学"创作之新风尚，或认为扬雄是中古文学之起点，或以为扬雄引导了文学创作由"口语型向文字型"的新转变。总之，皆在揭示扬雄在两汉之际的文学创作中的转折性意义，在中古文学发展史上的开创性意义。

1. 儒者骛文自扬雄始

扬雄在两汉文学史上的转折意义和在中古文学史上的起点意义，其标志性的呈现，就是他对"文"的偏好，对"文"的重视，以及有意为"文"之态度，及其文士与儒士合二为一之"文儒"身份。

扬雄无疑是一位纯粹的儒者，尚智的学者。与其他儒者的区别，

[1] 刘咸炘：《刘咸炘学术论集·子学编上》第162、157页，广西师范大学出版社2007年版。

[2] 傅斯年：《中国古代文学史讲义》第3页，时代文艺出版社2009年版。

[3] 许结：《汉代文学思想史》第194、203页，人民文学出版社2010年版。

首先表现在他对"文"的偏好和重视上。儒者好文，自是先秦以来之传统习惯。在先秦诸子中，对"文"之偏爱与重视，当以儒家为称首。然而，先秦儒家以及西汉一般儒者所偏爱和重视的"文"，并非完全是文学意义上的"文"，而是主要侧重于礼仪形式上的"文"。儒者好"文"，儒者偏爱文学意义上的"文"，确是从扬雄开始的。司马相如赋具有极强的修辞性，其人可谓好"文"，但相如不以儒者称，且相如所好之"文"与扬雄偏爱之"文"，仍有本质上的区别。作为儒者而自称好"文"者，自扬雄始，如他在《答刘歆书》中自称"心好沉博绝丽之文"。作为儒者而被史家称为好"文"者，亦自扬雄始，如《汉书·扬雄传赞》称其"实好斯文"。作为儒者而自觉以"文"传世，亦自扬雄始，如《汉书·扬雄传》称其"欲求文章成名于后世"。所以，他虽然说过赋是"童子雕虫篆刻""壮夫不为"这样的话，还有过"辍赋不为"之举动，但在晚年撰写《自叙》时，仍将早年的四大赋悉数全文收录，其于"文"之偏爱，于此可见一斑。故刘咸炘所谓"西汉儒者……无骛于文者，骛文自扬雄始"，[1]确非虚言。扬雄于"文"之偏好，或者出于生命之本能。学者以为，屈原是"以文抒情"，贾谊是"以文自广"，司马迁是"以文立言"，而扬雄则是"以文立命"，[2]其说大体可信。

扬雄好文，不仅仅是出自于生命之本能所激发出来的偏爱，而且还有一种理论上的自觉意识。此种重文观念在理论上的自觉，主要体现在他提出的"文质相副"论和"事辞相称"说上。

"文质论"是中国古代学术思想史上的一项重要理论，涵盖学术思想、礼仪举止和文学艺术等方面，虽然重点涉及文学艺术，但并非

[1]　刘咸炘：《刘咸炘学术论集·子学编上》第162页，广西师范大学出版社2007年版。

[2]　钟志强：《扬雄的"以文立命"及其对文学自觉的影响》，《四川教育学院学报》2009年第3期。

文学理论之专属论题。实际上，早期儒者讲文质关系，均属礼仪文化之范畴，与文学无直接的关联，如《论语·雍也》说："子曰：质胜文则野，文胜质则史。文质彬彬，然后君子。"[1]《颜渊》说："棘子成曰：君子质而已矣，何以文为？子贡曰：惜乎！夫子之说君子也，驷不及舌。文犹质也，质犹文也，虎豹之鞟，犹犬羊之鞟。"[2]皆就儒家所理想的君子风范讨论文与质之关系，并未涉及文学问题。学者认为，在中国文学史上，第一个提出文学上的"文质相副"论者，应是扬雄。在扬雄之前，孔子等人的文质说，并非文学理论；在扬雄之后，刘勰提出的文质说，则是继承扬雄等人的文学思想而加以集大成的发展。或者说，是扬雄首次将文质说引入到文学理论，并首次在文学理论中于文与质之轻重关系问题上，提出了具有重要影响的"文质相副"论。在先秦两汉时期，儒者虽然言"文"，强调"文质彬彬"，但包括儒者在内的一般学者，特别是法家和道家学者，大体上皆持"以文害质"的观点，多有重质轻文之倾向。而以司马相如为代表的辞赋家，又过分追求文辞的装饰性，重文轻质，确有"文丽用寡"之弊病。扬雄提出"文质相副"说，一定程度上就是"为了救汉儒以文害质和汉赋家文丽用寡之病"。[3]

扬雄的"文质相副"说固然是取资于传统儒家的"文质彬彬"论，故其在《太玄·文》中阐发了世间万物皆当遵循的文质统一的思想，于《太玄·饰》中阐发了学术文化亦应遵照的文质相称的观念。值得注意的，是他首次将此论运用于文学作品的分析和文学理论之探讨。其《太玄·玄莹》说："文以见乎质，辞以睹乎情。观其施辞，则其

---

[1] 刘宝楠：《论语正义》第125页，诸子集成本，上海书店1986年版。

[2] 刘宝楠：《论语正义》第267页，诸子集成本，上海书店1986年版。

[3] 束景南、郝永：《论扬雄文学思想之"文质相副"说》，《文艺理论研究》2007年第4期。

心之所欲者见矣。"[1] "心之所欲者"是为"质"为"情",此"质"与"情"通过"文"与"辞"而得以呈现。《法言·问神》说:

> 故言,心声也;书,心画也。声画形,君子、小人见矣。声画者,君子、小人之所以动情乎! [2]

"心声""心画"乃"君子小人之所以动情",呈现此"情"或"质"之工具是"言"和"书"。"言"和"书"要有效地传达"情"或"质",则非"文""辞"不可,所以是"文以见乎质,辞以睹乎情"。或者说,"文"是必需的,不是多余的,不是无用的。必须有"文"与"辞",方才能够"见乎质""睹乎情"。其于"文"之重视,于此昭昭可见。基于这样的观点,《法言·寡见》说:

> 或曰:良玉不雕,美言不文,何谓也?曰:玉不雕,玙璠不作器。言不文,典谟不作经。[3]

作为"经"的前提,就是其"言"必须要有"文"。"经"是圣人的制作,所以,他为圣人下了一个定义:

> 圣人,文质者也。车服以彰之,藻色以明之,声音以扬之,诗、书以光之。笾豆不陈,玉帛不分,琴瑟不铿,钟鼓不抌,则吾无以见圣人矣。[4]

---

[1] 司马光集注、刘韶军点校《太玄集注》第 190 页,中华书局 1998 年版。

[2] 汪荣宝:《法言义疏》第 160 页,中华书局 1987 年版。

[3] 汪荣宝:《法言义疏》第 221 页,中华书局 1987 年版。

[4] 《法言·先知》,汪荣宝《法言义疏》第 291 页,中华书局 1987 年版。

以"文质"定义"圣人"，需要指出的是，这里的"文质"是偏正词型，而不是通常意义上的联合词型。即"文质"之"文"作动词用，是"修饰使彰显"的意思；"质"是指内在的、根本性的存在，其核心是儒家之道。在这里，"文"获得了前所未有的重要功能，成为"道"之表征。[1] "质"因"文"而显，"道"由"文"而彰，圣人的职责就是以"文"彰显"道"之"质"。所以，他说："或问圣人表里？曰：威仪文辞，表也；德行忠信，里也。"[2] "君子言则成文，动则成德，何以也？曰：以其绅中而彪外也。"[3]

"文质相副"论的另一种表述，就是"事辞相称"说。《法言·吾子》说：

> 或问：君子尚辞乎？曰：君子事之为尚。事胜辞则伉，辞胜事则赋，事辞称则经。足言足容，德之藻矣。[4]

"事辞"义近"文质"，二者之间，"事之为尚"，以质为重。"事胜辞则伉，辞胜事则赋"，正如孔子所谓"质胜文则野，文胜质则史"。"事辞称则经"，亦如孔子所谓"文质彬彬，然后君子"。不同的是，孔子是就君子之人格而言，扬雄则是就书写或言说而言。扬雄甚重言说和书写，《法言·问神》说："弥纶天下之事，记久明远，著古昔之昏昏，传千里之忞忞者，莫如书。"[5] 而言说与书写当以"经"为准，

---

[1] 参见李春青《论中国古代"鉴赏批评"的形成》，《文艺理论研究》2012年第6期。

[2] 《法言·重黎》，汪荣宝《法言义疏》第365页，中华书局1987年版。

[3] 《法言·君子》，汪荣宝《法言义疏》第496页，中华书局1987年版。

[4] 汪荣宝：《法言义疏》第60页，中华书局1987年版。

[5] 汪荣宝：《法言义疏》第160页，中华书局1987年版。

因为"事辞相副"之典范是"经"，故云："书不经，非书也；言不经，非言也；言、书不经，多多赘矣。"[1]

扬雄在西汉后期于继承传统"文质"说之基础上，提出"文质相副"论和"事辞相称"说，是有现实意义的。因为自战国秦汉以来，言说或书写大体朝着两个方向发展：一是传统儒家尚质重事，虽不完全否定文与辞，但却明显是以质与事为本，以文与辞为末；二是秦汉以来的辞赋家尚文重辞，以至于"虚辞滥说"，过分追求言说和书写的修饰性。扬雄提出"文质相副"论和"事辞相称"说，正是针对这两种发展方向的纠偏与补失。一方面提升文与辞之地位，使其与质和事处在相副、相称的同等水平，是以儒者之身份重视文辞，体现了重文的倾向。另一方面则是以辞赋家的身份提升质与事之地位，纠正辞赋创作中"虚辞滥说"之弊病，使之走上"文质相副""事辞相称"的良性发展轨道。

扬雄的"文质相副"论和"事辞相称"说影响深远，它为东汉六朝文学之发展指示了一条稳健而平实的道路。学者以为，扬雄始"尚辞"，终"明理"，拈出"事辞相称"说，为东汉赋家指明了文学创作的发展方向。桓谭、张衡、班固等人，即承扬雄晚年"事辞相称"思想而来。刘勰《文心雕龙》提出的"理懿而辞雅"说，其理论渊源亦是在扬雄这里。[2]更为重要的是，此种观念的提出所产生的两项重要影响：一是文学创作渐染儒风，《文心雕龙·时序》说：

> 自安、和已下，迄至顺、桓，则有班、傅、三崔，王、马、张、蔡，磊落鸿儒，才不时乏，而文章之选，存而不论。然中兴之后，群才

---

[1] 《法言·问神》，汪荣宝《法言义疏》第 164 页，中华书局 1987 年版。

[2] 孙少华：《先秦两汉诸子"辞""理"之辨的理论范畴与文学实践》，《文史哲》2013 年第 3 期。

稍改前辙，华实所附，斟酌经辞，盖历政讲聚，故渐靡儒风者也。[1]

刘永济说：

> 东汉中兴以后，顺、桓以前，稍改西京之风，渐靡经生之习，
> 由丽辞而为儒文，此四变也。[2]

此种创作渐染儒风之源头，当在扬雄这里。二是文士身份与儒士身份
的渐趋合一，形成具有独立身份意义的"文儒"群体。

扬雄雅重文辞，"实好斯文"，在理论上提出"文质相副"论和"事
辞相称"说，在创作实践中亦是有意为文，是中国文学史上早期有意
为文的代表作家。扬雄之有意为文，学者早已指出，如郑媛说："《论
语》无意为文而自粲然成文，乃《法言》故为艰险，至不可属读，自
识者观之，不独《太玄》可覆瓿矣。"[3]扬雄"故为艰险"，其效果
如何暂且不论，但其态度确是有意为之，故与《论语》之"无意为文"
形成鲜明对照。苏轼《与谢民师推官书》说：

> 扬雄好为艰险之辞以文浅显之说，若正言之，则人人知之矣，
> 此正所谓雕虫篆刻者。其《太玄》《法言》皆是也，而独悔于赋，何哉？
> 终身雕虫而变其音节便谓之经，可乎？[4]

可以"正言"却偏以曲折方式言之，"好为艰险之辞"确有"雕虫篆刻"

---

[1] 范文澜：《文心雕龙注》第 673 页，人民文学出版社 1978 年版。

[2] 刘永济：《文心雕龙校释》第 168 页，中华书局 1962 年版。

[3] 《经义考》卷二七八第 1420 页，中华书局 1977 年版。

[4] 苏轼：《与谢民师推官书》，《东坡全集》卷七十五。

之特点，但这实际上亦体现了扬雄有意为文的态度和对独特文辞之追求。叶适《习学记言·序目》说：

> 夫初使难知，已而易识，先设疑论，后乃诚言，始为限碍，终也通达，此文人辨士玩弄笔舌之病也。春秋以前诸书犹不若是，有问则答，有蕴则陈而已。至战国、秦汉，然后争为放恣，如雄所云。[1]

扬雄之文，尤其是《法言》，设"疑论"，置"限碍"，其目的就是要使读者"难知"，对读者产生一种"陌生化"的效果，增加读者阅读的障碍，确有"文人辨士玩弄笔舌之病"。但是，对于扬雄来说，这确是有意为之，或者说这就是他要追求的效果。林艾轩说："班固、扬雄以下，皆是做文字。已前如司马迁等，只是恁地说出。"[2] "恁地说出"，是自然成文，无意为文；"做文字"，则是有意为文，雕刻成文。王世贞《读扬子》说：

> 余读扬氏《法言》，其称则先哲，畔道者寡矣。顾其文割裂甚哉！其有意乎言之也。圣人之于文也，无意焉以达其所本，有而不容秘耳，故其辞浅，言之愈深也，深之而不秘也。[3]

"有意乎言之"，则必有雕刻之痕迹，故有"割裂"之表征。此外，《法言》拟《论语》，《论语》载录的师徒问答，乃出于实录。而《法言》之问答，则纯属有意为之，并非实有问答之事，乃扬雄杜撰问答情境

---

[1] 《经义考》第661页，中华书局1977年版。

[2] 《朱子语类·论文》，王水照主编《历代文话》第1册第201页，复旦大学出版社2007年版。

[3] 王世贞：《读扬子》，《王弇州崇论》卷七。

以表达其思想观念。苏洵《太玄论上》说：

> 疑而问，问而辨，问辨之道也。扬雄之《法言》，辨乎不足问也，
> 问乎不足疑也。求闻于后世而不待其有得，君子无取焉耳。[1]

《法言》之有得与无得，暂且不论，但其形式上之问辨，确非实录，
而是扬雄有意为之，亦确有"辨乎不足问，问乎不足疑"的地方。胡
寅《致堂读史管见》卷三亦说：

> 子云贤者也，而有可议者。《论语》乃孔门弟子记诸善言，诚
> 有是人相与问答也。《法言》则假借问答以则《论语》，且有不必问，
> 不必答，不必言者。

但是，扬雄之所以这样做，一方面确是为了仿《论语》的体式，另一
方面则体现了他有意为之以呈显文学意味的意图。此为研究扬雄文章
者，深可注意之事。

总之，扬雄好文，扬雄重文，扬雄有意为文。无论是在理论上还
是在实践中，扬雄皆为东汉以来至六朝的文学新变导乎先路。故刘勰
论文，最重扬雄，其《文心雕龙》五十篇，论及扬雄者有二十三篇，
凡四十余处，这在《文心》一书中是绝无仅有的。并且刘勰选文定篇，
亦常以扬雄之作品为典范。虽然亦偶有批评，但赞扬处居多。故徐复
观说：

> 扬雄的文学活动，给刘彦和以莫大的影响。……扬雄有关文学

[1] 苏洵：《太玄论上》，《嘉佑集》卷八。

的言论，皆成为刘彦和论文的准绳。扬雄与文学生活有关的断片，彦和生活中皆为文坛的掌故。扬雄的各种作品，《文心雕龙》中无不论列。我认为最能了解扬雄文学的，古今无如彦和。[1]

刘勰对扬雄的褒扬，实际上就是充分肯定扬雄在文学史上的重要贡献和转折意义。就两汉文学史之发展看，东汉较西汉尚文，所以，《史记》《汉书》记录西汉的历史文化，皆只有《儒林传》，而《后汉书》则于《儒林传》之外，另著《文苑传》，就反映了东汉尚文之时代风尚，并且的确产生了一批专以创作为务的文人。章学诚在《文史通义·诗教上》讨论两汉之际著述风尚之迁转，亦说："子史衰而文集之体盛，著作衰而辞章之学兴。"[2]笔者认为，此种风尚之形成，扬雄有导夫先路的作用。

2. 扬雄作为"文儒"的身份特征

扬雄之前，好逞文辞者甚多，如司马相如、枚乘、王褒之流，皆以文辞华赡著称。然其人皆不以儒学名世。以儒学著称，执著于明道、征圣、宗经，而又好逞文辞，且有意为文者，是扬雄。故曰：儒者骛文自扬雄始。刘咸炘说：

> 章学诚曰：东汉儒者通专门而趣博览，著述收子、史而开文集。此说至精，故东汉之儒谓之文儒而已。西汉儒者犹有质行之意，能持宗旨，无骛于文者，骛文自扬雄始，桓谭继之。王充极称雄、谭，几拟之孔、孟，品第儒士，以文儒为高，其自为说不过窃道家之肤，矫经生之陋。充以降，益泛杂无宗要可持。自王逸、应劭、傅玄以

---

[1] 徐复观：《两汉思想史》（二）第 430～431 页，九州出版社 2014 年版。

[2] 章学诚：《文史通义》第 13 页，江苏广陵古籍刻印社 1991 年版。

至虞喜、王劭之流,所著书竟成杂记,是宜谓之杂家,不宜蒙儒之号。[1]

　　西汉以上儒家皆各有宗旨,能伸其说以抗杂流,未有务于文辞,徒为空阔尊圣之论者。……子云著书非从所为,然词义陈泛实际,罕所发明,徒为品藻,下启桓谭诸人杂论博考之体,混列儒家而无宗要可持,故子云者,实儒之衰而文儒之祖也。自汉至北宋之儒家,大抵文人杂论,故皆称子云,以并荀、杨,至程、朱然后窥其底里焉。[2]

其评扬雄"无宗要可持"之正确与否?暂且不论。就其论列扬雄开启"文儒"之传统和创为"杂论博考"之体,于文学创作之影响,实在深可注意。

　　儒者"骛文自扬雄始","东汉之儒谓之文儒而已",而扬雄"实儒之衰而文儒之祖"。扬雄作为"文儒"之祖,非仅影响于东汉文人,按刘咸炘的说法:"大氏宋儒未出以前,儒者醇谨多文者皆扬雄之流。"[3]即古代中国的"文儒"传统皆受其影响。"文儒"作为东汉时期备受关注的一个典型人物群体,王充《论衡》论之甚详,特别推崇扬雄的王充对"文儒"亦有极高的评价。王充曾将知识之士区分为文吏、世儒和文儒三个层次。所谓"文吏",就是在政府行政机构中掌"笔墨薄书"、施政令科条之职者,近似于"刀笔之吏"。《论衡·量知》说:"夫文吏之学,学治文书也,当与土木之匠同科,安得程于儒生哉?"[4]"文吏笔札之能,而治定簿书,考理烦事。"[5]或如《程材》篇所说,文吏的职责功能是"以朝廷为田亩,以刀笔为耒耜,以文书为农业(桑)"。[6]所谓"世儒",就是以经学为业的儒生,故曰:"说

[1]　刘咸炘:《刘咸炘学术论集·子学编上》第162页,广西师范大学出版社2007年版。
[2]　刘咸炘:《刘咸炘学术论集·子学编下》第427页,广西师范大学出版社2007年版。
[3]　刘咸炘:《刘咸炘学术论集·子学编上》第157页,广西师范大学出版社2007年版。
[4]　黄晖:《论衡校释》第552页,中华书局1996年版。
[5]　黄晖:《论衡校释》第548页,中华书局1996年版。
[6]　黄晖:《论衡校释》第539页,中华书局1996年版。

经者为世儒。"《论衡·书解》说:"世儒说圣人之经,解贤者之传,义理广博,无不实见,故在官常位。位最尊者为博士,门徒聚众,招会千里,身虽死亡,学传于后。"[1]"文吏"与"世儒"分别属于政府机构中的职员和国家意识形态中的知识之士,王充对之皆有贬抑,或认为"文吏""无经艺之本,有笔墨之末,大道未足,而小伎过多"。[2]或以为"世儒""讲授章句,猾习义理"。[3]总之,皆是"浅略不及,偏驳不纯"之人。[4]相较而言,王充最推崇"文儒"。所谓"文儒",他在《论衡·效力》篇解释说:"使儒生博观览,则为文儒。""能上书白记者,文儒也。""著作者为文儒。"[5]文儒是"贤达用文者"。[6]概括起来说,"文儒"本质上是"儒",与"世儒"不同者,是其"博观览",是其博而能通的知识主义取径。"文儒"兼备"文吏"之功能,"能上书白记"。"文儒"超越"文吏""世儒"者,则在其能"用文",能"著作"。或者说,能"用文"和"著作",是"文儒"最基本的特征。"文儒"既无官职如"文吏",亦不开门兴学如"世儒",故或以为"文儒""无补于世",不如"文吏"和"世儒"。对此,王充《论衡·书解》解释说:

> 何以谓之文儒之说无补于世?世儒业易为,故世人学之多,非事可析第,故官廷设其位。文儒之业,卓绝不循,人寡其书,业虽不讲,门虽无人,书文奇伟,世人亦传。彼虚说,此实篇。折累二者,

[1] 黄晖:《论衡校释》第1151页,中华书局1996年版。

[2] 《论衡·量知》,黄晖《论衡校释》第552页,中华书局1996年版。

[3] 《论衡·谢短》,黄晖《论衡校释》第555页,中华书局1996年版。

[4] 《论衡·谢短》,黄晖《论衡校释》第557页,中华书局1996年版。

[5] 黄晖:《论衡校释》第581页,中华书局1996年版。

[6] 黄晖:《论衡校释》第582页,中华书局1996年版。

孰者为贤？[1]

以为"文儒"是"发胸中之思，论世俗之事，非徒讽古经、续故文也。论发胸臆，文成手中，非说经艺之人所能为也"。[2]因此，他指出："夫文儒之力，过于儒生，况文吏乎？"[3]王充对"文儒"之界定和推崇，大体如此。

另外，需要辨析的是，王充在《论衡·超奇》篇又将知识之士分为儒生、通人、文人、鸿儒四个层次。如此区分，与上述文吏、世儒和文儒三个层次的区分又有何区别呢？《超奇》篇说：

> 夫能说一经者为儒生，博览古今者为通人，采掇传书以上奏记者为文人，能精思著文连结篇章者为鸿儒。故儒生过俗人，通人胜儒生，文人逾通人，鸿儒超文人。[4]
>
> 通书千篇以上，万卷以下，弘畅雅闲，审定文读，而以教授为人师者，通人也。杼其义旨，损益其文句，而以上书奏记，或兴论立说，结连篇章者，文人、鸿儒也。[5]

这里没有提到"文儒"，实际上，这个分别可以视作是前述三分法的细化，即如于迎春所说："'文人'与'鸿儒'则不妨视作'文儒'内部的细分。""儒生、通人与文人、鸿儒之间的根本区别，被确定为书面写作能力的有无和大小。"他认为，王充在知识之士中划分类别，区分层次，褒贬人物的重要依据，是"知识水准的高下，有赖于知识

[1] 黄晖：《论衡校释》第1151页，中华书局1996年版。
[2] 《论衡·佚文》，黄晖《论衡校释》第867页，中华书局1996年版。
[3] 《论衡·效力》，黄晖《论衡校释》第581页，中华书局1996年版。
[4] 黄晖：《论衡校释》第607页，中华书局1996年版。
[5] 黄晖：《论衡校释》第606页，中华书局1996年版。

学问支持的写作能力以及从中显现而出的文化创造力的大小"。在《论衡》中，"文章才能就成为王充对人物的基本推崇"。[1]龚鹏程亦认为，王充心目中"最高的人格典型，是'文人、鸿儒'，简称'文儒'"。或以为"文人"和"鸿儒"是"文儒"之细分，如于迎春；或以为"文儒"是"文人"和"鸿儒"之简称，如龚鹏程，其意义区别不大，可置而勿论。龚鹏程进一步认为，"文人"和"鸿儒"即"文儒"，相当于"作者"；"儒生"和"通人"相当于"述者"。王充论人重"文儒"而轻"通人"和"儒生"，体现了他对文士著作能力的期待，他说："王充心目中的贤圣，乃是依其能否著作为断的，他对文士的期待，亦在于著作。"[2]其观点与于迎春大体相近。

综上所述，王充理想中的"文儒"，其特征有四：一是超然物外，不为利禄而学。二是卓绝不循，有充分的文化创造能力。三是质本于儒而不拘于儒，有博览通观的知识主义取径。四是精思著文，连结篇章，有极高的书面写作能力。依此标准，扬雄集儒士身份和文士身份于一体，堪称"文儒"之典型，是早期"文儒"之代表。王充在《论衡》中对扬雄特别推崇，其原因亦正在于此。如《超奇》说：

> 夫通览者，世间比有；著文者，历世希然。近世刘子政父子、杨子云、桓君山，其犹文、武、周公并出一时也。其余直有，往往而然，譬珠玉不可多得，以其珍也。[3]
>
> 儒生说名于儒门，过俗人远也。或不能说一经，教诲后生。或带徒聚众，说论洞溢，称为经明。或不能成牍，治一说。或能陈得失，奏便宜，言应经传，文如星月。其高第若谷子云、唐子高者，说书

---

[1] 于迎春：《汉代文人与文学观念的演进》第143～144页，东方出版社1997年版。

[2] 龚鹏程：《汉代思潮》第202～203页，商务印书馆2005年版。

[3] 黄晖：《论衡校释》第606页，中华书局1996年版。

于牍奏之上，不能连结篇章。或抽列古今，纪著行事，若司马子长、刘子政之徒，累积篇第，文以万数，其过子云、子高远矣，然而因成纪前，无胸中之造。若夫陆贾、董仲舒，论说世事，由意而出，不假取于外，然而浅露易见，观读之者，犹曰传记。阳成子长作《乐经》、杨子云作《太玄经》，造于眇思，极睿冥之深，非庶几之才，不能成也。孔子作《春秋》，二子作两经，所谓卓尔蹈孔子之迹，鸿茂参贰，圣之才者也。[1]

在这里，王充正是以"文儒"之标准来推扬扬雄。

儒者"骛文自扬雄始"，文士以儒学名世亦自扬雄始，扬雄实可称为古代中国"文儒"第一人，古代中国集文士身份与儒士身份于一体之第一人。这种集合，体现在文学创作中，其重要表现就是"镕铸经诰"，引《诗》入赋，赋体诗化，追求诗赋一体。学者以为，扬雄提出"诗心"说，是对司马相如"赋心"说的纠偏；提出诗赋一体说，引《诗》入赋，使赋体诗化，追求词雅义皎，由虚入实。扬雄之前，汉赋很少引《诗》化《诗》。扬雄之赋作，或称引《诗》句，或称引《诗》篇，或化用《诗》句。在汉赋创作引《诗》化《诗》的进程中，扬雄是关键性的作家，是汉赋作者中第一个自觉引《诗》入赋的人。[2]笔者认为，引《诗》入赋，正是赋体的雅化和儒化，是扬雄以儒士身份开展赋体创作的必然产物。诗赋一体和赋体诗化，正是"文儒"创作的必然追求。

3. 好古学者善文辞

大体而言，"文儒"与"世儒"之别，近似于古文学者与今文学

---

[1] 黄晖：《论衡校释》第 607～608 页，中华书局 1996 年版。
[2] 曹建国、张玖青：《赋心与〈诗〉心》，《文学评论》2008 年第 2 期。

者之分。"世儒""说圣人之经，解贤者之传"，"讲授章句，猾习义理"，其特点是拘泥繁琐，博而寡要，广而难通，近似于今文学者，[1] 多半不娴文辞。"文儒"卓绝不循，"论发胸臆，文成手中"，其特点是博而能通，清通简要，近似于古文学者，多半娴于文辞。

值得注意的是，在汉代，善属文者，多是博而能通的古文学者，即"文儒"。所以，在《汉书》《后汉书》中对能文者之知识背景的描述，多涉及到"好古学""不为章句"，或者"博览无所不观"等等。或者说，凡能文者，无不有通达简易的特点，如扬雄、桓谭、班固、张衡等人，皆有慕古学、尚通脱、贵简易的特点。如《汉书·刘向传》说刘向"通达能属文辞"，《汉书·扬雄传》说扬雄"实好古而乐道，其意欲求文章成名于后世"，《汉书·陈汤传》说陈汤"少好书，博达善属文"，《后汉书·崔骃传》说崔骃"博学有伟才，尽通古今训诂百家之言，善属文"。《后汉书·桓荣传附桓彬传》载：蔡邕等人尝为死于光和元年（178）的桓彬"序论其志"，称其"有过人者四"，其一便是"学优文丽，至通也"。刘孝标注《世说新语·品藻》引《续汉书》说："蔡伯喈，陈留圉人。通达有俊才，博学善属文。"又引荀绰《兖州记》说："（阎丘冲）清平有鉴识，博学有文义，……性尤通达，不矜不假。"可知"善属文"者皆有通达博学之特点。仲长统《昌言》根据人的气质个性，把人分为八类，其中之一是"辩通有辞"者，这与萧绎《金楼子·立言》所说的"守其章句，迟于通变，质于心用"者"率多不便属辞"，是完全一致的，皆认为"通变""辩通"是"属辞"的先决条件。所以，据《后汉书》记载，汉末许多博学通达的儒者，如胡广、服虔、刘陶、延笃等人的著述中，文学作品占有越来越大的比重，包括诗、赋、颂、碑铭、连珠等文学体裁。

---

[1] 章太炎《国故论衡》下《原儒》说："文儒者，九流六艺太史之属；世儒者，即今文家。"

古文学者娴于文辞，主要在于他们明通变，尚简要，有特别的艺术敏感和审美能力。萧绎《金楼子·立言》说：

> 今之儒，博穷子史，但能识其事，不能通其理者也，谓之学。……而学者率多不便属辞，守其章句，迟于通变，质于心用。[1]

此言虽是针对齐梁知识界而发，但完全可以借来评价汉代的今文学者。今文学者说经，动辄百万余言，可谓渊博，但确如萧绎所说，是"但能识其事，不能通其理"，是知识积累型学者。知识积累型的今文学者"不便属辞"（即不便文学创作）之原因，是由于他们"守其章句，迟于通变，质于心用"。反过来说，明于"通变"是"属辞"的前提和基础。近代学者陈柱亦曾注意到这个问题，他说：

> 西汉经学家之于经也，大抵通大义，不事章句，如贾、董、刘向、扬雄之徒皆是也。至东汉儒者，遂为之一变，事章句，工训诂，如郑兴、郑众、贾逵、马融、郑玄之徒是也。西汉儒者求通大义，故多工文；东汉儒者局促于训诂，故尠能文者。[2]

陈柱关于西汉学者治学"通大义""多工文"；东汉学者"事章句""局促于训诂""尠能文"的说法，因过于笼统，确有不准确的地方。但他指出治学不事章句、通大义者多工文，局促于训诂、事章句者不娴于文，则是有识之见。笔者认为：古文学者之所以比今文学者娴于文辞，其原因就可以用萧绎、陈柱的观点来解释。

古文学者不仅娴于文辞，而且贵尚文章，何休《春秋公羊经传解

[1] 萧绎：《金楼子·立言》，许逸民《金楼子校笺》，中华书局 2011 年版。
[2] 陈柱：《中国散文史》第 135 页，上海书店 1984 年版。

诂序》说：

> 说者疑惑，至有倍经任意，反传违戾者，其势惟问不得不广，是以讲诵师言，至于百万，犹有不解，时加酿嘲辞，援引他经，失其句读，以无为有，甚可闵笑者，不可胜记也。是以治古学贵文章者，谓之"俗儒"。[1]

"治古学"者，是指古文学者。何休说古文家是"治古学贵文章者"，可见古文家确有"贵文章"的风尚。曹道衡注意到何休的这个说法，解释说：

> 从这里可以看出，今文经学实际上是束缚文学发展的；而古文经学却使文学得到发展，古文经学的兴起，使人们的思想变得活跃，扬雄、张衡、马融都是文学上卓有贡献的人，也正是古文家如桓谭等不守礼法，喜爱俗乐，从而推动了文学的发展。……一般说来，今文经学中迷信和荒谬之说较多，对人们思想的活跃与文学的发展是不利的。[2]

齐天举《思潮风尚变迁与东汉后期文学》一文指出：儒者向文士转化有渊源可寻。经学中的古文学派对文学是多少有些留意的，即所谓"治古学贵文章"者。汉代的儒家思想对所有学术、文化的发展都是桎梏，对文学艺术发展同样是桎梏。因此，儒学章句衰落乃至失去思想控制力，就使文学艺术得到正常的发展。摆脱繁琐拘泥，崇尚自

---

[1] 严可均：《全上古三代秦汉三国六朝文》之《全后汉文》卷六十八，中华书局1995年版。

[2] 曹道衡：《南朝文学与北朝文学研究》第74～75页，江苏古籍出版社1998年版。

由博通，便于文学的发展，利于文学自觉观念和审美超越意识的形成。与今文学者相比，古文学者已在这方面显示出他的优势。[1] 于迎春亦认为："好博览而不守章句的'通儒'作风，往往与人的内在性度密切相关，自西汉李仲元、扬子云以来，大都发生在性情淡泊、疏放者身上。由于仕途升擢往往考核五经章句，所以，一般说来，恬退不仕与性情不羁之士轻易看轻那些繁琐之学。""东汉能文章者多博通之士，而非专儒，其间的联系不是偶然的。只有在广博通达且不拘守的知识背景上，活跃的思路、开放的视野才有保持的可能。"[2] 即性格上的"简易通达"，决定其学术上的"不守章句"。学术上的"不守章句"，崇尚清通简要，决定其创作上的"善属文"。

古文学者"善属文"，"心好沉博绝丽之文"且又"善属文"的扬雄，是不是一位古文学家？尚有疑问。或者说，扬雄作为一位经学家的身份，尚需辩证。首先，扬雄作为一位经学家，与汉代一般的经学家不同，他当属于像王充那样的"例外的经学家"。他虽然治经，但是，"他既没有被列入由申培、辕固、韩婴、董仲舒、戴德、戴圣、欧阳生、施仇、孟喜、梁丘贺、京房等名流构成的今文学家谱系，亦不能与同时期的古文经学家刘歆、王莽比肩并称，更无法与后汉的郑玄、马融等融合今古文的经学大师相提并论"。[3] 或者说，作为经学家的扬雄是一个"异端"分子，是一位"文儒"。其次，扬雄作为一位经学家，其身份属于古文家还是今文家？尚有疑问。他似乎是介于今古之间而又更偏向于古文。如他的《法言》多处引用今文家的观点，《太玄》吸取今文家孟喜、京房的卦气说和象数学，说明他并不排斥今文家的观点。但是，他的《太玄》仿《周易》古本，与当时立于学官的今文《易》

[1] 《中国古典文学论丛》第 4 辑，人民文学出版社 1986 年版。
[2] 于迎春：《汉代文人与文学观念的演进》第 184 页，东方出版社 1997 年版。
[3] 解丽霞：《扬雄与两汉经学》第 12 页，广东人民出版社 2011 年版。

不同。从总体上看，他作为古文家的成分更重一些。所以，学者常常将之列入古文家的学术谱系，如冯友兰以为扬雄的《法言》和《太玄》"两部书体现了古文经学的精神"。[1] 王葆铉以为扬雄《太玄》和王充《论衡》相近，"都以古文经传为其知识背景"。[2] 实际上，扬雄作为一位"例外的经学家"或者"文儒"，笔者更倾向将其定位为融合今古文学的经学家，他之所以不能与郑玄、马融等人相提并论，是因为他是"例外的经学家"。他与郑玄、马融等知识型的经学家不同，他是思想型的经学家，是"文儒"。或者说，马融、郑玄等经学家所重在"学"，而扬雄所重则在"识"。"好古学者善文辞"，是相对于今文家说的。古文家之所以比今文家"善文辞"，是因为古文家明于"通变"，今文家"迟于通变"。而作为融合今古文学的扬雄，重识尚才，重通尚变，最明"通变"之理，故其对于文之偏好、重视和擅长，不仅超过一般今文家，亦胜过部分古文家。

二、文言之分：扬雄创作在文学史上的转折意义

作为"文儒"的扬雄，其好文重文，在创作实践中有意为文，在理论上提出"文质相副"说和"事辞相称"论，其对六朝文风之影响，其在中国文学史上的重要意义，主要体现在他于文学创作之文言不分到文言相分之演进过程中的重要贡献。

1. 从"语言"到"文言"再到"古文"：古代中国文学语言的演进历程

文学是语言的艺术，文学创作以语言文字为载体，所以语言文字

---

[1]　冯友兰：《中国哲学史新编》（中）第 260 页，人民出版社 1998 年版。

[2]　王葆铉：《今古文经学新论》第 158 页，中国社会科学出版社 1997 年版。

的发展变化必然影响文学创作风尚之迁转演变，此乃文学发展之一般规律，古今中外概莫能外。于中国古代文学发展而言，郭绍虞指出：战国至两汉时代，"是中国文学史上一个极重要的时代，因为是语文变化最显著的时代"。[1] 关于语言与文字之分别及其中国文学语言之特点，吉川幸次郎说：

> （中国古代）文学的语言不是作为日常语言的口语，而在原则上被要求为具有一定规格的特殊语言。……这个国家的文字记载从其产生的最初起，本就已与口头语言的形态有所不同，不久就进到了积极地拒绝口头的语汇与语法以保持书面语的纯粹的境地。……只有近千年产生的虚构的文学是唯一的例外，无论小说或戏曲都被容许以口语作为其使用的语言。文学完全用口语来写，是直到本世纪初的"文学革命"时才开始被看到的。[2]

钱穆说：

> 在中国古代，语言文字，早已分途；语言附着于土俗，文字方臻于大雅。文学作品必仗雅化之文字和媒介为工具，断无即凭语言可以直接成为文学之事。[3]

对崇尚诗道高雅的古代中国文人创作来说，尤其如此。秦汉时期因语言和文字的分途发展而对文学所发生的影响，于迎春有较为深入阐释，

---

[1]　郭绍虞：《中国语言与文字之分歧在文学史上的演变现象》，《照隅室古典文学论集》（上册），上海古籍出版社 1983 年版。

[2]　（日）吉川幸次郎：《中国诗史》第 2 页，章培恒等译，复旦大学出版社 2001 年版。

[3]　钱穆：《读〈诗经〉》，《中国学术思想史论丛》（一），台湾东大图书公司1976 年版。

他说：

> 在这一时期，中国不仅拥有统一的文字和文字语体系，而且在此基础上，进一步形成了一套体系化的文人文学语言及行文规范和修辞美化方式，这一体系不仅异于人们的日常生活，甚至与一般的书面表达也不完全等趣。自此，文言，或者称精准的书面语，遂成为千年来学者和文人写作相沿不替的单一语言系统。[1]

语言与文字的分途发展，书面写作的语言系统的形成，之所以发生在两汉时代，是由于当时社会对言说和书写的高度重视。自先秦以来，立言即与立德和立功并列，是实现人生"不朽"的重要手段。但其时之"立言"，虽包括书写和言说，但其重点则是偏向于言说。在汉代，言说虽然仍是"立言"之重要方式，但却明显偏向于书写，并逐渐形成了以书写成著作的"文人"传统。[2] "文人"以书写为职，以著作立世，精思为文，连结篇章，入雅弃俗，从"恁地说出"到"做文字"，必然导致语言与文字之分途发展。言说侧重于言，虽然先秦诸子尤其是纵横家很重视言说的修饰性，但毕竟是"恁地说出"，故其特征近于语言。书写侧重于文，书写是文人的有意制作，虽然亦有用意模仿口语的制作，但毕竟是"做文字"，故其特征是明显有文。

讨论古代中国语言与文字之分途发展，及其在文学史上之影响，最深切著明者，当推傅斯年。他指出："一种艺术因其所凭之材料（或曰'介物'，Medium）而和别一种艺术不同。""文词所凭当是语言所可表示的一切艺术性"。即文学是以语言为"材料"或"介物"，

---

[1] 于迎春：《汉代文人与文学观念的演进》第130～131页，东方出版社1997年版。
[2] 参见龚鹏程《文人传统之形成》，见《汉代思潮》，商务印书馆2005年版。

所以，"文学之业为语言的艺术，而文学即是艺术的语言。以语言为凭借，为介物，而发挥一切的艺术作用，即是文学的发展。把语言纯粹当做了工具的，即出于文学范围。"[1]基于这样一个关于文学的界说，他具体考察了中国语言文字之发展进程，及其在文学创作和文字书写上影响。他认为：语言与文字本是"两事"，不宜混为一谈，"把文字语言混为一谈，实在是一大误谬，……这一层误谬引起甚多的不便，语言学的观念不和文字学分清楚，语言学永远不能进步。且语、文两事合为一事，很足以阻止纯语的文学之发展"。在古代中国，把语言与文字混为一谈，是从汉代开始的，"正因汉后古文的趋向益盛，以写在书上的古人语代替口头的今人语，于是这层分别渐渐模糊（按：即语言与文字的分别），文即是言，言即是文了。"[2]据傅斯年的考察，模糊语言与文字的分别，着力于"古文"创作，导致"文即是言，言即是文"之早期代表人物，就是两汉之际的扬雄。

傅斯年考察古代中国语言文字之演进，将其分为"语言"（标准语）、"文言"和"古文"三个发展阶段。在社会力量尤其是文人群体的共同努力下，"语言"在方言、阶级语之基础上逐步发展成为"标准语"。"文言"是在"语言"之"标准语"的基础上的进一步发展。他说："标准语还纯然是口中流露的话，再进一层，成为一种加了些人工的话（即是已经不是自然话），乃有所谓文言者。"在他看来，"文言"即是"文饰之言"，"文言"并非"古文"，"文言还是言，然而不是纯粹的言，自然的言，而是有组织的言"。"文言"的产生是必然的，"因为一个民族有了两三百年的文学发展，总有文言发生"。他认为：由"标准语"（"语言"）之趋向"文言"，有四项要求：一是音声之和谐，

---

[1] 傅斯年：《中国古代文学史讲义》第11页，时代文艺出版社2009年版。
[2] 傅斯年：《中国古代文学史讲义》第13页，时代文艺出版社2009年版。

二是形式之整齐，三是词句之选择，四是文辞的铺张和文饰。[1] 由"语言"向"文言"的发展，有一个渐进的过程，即由不得已而为之到有意为之的过程，由不自觉向自觉发展的过程。中国早期的文字书写即有脱离"语言"而呈现出"文言"化的倾向。傅斯年以为，这主要出于两方面的原因：一是汉字不记语音之特质，二是当时书写物质之限制。他说：汉字"以非标音之故，可以只记言辞之整简而不记音素之曲者"，因此"容易把一句话中的词只拣出几个重要的来记下，而略去其他，形成一种'电报语法'。又或者古来文书之耗费甚大，骨既不见得是一件很贱的东西，刻骨的镞石或铜刀尤不能是一件甚贱的器具。不记语音之一件特质，加上些物质的限制，可以使得文书之作用但等于符信，而不等于记言。"所以，"《春秋》一书，那样的记事法，只是把一件事标出一个目；又如《论语》一书，那样的记言法，只是把一片议论标出一个断语，岂是古人于事的观念如《春秋》之无节无绪，古人于言的观念但如《论语》之无头无尾，实在因为当时文书之用很容易受物质的限制，于言于事但标其目，以备遗忘，其中端委，仍然依凭口传以行"。[2] 因此，在《春秋》《论语》时代，语言与文字是分离的，书写的文字与口传的语言是两件事情，书写的文字已经有了明显的"文言"化倾向，这当然是因为物质的限制，是不得已而为之。

至战国时期，如《孟子》《庄子》《荀子》，以及记录纵横家辞令之《国语》和《战国策》，其文辞之装饰性就比较明显，"文言"特征就相当显著。至以屈原、宋玉为代表的"楚辞"作家，以及西汉以司马相如为代表的赋作家的创作，则是典型的"文言"，即文饰之言。此种语言与文字的分离，及其日益彰显的"文言"特点，显然不是书

---

[1]　傅斯年：《中国古代文学史讲义》第 19～20 页，时代文艺出版社 2009 年版。

[2]　傅斯年：《中国古代文学史讲义》第 16 页，时代文艺出版社 2009 年版。

写物质的限制，亦还不能完全算是有意为之和自觉追求。论者以为：

> 自《春秋》以上之诸史，皆为治化而为文；周秦诸子，则皆为
> 学术而为文，无专以文为事者。屈平、宋玉为韵文专家，似专以文
> 为事矣，而实亦本于忧时怨生而作，亦不能谓专以文为事者也，盖
> 其不欲以文见者其素志也，其不得不专以文名者其不幸也。至汉之
> 贾谊，……是为汉代辞赋开山之大家，然揣其始志，亦未尝欲以赋
> 家名于世也，不得已而为劳者之自歌耳。至枚乘、司马相如之徒出，
> 始专以辞赋为务，承其流者有枚皋、王褒、扬雄之徒，刻意摹拟，
> 均专欲以文争胜。……疑此辈皆多以经术家追逐时好而作辞赋，谅
> 非其长，故不能工，而不能传于后世。唯司马相如，史不称其精湛
> 他学，唯以辞赋见称，实为文学家与学术家分家之始祖。自是而后，
> 汉之学者，乃有专为文学而文学者矣。[1]

或者说，在中国文学史上，司马相如是第一位自觉追求"文言"的文学家，因为相如赋无论在句法和词汇方面，简单和平淡的成分被排除。在他的手中，语言不再只是单单地被看作是表达思想和感情的工具，而是被当作组成音乐美和建筑美的工具，语言本身亦被当作一种对象来欣赏，纯粹以美感为目的的文字在司马相如手中正式成立。[2] 所以，到了司马相如时代，确是进入了傅斯年所说的"文自是文，话自是话"的"文和话分别"的时代，进入到"文言"时代。

从"语言"到"文言"，是一个自然的发展过程，再进一层，便进入到所谓的"古文"时代。"古文"与"文言"的分别，据傅斯年说，"文言虽文，到底是言，所以人们可以拿文言作讲话的材料"，然而

[1] 陈柱：《中国散文史》第 106 ~ 107 页，上海书店 1984 年版。
[2] （日）吉川幸次郎：《中国诗史》第 85 页，章培恒等译，复旦大学出版社 2001 年版。

"古文"与之不同，"古文的生命只在文书金石刻上"，如《国语》《战国策》《楚辞》、相如赋、马迁文，"这些仍然都是文言，都不是古文，因为他们在文辞上的扩张，仍是自己把语言为艺术化的扩张而已，并不是以学为文，以古人之言为言"，"这样的文辞，并不曾失去口语中的生命，虽然已不能说是白话"。据此，"文言"是"文饰之言"，根本上还是今人之言。而"古文"则是"以学为文，以古人之言为言"。从"文言"发展至"古文"，当是在西汉后期，傅斯年说：

> 自昭、宣后，王子渊、刘子政、谷子云的文章，无论所美在笔札，所创作在颂箴，都是以用典为风采，引书为富赡，依陈言以开新辞，遵典型而成己体。从此语言与文辞断然地分为两途，言自言，文自文。从这时期以下的著作我们标作"古文"。

此种以"用典""引书"为能事，以"依陈言""遵典型"为路径的"古文"创作，其标志性人物是两汉之际的扬雄。所以，傅斯年说："自扬子云以来，依经典一线下来之文章变化，已经脱离了文言的地步而入古文了。"[1]

2. 扬雄在古代中国文学语言演进中的转折意义

傅斯年的《中国古代文学史讲义》是一部尚未完成的著作，他计划将上述这个颇有创意的观点，在本书的第三篇《扬雄章》中详论，遗憾的是今日所见之《讲义》却无此篇，故其说不得详知。但其基本观点确是有理据的，特别是他以扬雄为"文言"到"古文"之间的转折人物，很有启发意义。比如，被认为最能理解扬雄文学之刘勰，[2]在《文

---

[1] 傅斯年：《中国古代文学史讲义》第 20 ~ 23 页，时代文艺出版社 2009 年版。

[2] 徐复观《两汉思想史》（二）说："我以为最能了解扬雄文学的，古今无如彦和。"（第 431 页，九州出版社 2014 年版）

心雕龙》中就有与此大致相近的说法，如《才略》说：

> 自卿、渊已前，多俊（役）才而不课学；雄、向以后，颇引书
> 以助文。[1]

"引书助文"就是以"学"为文。《事类》说：

> 夫经典沉深，载籍浩瀚，实群言之奥区，而才思之神皋也。扬、
> 班以下，莫不取资，任力耕耨，纵意渔猎，操刀能割，必列膏腴。
> 是以将赡才力，务在博见。
>
> 观夫屈、宋属篇，号依诗人，虽引古事，而莫取旧辞。唯贾谊
> 《鵩赋》，始用《鹖冠》之说，相如《上林》，撮引李斯之书，此
> 万分之一会也。及扬雄《百官箴》，颇酌于诗书；刘歆《遂初赋》，
> 历叙于纪传，渐渐综采矣。至于崔、班、张、蔡，遂捃摭经史，华
> 实布濩，因书立功，皆后人之范式也。[2]

《时序》讨论汉代文学风气之变迁说：

> 中兴之后，群才稍改前辙，华实所附，斟酌经辞，盖历政讲聚，
> 故渐靡儒风者也。[3]

刘勰以为扬雄开创的"引书助文""酌于诗书""捃摭经史"的创作
风尚，开启东汉六朝"斟酌经辞""因书立功"的文学创作新"范式"，

---

[1] 范文澜：《文心雕龙注》第 699～700 页，人民文学出版社 1978 年版。

[2] 范文澜：《文心雕龙注》第 615～616 页，人民文学出版社 1978 年版。

[3] 范文澜：《文心雕龙注》第 673 页，人民文学出版社 1978 年版。

此论实为前述傅氏说之所本。

扬雄"引书助文"或"以学为文"创作新特点之具体表现，下文再议。兹就扬雄因此而对六朝文风之影响，乃至在中国文学史上之影响，略作说明。

傅斯年讨论中国古代文学史之分期，甚重扬雄在其中的转折性意义，他说：

> 我们总不便把政治的时代作为文学的时代，唐朝初年的文学只是隋朝，宋朝初年的文学只是唐季，西汉扬子云的古典主义和东汉近，反和西汉初世中世甚远；东汉的文章又和魏晋近，和西汉远。诸如这样，故我们不能以政治的时代为文学的时代。

因为在他看来，"文学时代之转移每不在改朝易代之时，所以我们必求分别文学时代于文学之内，不能出于其外，而转到了政治之中"。[1] 的确，文学的时代不能以政治的时代划分，应于文学之内部根据其发展之"内在理路"而判定其时代之界线，如此，许多文学问题当可获得新解，许多作家在文学史上的地位和影响，当可获得重新的评价。扬雄的文学贡献及其在文学史上的地位，就当依此论定。

基于此种认识，傅斯年以为唐代是古今文学转移之关键，唐代以前是"古代文学"，唐代以后则是"近世文学"。就唐代以前的"古代文学"而言，"以自殷周至西汉末为古代文学之正身，以八代为古代文学之殿军者，正因周汉八代是一线，虽新文学历代多有萌芽，而成正统大风气之新文学，至唐代方见到滋长"。[2] 在中国"古代文学"

---

[1] 傅斯年：《中国古代文学史讲义》第3页，时代文艺出版社2009年版。

[2] 傅斯年：《中国古代文学史讲义》第3页，时代文艺出版社2009年版。

阶段，以西汉末为界，以扬雄为标志，前期是"古代文学"，后期是"古典文学"，即扬雄是从"古代文学"到"古典文学"的转折性人物。他说：

> 至于以古代文学之盛，断自哀平王莽，则以其下之八代为"乱"者，乃因周秦西汉是古代文学的创作期，八代之正统文学则不然。扬子云而前，中国只有文学，没有古文，虽述作并论，究未若东汉魏晋六朝之正统文学中典型观念之重。[1]

傅斯年认为"扬子云正是古典文学的大成就"，[2] 因为"自扬子云开始，求整，用古，成为文学之当然风气"。[3] 扬雄于唐前文学史上之转折性意义，就在于他的"求整"和"用古"，在于他在"文言"之基础上，"捃摭诗书""引书助文"，以促成"古文"之确立。中国语言文字和文学发展至扬雄，遂造成语言与文字的彻底分离。扬雄而后之"古文"确立并日趋兴盛，文人"以写在书上的古人语代替口头的今人语"，造成"文即是言，言即是文"之混同局面。[4] 中国文学的发展，因扬雄的创作而呈现出由"口语型向文字型之转变"。[5]

三、简涩深雅：扬雄文学之风格特征

按照傅斯年的观点，"文言"和"古文"皆是脱离"语言"的分途发展。"文言"即"文饰之言"，"古文"则是"引书助文""因书立功"。实际上，"古文"亦是"文言"，"古文"是在"文言"

[1] 傅斯年：《中国古代文学史讲义》第 4 页，时代文艺出版社 2009 年版。
[2] 傅斯年：《中国古代文学史讲义》第 29 页，时代文艺出版社 2009 年版。
[3] 傅斯年：《中国古代文学史讲义》第 4 页，时代文艺出版社 2009 年版。
[4] 傅斯年：《中国古代文学史讲义》第 13 页，时代文艺出版社 2009 年版。
[5] 许结：《汉代文学思想史》第 194 页，人民文学出版社 2010 年版。

之基础上"引书助文""因书立功"。作为"古文"之代表的扬雄，其创作亦有"文言"的特征。作为辞赋家的扬雄，"实好斯文""心好沉博绝丽之文"，故其创作是"文言"。作为儒士或学者的扬雄，"好古乐道"，宗经尊圣，其创作"捃摭诗书""引书助文"，故其作品是"古文"。扬雄兼具辞赋家与儒士二身份于一体，是"文儒"，故其创作亦兼备"文言"与"古文"于一体。一方面表现在对文辞之装饰性的有意追求，即有意为文；另一方面体现在他"斟酌经辞""捃摭经史"之创作中，即"引书助文""因书立功"。

1. 扬雄有意为文的几种形式

扬雄有意为文之态度，前已详述，兹就其有意为文之具体表现，举例说明，以显现其对文饰之言的追求。扬雄之文，或称其"志隐而味深"，[1] 或论其"简奥"，[2] 或评其"艰险"，[3] 或称其"割裂"，[4] 或议其"求整用古"，[5] 或评其"僻涩深奇"，[6] 等等。简言之，就是简涩深雅，这主要体现在以下几个方面。

其一，扬雄有意为文，刻意求简求涩。这种文风追求，主体体现在他的《法言》书中。如：

（1）或问：进。曰：水。或曰：为其不捨昼夜？曰：有是哉！满而后渐者，其水乎？[7]

---

[1] 《文心雕龙·体性》，范文澜《文心雕龙注》第506页，人民文学出版社1978年版。

[2] 司马光：《注扬子法言序》。

[3] 苏轼：《与谢民师推官书》，《东坡全集》卷七十五。

[4] 王世贞：《读扬子》，《王弇州崇论》卷七。

[5] 傅斯年：《中国古代文学史讲义》第4页，时代文艺出版社2009年版。

[6] 孙承恩：《文简集》卷四十《扬子云像赞》。

[7] 汪荣宝：《法言义疏》第24页，中华书局1987年版。

（2）或问：神。曰：心。请问之。曰：潜天而天，潜地而地。[1]

（3）或问：君。曰：明光。问：臣。曰：若禔。敢问何谓也？曰：君子在上，则明而光其下。在下，则顺而安其上。[2]

（4）或问：大。曰：小。问：远。曰：迩。未达。曰：天下为大，治之在道，不亦小乎？四海为远，治之在心，不亦迩乎？[3]

（5）或问：文。曰：训。问：武。曰：克。未达。曰：事得其序之谓训，胜己之私之谓克。[4]

（6）或问：经之艰易。曰：存亡。或人不谕。曰：其人存则易，亡则艰。[5]

（7）或问：明。曰：微。或曰：微何如其明也。曰：微而见之，明其哲乎？[6]

（8）或问：哲。曰：旁明厥思。问：行。曰：旁通厥德。[7]

（9）或问：苍蝇、红紫。曰：明视。问：郑、卫之似。曰：聪听。或曰：朱、旷不世，如之何？曰：亦精之而已矣。[8]

（10)或问：交。曰：仁。问：余、耳。曰：光初。窦、灌。曰：凶终。[9]

（11）或问：萧、曹。曰：萧也规，曹也随。滕、灌、樊、郦。曰：侠介。叔孙通。曰：槧人也。爰盎。曰：忠不足而谈有余。晁错。曰：愚。酷吏。曰：虎哉！虎哉！角而翼者也。货殖。曰：蚊。曰：

---

[1] 汪荣宝：《法言义疏》第 137 页，中华书局 1987 年版。
[2] 汪荣宝：《法言义疏》第 538 页，中华书局 1987 年版。
[3] 汪荣宝：《法言义疏》第 541 页，中华书局 1987 年版。
[4] 汪荣宝：《法言义疏》第 171 页，中华书局 1987 年版。
[5] 汪荣宝：《法言义疏》第 169 页，中华书局 1987 年版。
[6] 汪荣宝：《法言义疏》第 179 页，中华书局 1987 年版。
[7] 汪荣宝：《法言义疏》第 211 页，中华书局 1987 年版。
[8] 汪荣宝：《法言义疏》第 52 页，中华书局 1987 年版。
[9] 汪荣宝：《法言义疏》第 392 页，中华书局 1987 年版。

血国三千，使捋踈，饮水，褐博，没齿无愁也。或问：循吏。曰：吏也。游侠。曰：窃国灵也。佞幸。曰：不料而已。[1]

（12）或问：《周官》。曰：立事。《左氏》。曰：品藻。《太史迁》。曰：实录。[2]

（13）或问：众人。曰：富贵生。贤者。曰：义。圣人。曰：神。[3]

（14）或问：信。曰：不食其言。请人。曰：晋荀息，赵程婴、公孙杵臼，秦大夫凿穆公之侧。问：义。曰：事得其宜之谓义。[4]

（15）或问：子，蜀人也，请人。曰：有李仲元者，人也。[5]

（16）或问：贤。曰：为人所不能。请人。颜渊，黔娄，四皓，韦玄。[6]

以上所举十六例，其中（1）至（8）条属同类，先以一或二字提问，再以一或二字作答，后以简省之语作释，可谓简要之至。（9）至（13）条属同类，一问一答，皆三言或两语，要言不繁。（14）至（16）条属同类，问之极简，答之亦不繁。另如"请人"之类，简略之至，以至词不达意。上举诸例，多以"问"开头，以"曰"作答，读者循此"问"与"曰"尚能大体清楚文意。至如（10）（11）（12）（13）诸条之行文中，或省"问"，或略"曰"，则属过简，可谓故设障碍以增加理解之难度。另外，虚词之省略是其中最普遍的现象，如（10）（12）（13）条，几乎全是实词的排列，（1）（2）（3）（4）（5）（7）诸条之前半部分，亦是实词的排列。

[1] 汪荣宝：《法言义疏》第 460～461 页，中华书局 1987 年版。

[2] 汪荣宝：《法言义疏》第 413 页，中华书局 1987 年版。

[3] 汪荣宝：《法言义疏》第 104 页，中华书局 1987 年版。

[4] 汪荣宝：《法言义疏》第 395 页，中华书局 1987 年版。

[5] 汪荣宝：《法言义疏》第 490 页，中华书局 1987 年版。

[6] 汪荣宝：《法言义疏》第 399 页，中华书局 1987 年版。

很显然，这种句式安排，于扬雄来说，是为了追求一种"深"与"涩"的表达效果而刻意为之。所以，柳宗元说："雄文遣言措意，颇短促滞涩，不若退之猖狂恣肆，寓意有所作。"[1] "短促"是谓"简"，因过"简"而"滞涩"。孙承恩《扬子云像赞》说："扬子好学，研精覃思。《法言》滞涩，《太玄》深切。"[2] 过"简"不仅使文脉"滞涩"，而且亦使文意"深奇"，故而使人难知，如司马光《注扬子法言序》说："扬子之文简而奥，其简而奥也，故难知，学者多以为诸子而忽之。"黄侃《法言义疏后序》亦说："文辞简奥，学者失其句读，迷其旨趣。"[3] 至如苏轼批评他"好为艰险之说"，郑瑗指责他"故为艰险不可属读"，王世贞以为"其文割裂甚哉"，皆因其刻意求简所造成。所以，谭献之评最中要害："子云何尝艰深，特太简处，遂觉突兀耳。"[4] 因其"短促滞涩""艰险""割裂"，故有"突兀"之感。徐复观对此种"突兀"之感有更生动的描述，他说：

> 《法言》字句的结构长短，尽管与《论语》的极为近似，但奇崛奥衍的文体，与《论语》的文体，实形成两个不同的对极。若说《论语》的语言，与人以"圆"的感觉，《法言》的语言，却与人以"锐角"的感觉。[5]

但是，尚需说明的是，扬雄之简，并非苟简。有的简略到省去任何虚词，完全是几个实词的排列，如上举诸例。有的繁富重复，并大

---

[1]　《柳河东集》卷三十四，中国书店 1991 年据 1935 年世界书局本影印。

[2]　《文简集》卷四十一。

[3]　汪荣宝：《法言义疏》卷首，中华书局 1987 年版。

[4]　转引自刘咸炘《刘咸炘学术论集·子学编上》第 426 页，广西师范大学出版社 2007 年版。

[5]　徐复观：《两汉思想史》（二）第 462 页，九州出版社 2014 年版。

量使用语气词，又有明显的口语化特征。如：

> 或问：吾子少而好赋？曰：然，童子雕虫篆刻。俄而曰：壮夫不为。
> 或曰：赋可以讽乎？曰：讽乎，讽则已，不已，吾恐不免于劝也。[1]

此类例子较多，不再例举。这亦是有意为之，目的仍是为了营造一种特殊的语言效果。

其二，扬雄有意为文，可直言却曲说，刻意追求回环曲折之效果。比如，扬雄《法言》故为问答以谋篇成文，颇遭后世学者质疑，如胡寅《致堂读史管见》卷三说：

> 子云贤者也，而有可议者。《论语》及孔门弟子记诸善言，诚有是人相与问答也。《法言》则假借问答以则《论语》，且有不必问，不必答，不必言者。

《论语》之问答，是为实录，即如实记录孔门师徒之间的问与答，而扬雄非聚徒讲学者，其《法言》之问答纯属虚构，即"假借问答"以阐发思想。在扬雄所处的两汉之际，著书立说以阐释自己的思想，通常的方法当是如《荀子》《韩非子》，或者《吕氏春秋》《淮南子》的言说方式，因为当时独立意义上的论说文体已经完全成熟。而扬雄放弃这种成熟的立论方式，而采用古老的问答体，且以虚构问答之方式立说，亦确是有意为之。且确有如胡寅所谓"不必问，不必答，不必言"者，甚至有答非所问者。如：

---

[1] 汪荣宝：《法言义疏》第45页，中华书局1987年版。

（1）或曰：仲尼圣者与？何不能居世也？曾范、蔡之不若？曰：圣人者范、蔡乎？若范、蔡，其如圣何？[1]

（2）或曰：淮南、太史公者，其多知与，曷其杂也？曰：杂乎杂，人病以多智为杂，惟圣人为不杂。[2]

（3）或问：赵世多神，何也？曰：神怪茫茫，若存若亡，圣人曼云。[3]

（4）或问：治己。曰：治己以仲尼。或曰：治己以仲尼，仲尼奚寡也？曰：率马以骥，不亦可乎？[4]

第（1）例并未回答孔子为何不能像范、蔡那样"居世"；第（2）例亦未回答"多知"者为何通常有"杂"的问题；第（3）例只说圣人"不语怪力乱神"，而未回答赵世何以多神的问题；第（4）的回答亦不清楚。故苏洵《太玄论》批评说：

疑而问，问而辨，问辨之道也。扬雄之《法言》，辨乎不足问也，问乎不足疑也。求闻于后世而不待其有得，君子无取焉耳。[5]

虽说是批评，但亦切中肯綮。其本可直说却故为曲折之例，就更为常见。如：

或问：勇。曰：轲也。曰：何轲也？曰：轲也者，谓孟轲也。若荆轲，君子盗诸。请问：孟轲之勇。曰：勇于义而果于德，不以贫富、

---

[1] 汪荣宝：《法言义疏》第163页，中华书局1987年版。

[2] 汪荣宝：《法言义疏》第163页，中华书局1987年版。

[3] 汪荣宝：《法言义疏》第327页，中华书局1987年版。

[4] 汪荣宝：《法言义疏》第93～94页，中华书局1987年版。

[5] 《嘉佑集》卷八。

贵贱、死生动其心，于勇也，其庶乎！[1]

或问：吾子少而好赋？曰：然，童子雕虫篆刻。俄而曰：壮夫不为。或曰：赋可以讽乎？曰：讽乎，讽则已，不已，吾恐不免于劝也。[2]

或问：景差、唐勒、宋玉、枚乘之赋也，益乎？曰：必也淫。淫，则奈何？曰：诗人之赋丽以则，辞人之赋丽以淫。如孔氏之门用赋也，则贾谊升堂，相如入室也。如其不用何。[3]

山径之蹊，不可胜由矣；向墙之户，不可胜入矣。曰：恶由入？曰：孔氏。孔氏者，户也。曰：子户乎？曰：户哉！户哉！吾不独有户者矣。[4]

扬雄此种故为曲折的言说，颇遭后世学者的批评，如叶适批评说：

夫初使难知，已而易识，先设疑论，后乃诚言，始为限碍，终也通达，此文人辩士玩弄笔舌之病也。[5]

苏轼亦指责说：

扬雄好为艰险之辞以文浅显之说，若正言之，则人人知之矣，此正所谓雕虫篆刻者。[6]

其实，扬雄为文，无论是"设疑论"，还是"为限碍"，就是要"使难知"。

---

[1] 汪荣宝：《法言义疏》第419页，中华书局1987年版。

[2] 汪荣宝：《法言义疏》第45页，中华书局1987年版。

[3] 汪荣宝：《法言义疏》第49~50页，中华书局1987年版。

[4] 汪荣宝：《法言义疏》第68页，中华书局1987年版。

[5] 叶适：《习学记言》第661页，中华书局1977年版。

[6] 苏轼：《与谢民师推官书》，《东坡全集》卷七十五。

"不正说"而故为曲折，亦是为了增加"知"的难度。此种言说方式，虽被斥为"玩弄笔舌"，或者"雕虫篆刻"，但正是扬雄有意为文的必然追求。

扬雄此种故为曲折的有意为文之追求，还表现在他创造的连珠一体上。据《文心雕龙·杂文》说："扬雄覃思文阁，业深综述。碎文璅语，肇为连珠，其辞虽小而明润矣。"[1] 是知此体为扬雄所创造。何谓"连珠"？李善注《文选·演连珠》引傅玄《叙连珠》说：

> 其文体辞丽而言约，不指说事情，必假喻以达其旨，而览者微悟，合于古诗讽兴之义，欲使历历如贯珠，易见而可悦，故谓之"连珠"。[2]

据此可知，"不指说事情"而故为曲折，"必假喻以达其旨"是扬雄文学创作的一贯追求，亦是有意为之的结果。

第三，扬雄有意为文、故为曲折之又一表现，就是在他的言说中多用比兴手法，如《法言·问神》说：

> 衣而不裳，未知其可也；裳而不衣，未知其可也。衣裳，其顺矣乎！

李轨注云："有上无下，犹有君而无臣。"汪荣宝《义疏》说："此明上下纲纪之为自然，去之则不可以为治也。"[3] 又说：

> 或问：鸟有凤，兽有麟，鸟、兽皆可凤、麟乎？曰：群鸟之于凤也，群兽之于麟也，形性。岂群人之于圣乎？

---

[1] 范文澜：《文心雕龙注》第 254 页，人民文学出版社 1978 年版。

[2] 李善注《文选》卷五十五第 760 页，上海书店 1988 年影印清胡克家刻本。

[3] 汪荣宝：《法言义疏》第 170~171 页，中华书局 1987 年版。

李轨注说："言凡鸟、兽之不可得及凤、麟，亦犹凡人之不可强通圣人之道。"[1] 又《法言·问明》说：

> 朱鸟翾翾，归其肆矣。或曰：奚取于朱鸟哉？曰：时来则来，时往则往。能来能往者，朱鸟之谓与。

汪荣宝《义疏》说："山林之士，往而不能反；朝廷之士，入而不能出。二者各有所短，则以人而不如鸟也。"[2] 像这类运用比兴手法的例子很多，再引几例于下：

> 春木之芚兮，援我手之鹑兮。去之五百岁，其人若存兮。[3]
> 鸴明冲天，不在六翮乎？拔而傅尸鸠，其累矣夫。[4]
> 雷震乎天，风薄乎山，云徂乎方，雨流乎渊，其事矣乎？[5]
> 灏灏之海济，楼航之力也，航人无楫，如航何？[6]
> 赫赫乎日之光，群目之用也；浑浑乎圣人之道，群心之用也。[7]
> 圣人之言远如天，贤人之言近如地。玲珑其声者，其质玉乎？[8]
> 川有防，器而范，见礼教之至也。[9]

---

[1] 汪荣宝：《法言义疏》第 183 页，中华书局 1987 年版。

[2] 汪荣宝：《法言义疏》第 208 页，中华书局 1987 年版。

[3] 汪荣宝：《法言义疏》第 217 页，中华书局 1987 年版。

[4] 汪荣宝：《法言义疏》第 228 页，中华书局 1987 年版。

[5] 汪荣宝：《法言义疏》第 229 页，中华书局 1987 年版。

[6] 汪荣宝：《法言义疏》第 238 页，中华书局 1987 年版。

[7] 汪荣宝：《法言义疏》第 262 页，中华书局 1987 年版。

[8] 汪荣宝：《法言义疏》第 266 ~ 267 页，中华书局 1987 年版。

[9] 汪荣宝：《法言义疏》第 279 页，中华书局 1987 年版。

鼓舞万物者，雷风乎！鼓舞万民者，号令乎！雷不一，风不再。[1]

震风陵雨，然后知夏屋之为帡幪也。虐政虐世，然后知圣人之为郛郭也。[2]

修身以为弓，矫思以为矢，立义以为的，奠而后发，发必中矣。[3]

或曰：有人焉，自云姓孔，而字仲尼。入其门，升其堂，伏其几，袭其裳，则可谓仲尼乎。曰：其文是也，其质非也。敢问质。曰：羊质而虎皮，见草而说，见豹而战，忘其皮之虎矣。[4]

观书者譬诸观山及水，升东岳而知众山之逦迤也，况介丘乎？浮沧海而知江河之恶沱也，况枯泽乎？舍舟航而济夫渎者，末矣。舍五经而济乎道者，末矣。弃常珍而嗜乎异馔者，恶睹其识味也。委大圣而好乎诸子者，恶睹其识道也。[5]

或问：仁、义、礼、智、信之用。曰：仁，宅也；义，路也；礼，服也；智，烛也；信，符也。处宅、由路、正服、明烛、执符。君子不动，动斯得矣。[6]

像《法言》这样如此普遍地使用比兴手法进行言说，这在先秦两汉诸子著作中，是比较少见的，亦说明这是作者有意为之。

一般而言，比兴手法之运用，能使作品有曲折之致，含蓄之美，取得言已尽而意无穷之艺术效果。刘勰《文心雕龙·体性》说扬雄之文"志隐而味深"，司马光说《法言》"简而奥"。扬雄之文"深"而"奥"，与他行文求简有关，更与他大量使用比兴手法有关。钟嵘《诗

---

[1]　汪荣宝：《法言义疏》第302页，中华书局1987年版。
[2]　汪荣宝：《法言义疏》第79页，中华书局1987年版。
[3]　汪荣宝：《法言义疏》第84页，中华书局1987年版。
[4]　汪荣宝：《法言义疏》第71页，中华书局1987年版。
[5]　汪荣宝；《法言义疏》第67页，中华书局1987年版。
[6]　汪荣宝：《法言义疏》第92页，中华书局1987年版。

品序》说："文已尽而意有余，兴也。因物喻志，比也。"在行文中，"若专用比兴，患在意深，意深则词踬"。比兴手法之运用，可使文章言尽意余，回味无穷，增强其艺术趣味。但若专用比兴，"患在意深"。扬雄文章"志隐而味深"，其部分原因就在于此。

第四，扬雄之有意为文，还体现在他刻意求古、引书助文上。扬雄之刻意求古，其撰著《法言》，有意仿照《论语》句式，就是一个明显的例子。如：

（1）《论语·宪问》："使乎！使乎！"

《法言·学行》："师哉！师哉！桐子之命也。"

《法言·吾子》："史乎！吏乎！愈于妄阙也。"

《法言·问神》："蚖哉！蚖哉！恶睹龙之志也与。"

《法言·问明》："若立岩墙之下，动而征病，行而招死，命乎！命乎！"

《法言·重黎》："或问浑天。曰：落下闳营之，鲜于妄人度之，耿中丞象之，几乎！几乎！莫之能违也。请问盖天。曰：盖哉！盖哉！应难未几也。"

《法言·寡见》："燠哉！燠哉！时亦有寒者也。"

《法言·先知》："象龙之致雨也，难矣哉！曰：龙乎！龙乎！"

《法言·君子》："生乎！生乎！名生而实死也。"

（2）《论语·宪问》："桓公九合诸侯，不以兵车，管仲之力也。如其仁！如其仁！"

《法言·学行》："或谓子之治产，不如丹圭之富。曰：吾闻先生相与言，则以仁与义；市井相与言，则以财与利。如其富！如其富！"

《法言·吾子》："或问：屈原智乎？曰：如玉如莹，爰变丹青。

如其智！如其智！"

《法言·问神》："谷口郑子真，不屈其志，而耕乎岩石之下，名振于京师。岂其卿！岂其卿！"

《法言·渊骞》："或问：渊、骞之徒恶乎在？曰：寝。曰：渊、骞曷不寝？曰：攀龙鳞，附凤翼，巽以扬之，勃勃乎其不可及也。如其寝！如其寝！"

（3）《论语》："君子无所争，必也，射乎？"[1]

《法言·吾子》："或问：景差、唐勒、宋玉、枚乘之赋也，益乎？曰：淫。必也，则。"

《法言·君子》："淮南说之用，不如太史公之用也。太史公，圣人将有取焉；淮南，鲜取焉耳。必也，儒乎！"

《法言·孝至》："曰：石奋、石建，父子之美也。无是父，无是子；无是子，无是父。或曰：必也，两乎？曰：与尧无子，舜无父，不如尧父舜子也。"

（4）《论语·雍也》："中庸之为德也，其至矣乎！"

《法言·孝至》："孝，至矣乎！""不为名之名，其至矣乎！""麟之仪仪，凤之师师，其至矣乎！"

《法言·问明》："聪明，其至矣乎！"

（5）《论语·宪问》："君子而不仁者有矣夫，未有小人而仁者也。"

《法言·学行》："求而不得者有矣，夫未有不求而得之者也。"

《法言·吾子》"述正道而稍邪哆者有矣，未有述邪哆而稍正也。"

（6）《论语·颜渊》："君君臣臣；父父子子。……君不君，臣不臣，父不父，子不子。"

《法言·吾子》："奸奸诈诈，不奸奸，不诈诈。"

---

[1] 按，《论语》中"必也"句式常见，如"何事于圣，必也，圣乎！""必也，临事而惧，好谋而成者也。""听讼，吾犹人也。必也，使无讼乎！""必也，正名乎！""不得中行而与之，必也，狂狷乎！""人未有自致者也，必也，亲丧乎！"

《法言·先知》："或问：政核。曰：真伪，真伪则政核（按，司马光曰：当作'真真伪伪，则政核）。如真不真，伪不伪，则政不核。"

（7）《论语·子路》："有是哉！子之迂也。"

《法言·学行》："有是哉！满而后渐者，其水乎！"

（8）《论语·子罕》："吾未见好德如好色者也。"

《法言·学行》："吾未见斧藻其德若斧藻其楶者也。"

（9）《论语·先进》："德行：闵子骞，冉伯牛，促弓。言语：宰我，子贡。政事：冉有，季路。文学：子游、子夏。"

《法言·渊骞》："美行，园公、绮里季、夏黄公、角里先生。言辞，娄敬、陆贾。执正，王陵、申屠嘉。折节，周昌、汲黯。守儒，辕固、申公。灾异，董相、夏侯胜、京房。"

（10）《论语·子路》："诵《诗》三百，授之以政，不达；使于四方，不能专对。虽多，亦奚以为？"

《法言·问明》："于戏，观书者违子贡，虽多，亦何以为？"

（11）《论语·子路》："善人为邦百年，亦可以胜残去杀矣。诚哉！是言也。"

《法言·寡见》："惠以厚下，民忘其死；忠以卫上，君念其赏。自后者，人先之；自下者，人高之。诚哉！是言也。"

扬雄《法言》刻意模仿《论语》句式，是为了追求言说之仿古。其赋作"引书以助文"，主要体现在引《诗》化《诗》上。曹建国、张玖青《赋心与〈诗〉心》一文对扬雄辞赋创作中追求"词雅义皎"而"引《诗》化《诗》"之做法，做了具体深入的研究，认为"扬雄可以说是汉赋作者中第一个自觉引《诗》入赋的人"，以为"在汉赋引《诗》化《诗》进程中，扬雄是关键性的赋家。扬雄之前，汉赋很少引《诗》化《诗》。""扬雄之后，赋中引《诗》化《诗》非常普遍，对东汉赋家来说尤其如此。"[1] 笔者以为，扬雄之创作，无论是《法言》之仿《论语》句法，还是辞赋之引《诗》化《诗》，都是"引书助文""因书立功"，皆体现了扬雄对有意为文之自觉追求。

2. 扬雄有意为文的意义和影响

在创作中，扬雄或者刻意求简求涩，或者故意回环曲折，或者大量使用比兴，或者有意仿古引诗，其动机皆是有意为文。有意为文非仅表现在对简涩、典雅和华赡文辞之追求上，还体现在对"志隐而味深"之艺术效果的向往上。扬雄创作的这种刻意追求，用俄国形式主义批评家的话说，就是追求一种"陌生化"的艺术效果，就是为了在读者与作品之间有意制造一段"距离"，以增加感知的"难度"和欣赏的"长度"，从而达到"陌生化"的效果。"陌生化"是俄国形式主义批评的一个重要概念，据 N.W. 维塞说：

> （陌生化）包括将习以为常的行为和对象置于它们普遍常见的背景之外，或者将它们描写成仿佛是第一次被看到是它似的，使这些熟悉的事物和行为"变得陌生"。[2]

或者如形式主义批评家施克洛夫斯基在《作为技巧的艺术》里所说："艺术的技巧就是使对象陌生，使形式困难，增加感觉的难度和时间的长度。"[3] 形式主义批评家从叙述角度、文学语言、艺术技巧和文体演变等方面具体探讨了创作中的"陌生化"问题，其核心观点就是强调

---

[1] 曹建国、张玖青：《赋心与〈诗〉心》，《文学评论》2008 年第 2 期。

[2] （俄）N.W. 维塞：《俄国形式主义》，见罗里·赖安、苏珊·范·齐尔编，李敏儒、伍子恺等译《当代西方文学理论导引》，四川文艺出版社 1986 年版。

[3] （俄）施克洛夫斯基：《作为技巧的艺术》，见罗里·赖安、苏珊·范·齐尔编，李敏儒、伍子恺等译《当代西方文学理论导引》，四川文艺出版社 1986 年版。

艺术感受和日常生活的距离，其最大的贡献和最重要的影响，就是对文学语言的研究。之后的新批评、结构主义均受其直接影响，甚至西方美学史上影响深远的"距离"说，亦与它它密切关联。N.W.维塞说：

> 形式主义者们作出了具有独创性的决定性贡献的一个领域，是对诗歌语言的研究。……从一开始，形式主义者就在诗歌语言与实用语言之间划了一个界线。

他们认为，实用语言中积淀了日常无意识因素，它的声音结构和语言结构都很难对我们产生新的感觉。文学语言必须对这种实用语言加以提炼，使之成为一种"陌生"的语言，从而使读者在这种"陌生"的语言中体会到"陌生"的美感。[1]

"陌生化"理论的引入，有助于我们对中国古代文学语言特点和扬雄创作特征的理解。如前所述，古代中国人的言说和书写方式，经历了由"语言"而"文言"而"古文"的发展过程，扬雄在其中起着重要的促进作用。扬雄有意识地在日常语言和文学语言之间作出区分，不仅追求"文言"，而且刻意写作"古文"，其目的就是求"深"求"雅"，追求"陌生化"的艺术效果，"使对象变得陌生"，从而"增加感觉的难度和时间的长度"。如果说此种"陌生化"效果的追求，在扬雄之前的其他作者，还是由于书写物质之限制不得已为之，是一种非自觉的追求。而扬雄则完全是自觉的追求，是有意为之。

---

[1] 参见汪文学《试论中国古代文学中的"陌生化"现象》，《开封师专学报》1993年第2期。

第七章　扬雄文论与六朝文论新观念

六朝文学理论研究之集大成者，毫无疑问当推刘勰及其《文心雕龙》。故本章讨论扬雄对六朝文学理论之影响，即以刘勰《文心雕龙》为个案。《文心雕龙》"体大而虑周"，内容深广，自成体系。据其《序志》篇，其内容分为三大部分：一是自《原道》至《辨骚》五篇，为"文之枢纽"，是全书之总论或纲领；二是自《明诗》至《书记》二十篇，为"论文叙笔"，是文体论；三是自《神思》至《程器》二十四篇，为"割情析采"，是创作论和批评论。综论扬雄对刘勰《文心雕龙》的影响，非本篇所能胜任，所以仍需在《文心雕龙》中选择有代表性的问题作为个案进行研讨。《文心》前五篇为"文之枢纽"，其《原道》一篇非仅是"枢纽"之总纲，亦为全书之总论，体现了刘勰最基本的文学主张。故本章第一节即以此为个案，讨论扬雄文学思想对刘勰"明道"文学观念的影响。《神思》篇是《文心》创作论之总纲，范文澜《文心雕龙注》曾列表说明《文心》以《神思》作为创作论总纲的体系，指出其间的脉络关系，剖析极为分明。王元化以为《神思》"几乎遍摄了创作论以下诸篇的各个重要论点。前者埋伏了预示了后者，后者则进一步说明了发挥了前者"，亦举出若干例证详加阐明。[1] 因此，本章第二节即以此为个案，探讨扬雄"神化"论、"玄思"论对刘勰"神思"论的影响。通过上述两个个案问题之研究，以阐明扬雄与刘勰之间的渊源关系，以彰显扬雄文论对六朝文论新观念的影响关系。

一、扬雄"明道"论之学术内涵和历史影响——兼论扬雄对刘勰的启发和影响

中国古代文论之诸种观点中，受到近现代学者诟病最深且重者，莫过于"文以明道"或"文以载道"说，或斥之为主观唯心主义，或命之曰客观唯心主义，总之，几乎是众口一辞地批评它是中国封建时代具有明显意识形态性质的唯心论观点。大体而言，以"明道"为中心的明道、征圣、宗经三位一体的"文以明道"或"文以载道"论，起源于孔孟，发展于扬雄，定型于刘勰，而流变于唐宋古文家和道学家。扬雄和刘勰在其中起着关键作用，并且前者对后者有相当重要的影响。近现代学者对"文以载道"说的批评，其矛头多指向宋代理学家，而于扬雄和刘勰的"明道"论亦多有误解，且于前者对后者之影响亦多是语焉不详，或者略而不论。本节旨在通过探讨扬雄思想体系中"道"的内涵，以明其征圣、宗经之真正意图，并进一步辨析扬雄论文与刘勰《文心雕龙》之间的渊源影响关系。

1. 明道：扬雄论文之宗旨

讨论扬雄论文以"明道"为核心的明道、征圣、宗经三位一体为宗旨的文学思想，首先应该探讨的，是扬雄之所谓"道"，到底何指？有何特点？

[1] 王元化：《文心雕龙创作论》第 191 页，上海古籍出版社 1979 年版。

作为一个关键词，"道"在扬雄的《法言》《太玄》等著作中频繁使用，如：

（1）天之道不在仲尼乎？仲尼驾说者也，不在兹儒乎？[1]

（2）大人之学也，为道；小人之学也，为利。[2]

（3）舍《五经》而济夫道者，末矣。[3]

（4）或问：道？曰：道也者，通也，无不通也。或曰：可以适它与？曰：适尧、舜、文王者为正道，非尧、舜、文王者为它道。君子正而不它。[4]

（5）或问：道？曰：道若涂若川，车航混混，不舍昼夜。[5]

（6）道、德、仁、义、礼，譬诸身乎？夫道以导之，德以得之，仁以人之，义以宜之，礼以体之，天也。[6]

（7）或问：道有因无因乎？曰：可则因，否则革。[7]

（8）故夫道非天然，应时而造者，损益可知也。[8]

（9）浑浑乎圣人之道，群心之用也。[9]

从以上诸例看，扬雄并未对"道"作具体界定，或言"道"之传承，如（1）条；或言其载体，如（3）条，"道"传于仲尼而载于《五经》；或言学之目的是为体"道"，如（2）条；或言"道"之性质，如（4）（5）

[1] 《法言·学行》，汪荣宝《法言义疏》第 6 页，中华书局 1987 年版。

[2] 《法言·学行》，汪荣宝《法言义疏》第 31 页，中华书局 1987 年版。

[3] 《法言·吾子》，汪荣宝《法言义疏》第 67 页，中华书局 1987 年版。

[4] 《法言·问道》，汪荣宝《法言义疏》第 109 页，中华书局 1987 年版。

[5] 《法言·问道》，汪荣宝《法言义疏》第 110 页，中华书局 1987 年版。

[6] 《法言·问道》，汪荣宝《法言义疏》第 111 页，中华书局 1987 年版。

[7] 《法言·问道》，汪荣宝《法言义疏》第 125 页，中华书局 1987 年版。

[8] 《法言·问神》，汪荣宝《法言义疏》第 144 页，中华书局 1987 年版。

[9] 《法言·五百》，汪荣宝《法言义疏》第 262 页，中华书局 1987 年版。

（7）（8）条；或言"道"之作用，如（6）（9）条，唯独未说"道"是什么？"道"是一个抽象的存在，体道者称圣，明道者曰经。那末，看看扬雄对圣人之言、书、辞的界定和论说，或许有助于我们对扬雄所谓"道"的理解。

（1）大哉！圣人言之至也。开之，廓然见四海；闭之，閛然不睹墙之里。圣人之言，似于水火。或问：水火。曰：水，测之而益深，穷之而益远；火，用之而弥明，宿之而弥壮。[1]

（2）或问：大声。曰：非雷非霆，隐隐耿耿，久而愈盈，尸诸圣。[2]

（3）圣人之辞浑浑若川，顺则便，逆则否者，其惟川乎？[3]

（4）大哉！天地之为万物郭，《五经》之为众说郭。[4]

（5）言天、地、人，经，德也；否，衍也。[5]

（6）敢问大聪明。曰：眩眩乎！惟天为聪，惟天为明。夫能高其目而下其耳者，匪天也夫？[6]

（7）或谓：仲尼弥其年，盖天劳诸？病矣夫？曰：天非独劳仲尼，亦自劳也。天病乎哉！天乐天，圣乐圣。[7]

（8）圣人有以拟天地而参诸身乎？[8]

（9）观乎贤人，则见众人；观乎圣人，则见贤人；观乎天地，则见圣人。[9]

---

[1] 《法言·问道》，汪荣宝《法言义疏》第 115 ～ 117 页，中华书局 1987 年版。

[2] 《法言·问道》，汪荣宝《法言义疏》第 124 页，中华书局 1987 年版。

[3] 《法言·问神》，汪荣宝《法言义疏》第 163 页，中华书局 1987 年版。

[4] 《法言·问神》，汪荣宝《法言义疏》第 157 页，中华书局 1987 年版。

[5] 《法言·问神》，汪荣宝《法言义疏》第 177 页，中华书局 1987 年版。

[6] 《法言·问明》，汪荣宝《法言义疏》第 179 页，中华书局 1987 年版。

[7] 《法言·问明》，汪荣宝《法言义疏》第 182 页，中华书局 1987 年版。

[8] 《法言·五百》，汪荣宝《法言义疏》第 248 页，中华书局 1987 年版。

[9] 《法言·修身》，汪荣宝《法言义疏》第 104 页，中华书局 1987 年版。

（10）圣人之言，天妄乎？[1]

（11）天地简易，而圣人法之。[2]

（12）或问：圣人占天乎？曰：占天地。若此，则史也何异？曰：史以天占人，圣人以人占天。[3]

（13）圣人之言远如天；贤人之言近如地。玲珑其声者，其质玉乎？圣人矢口而成言，肆笔而成书。言可闻而不可殚，书可观而不可尽。[4]

（14）圣人之材，天地也；次，山陵川泉也；次，鸟兽草木也。[5]

（15）或曰：圣人之道若天，天则有常矣。奚圣人之多变也？曰：……圣人之书、言、行，天也，天其少变乎？[6]

（16）天道劳功。或问：劳功。曰：日一日劳，考载曰功。或曰：君逸臣劳，何天之劳？曰：于事则逸，于道则劳。[7]

　　圣人是道的践行者，故圣人之言、书、行，皆是道的具体而微的呈现。考察扬雄对圣人之言、书、行的评论，则可大体推知其所谓之"道"到底何指？以上列举之材料，（1）至（3）条是说圣人言辞的特征，或喻为"水火"，或比为"川"，或以"大声"拟之，与前述所谓"道"之质性近似，亦不是关于"圣人之言"或"道"的具体界定。值得注意的是，从（4）至（16）条，虽然仍不全是关于"圣人之言"或"道"的界定，但有一个核心词即"天地"或"天"反复出现，特

[1]　《法言·五百》，汪荣宝《法言义疏》第261页，中华书局1987年版。

[2]　《法言·五百》，汪荣宝《法言义疏》第262页，中华书局1987年版。

[3]　《法言·五百》，汪荣宝《法言义疏》第264页，中华书局1987年版。

[4]　《法言·五百》，汪荣宝《法言义疏》第267页，中华书局1987年版。

[5]　《法言·五百》，汪荣宝《法言义疏》第282页，中华书局1987年版。

[6]　《法言·君子》，汪荣宝《法言义疏》第509～510页，中华书局1987年版。

[7]　《法言·孝至》，汪荣宝《法言义疏》第557～558页，中华书局1987年版。

别引人注目。基于此，我们可以初步断定，扬雄之所谓"道"，是"天道"或者"天地之道"。其显明可证者，如（9）条"观乎天地则见圣人"，（10）条"圣人之言天也"，（13）条"圣人之言远如天'，（14）条"圣人之材天地也"，（15）条"圣人之道若天""圣人之书、言、行，天也"。或直接称圣人之道为"天之道"，如前引《法言·学行》所谓"天之道不在仲尼乎"，李轨注云："不在，在也。"或以圣人之道拟天道，如（8）条"圣人有以拟天地"，（11）条"天地简易而圣人法之"，（12）条"圣人占天地"。其以"天"或"天地"与圣人相比附者，实际上就是暗示圣人之道即"天道"或"天地之道"，如（4）（5）（6）（7）（16）条。

综上，笔者认为，扬雄所谓之"道"，是"天道"或"天地之道"。其特征，或"若涂若川"之"不舍昼夜"，或如水如火之"测之而益深""用之而弥明"，或如"大声"之"久而愈盈"。其"应时而造"，可因可革，可损可益，因敝求新。简言之，就是"神"或者"神明"。

"道"之特征是"神"或者"神明"，《法言》于《问道》之后，另立《问神》《问明》二篇，其谋篇布局大有深意。"道""神""明"三者之关系，尚需进一步探讨，先列举材料如下：

（1）或问：神。曰：心。请问之。曰：潜天而天，潜地而地。天地，神明而不测者也。心之潜也，犹将测之，况于人乎？况于事伦乎？敢问：潜心于圣。曰：昔乎，仲尼潜心于文王矣，达之。颜渊亦潜心于仲尼矣，未达一间耳。神在所潜而已矣。[1]

（2）天神天明，照知四方。天精天粹，万物作类。人心其神矣乎？操则存，舍则亡，能常操而存者，其惟圣人乎？圣人存神索至，

---

[1]　《法言·问神》，汪荣宝《法言义疏》第137页，中华书局1987年版。

成天下之大顺，致天下之大利，和同天人之际，使之无间也。[1]

（3）言不能达其心，书不能达其言，难矣哉！惟圣人得言之解，得书之体。白日以照之，江、河以涤之，灏灏乎其莫之御也。[2]

（4）或曰：圣人无益于庸也。曰：世人之益者，仓廪也，取之如单。仲尼，神明也，小以成大，大以成大，虽山川、丘陵、草木、鸟兽，裕如也。如不用也，神明亦未如之何矣。[3]

（5）或问：明。曰：微。或曰：微何如其明也？曰：微而见之，明其誖乎？聪明其至矣乎？不聪，实无耳也；不明，实无目也。敢问：大聪明？曰：眩眩乎！惟天为聪，惟天为明。夫能高其目而下其耳者，匪天也夫？[4]

（6）或问：众人。曰：富、贵、生。贤者。曰：义。圣人。曰：神。[5]

以上几则材料，围绕心、神、圣、明几个核心概念展开讨论，以明道的质性和致道之路径。其中有以下几个问题值得注意。其一，圣人之道即天地之道，"天地"和"圣人"皆有"神明"的特点，故云"天地，神明而不测者也"，"天神天明，照知四方"，"仲尼，神明也"。其二，"道可道，非常道"，"神"不是"道"，"神"是"道"的特点之一。孟子说："圣而不可知之谓神。"[6]作为具有"神"性之"道"，不可知，不易知，唯圣人能知之，能测之。圣人之所以能知能测具有"神"性之"道"，是因为圣人"聪明"，圣人"尚智"。"由于独智，

[1] 《法言·问神》，汪荣宝《法言义疏》第140～141页，中华书局1987年版。
[2] 《法言·问神》，汪荣宝《法言义疏》第159页，中华书局1987年版。
[3] 《法言·五百》，汪荣宝《法言义疏》第263页，中华书局1987年版。
[4] 《法言·问明》，汪荣宝《法言义疏》第179页，中华书局1987年版。
[5] 《法言·修身》，汪荣宝《法言义疏》第104页，中华书局1987年版。
[6] 《孟子·尽心下》，焦循《孟子正义》第585页，诸子集成本，上海书店1986年版。

入自圣门"，圣人如"天地"，有"大聪明"，"能高其目而下其耳"。圣人与天同有"大聪明"，故能"潜天而天，潜地而地"，潜入"天地之道"。其三，"道"既是"天地之道"，亦是人心之道。或者说，"道"既存于天地之间，亦在于人之心中。"道"与"心"关系密切，义近旨通。《法言·孝至》说：

> 或问：大。曰：小。问：远。曰：迩。未达。曰：天下为大，治之在道，不亦小乎？四海为远，治之在心，不亦迩乎？
>
> 天地之得，斯民也；斯民之德，一人也；一人之得，心矣。[1]

"道"与"心"互文见义，实可相通。按照扬雄的观点，"道"和"心"皆有"神"的特点，故曰"人心其神矣乎"。故体道之手段是"潜心"，圣人"潜心"于天地而体察天地之道，众人"潜心"于圣人而体察圣人之道。[2]"潜心"以体察"神明"之道，并非易事，即便是颜渊"潜心"于仲尼，亦是"未达一间"。唯圣人能"潜心"，能"存神索至"。因为圣人有"大聪明"，能"得言之解，得书之体"，故能"潜心"于天地之间而通达"天地之道"。

"天地之道"幽远难测，颜渊尚且"未达一间"，常人更是等而下之。能以"大聪明"之资质"潜心"于天地之间而通达"天地之道"者，唯有圣人。故学者欲"明道"，则必须"征圣"。在汉代知识群体中，扬雄之"征圣"，最为突出。据统计，在《法言》一书中，"圣人"一词凡五十八见，单称"圣"者有十五例，另有"圣门""圣行""圣言""圣

---

[1] 汪荣宝：《法言义疏》第540、541页，中华书局1987年版。

[2] 按，扬雄的"潜心"说，与孟子的"尽心"论，当有一定的渊源关系，尚需进一步深究（详后）。

道"等复合词，共有八十四例。[1]其"征圣"之言论亦屡见不鲜，如：

（1）视日月而知众星之蔑也，仰圣人而知众说之小也。[2]

（2）弃常珍而嗜乎异馔者，恶睹其识味也。委大圣而好乎诸子者，恶睹其识道也。[3]

（3）山径之蹊，不可胜由矣；向墙之户，不可胜入矣。曰：恶由入？曰：孔氏。孔氏者，户也。曰：子户乎？曰：户哉！户哉！吾独有不户者矣。[4]

（4）好书而不要诸仲尼，书肆也；好说而不要诸仲尼，说铃也。[5]

（5）或曰：人各是其所是，而非其所非，将谁使正之？曰：万物纷错则悬诸天，众言淆乱则折诸圣。[6]

（6）或问：治己。曰：治己以仲尼。或曰：治己以仲尼，仲尼奚寡也？曰：率马以骥，不亦可乎？[7]

扬雄之"征圣"，与今文学者以孔子为"素王"之观点不同，亦与汉代一般学者因"征圣"而神化孔子的取向迥异。他之"征圣"，主要还是侧重于将孔子理解为真理之掌握者或者道之传承者，强调的是孔子的智慧德性和理性精神。所以，他说："天下有三门：由于情欲，入自禽门。由于礼义，入自人门。由于独智，入自圣门。"[8]圣人之异于常人，就在于"独智"。因此，他说："圣人聪明渊懿，继天测

[1] 郭君铭：《扬雄〈法言〉研究》第42页，巴蜀书社2006年版。
[2] 《法言·学行》，汪荣宝《法言义疏》第21页，中华书局1987年版。
[3] 《法言·吾子》，汪荣宝《法言义疏》第67页，中华书局1987年版。
[4] 《法言·吾子》，汪荣宝《法言义疏》第68页，中华书局1987年版。
[5] 《法言·吾子》，汪荣宝《法言义疏》第74页，中华书局1987年版。
[6] 《法言·吾子》，汪荣宝《法言义疏》第82页，中华书局1987年版。
[7] 《法言·修身》，汪荣宝《法言义疏》第93页，中华书局1987年版。
[8] 《法言·修身》，汪荣宝《法言义疏》第104页，中华书局1987年版。

灵，冠乎群伦。"[1]圣人之所以能够"继天测灵"，取得"冠乎群伦"之影响，就在于他的"聪明渊懿"。所以，他之论道与"征圣"，皆富有明显的理性主义精神，在今文经学繁琐和迷信的现实文化背景上，确有卓尔不群的"异端"特质。

抽象隐秘的"天地之道"，经过圣人之体察而得以呈现，经过圣人之言说而得以彰显。圣人言说道的方式有二：一是聚徒以言传身教之，二是撰为著述以传承之。无论是对道的言说，还是书写，唯有圣人方能担当。《法言·问神》说：

> 言不能达其心，书不能达其言，难矣哉！惟圣人得言之解，得书之体。白日以照之，江、河以涤之，灏灏乎其莫之御也。[2]

"心"有"神"性，所以问"神"，扬雄即以"心"作答。圣人体察"天地之道"而存于心中，故心即道，道即心，皆有"神"性，故而难测难言。于常人言，"言不能达其心，书不能达其言"，惟有圣人，因其"得言之解，得书之体"，故能"潜心"于道，而成为道之体察者和传承者。圣之言说和书写，即著为经典。学者"明道"，必然"征圣"，必需"宗经"。作为"恒久之至道，不刊之鸿教"之经典，不仅是言说、书写之准绳，亦是日常生活之依据。

> （1）舍《五经》而济乎道者，末矣。弃常珍而嗜乎异馔者，恶睹其识味也；委大圣而好乎诸子者，恶睹其识道也。[3]
>
> （2）或问：圣人之经不可使易知与？曰：不可，天俄而可度，

---

[1] 《法言序》，汪荣宝《法言义疏》第571页，中华书局1987年版。

[2] 汪荣宝：《法言义疏》第159页，中华书局1987年版。

[3] 《法言·吾子》，汪荣宝《法言义疏》第67页，中华书局1987年版。

则其覆物也浅矣；地俄而可测，则其载物也薄矣。大哉！天地之为万物郭，《五经》之为众说郛。[1]

（3）书不经，非书也；言不经，非言也，言、书不经，多多赘矣。[2]

（4）何谓德、愆？曰：言天、地、人，经，德也；否，愆也。[3]

（5）或问：《五经》有辩乎？曰：惟《五经》为辩。说天者莫辩乎《易》，说事者莫辩乎《书》，说体者莫辩乎《礼》，说志者莫辩乎《诗》，说理者莫辩乎《春秋》，舍斯，辩亦小矣。[4]

《五经》为"济道"之途径，为众说中最富于"辩"者，故为"众说郛"。"言天地人"而与"经"相符，则称有"德"。所以，扬雄宣称"书不经，非书也；言不经，非言也"。人类的一切言说和书写，皆当以"经"为准绳，此之谓"宗经"。

总之，在扬雄的思想中，明道、征圣、宗经是三位一体的，"明道"是人生之终极追求，在人类群体中，于"道"之体察与把握最深且透，并能付诸于生活以践行之者，无过于圣人。故学者"明道"必需"征圣"。圣人于道，或言说之，或书写之，或践行之，著为言辞，则称为"经"。故"征圣"必要"宗经"。

2. 扬雄"明道"论之影响及其在文学批评史上的承上启下意义

扬雄以"明道"为核心内容的文学思想，在中国文学理论史上具有承上启下的意义。较早提出"明道"思想，可称为明道、征圣、宗

[1] 《法言·问神》，汪荣宝《法言义疏》第 157 页，中华书局 1987 年版。
[2] 《法言·问神》，汪荣宝《法言义疏》第 164 页，中华书局 1987 年版。
[3] 《法言·问神》，汪荣宝《法言义疏》第 177 页，中华书局 1987 年版。
[4] 《法言·寡见》，汪荣宝《法言义疏》第 215 页，中华书局 1987 年版。

经文学观念之先驱者，是荀子。其主要言论，见于下面两段文字：

> 学恶乎始？恶乎终？曰：其数则始乎诵经，终乎读礼；其义则始乎为士，终乎为圣人。真积力久则入，学至乎没而后止矣。……故《书》者，政事之纪也；《诗》者，中声之所止也；《礼》者，法之大分、类之纲纪也。故学至乎《礼》而后止矣。夫是之谓道德之极。《礼》之敬文也，《乐》之中和也，《诗》、《书》之博也，《春秋》之微也，在天地之间者毕矣。[1]

> 圣人也者，道之管也，天下之道管是矣，百王之道一是矣；故《诗》、《书》、《礼》、《乐》之归是矣。《诗》言是其志也，《书》言是其事也，《礼》言是其行也，《乐》言是其和也，《春秋》言是其微也。故风之所以为不逐者，取是以节之也；小雅之所以为小雅者，取是而文之也；大雅之所以为大雅者，取是而光之也；颂之所以为颂者，取是而通之也。天下之道毕是矣。[2]

荀子以为，"天下之道"在圣人，故云"圣人者，道之管也"。所以学习"天下之道"，首先要学圣人，故云"学之义，始乎为圣，终乎为圣人"。此为"征圣"之义。"天下之道"在圣人，而圣人于道之体察，体现在《诗》《书》《礼》《乐》《春秋》等经典中，故天地之间的各种规律，如"事""行""和""微"等等，皆展现在经典中。圣人远逝，圣人之道体现在经典中，故学习圣人，当研习经典，以经典为人生行事之准则，此为"宗经"之义。"道"为天地间之根本原理，它孕育苍生万物，苍生万物亦以"明道"为旨归，故国风"取

---

[1]　《荀子·劝学》，王先谦《荀子集解》第 7 页，诸子集成本，上海书店 1986 年版。

[2]　《荀子·儒效》，王先谦《荀子集解》第 84 ~ 85 页，诸子集成本，上海书店 1986 年版。

是而节之"，大雅"取是而光之"，小雅"取是而文之"，颂"取是而通之"，此为"明道"之义。总之，荀子虽未明确提出"明道""征圣"和"宗经"这几个概念，但其思想已基本具备了这种意义。所以，学者以为："对儒家圣人与经典作如此崇高的评价，在先秦时代始见于《荀子》，为汉以后文学理论批评中宗经、征圣、明道等说的先声。"[1]

扬雄"明道"文学思想显然是在上述荀子思想之基础上提出来的，而比之更深入具体、更具理论色彩和系统特征。真正完备周详、旗帜鲜明地提出"明道""征圣"和"宗经"的文学理论，并以此为论文之枢纽者，是刘勰的《文心雕龙》。其书首列《原道》《征圣》《宗经》《辨骚》和《正纬》五篇，以为"《文心》之作也，本乎道，师乎圣，体乎经，酌乎纬，变乎骚。文之枢纽，亦云极矣"。[2]虽说五篇皆为"文之枢纽"，但五篇中又以前三篇为主，后两篇实有补充说明之附录性质，即"辨骚""正纬"之目的，是为"原道""征圣"和"宗经"，是为凸显经典和圣人的核心地位。刘勰"原道"文学思想与扬雄之"明道"，有明显的渊源关系，或者说，前者是对后者的理论提升和系统表述。唐宋以来的古文家和理学家，又在刘、扬论说之基础上作进一步的引申和发挥，分别提出"载道"说和"贯道"论，虽然其观点已经逐渐远离扬雄、刘勰之本意。[3]

需要重点讨论的，是在"明道"问题上，刘勰与扬雄之间的渊源影响关系。从二人的学术渊源考察，有两项事例值得注意：

一是二人皆高度重视孔子，以孔子学说为依据建立自己的理论体

[1] 顾易生、蒋凡：《中国文学批评通史·先秦两汉卷》第128页，上海古籍出版社1996年版。

[2] 《文心雕龙·序志》，范文澜《文心雕龙注》第727页，人民文学出版社1978年版。

[3] 参见郭绍虞《中国文学批评理论中"道"的问题》，《照隅室古典文学论集》（下册），上海古籍出版社1983年版。

系。如扬雄推崇孔子，以为"好书而不要诸仲尼，书肆也；好说而不要诸仲尼，说铃也"，[1]"万物纷错则悬诸天，众言淆乱则折诸圣"。[2]实际上，他的创说就是以孔子学说为依据，以"孔氏之门为户"。刘勰亦是如此，他陈述其撰写《文心》的动机说：

> 予生七龄，乃梦彩云若锦，则攀而采之。齿在逾立，则尝夜梦执丹漆之礼器，随仲尼而南行。旦而寤，乃怡然而喜。大哉圣人之难见矣！乃小子之垂梦与？自生人以来，未有如夫子者也。敷赞圣旨，莫若注经，而马、郑诸儒，弘之已精，就有深解，未足立家。唯文章之用，实经典枝条；五礼资之以成，六典因之致用，君臣所以炳焕，军国所以昭明，详其本源，莫非经典。而去圣久远，文体解散，辞人爱奇，言贵浮诡，饰羽尚画，文绣鞶帨，离本弥甚，将遂讹滥。盖《周书》论辞，贵乎体要；尼父陈训，恶乎异端；辞训之异，宜体于要，于是搦笔和墨，乃始论文。[3]

据此可知，刘勰撰著《文心》以"论文"的直接触媒，是夜梦"随仲尼而南行"，他鉴于注经而"未足立家"，于是"搦笔和墨，乃始论文"，其以孔圣学说为论文之准绳，昭然可见。故邓国光说："刘勰追随孔子，衷心而生；颂美孔子，具见全书。""《文心雕龙》之所以能够独树一帜，永存人间，正因为深得孔子精神。"[4]而刘勰之重视孔子，可能就是受到扬雄的影响。范文澜《文心雕龙注·征圣》就认为扬雄

---

[1] 《法言·吾子》，汪荣宝《法言义疏》第74页，中华书局1987年版。

[2] 《法言·吾子》，汪荣宝《法言义疏》第82页，中华书局1987年版。

[3] 《文心雕龙·序志》，范文澜《文心雕龙注》第725～726页，人民文学出版社1978年版。

[4] 邓国光：《〈文心雕龙〉文理研究——以孔子、屈原为枢纽轴心的要义》第16页，上海古籍出版社2012年版。

是刘勰尊圣的原型。[1] 日本学者兴膳宏亦认为，"刘勰在尊孔的态度上效学孟轲、扬雄"，"从《法言》各篇中可知扬雄在尊孔方面也是可与孟子比美的。……同时刘勰引用扬雄之言处甚多，可以说他把扬雄视为具有卓越见识的前辈，表示了充分的敬意"。[2]

二是刘勰论文，于扬雄的文学思想，有深度的契合。刘勰论文以孔圣为依归，于"近代之论文者"多有批评，他说：

> 详观近代之论文者多矣，至于魏文述典，陈思序书，应玚文论，陆机《文赋》，仲洽《流别》，弘范《翰林》，各照隅隙，鲜观衢路。或臧否当时之才，或铨品前修之文，或泛举雅俗之旨，或撮题篇章之意。魏典密而不周，陈书辩而无当，应论华而疏略，陆赋巧而碎乱，《流别》精而少功，《翰林》浅而寡要。又君山、公干之徒，吉甫、士龙之辈，泛议文意，往往间出，并未能振叶以寻根，观澜而索源。不述先哲之诰，无益后生之虑。[3]

在刘勰看来，近代以来之论文者，虽各有所得，而缺失亦多，或者"各照隅隙，鲜观衢路"，或者未能"振叶以寻根，观澜而索源"，皆有或此或彼、或轻或重的缺点。值得注意的是，刘勰评述"近代论文者"之缺陷而及于两汉之际的桓谭，却于与桓谭同时且关系密切之扬雄，只字不提。并非扬雄之论文可以忽略不计，刘勰甚重扬雄文论，并于《文心》中多次引述扬雄的文论以证成己说。唯一的可能是，刘勰推崇扬雄，以扬雄为论文的知音，虽然他对扬雄亦偶有批评，但大

[1] 范文澜：《文心雕龙注》第 17 页，人民文学出版社 1978 年版。
[2] （日）兴膳宏：《〈文心雕龙〉论文集》第 102～103 页，彭恩华编译，齐鲁书社 1984 年版。
[3] 《文心雕龙·序志》，范文澜《文心雕龙注》第 725～726 页，人民文学出版社1978 年版。

体上以扬雄文论为论文之依据。据统计，《文心》一书论及扬雄者有二十篇，凡四十余处，常常以扬雄作品作为"选文定篇"的典范，往往引用扬雄文论作为自己立论之依据。故徐复观说：

> 扬雄的文学活动，给刘彦和以莫大的影响，……扬雄有关文学的言论，皆成为彦和论文的准绳。扬雄与文学生活的有关断片，彦和心目中皆为文坛的掌故。扬雄的各种作品，《文心雕龙》中无不论列。我以为最能了解扬雄文学的，古今无如彦和。[1]

扬雄和刘勰的文论，皆依孔圣立言，而刘勰又常以扬雄为准绳，故二人在文学思想上实有明显的渊源关系，这在"明道"论上有明显体现。刘勰《文心》之作，开篇即以"原道"为题。其"道"为何？学界有不同说法，如黄侃以为是"自然之道"，其云：

> 《序志》篇云：文心之作也，本乎道。案彦和之意，以为文章本由自然生，故篇中数言自然，一则曰：心生而言立，言立而文明，自然之道也。再则曰：夫岂外饰，盖自然耳。三则曰：谁其尸之，亦神理而已。寻绎其旨，甚为平易。盖人有思心，即有言语；既有言语，即有文章。言语以表思心，文章以代言语，惟圣人为能尽文之妙，所谓道者，如此而已。此与后世言"文以载道"者截然不同。[2]

马宏山以为是佛道，认为《文心雕龙》中"自然"和"神理"同是"道"的名称，是"佛道"；刘勰把"神理"和"自然"都按照"佛性"

---

[1] 徐复观：《两汉思想史》（二）第 430～431 页，九州出版社 2014 年版。
[2] 黄侃：《〈文心雕龙〉札记》第 3 页，华东师范大学出版社 1996 年版。

的意义来使用。[1] 虽然刘勰曾入寺为僧，于佛道有深入探究，佛道思想亦渗透于《文心》一书，但遽然断定刘勰"原道"之"道"即为"佛道"，学者少有认同，故可置而不论。争论之焦点聚集在"自然之道""天地之道"和"儒家之道"上。笔者认为，这些争论，往往有拘泥于概念和胶着于文字之嫌疑，实际上三者之间不无相通之处，或者说根本上就是一义而三名。于此，郭绍虞的观点最为中肯，他说：刘勰论文，"一方面由流以溯源，而主张宗经"，故有《宗经》篇；"一方面又从末返本，而主张原道"，故有《原道》篇；"《原道》篇所说的道，是指自然之道，所以说'文之为德与天地并生'，《宗经》篇所说的道，是指儒家之道，所以说'经也者，恒久之至道，不刊之鸿教也'"；"《文心雕龙》之所谓道，不妨有此二种意义，因为这二种意义，在刘勰讲来是并不冲突的"，"他因论文而推到为文之本，认识到文学是从观察现实得来的，……照这样讲来，刘勰之所谓道，确是指自然之道，确是指万物之情"，"然而他推到为文之源，又不能不承认圣人在中间所起的作用，……也就必然以经典为宗主，而所谓道，也只成为儒家一家之道了"。再进一步说，自然之道与儒家之道并不冲突，"道是根据人生行为来的，所以是自然之道；可是，反过来，道又可以指示人生行为，起教育作用的，所以在封建社会也就不妨说是儒家一家之道"。[2]

与郭绍虞之观点略为相近的，是徐复观。他力驳黄侃"自然之道"说，以为"自然"一词首见于《老子》，《老子》书中关于"自然"一词的四个方面的应用（以"自然"说明道自身的生成、以"自然"说明道创造万物的情形、言人民的"自然"、言人生的"自然"），

[1] 马宏山：《〈文心雕龙〉散论》第 4～5 页，新疆人民出版社 1982 年版。
[2] 郭绍虞：《中国文学批评理论中的"道"的问题》，见《照隅室古典文学论集》
上编第 35～36 页，上海古籍出版社 1983 年版。

均与刘勰的"自然"无关，亦与作"自然界"的"自然"无关。刘勰的"自然"，义近"当然""固然"，指的是"自自然然地如此"。[1] 认为刘勰所谓的"道"，不是《老子》"先天地生"之"道"，而指的是"天道"，或者"天地之道"。此"天道"之内容就是刘勰所谓"盖道之文也"的"文"，故有"言之文也，天地之心哉"之说。"彦和以六经为文学的总根源，六经是圣人的'文'。更由圣人之'文'上推，而认为天道的内容即是'文'，天道直接所表现的是'文'，由天所生的人当然也具有'文'的本性。由是而说文乃'与天地并生'，有天地即有文"。[2] 但是，徐复观进一步指出：

> "道之文"在内容上并不止于是儒家之"文"，因为它把自然界的"文"也包括在内。但道之文向人文落实，便成为儒家的周孔之文。于是道的更落实、更具体的内容性格，没有办法不承认是孔子"熔钧六经"之道，亦即是儒家之道。[3]

在徐复观看来，刘勰之道，既是"天地之道"，亦是"儒家之道"，二者一义而二名，并无实质性的冲突。

徐复观的此种观点，在邓国光那里有更充分的发挥，他说：

> 刘勰用《易传》义以成《原道》，本"天地"一义立说；其中"道"义和"天地"为互文，"天地之心"即"道心"为互待。圣人深存"天

---

[1] 徐复观：《〈文心雕龙〉浅论之一——自然与文学的根源问题》，见《中国文学精神》第 171～174 页，上海书店出版社 2004 年版。

[2] 徐复观：《〈文心雕龙〉浅论之二——〈原道〉篇通释》，见《中国文学精神》第 175～176 页，上海书店出版社 2004 年版。

[3] 徐复观：《〈文心雕龙〉浅论之二——〈原道〉篇通释》，见《中国文学精神》第 177 页，上海书店出版社 2004 年版。

地之心"，直接体现"道"；本天地之心，明道救世；圣人为此而立文立言，文辞意在淑世，与造化同功，是称之为"明道"。[1]

即在天德与文德之间，圣德起着转化作用。在天地之心与文心之间，道心起着中介作用。天德、文德、圣德与天地之心、文心、道心之间，是相通相融的关系。因此，笼统地说，"天地之道"就是"自然之道"，并无细分之必要。关于刘勰之"道"，到底是"自然之道"，还是"儒家之道"，抑或是"天地之道"，在徐复观、邓国光等人看来，是不必劳心费神争论的。

综上，刘勰《原道》之"道"，既是"天地之道"或"自然之道"，亦是"儒家之道"。通过比较可以发现，刘勰之"道"与扬雄之"道"有明显的相似之处。如前所述，扬雄所谓之"道"，即"天道"或"天地之道"；儒家之圣人最明此道，将此道之体察述作于经典之中，故而"天地之道"亦就成了"儒家之道"。在儒家思想尚未教条化的时代，我们不得不承认，儒家之道、天地之道、自然之道三者完全可以互通互释。鉴于刘勰和扬雄共同尊奉孔子，以孔圣之说为立论准则；刘勰又特别推崇扬雄，以扬雄的作品为"选文定篇"之范本，以扬雄之言论为证据立说论文。故刘勰于"道"理解与扬雄之"道"的显著相似，绝非巧合，乃刘勰有意学习效仿的结果。扬雄文学思想于刘勰的影响，于此可见一斑。

如前所述，中国文学批评史上的"明道"论，发端于荀子，发展于扬雄，定型于刘勰，而流变于唐宋古文家和道学家，扬雄在其中起着至关重要的作用，他直接启发和影响了刘勰以"原道"为核心的"文

---

[1] 邓国光：《〈文心雕龙〉文理研究：以孔子、屈原为枢纽轴心的要义》第17页，上海古籍出版社2012年版。

之枢纽"说的构建。大体而言，扬雄、刘勰的"明道"论，是儒家思想尚未教条化之前的创建，故其所谓"道"，既是"儒家之道"，亦是"自然之道"或"天地之道"，三者三名而一义。唐宋以来的古文家特别是道学家，在"明道"论之基础上发展成"载道"说，则是儒家思想逐渐教条化后的构建，故其所谓"道"，则是专指"儒家之道"。如果说唐宋以后之古文家特别是道学家提倡的"载道"说，必然导致重道轻文，以道为本，以文为末，文仅仅成为"载道"之工具或手段。而扬雄、刘勰的"明道"论，则是"从哲学上穷究文学的根源，而其内心实系以六经根于天道，文学出于六经，以尊圣、尊经者尊文学，并端正文学的方向"。[1]如果说前者(古文家、道学家)是为道，后者(扬雄、刘勰)则是为文。后者趋向于"哲学性的文学起源"的阐释，实际上体现的是他们在文学本体论建构上的努力，这与六朝时期的思想家热衷于思想本体建构的时代风尚是吻合的。虽然如徐复观所说，此种"为了提倡文应宗经，因而将经推向形而上之道，认为文乃本于形而上之道，这种哲学性的文学起源说，在今天看来并无多大意义。今日研究文学史的结论，大概都可以承认文学起于集体创作的歌谣、舞蹈，远在文字出现之前"。[2]但是，在文学发展之早期，此论对于彰显文学的意义，提升文学之价值，高扬文学的地位，其正面价值和积极影响，是不容低估的。正如邓国光所说：

　　中国传统文学的"文"与"道"的问题，不是某一位作者或论者一时意兴的梦呓。这一对于文明史进程相参照的观念，是中国文

---

[1] 徐复观：《〈文心雕龙〉浅论之二——〈原道〉篇通释》，见《中国文学精神》第 176 页，上海书店出版社 2004 年版。

[2] 徐复观：《〈文心雕龙〉浅论之二——〈原道〉篇通释》，见《中国文学精神》第 179 页，上海书店出版社 2004 年版。

学的核心意识，讨论中国文学思想，根本不能绕过。严肃的文学研究，必须要正视"文"与"道"的问题，从而开敞文学本体的义理。[1]

文学本体意义或形上属性的建构，实际上是恢复或彰显文学书写的严肃性和重要性，对过分突出"抒情语体"创作所带来的种种弊端之矫正，有重要促进。因为文学创作过度倾向于"抒情"一面，"势必陷入矫情虚饰，标奇立异，逞强一时"，"结果是诗、文、小说、戏曲之外，大量古代累积下来的文章，皆遭割弃不顾。另一方面，闲适性与才子气泛滥，突出各抒己见。闲言闲语把弄文学的严肃性，充斥于不同的生活与学术层面，甚至把文学世界推向直觉、平面、单调的文字组装的可怜状态之中，殒殪于轻松的话头"。[2] 所以，对于矫正文学的低俗化和过分地闲适性发展，扬雄、刘勰提出的具有本体论特点和形上论特质的"明道"论，仍有相当重要的现实价值。

二、寓玄于艺：扬雄"玄思"论对刘勰"神思"论之启发和影响

扬雄在老子"玄"义之基础上所立的"玄"论，当有三义：一是作为世界本体而成为研究对象的"玄"，即"玄体"；二是作为对此世界本体之特性进行描述的"玄"，即"玄远"。三是作为研究方法或思维方式的"玄"，即"玄思"。可以说，扬雄正是以具有抽象思辨特征的"玄思"去构建具有本体意义的"玄体"。就其对六朝之学

---

[1] 邓国光：《〈文心雕龙〉文理研究：以孔子、屈原为枢纽轴心的要义》第6页，上海古籍出版社2012年版。

[2] 邓国光：《〈文心雕龙〉文理研究：以孔子、屈原为枢纽轴心的要义》第5～6页，上海古籍出版社2012年版。

的影响而言，扬雄的"玄思"大于其"玄体"。笔者在本书第四章第三节之"玄思大义：扬雄的思辨精神"部分，讨论了扬雄"玄思"方法的渊源、特征和影响。本节所欲申论者，乃扬雄的"玄思"方法对刘勰"神思"艺术理论的影响。

1. "神思"论概说

在六朝文学理论和人物品鉴中，"神思"是一个常见词汇，如曹植《宝刀赋》说："规圆景以定环，摅神思而造像。"[1] 谯周说："神思独至之异。"[2] 华覈《乞赦楼玄疏》云："宜得闲静，以展神思。"[3] 韦昭《鼓吹曲》说："建号创皇基，聪睿协神思。"宗炳《画山水序》说："峰岫峣嶷，云林森眇。圣贤映于绝代，万趣融其神思。"[4] 萧子显《南齐书·文学传序》说："属文之道，事出神思，感召无象，变化不穷。俱五声之音响，而出言异句；等万物之情状，而下笔殊形。"[5] 以上引文，谯周之语，乃言"神思"之功效，有"独至之异"；华覈、韦昭之语，是言"神思"之前提，即需具备"闲静""聪睿"之条件方能开展"神思"；曹植之语，乃言"神思"之用，即据"神思"以"造像"；宗炳之言，是论绘画过程中"应目会心"的构思活动。以上所举，唯萧子显之言，是就文学创作而论"神思"。

六朝时期就文学而论"神思"，最为深切著明者，首推刘勰《文心雕龙·神思》篇。其开篇曰：

---

[1] 赵幼文：《曹植集校注》卷一第 160 页，人民文学出版社 1986 年版。

[2] 《三国志·蜀志·杜琼传》，卢弼《三国志集解》第 831 页，中华书局 1982 年版。

[3] 严可均：《全三国文》卷七十四，《全上古三代秦汉三国六朝文》第 1451 页，中华书局 1958 年版。

[4] 严可均：《全宋文》卷二十一，《全上古三代秦汉三国六朝文》第 2546 页，中华书局 1958 年版。

[5] 萧子显：《南齐书》（点校本）第 907 页，中华书局 1972 年版。

古人云：形在江海之上，心存魏阙之下。神思之谓也。文之思也，其神远矣。故寂然凝虑，思接千载；悄然动容，视通万里；吟咏之间，吐纳珠玉之声；眉睫之前，卷舒风云之色；其思理之致乎？故思理为妙，神与物游。神居胸臆，而志气统其关键；物沿耳目，而辞令管其枢机。枢机方通，则物无隐貌；关键将塞，则神有遁心。是以陶钧文思，贵在虚静，疏瀹五藏，藻雪精神。积学以储宝，酌理以富才，研阅以穷照，驯致以怿辞，然后使玄解之宰，寻声律而定墨；独照之匠，窥意象而运斤。此盖驭文之首术，谋篇之大端。[1]

"神思"一词，虽非刘勰所独创，但以"神思"论文确自刘勰始。刘勰高度重视"神思"，以为它是"驭文之首术，谋篇之大端"。其《神思》一篇，置于"割情析采"部分之首，实为其整个创作理论之总纲领。故今日之龙学研究，"神思"论备受关注，成为龙学研究的焦点问题之一。

何谓"神思"？刘勰引古语以解释，并未对之有具体的界定。或以为"神思"即"艺术想象"，如王元化认为"神思"就是"想象"，"刘勰引用这句话时已舍去了它的本义，借以规定'神思'具有一种身在此而心在彼，可以由此及彼的联想功能"。[2] 或以为"神思"即艺术构思，如陆侃如、牟世金。[3] 其实，二者并不矛盾，因为艺术想象正是艺术构思中的一个环节，《神思》篇所讨论的正是艺术构思中的想象问题。

从《神思》篇对"神思"一词的使用情况来看，"神思"在字面上当有二义：其一，"神"即是"心"，"神思"即是"心思"，"心"

[1] 詹锳：《文心雕龙义证》第 975～980 页，上海古籍出版社 1989 年版。

[2] 王元化：《文心雕龙创作论》第 95 页，上海古籍出版社 1979 年版。

[3] 陆侃如、牟世金：《文心雕龙译注》第 358 页，齐鲁书社 1995 年版。

为"思"之载体。此"神"作名词使用。其二，"神"即"玄"，"神思"即"玄思"，"神"为"思"之状态或性质。此"神"作形容词使用。前者言"思"之主体是"心"，亦是"神"；后者言"思"之状态或性质是"玄"，亦是"神"。当然，此二义亦并不矛盾，只是侧重点不同，即以"心"或"神"为载体开展的"思"具有"神"或"玄"的特点。因此，"神思"一词，其主体是"思"，《神思》一篇讨论的就是文学创作中"思"之特点、作用和类型。

刘勰甚重"神思"在文学创作中的重要作用，认为它是"驭文之首术，谋篇之大端"，此与萧子显所谓"属文之道，事出神思"的观点相同，亦与萧统《文选序》所谓"事出于沉思，义归乎翰藻"的说法相近。"神思"的特点，在刘勰这里，是"寂然凝虑，思接千载；悄然动容，视通万里"；用萧子显的话说，就是"感召无象，变化不穷"。"神思"之结果，出神入化，难以理喻，它能够"卷舒风云之色"和"吐纳珠玉之声"；用萧子显的话说，就是"出言异句""下笔殊形"，就是"放言落纸，气韵天成"。"神思"并非率意可为，需要一定的修为与涵养，即"陶钧文思，贵在虚静，疏瀹五藏，澡雪精神"，此外还需有"积学""酌理""研阅""驯致""博练"之功夫。

刘勰"神思"论的内容大体如此。学者讨论其理论渊源，多追踪至陆机《文赋》。陆机《文赋》实为《文心》之先导，《文心》中诸多内容实由《文赋》引申而来。此为学者之共识，毋需赘论。就创作构思中的想象而言，《文赋》"伫中区以玄览，颐情志于《典》《坟》"，是为《文心》"积学""酌理""研阅""驯致""博练"说之所本，讲的是构思想象前的知识储备；"收视反听，耽思傍讯"，是为《文心》"陶钧文思，贵在虚静，疏瀹五藏，澡雪精神"说所本，讲的是构思想象前的心理准备；"精骛八极，心游万仞"，"观古今于须臾，抚四海于一瞬"，是为《文心》"思接千载，视通万里"和"神与物游"论所本，说的是构思想象的性质或状态。据此可知，二者的渊源影响关系甚为明显。

笔者在《司马相如赋论发微》一文中，[1] 讨论相如"赋心"说及其影响，以为司马相如在庄子学说之影响下提出的"赋心"说，是中国文学史上第一个从艺术角度阐述文学想象问题的作家，陆机和刘勰在探讨艺术想象和创作精神状态时，皆受其影响和启发。如他在创作中体现的"意思萧散，不复与外事相关，……忽然而睡，焕然而兴"的状态，与陆机所谓"收视反听，耽思傍讯"，与刘勰所谓"陶钧文思，贵在虚静，疏瀹五藏，藻雪精神"，是一脉传承的。其以为作家应当有"苞括宇宙，总览人物"的心胸，作品应当有"控引天地，错杂古今"的气魄，与陆机所谓"精骛八极，心游万仞""观古今于须臾，抚四海于一瞬"，刘勰所谓"思接千载，视通万里"，亦是一脉相承的。其间的渊源影响关系，是相当的清楚。

综上，关于刘勰"神思"论之渊源，最直接亦是最受人重视的是陆机《文赋》，此外相如"赋心"之说对之亦有较大启发。但是，笔者以为，这其中尚有一个被学者普遍忽略的重要环节，就是扬雄的"赋神"说和"玄思"论对刘勰"神思"论的影响，或者说，扬雄"赋神"说和"玄思"论在自相如至陆机至刘勰的想象论发展史上的承上启下的作用。

2. "赋心"与"赋神"：从司马相如到扬雄关于艺术想象理论的发展

司马相如首创的"赋心"论，见于《西京杂记》卷二。其云：

[1] 汪文学：《司马相如赋论发微》，《贵州民族学院学报》2003年第1期。

司马相如为《上林》《子虚赋》，意思萧散，不复与外事相关。控引天地，错杂古今；忽然如睡，焕然而兴，几百日而后成。其友人盛览，字长通，名览，尝问以作赋，相如曰：合纂组以成文，列锦绣而为质。一经一纬，一宫一商，此赋之迹也。赋家之心，苞括宇宙，总览人物，斯乃得之于内，不可得而传。览乃作《合组歌》《列锦歌》而退，终身不复敢言作赋之心矣。[1]

这段文字涉及"赋迹""赋心"及其"得之于内，不可得而传"等问题。笔者在《司马相如赋论发微》一文中，通过对此段文字的考察和分析指出：

在中国古代文论史上，司马相如是第一个强调文学语言的音乐美和色彩美，第一个从艺术角度阐述文学想象问题，第一个以自身的创作行动展示了文学创作的特殊的精神状态，第一个强调艺术天才在文学创作中的重要作用。他的这些观点，不仅远远超过汉人的功利主义的文学观，而且对整个中国古代文论都产生过十分深入的影响，已经是非常接近文学本质的看法了。[2]

本节仅就"赋心"言之。所谓"赋心"，是指作家的"修养和构思"。[3]司马相如认为，"赋家之心，苞括宇宙，总览人物"。即是说，在文学创作中，艺术家要使自己的心胸阔大到能够容纳整个宇宙万物和人类历史，有一种能够驰骋于上下古今的想象力。实际上，司马相如就

[1] 《西京杂记》卷二。

[2] 汪文学：《司马相如赋论发微》，《贵州民族学院学报》2003年第1期。

[3] 刘大杰：《中国文学发展史》上册第143页，上海古籍出版社1983年版。

是用这种"苞括宇宙，总览人物"的博大心胸和丰富想象去进行创作的。相传他作《子虚》《上林》，为了达到"苞括宇宙，总览人物"的目的，他"控引天地，错杂古今"，进入了"意思萧散，不复与外事相关，……忽然而睡，焕然而兴"的创作状态，这是一种全部感觉、意念高度集中的、如痴如醉的、全神贯注的创作状态。笔者以为：这种贯穿古今、穷极天地的想象力，是一切伟大的艺术家所必需具备的一种基本能力；这种如痴如醉、全神贯注的状态正是进入真正的艺术创作时必然呈现出来的一种精神状态。可以说，司马相如在这里已经触及到了文学创作中的两个重要理论问题，即艺术想象问题和艺术创作状态问题。

　　司马相如阐述的艺术想象和他在创作中所呈显的创作状态，皆与庄子学说有直接的渊源关系。如他所说的"苞括宇宙，总览人物"的艺术想象力，明显受到庄子所谓的"夫至人者，上窥青天，下潜黄泉，挥斥八极，神气不变"，[1]和"出入六合，游乎九州"之类说法的影响。[2]他在创作中所表现的"忽然而睡，焕然而兴"的精神状态，与庄子所说的"无听之以耳，而听之以心"，[3]和"用志不分，乃凝于神"的状态，有类似的地方。[4]这实际上就是一种超越功利得失的精神状态，与司马相如创作《子虚》《上林》时的"意思萧散，不复与外事相关"的状态完全一致。但是，庄子学说主要侧重于哲学和技艺，而司马相如则是专论文学创作。可以说，是司马相如第一个从艺术角度阐述想象问题，亦是第一个以自身行动展示了艺术创作中特殊的精神状态，因而在古代文学理论史上，具有特别重要的意义，后代的文学理论家如陆机、刘勰等人在探讨艺术想象和创作精神状态时，无不受其影响

[1]　《庄子·田子方篇》，王先谦《庄子集解》卷五，成都古籍书店1988年版。
[2]　《庄子·在宥篇》，王先谦《庄子集解》卷三，成都古籍书店1988年版。
[3]　《庄子·人间世篇》，王先谦《庄子集解》卷一，成都古籍书店1988年版。
[4]　《庄子·达生篇》，王先谦《庄子集解》卷五，成都古籍书店1988年版。

和启发。

再说扬雄的"赋神"论。扬雄《答桓谭书》说："长卿赋不似从人间来，其神化所致邪？"[1] 此为学者所称扬雄"赋神"论或"神化"说之所本。较早注意到这个问题的是朱东润，他在《中国文学批评史大纲》中引用上述《西京杂记》卷二的一段文字后说："相如论赋，推重赋心，后人或以之为神化，此一说也。""子云之论，虽于长卿神化之说有所发明，然论学赋之法，已嫌着迹。"[2] 在这里，已指出了"神化"说与"赋心"论之间的渊源关系，但未予深论。罗根泽《中国文学批评史》有稍微深入的阐释，其书之第三章有"司马相如的'赋心'与杨雄的'赋神'"一节，专门讨论"赋心"和"赋神"二说，认为二者皆是"极鲜明的神秘主义的文论"，他引用《法言·问神》篇讨论"神"与"心"的关系一段文字以说明之，他说："'神'的方法论之视'心'的方法论，从一方面讲更神秘一些，从另一方面讲却又较具体一些，就是'心'是不传之秘，'神'则'潜心'可得，能'潜心''读千赋则善赋'了。"[3]

考察扬雄"神化"说之所本，或与《庄子》有关。《庄子·达生》云："梓庆削木为鐻，成，见者惊犹鬼神。"梓庆所雕之鐻，"见者惊犹鬼神"。这与扬雄称道"长卿赋不似从人间来，其神化所致邪"的表述很相似。[4] "鬼神"犹"神化"之意，即达致精妙绝伦之境而不知何以达致如此之境，如罗根泽所说有"鲜明的神秘主义"特色。

---

[1] 张震泽：《扬雄集校注》第 274 页，上海古籍出版社 1993 年版。《西京杂记》卷三亦有类似的记载，其云："司马长卿赋，时人皆称其典而丽，虽诗人之作不能加也。扬子云曰：长卿赋不似从人间来，其神化所至邪？子云学相如赋而弗逮，故雅服焉。"

[2] 朱东润：《中国文学批评史大纲》第 14、15 页，古典文学出版社 1957 年版。

[3] 罗根泽：《中国文学批评史》（一）第 95 页，上海古籍出版社 1984 年版。

[4] 《庄子·达生篇》，王先谦《庄子集解》卷五，成都古籍书店 1988 年版。

考察"神化"一词之词源，据现存文献，较早见于《淮南子·主术训》。《主术训》言人君之制御天下，尚"神化"，其云："形罚不足以移风，杀戮不足以禁奸，唯神化为贵，至精为神。"[1] 又云："故太上神化，其次使不得为非，其次赏贤而罚暴。"[2] "是故威厉而不杀，刑错而不用，法省而不烦，故其化如神。"[3] 据此，所谓"神化"，就是"其化如神"。徐复观解释说："何谓神化？'至精为神'，由至精的感通作用，而得到无教化之迹而有不知其然的化育的效果。"[4] 此虽就治道而言，但亦当是扬雄论文之所本。

就扬雄所立之"神化"或"赋神"论本身而言，因为仅此一句言辞，故可阐释的空间甚小。如果向上联系相如的"赋心"说，向下联系其本人关于"神"与"心"之关系的讨论，则尚有进一步申说的余地。扬雄用"神化"一词评价相如赋，或与相如的"赋心"说有一定关系。相如论"赋心"说："赋家之心，苞括宇宙，总览人物，斯乃得之于内，不可得而传。"其含义有三：一是"得之于内，不可得而传"，如"赋神"一样有"神秘主义"色彩；二是有"苞括宇宙，总览人物"的特征，能达到"控引天地，错杂古今"之目的；三是具备"意思萧散，不复与外事相关"的精神状态。另外，扬雄虽然未对"赋神"作具体阐释，但他在《法言·问神》中关于"神"与"心"之关系的一段讨论文字，透露出其"赋神"论与相如"赋心"说之间的某种渊源关系。其云：

> 或问：神？曰：心。请问之。曰：潜天而天，潜地而地。天地，神明而不测者也。心之潜也，犹将测之，况于人乎？况于事伦乎？……

[1] 何宁：《淮南子集释》第614页，中华书局1998年版。
[2] 何宁：《淮南子集释》第621页，中华书局1998年版。
[3] 何宁：《淮南子集释》第610页，中华书局1998年版。
[4] 徐复观：《两汉思想史》（二）第233页，九州出版社2014年版。

神在所潜而已矣。……人心其神矣乎？操则存，舍则亡。能常操而存者，其惟圣人乎？[1]

李轨注说："测于天地之情者，潜之乎心也。心能测乎天地之情，则入乎神矣。"可谓深得其旨。首先需要说明的是，此"神"不是具体的物质性存在，显然不是指"心"，它大体近似于扬雄所谓的"玄"。"神"作"玄"解，《太玄》多有其例，如《太玄·玄告》说："玄者，神之魁也。""玄生神象。"[2]《太玄·中》说："神战于玄，其陈阴阳。"[3]许结解释说："一，玄为本根，神为境界，其间包含阴阳、文质、刚柔等；二，玄为整体，神为内力，化生阴阳、文质、刚柔等。因此，扬雄以'神化'为艺术之最高境界时，'神'也就具备了自然哲学之'玄'的主要特征。"[4]据此，可以说"神化"就是"玄化"，"入神"就是"入玄"。

"神化"即"玄化"，如何进入此"神化"或"玄化"之境界，"心"就是一个重要的工具或载体。或者说，"心"是体玄味玄之载体，"潜心"是体玄味玄之方式。如此，按照扬雄的理解，相如之"赋心"，就是赋家之"玄心"。赋家因为有此"玄心"，故能超越现实之局限，"潜心"于天地之间，能够"苞括宇宙，总览人物"，达到"控引天地，错杂古今"的境界。笔者认为，这就是相如"赋心"和扬雄"赋神"的相通之处。束景南看到了这层关系，他说：

神在心之所潜，心若能潜天而天，潜地而地，则入乎神。……

[1] 汪荣宝：《法言义疏》第137～140页，中华书局1987年版。

[2] 司马光：《太玄集注》第215页，中华书局1998年版。

[3] 司马光：《太玄集注》第5页，中华书局1998年版。

[4] 许结：《汉代文学思想史》第211页，人民文学出版社2010年版。

推之于文，作文若能随心之所潜，达到潜天而天，潜地而地，测乎天地之情，则文章便达于"神化"。可见扬雄说的"神化"是指赋家之"心"而言：创作时赋家之心能纵横捭阖，潜天入地，操纵自如，文章便臻入出神入化之境，这同"赋家之心，苞括宇宙，总览人物，斯乃得之于内，不可得而传"的说法是一致的。这种神化说也就是强调用"神"、操"心"，畅达地表现中心之声，中心之情。……扬雄的神化说神心说涉及到了作家如何用"心"运"神"的问题，这一重要文学思想在扬雄以前（包括相如）尚无人论及。[1]

潜心于"神"，便能达到"神化"的境界。"神化"的境界就是"玄化"的境界，"潜心"的过程就是"玄思"的过程。扬雄"赋神"论与相如"赋心"说的相通之处，就在于此。但束景南以此为依据之一断定《西京杂记》记录的相如"赋心"之论当归属于扬雄，似嫌证据不足。

3. "玄思"与"神思"：扬雄对刘勰的启发和影响

扬雄在相如"赋心"说之基础上提出的"赋神"或"神化"论，已经具有相当明显的"玄化"色彩。其"神化"境界是通过"玄思"方法获得的。进一步推论，笔者认为，扬雄通过"玄思"而达致的"神化"，对刘勰的"神思"论亦有直接的启发和影响。

无论是扬雄的"玄思"说，还是刘勰的"神思"论，皆是一种心智上的思维活动，其关键词是"心"和"思"。在中国古代思想史上，重心尚思自孟子始，至宋明时期则成为理学心学之核心内容，但扬雄在其发展过程中是一个重要环节。笔者在本书第四章讨论"玄思大义：扬雄的思辨精神"时已经说过：扬雄是在孟子"去学重思"观念之影响下，强调"思"的重要性，以"思"为人的基本特征，进而提出"玄

---

[1] 束景南：《关于文质说的一则史料的考辨》，《文献》1996年第4期。

思"思维方法；扬雄不仅在理论上阐释了"思"于知识学问的重要性，而且其本人亦是好学深思、耽于玄思之人；他是古代中国思辨性思维方式的发展链条上自孟子、老庄至魏晋玄学家之间的一个重要的中间环节；扬雄是以具有抽象思辨特征的"玄思"来构建具有本体意义的"玄体"，从而对六朝玄学的思辨方法和玄学本体论产生了重要影响。刘勰"神思"论，其关键词亦是"思"，故《神思》篇中，"思"字屡见，如"文之思矣，其神远矣""寂然凝虑，思接千载""思理之致""思理为妙，神与物游""陶钧文思，贵在虚静""意授于思，言授于意""思之缓也""思之速也""思表纤旨，文外曲致"等等。其重"思"之表现，与孟子、扬雄一脉相承。

"心"是"思"之官，"思"为"心"之用，二者密切关联，故尚"思"者必重"心"。孟子"去学重思"，故而重"心"，称心为"大体"，而贬称耳目等官能为"小体"，以为学者当以"尽心"为要务。扬雄尚"思"，故亦重"心"，以为学者当以"潜心"为首务。在中国古代思想史上，关于重"心"之意义，徐复观说：

> 性在人的形体之内，较之"民受天地之中以生，所谓命也"的命，较之老子"道生之，德畜之"之德，固然是向下落实了一步。但此生命本质之性，在生命内究指的是什么？仍属抽象的性格。儒家至孟子，道家至庄子，乃始确切指出，性由心而见，德由心而见。心是生命的一部分，是人可以确切把握到的。把生命中的心指点出来，于是对生命中之理性，乃可由人在一念之间加以把握，此乃中国文化发展的大方向。自此以后，凡谈到自身问题，必把关键落在人的心上。……两汉儒生，对人性问题，多绕到阴阳五行上去求解释，反不如《淮南子》中的道家，直承庄子，将道落实于性，将性落实于心，

实下开宋明理学心学的格局。[1]

此说之前半实为不刊之论，但后半尚有补正的余地。即由《淮南子》至宋明理学心学之间，忽略了扬雄这个中间环节。正像张君劢讨论孟子"去学而重思"之"大发明"对宋明理学心学之影响，而忽略了扬雄"重思"这样一个中间环节，皆是由于对扬雄在中国思想史上之意义估计不足所致。笔者以为，孟子重心尚思，强调学者"尽心"；扬雄重心尚思，强调学者"潜心"。如果说《淮南子》中的道家是远承庄子重"心"之理，那末扬雄则是直承孟子重"心"之旨。"心"之于扬雄，实为一个特别重要的核心概念。如：

（1）或问：神？曰：心。请问之。曰：潜天而天，潜地而地。天地，神明而不测者也。心之潜也，犹将测之，况于人乎？况于事伦乎？敢问：潜心于圣。曰：昔乎，仲尼潜心于文王矣，达之。颜渊亦潜心于仲尼矣，未达一间耳。神在所潜而已矣。[2]

（2）好尽其心于圣人之道者，君子也；人亦有好尽其心矣，未必圣人之道也。[3]

（3）浑浑乎圣人之道，群心之用也。[4]

（4）天神天明，照知四方。天精天粹，万物作类。人心其神矣乎？操则存，舍则亡。能常操而存者，其惟圣人乎？圣人存神索至，成天下之大顺，致天下之大利，和同天人之际，使之无间也。[5]

[1] 徐复观：《两汉思想史》（二）第215页，九州出版社2014年版。
[2] 《法言·问神》，汪荣宝《法言义疏》第137页，中华书局1987年版。
[3] 《法言·寡见》，汪荣宝《法言义疏》第215页，中华书局1987年版。
[4] 《法言·五百》，汪荣宝《法言义疏》第262页，中华书局1987年版。
[5] 《法言·问神》，汪荣宝《法言义疏》第140～141页，中华书局1987年版。

（5）天地之得，斯民也；斯民之得，一人也；一人之得，心矣。[1]

（6）天下为大，治之在道，不亦小乎？四海为远，治之在心，不亦迩乎？[2]

（7）神心忽恍，经纬万方，事系诸道、德、仁、义、礼。撰《问神》。[3]

（8）公仪子、董仲舒之才之邵也，使见善不明，用心不刚，俦克尔？[4]

（9）朋而不心，面朋也；友而不心，面友也。[5]

（10）言不能达其心，书不能达其言，难矣哉！惟圣人得言之解，得书之体。白日以照之，江、河以涤之，灏灏乎其莫之御也。面相之，辞相适，捈中心之所欲，通诸人之嗕嗕者，莫如言；弥纶天下之事，记久明远，著古昔之昏昏，传千里之忞忞者，莫如书。故言，心声也；书，心画也。声画形，君子小人见矣。声画者，君子小人之所以动情乎[6]

第（1）条问"神"而以"心"作答，并非是说"神"就是"心"，而是说"心"可以通"神"。"心"之所以能够通"神"，是因为它有"思"的功能，即文中之"潜"或"潜心"。所谓"神"，或者指天地、圣人之道的特性，故云"天地，神明而不测者也"，或如第（4）条所谓"天神天明"；或者就是指天地、圣人之道，如《孟子》说："圣而不可知之之谓神。"《修身》说："或问：众人？曰：富、贵、生。贤者？曰：

[1] 《法言·孝至》，汪荣宝《法言义疏》第 540 页，中华书局 1987 年版。

[2] 《法言·孝至》，汪荣宝《法言义疏》第 541 页，中华书局 1987 年版。

[3] 《法言序》，汪荣宝《法言义疏》第 569 页，中华书局 1987 年版。

[4] 《法言·修身》，汪荣宝《法言义疏》第 91 页，中华书局 1987 年版。

[5] 《法言·学行》，汪荣宝《法言义疏》第 34 页，中华书局 1987 年版。

[6] 《法言·问神》，汪荣宝《法言义疏》第 159 ～ 160 页，中华书局 1987 年版。

义。圣人？曰：神。"[1]《五百》说："仲尼，神明也。"[2]"心"通
过"潜"而入"神"，故第（2）条"好尽其心于圣人之道者，君子也"，"尽
心"出自《孟子》，义同"潜心"。"心"能"潜"入"神"，故"心"
亦有"神"之特点，第（4）条"人心其神矣乎"，即指此义。所谓"存
神索至"，不妨说成是"存心索至"，因"存心""潜心""尽心"，
故能"成天下之大顺，致天下之大利，和同天人之际"。"心"能"潜""神"，
"神"即"道"，故"道"为"心"之用，故第（3）条谓"圣人之道，
群心之用也"。"心"能"潜""道"，"心"亦即是"道"，故第（6）
条谓"四海为远，治之在心"，第（7）条谓"神心忽恍，经纬万方"，
第（5）条谓"一人之德，心也"。朋友以道相交，故第（9）条谓"朋
而不心，面朋也；友而不心，面友也"。总之，在扬雄的思想中，"心"
能入"神"，"心"能潜"道"，故而"心"有"神"之特点，"心"
即是"道"。

"心"通"神"，"神"即"道"；"心"即为"神"，"心"
亦是"道"。在扬雄的思想观念中，"心"具有了本体的高度。扬雄
将其"心"论推及于文学，以"心"为文之本，提出"心画心声"论。
如果说是司马相如第一次将"心"引入文学理论，那末扬雄则是进一
步将其深化，将"心"提升到为文之本的高度。前引徐复观以为孟子、
庄子将人性的探讨落实到人之心上，确定了"中国文化发展的大方向"；
那末，不妨说，扬雄将文学之本落实在"心"上，确定了中国文学发
展的大方向。

刘勰《文心雕龙》以"文心"题名，其《序志》篇解释说："夫
文心者，言为文之用心也。昔涓子《琴心》，王孙《巧心》，心哉美

[1] 汪荣宝：《法言义疏》第104页，中华书局1987年版。
[2] 汪荣宝：《法言义疏》第263页，中华书局1987年版。

矣，故用之焉。"[1]学者讨论其命名之缘由，每推之于陆机《文赋》，因为《文赋》序中有言："余每观才士之作，窃有以得其用心。"或者如饶宗颐所说，《文心》"显然是取自士衡之语以命名"，但与佛典《阿毗昙心》亦不无关系。他认为刘勰"撰《文心》此书，亦以'心'作为书名，虽与'阿毗昙心'之名偶合，未必无'窃比'之意。为最上法之要解，可号之曰心；为文之要解，自亦可号之曰心。此文心与阿毗昙心，有其可相通之处"。[2]鉴于刘勰与佛教的密切关系，以及《文心》与《文赋》在理论上的渊源关系，《文心》书名或取自《文赋》，或取自《阿毗昙心》，皆有可能。但是，笔者认为，其更重要的学术渊源，可能还是在扬雄这里。因为刘勰论文重"心"，不仅体现在书名上，实际上，"心"是整个《文心雕龙》中一个极其重要的核心概念，刘勰对"心"与"文"之关系有比较全面的论述，如《原道》说："心生而言立，言立而文明，自然之道也。"[3]《书记》说："述理于心，著言于翰。"[4]《论说》说："必使心与理合，弥缝莫见其隙。"[5]《章表》说："原夫章表之为用也，所以对扬王庭，昭明心曲。"[6]《练字》说："心既托声于言，言亦寄声于字。"[7]《知音》说："觇文辄见其心。"[8]"心敏则理无不达。""心之照理，譬目之照形。"[9]《情采》

---

[1] 詹锳：《文心雕龙义证》第 1898 页，上海古籍出版社 1989 年版。

[2] 饶宗颐：《文心与阿毗昙心》，饶芃子主编《文心雕龙研究荟萃》第 344 页，上海书店 1992 年版。

[3] 詹锳：《文心雕龙义证》第 4 页，上海古籍出版社 1989 年版。

[4] 詹锳：《文心雕龙义证》第 942 页，上海古籍出版社 1989 年版。

[5] 詹锳：《文心雕龙义证》第 679 页，上海古籍出版社 1989 年版。

[6] 詹锳：《文心雕龙义证》第 843 页，上海古籍出版社 1989 年版。

[7] 詹锳：《文心雕龙义证》第 1461 页，上海古籍出版社 1989 年版。

[8] 詹锳：《文心雕龙义证》第 1855 页，上海古籍出版社 1989 年版。

[9] 詹锳：《文心雕龙义证》第 1857 页，上海古籍出版社 1989 年版。

说："心术既形，英华乃赡。"[1]"心定而后结音，理正而后摛藻。"[2]《体性》说："各师成心，其异如面。"[3]《丽辞》说："夫心生文辞，运裁百虑。"[4]《序志》说："文果载心，余心有寄"，[5]等等，其观点与扬雄"心画心声"说大体吻合。王元化说：

> 在刘勰的文学起源论中，"心"这一概念是最根本的主导因素。从"心生而言立，言立而文明"这个基本命题来看，他认为"文"产生于"心"。通过"心"这一环节，他使道—圣—文三者贯通起来，构成原道、征圣、宗经的理论体系。[6]

从文学起源论上看，刘勰的"心生言立"论与扬雄的"心画心声"说完全吻合，其渊源影响关系很明显。从文学本体上看，二者之间亦不无影响关系。张少康说："所谓'文心'，乃以心为文之本，反映了刘勰对文学本体论的认识和见解。"他认为，在《文心雕龙》中：

> 刘勰认为宇宙间的天地万物都不过是道的一种外化。人虽高于万物，是万物之灵，但也是道的体现，所以人的心是道的最高最美的表现。心是合于自然之道的，从这个意义上看，心即是道，"道之文"在"人文"方面的表现即是"心之文"。文以心为本，从根本上说也是文以道为本。

[1] 詹锳：《文心雕龙义证》第 1174 页，上海古籍出版社 1989 年版。
[2] 詹锳：《文心雕龙义证》第 1171 页，上海古籍出版社 1989 年版。
[3] 詹锳：《文心雕龙义证》第 1013 页，上海古籍出版社 1989 年版。
[4] 詹锳：《文心雕龙义证》第 1294 页，上海古籍出版社 1989 年版。
[5] 詹锳：《文心雕龙义证》第 1938 页，上海古籍出版社 1989 年版。
[6] 王元化：《文心雕龙创作论》第 49 页，上海古籍出版社 1979 年版。

刘勰这种观点的源头，显然不在《文赋》中，亦不在《阿毗昙心》中，而是在扬雄那里，所以张少康的看法值得重视："文以心为本的思想实导源于汉代之扬雄。"[1]从上述笔者对扬雄关于"心"的论述之讨论看，张少康的说法是有依据的。

"为文之本，首在治心"，[2]《文心雕龙》以"心"为文之源，为文之本。"心"即"神"，"心"亦"道"。故其"神思"，不妨说是"心思"；其"神与物游"，不妨说成是"心与物游"。

需要进一步讨论的是，"心"如何潜入"道"？于此问题，孟子取一"尽"字，"尽心"即能入"道"；扬雄取一"潜"字，"潜心"即能入"神"。故《太玄·养》曰："藏心于渊，神不外也。"[3]"藏心"即"潜心"。相较而言，扬雄之"潜"比孟子之"尽"，更为生动，"潜"有"尽"意，更有体味、揣度、感悟、循序渐入之质感。故真德秀说：

> 扬子默而好深湛之思，故其言如此。"潜"之一字，最宜玩味。天惟神明，故照知四方；惟精粹，故万物作类。人心之神明精粹，本亦如此。惟不能精，故神明者昏；而精粹者杂，不能烛理而应物也。[4]

与"潜"义相近的是"精"。在《法言》书中，"精"字屡见，如《法言·学行》说："学以治之，思以精之，朋友以磨之，名誉以崇之，不倦以终之，可谓好学也已矣。"[5]《吾子》说："朱、旷不世，

[1] 张少康：《文心略论》，饶芃子主编《文心雕龙研究荟萃》第 250～253 页，上海书店 1992 年版。

[2] 黄侃：《文心雕龙札记·神思》，华东师范大学出版社 1996 年版。

[3] 司马光：《太玄集注》第 174 页，中华书局 1998 年版。

[4] 《性理大全》卷五十八。

[5] 汪荣宝：《法言义疏》第 12 页，中华书局 1987 年版。

如之何？曰：亦精之而已矣。"[1]《问明》说："仲尼，圣人也，或者劣诸子贡。子贡辞而精之，然后廓如也。"[2]《寡见》说："天下之亡圣人也久矣。呱呱之子，各识其亲；譊譊之学，各习其师。精而精之，是在其中矣。"[3] "精"为何义？徐复观对《淮南子》书中"精"义之考察，值得参考。他认为：《淮南子》中的"精"，是一种精神状态，"实指的心志完全集中于一点，而无半丝半毫杂念夹杂在里面的精神状态，亦即《中庸》《易传》之所谓诚；大抵道家喜用'精'字，儒家喜用'诚'字"。[4] 笔者以为，《法言》书中的"精"字与《淮南子》同义，就是一种"心志完全集中"的精神状态。"心"之所以能入"神"，能潜"道"，就全靠这种精神状态。用扬雄《太玄·养》中的话说，说是"藏心于渊，神不外也"。这种以"潜"和"精"为特征的精神状态，在扬雄这里，就是"玄思"，就是"神化"。因为有"玄思"故能通"大义"，因为能"神化"故可入妙境。这种状态，用刘劭《人物志·材理》的话说，就是"思心玄微，能通自然"。这种状态，在刘勰《文心雕龙》里，就是"神思"，就是"游"。因为"神与物游"，故能"卷舒风云之色"而"吐纳珠玉之声"。在萧子显那里就是"游心"，因为"游心内运"，故能"放言落纸，气韵天成"。以上所述，一言以蔽之，用孔子的话说，就是"游于艺"。[5]

接下来需要说明的是，扬雄之"玄思"、刘劭之"思心玄微"、刘勰的"神思"，是如何培育而成的？《神思》篇说："陶钧文思，贵在虚静，疏瀹五藏，藻雪精神。"即通过清除心中之成见，使之进

[1] 汪荣宝：《法言义疏》第 52 页，中华书局 1987 年版。
[2] 汪荣宝：《法言义疏》第 188 页，中华书局 1987 年版。
[3] 汪荣宝：《法言义疏》第 217 页，中华书局 1987 年版。
[4] 徐复观：《两汉思想史》（二）第 218 页，九州出版社 2014 年版。
[5] 《论语·述而》，刘宝楠《论语正义》第 137 页，诸子集成本，上海书店 1986 年版。

入"虚静"状态。所谓"虚静",刘永济说:

> 舍人虚静之义,尽取老聃"守静致虚"之语。唯虚则能纳,唯静则能照。能纳之喻,如太虚之涵万象;能照之喻,若明鉴之显众形。[1]

周振甫说:

> 虚是不主观,静是不躁动。有了主观成见,就不可能看到外界的真实情况;心情躁动,感情用事,不可能作深入细致的考察和思虑。那就要妨碍文思,妨碍想象,写不出好作品来。[2]

"不主观而虚心,不躁动而深思",是为"虚静"。因为"虚静",故能做到"神与物游",达到"思接千载,视通万里"之境。《神思》篇的"贵在虚静"说,与《物色》篇的"入兴贵闲"说,皆在强调创作者需具有一种闲旷虚静的心胸。笔者认为:刘勰此论与刘劭《人物志·材理》所谓"质性平淡,思心玄微,能通自然"说相似。"平淡"犹如"虚静";具有"平淡"之"质性",方才拥有"玄微"之"思心";具有"虚静"之心胸,方才能够开展"思接千载,视通万里"之"神思"。具有"玄微"之"思心",方能通于"自然"之道;具有"神思"能力,方能做到"神与物游",达到"卷舒风云之色"而"吐纳珠玉之声"的境界。其相近之处如此,其渊源影响关系亦可因此推知。事实上,刘劭此论亦并非他的个人发明,其受扬雄的影响比较显著。笔者在本书第五章第三节讨论"扬雄的人物品评与六朝玄学之关联"时,

---

[1] 刘永济:《文心雕龙校释·神思》,中华书局1962年版。

[2] 周振甫:《文心雕龙选译》第128页,中华书局1980年版。

特别说明了扬雄对刘劭发生影响的两个方面，其中之一是以平淡之质性，培养玄微之思心，以通于自然之道。以为扬雄提倡的"玄思"方法，以及如何培育"玄思"及其"玄思"之作用，对刘劭《人物志·材理》篇中的"道理之家"有直接影响。[1]他在《解嘲》中说："知玄知默，守道之极；爱清爱静，游神之廷；惟寂惟寞，守德之宅。"[2]唯有"玄默""寂寞"，才能"守道""守德"；唯有"清静"，才能"游神"。此与刘劭"质性平谈，思心玄微"之说，与刘勰"陶钧文思，贵在虚静"之说，正是一脉相承的。

　　总之，"神思"论作为刘勰《文心雕龙》创作论之总论，是六朝文论研究的重要成果，亦是汉魏以来历代文论家关于艺术想象之体验和探索的一个总结性成果。追溯"神思"论之理论渊源，它当然与陆机《文赋》有直接关系。但从更深广的背景上考察，它应当起源于孟子、庄子的重心尚思之论。将孟、庄之重心尚思论运用于文学理论的探讨，则是始于扬雄。扬雄在孟子重思之基础上提出"玄思"论，在相如"赋心"说之基础上提出"赋神"论或"神化"说，其"玄思"论和"神化"说，对陆机《文赋》和刘勰"神思"论有重要启发和影响。

---

[1]　参见本书第四章第三节"玄思大义：扬雄的思辨精神"。

[2]　张震泽：《扬雄集校注》第 191 页，上海古籍出版社 1993 年版。

结　语

　　用了三十余万字的篇幅讨论"扬雄与六朝之学"这个话题,论证"六朝之学始于扬雄"这个论点。于读者来说,可能已经很繁琐了;可是,于笔者来说,则是意犹未尽,甚至是不厌其繁。一方面是因为不自信,尽管笔者已经竭尽可能地讨论到"扬雄与六朝之学"的方方面面的问题,但是,最终落实到"六朝之学始于扬雄"这个核心观点上时,仍感底气不足。这亦是笔者在考虑书名时,选择"扬雄与六朝之学"而放弃"六朝之学始于扬雄"的主要原因。虽然后者是笔者的最终目标,但是选择前者则主要是为自己留一点余地。另一方面,笔者的立意是全面系统地讨论扬雄对六朝之学的影响,确定六朝之学所受扬雄影响的深度和广度,进而论证"六朝之学始于扬雄"这个观点得以成立的可能性。但是,限于精力,诸多问题虽有涉及,但远远不够深入和具体;限于学力,部分问题则是基本未曾涉及。所以,本篇"结语"不是"结论",而是对已经讨论的问题做一个回顾和总结,对讨论不深入或者未曾涉及但有进一步展开之余地的问题,做一个初步的构想,以为下一步的深入研究做准备。

　　六朝之学起于东汉末年,抑或是西汉末年? 六朝之学起于马融,抑或是始于扬雄？这是本书立论需要解决的首要问题。笔者的基本观点是：六朝之学的渊源有近源和远源之分，其近源是东汉末年，是马融；其远源是西汉末年，是扬雄。笔者自信此论比较平稳，但尚有诸多问题需要进一步申论。比如，关于马融，他在东汉末年思想文化界的地位和影响如何？他对六朝之学的影响具体表现何在？他与扬雄有无渊源关系及其程度如何？此类问题，虽非本书的重点关注，但确为论证本书之核心观点所必需。又如，本书提出六朝之学起于西汉末年，始于扬雄。然而作为中国文化"轴心时代"的先秦学术思想，是整个中国古典文化的源头。需要提出的问题是：先秦学术思想如何通过扬雄而影响六朝之学？或者说，扬雄继承和发展了先秦学术思想中的哪些内容并进而对六朝之学发生影响？此类问题，本书有所涉及，但讨论不是很充分，尚有进一步探讨的余地。

学术文化思想之发展有其历史必然性，但在此历史发展的必然趋势中，必有一重要人物起到引领和带头作用。在从汉代之学到六朝之学的发展进程中，扬雄就是这样一位起着引领和带头作用的重要人物。六朝之学始于扬雄，首先在于扬雄具备引领六朝之学的个人可能性。独特的家族背景和家庭生活养成了扬雄的寂寞清静和深沉之思，具有"异端"特质的师友网络培植了扬雄思想的"异端"特色，富于"边缘活力"的地域环境涵育了扬雄的创新精神。上述三个因素，决定了扬雄具备引领六朝之学的个人可能性。本书于上述三个因素有比较深入的分析，大体呈现了这种个人可能性。

以纯谨敦厚著称的扬雄，似乎与六朝名士风范没有关联。但是，据笔者研究，扬雄在人生行事上的简易侹荡，性情好尚上的一往情深，人生哲学上的明哲保身，处世观念上的俟时而动，人生理想上的安贫乐道，是对个体自由生命和生命真实感情的珍爱与重视，此与汉人的精神风貌异趣，而与六朝名士风范近似。关于此问题的探讨，笔者尤其关注扬雄、颜渊和陶渊明三人之间的关系。扬雄于孔门弟子中最推崇颜渊，此与一般汉代人不同，而与六朝人近似。或者说，古代中国人之推崇颜渊，自扬雄始。扬雄于陶渊明的影响，或者说，陶渊明之追慕扬雄，本书予以初步揭示，并以此彰显扬雄对六朝名士风范的启发和影响。但是，其中尚有进一步申说的空间，如颜渊的人格精神对六朝名士尤其是对陶渊明的影响，值得深入探究；扬雄在学术思想、文学创作和人格精神等方面对陶渊明的影响，还可进一步探讨。

扬雄之所以能够成为汉代章句之学的掘墓人和六朝之学的开创者，主要由于他在学术方法上的创新，即"不述而作"的创新精神，"约卓简要"的博通取径，"玄思大义"的思辨精神。本书在概述扬雄学术研究之大背景和小环境的基础上，对上述三者的意义和价值进行了比较充分的阐释。但是，扬雄在孟子"去学而重思"之基础上发展而成的"玄思"方法，在中国古代思想史上的意义和影响，尤其是在孟子之学与宋明理学心学这个中间环节上所扮演的角色及其所发生的承上启下的作用，尚有进一步研究之必要。

扬雄于六朝之学的影响是多方面多层次的，全面探讨非本书所能胜任，亦非笔者学力所能担当。因此，本书着重选择尚智论、太玄论、品藻论、乡土意识与地域观念等几项个案问题进行研究。但是，若要断言"六朝之学始于扬雄"，则必须有对扬雄于六朝之学之影响做全面的研究，否则即有以偏概全、挂一漏万的嫌疑。因此，本课题还有很多工作要做，比如，探讨扬雄语言学、历史学研究对六朝之学的影响，研究扬雄的言意论对六朝言意之辨的影响，研究扬雄的性善恶论对六朝才性论的影响，这些问题，本书探索不够，或者基本上没有涉及。就是已经选择探讨的几项个案，亦尚有进一步拓展和深入的余地。如本书概述扬雄的人物品评与六朝人物鉴的关联，但于其影响之具体情况，则需做进一步的细致探讨，特别是扬雄人物品评的文学化倾向，虽经学者揭出，但于其对《世说新语》的具体影响，则尚需深入研究。笔者注意到扬雄与刘劭之间的关联，并对其影响做了初步探讨，但对其影响之深度和广度尚需进一步深入。又如，笔者探讨扬雄的乡土意识对六朝社会地域文化观念的影响，注意到《蜀都赋》《蜀王本纪》等作品与六朝地记、郡书之关联，但对前者于后者之具体影响，亦需做进一步的探讨。总之，笔者认为，扬雄不仅是汉代之学与六朝之学之间的转折性人物，亦是孔孟之学与宋明理学心学之间的承上启下的学者，其间的渊源关系和来龙去脉，尚需作进一步的追溯和梳理。

关于扬雄文学创作对六朝文学新风尚的影响，本书着重从扬雄的"文儒"身份和有意为文的态度两个方面，探讨他在中国古代文学语言由"语言"到"文言"至"古文"之演进过程中的重要推动作用，揭示其在两汉文学史上的转折意义和在中古文学史上之起点意义。但是，微观的研究尚需进一步深化，比如，扬雄《法言》拟《论语》，本书列举了其模拟的具体材料，但尚需对材料作具体的分析，以明扬雄模拟之得与失。又如，本书列举了扬雄有意为文的几种形式，但尚需进一步研究这几种形式对东汉六朝散文创作的影响。还有，笔者在研读《法言》时发现，扬雄之行文并非率意而为，而是有其比较稳定的撰述体例，若能将《法言》撰述体例予以归纳总结，则必将有助于《法言》一书的理解。

扬雄文学理论于东汉六朝之影响是显而易见的，并已引起学者的高度重视，相关的研究成果亦比较丰富。本书选择集六朝文学理论之大成的刘勰《文心雕龙》为个案，研究其与扬雄文论之渊源关系，并重点讨论扬雄的"明道"论、"赋神"论和"玄思"论对刘勰"原道"

论和"神思"论的影响。其实，扬雄对刘勰的影响是多方面多层次的，诸多问题尚需做进一步的深入探讨，如扬雄的文质论、知音论、言意论、风格论等等，皆对刘勰有深入影响，尤其是他以"心"论文，提出的"心画心声"论，对刘勰的影响是很深刻的，在整个中国古代文学思想史上亦有相当重要的价值。所以，关于扬雄与刘勰，今后应当做专题研究。

综上，本书从士风、学风、文风诸方面探讨扬雄对六朝之学的影响，并以陶渊明为个案讨论扬雄的人生行事与六朝名士风范之间的渊源关系，以刘劭为个案研究扬雄的学术思想对六朝玄学思想的影响关系，以刘勰为个案分析扬雄文论对六朝文论的启发关系。本书大体全面地讨论了扬雄与六朝之学之间的渊源影响，但是，对于系统探讨扬雄在中国古代思想史上地位和影响，深入论证"六朝之学始于扬雄"这个论点，还有一段距离，还有许多工作需要做。

参考文献

一、古籍文献

《周易正义》，王弼等注，孔颖达等正义，中国书店 1987 年影印本。

《论语正义》，刘宝楠著，诸子集成本，上海书店 1986 年。

《孟子正义》，焦循著，诸子集成本，上海书店 1986 年。

《荀子集解》，王先谦著，诸子集成本，上海书店 1986 年。

《老子校释》，朱谦之撰，中华书局 1987 年。

《庄子集解》，王先谦编著，成都古籍书店 1988 年。

《春秋繁露》，董仲舒著，上海古籍出版社 1991 年。

《淮南子集释》，何宁集释，中华书局 1998 年。

《扬雄集校注》，张震泽著，上海古籍出版社 1993 年。

《法言义疏》，汪荣宝著，中华书局 1987 年。

《太玄集注》，司马光集注，刘韶军点校，中华书局 1998 年。

《新辑本桓谭新论》，朱谦之著，中华书局 2009 年。

《新论》，孙冯翼辑，四部备要本。

《论衡校释》，黄晖撰，中华书局 1990 年。

《白虎通德论》，班固著，上海古籍出版社 1991 年。

《潜夫论笺》，汪继培笺，彭铎校正，中华书局 1979 年。

《风俗通义校释》，王利器著，中华书局 1981 年。

《建安七子集》，俞绍初辑校，中华书局 1989 年。

《王弼集校释》，楼宇烈校释，中华书局1999年。

《人物志》，刘劭著，涵芬楼影印明正德刊本。

《抱朴子外编校笺》，杨明照撰，中华书局1991年。

《曹植集校注》，赵幼文校注，人民文学出版社1986年。

《陆云集》，黄葵点校，中华书局1988年。

《陆机集》，金涛声点校，中华书局1982年。

《陶渊明集》，逯钦立校注，中华书局1979年。

《陶渊明集笺注》，袁行霈撰，中华书局2003年。

《颜氏家训集解》，王利器集解，上海古籍出版社1982年。

《世说新语笺疏》（修订本），余嘉锡笺疏，上海古籍出版社1996年。

《世说新语校笺》，徐震堮校笺，中华书局1984年。

《史记》，司马迁著，中华书局1987年。

《汉书补注》，王先谦撰，中华书局1983年。

《后汉书集解》，王先谦撰，中华书局1984年。

《三国志集解》，卢弼著，中华书局1982年。

《晋书》，房玄龄等著，上海古籍出版社、上海书店1986年影印武英殿本。

《宋书》，沈约撰，中华书局1987年。

《南齐书》，萧子显撰，中华书局1987年。

《梁书》，姚思廉撰，中华书局1987年。

《陈书》，姚思廉撰，中华书局1987年。

《华阳国志校注》，刘琳著，巴蜀书社1984年。

《全上古三代秦汉三国六朝文》，严可均校辑，中华书局1995年。

《先秦汉魏晋南北朝诗》，逯钦立辑校，中华书局1984年。

《文选》，萧统编，上海书店1988年影印清胡克家刻本。

《诗品注》，陈延杰注，人民文学出版社1980年。

《文心雕龙注》，范文澜著，人民文学出版社1978年。

《文心雕龙义证》，詹锳著，上海古籍出版社1989年。

《文心雕龙译注》，陆侃如、牟世金著，齐鲁书社1995年。

《柳河东全集》，中国书店1991年据1935年世界书局本影印。

《韩昌黎全集》，中国书店1991年据1935年世界书局本影印。

《朱子语类》，黎靖德编，中华书局1986年。

《文史通义》，章学诚著，江苏广陵古籍刻印社1991年。

二、近现代学者研究著作

《章太炎学术史论集》，傅刚编校，中国社会科学出版社1997年。

《文心雕龙札记》，黄侃著，华东师范大学出版社1996年。

《中古文学论著三种》，刘师培著，辽宁教育出版社1997年。

《刘师培学术论著》，劳舒编，雪克校，浙江人民出版社1998年。

《刘咸炘学术论集·子学编》，刘咸炘著，广西师范大学出版社2007年。

《中国经学史》，马宗霍著，上海书店1984年。

《诗言志辨》，朱自清著，华东师范大学出版社1996年。

《中国文学批评史》，罗根泽著，上海古籍出版社1984年。

《中国文学批评史大纲》，朱东润著，古典文学出版社1957年。

《魏晋玄学论稿》，汤用彤著，中华书局1962年。

《理学·佛学·玄学》，汤用彤著，北京大学出版社1991年。

《陈寅恪文学论文选集》，陈寅恪著，上海古籍出版社1992年。

《魏晋清谈思想初论》，贺昌群著，辽宁教育出版社1998年。

《魏晋思想论》，刘大杰著，上海古籍出版社1998年。

《魏晋的自然主义》，容肇祖著，东方出版社1996年。

《美学散步》，宗白华著，上海人民出版社1981年。

《中古文学史论集》，王瑶著，古典文学出版社1956年。

《魏晋南北朝史论丛》，唐长孺著，生活·读书·新知三联书店1995年。

《三松堂学术文集》，冯友兰著，北京大学出版社1984年。

《中国哲学简史》，冯友兰著，涂又光译，北京大学出版社1985年。

《中古文学系年》，陆侃如著，人民文学出版社1985年。

《中国古代文学史讲义》，傅斯年著，时代文艺出版社2009年。

《义理学十讲纲要》，张君劢著，中国人民大学出版社2006年。

《照隅室古典文学论文集》，郭绍虞著，上海古籍出版社1983年。

《中国文学批评史》，郭绍虞著，上海古籍出版社1979年。

《中国历代文论选》，郭绍虞、王文生选编，上海古籍出版社1989年。

《顾随诗文论丛》，顾之京编，天津人民出版社1995年。

《管锥编》，钱锺书著，中华书局1986年。

《中国散文史》，陈柱著，上海书店1984年。

《中国文学精神》，徐复观著，上海书店出版社2004年。

《两汉思想史》，徐复观著，九州出版社2014年。

《文心雕龙创作论》，王元化著，上海古籍出版社1979年。

《南朝文学与北朝文学研究》，曹道衡著，江苏古籍出版社1998年。

《今古文经学新论》，王葆铉著，中国社会科学出版社1997年。

《雕龙集》，牟世金著，中国社会科学出版社1983年。

《中国思想通史》（第二、三卷），侯外庐等著，人民出版社1957年。

《西方美学史》，朱光潜著，人民文学出版社1964年。

《士与中国文化》，余英时，上海人民出版社2003年。

《中国思想传统的现代诠释》，余英时著，江苏人民出版社1998年。

《中国美学史》（第一卷），李泽厚、刘纲纪著，中国社会科学出版社1984年。

《中国美学史》（魏晋南北朝卷），李泽厚、刘纲纪著，安徽文艺出版社1999年。

《中国古代思想史论》，李泽厚著，人民出版社1986年。

《郭象与魏晋玄学》（修订本），汤一介著，北京大学出版社2000年。

《魏晋玄学研究》，汤一介、胡仲平编，湖北教育出版社2008年。

《魏晋南北朝文学批评史》，王运熙、杨明著，上海古籍出版社1996年。

《中国中古诗歌史》，王钟陵著，江苏教育出版社1988年。

《诗品研究》，曹旭著，上海古籍出版社1998年。

《诗品考索》，王发国著，成都科技大学出版社1993年。

《钟嵘诗品研究》，张伯伟著，南京大学出版社1999年。

《中国思想史》（第一卷），葛兆光著，复旦大学出版社1998年

《汉代思想史》（增补第三版），金春峰著，中国社会科学出版社2006年。

《汉代思潮》，龚鹏程著，商务印书馆2005年。

《察举制度变迁史稿》，阎步克著，辽宁大学出版社1997年。

《世说探幽》，萧艾著，湖南出版社1992年。

《世说新语研究》，王能宪著，江苏古籍出版社1992年。

《魏晋玄谈》，孔繁著，辽宁教育出版社1991年。

《一位玄静的儒学伦理大师——扬雄思想初探》，黄开国著，巴蜀书社1989年。

《扬雄及其太玄》，郑万耕著，北京师范大学出版社2009年。

《胡大雷集：南北文化与古典文学新论》，胡大雷著，线装书局2011年。

《秦汉区域文化研究》，王子今著，四川人民出版社1998年。

《中古士人迁移与文化交流》，王永平著，社会科学文献出版社2005年。

《扬雄〈法言〉思想研究》，郭君铭，巴蜀书社2006年。

《扬雄与汉代经学》，解丽霞著，广东人民出版社2011年。

《杨雄与〈太玄〉研究》，刘韶军著，人民出版社2011年。

《汉代文人与文学观念的演进》，于迎春著，东方出版社1997年。

《扬雄》，沈冬青著，台湾幼狮文化事业公司1993年。

《扬雄评传》，王青著，南京大学出版社2000年。

《汉代文学思想史》，许结著，人民文学出版社2010年。

《六朝美学》，袁济喜著，北京大学出版社2000年。

《华夏审美风尚史》第四卷《六朝清音》，盛源、袁济喜著，河南人民出版社2000年。

《魏晋玄学新论》，徐斌著，上海古籍出版社2000年。

《魏晋南北朝哲学思想研究概述》，许抗生著，天津教育出版社1991年。

《王弼与中国文化》，韩强著，贵州人民出版社2001年。

《〈文心雕龙〉文理研究》，邓国光著，上海古籍出版社2012年。

《经典与传统：先秦两汉诗赋考论》，方铭著，人民文学出版社2003年。

《兴膳宏〈文心雕龙〉论文集》，（日）兴膳宏著，彭恩华编译，齐鲁书社1984年。

《中国诗史》，（日）吉川幸次郎著，章培恒等译，复旦大学出版社2001年。

《汉魏六朝的思想与文学》，（日）冈村繁著，陆晓光译，上海古籍出版社2002年。

《日本学者研究中国史论著选译》（第七卷），刘俊文主编，中华书局1993年。

《日本中青年学者论中国史》（六朝隋唐卷），刘俊文主编，上海古籍出版社1995年。

《剑桥中国秦汉史》，（英）崔瑞德、鲁惟一编，中国社会科学出版社1992年。

三、近现代学者研究论文

《魏晋风度与文章及药与酒之关系》，鲁迅著，《而已集》，人民文学出版社1973年。

《魏晋南北朝史学的旁支——地记与谱学》，黎子耀著，《杭州大学学报（哲学社会科学版）》1982年第2期。

《〈剧秦美新〉非"谀文"辨》，许结著，《学术月刊》1983 年第 6 期。

《扬雄评传》，张岱年著，《中国哲学史研究》1984 年第 3 期。

《对扬雄生平与作品的探索》，郑文著，《文史》1985 年总 24 辑。

《"孔子家语"中儒道兼综的倾向》，那薇著，《孔子研究》1987 年第 2 期。

《论扬雄与东汉文学思潮》，许结著，《中国社会科学》1988 年第 1 期。

《文心与阿毗昙心》，饶宗颐著，饶芃子主编《文心雕龙研究荟萃》，上海书店 1992 年。

《文心略论》，张少康著，饶芃子主编《文心雕龙研究荟萃》，上海书店 1992 年。

《论〈蜀王本纪〉成书年代及其作者》，徐中舒著，《先秦史十讲》，中华书局 2009 年。

《陶渊明与魏晋风流》，袁行霈著，《中国典籍与文化论丛》（一），中华书局 1993 年。

《六朝玄音远，谁似解人归——魏晋玄学研究四十年的回顾与反思》，陈明著，《原学》第 2 辑，中国广播电视出版社 1995 年。

《关于文质说的一则史料的考辨》，束景南著，《文献》1996 年第 4 期。

《扬雄与玄学》，李军著，《中华文化论坛》1997 年第 1 期。

《扬雄与刘勰》，方铭著，《中国文化研究》1997 年秋之卷。

《地域文化与地域文学之断想》，朱伟华著，《山花》1998 年第 2 期。

《汉代散文二题》，韩兆琦著，《安徽大学学报》2000 年第 6 期。

《扬雄身世褒贬评说考议——林贞爱〈扬雄集校注〉序》，杨世明著，《四川师范学院学报》2001 年第 2 期。

《"五柳先生"及"无弦琴"的守穷守默——从扬雄看陶渊明的"愤宋"》，吴国富著，《九江师专学报》2001 年第 2 期。

《梳理体制化的书写——扬雄写作的文化诗学研究》，魏鹏举著，北京师范大学博士论文，2003 年。

《试论汉代文人的政治退守与文学私人性》，于迎春著，《文学评论》2003 年第 1 期。

《扬雄〈法言〉语言艺术特色初探》，张兵著，《西华师范大学学报》2004 年第 2 期。

《论扬雄文学思想之"文质相副"论》，束景南、郝永著，《文艺理论研究》2007 年第 4 期。

《赋心与〈诗〉心》，曹建国、张玖青著，《文学评论》2008 年第 2 期。

《扬雄智论发微》，侯文学著，《宁夏社会科学》2008 年第 2 期。

《扬雄与巴蜀文化》，唐妤著，四川师范大学硕士学位论文，2008 年。

《扬雄的"以文立命"及其对文学自觉的影响》，钟志强著，《四川教育学院学报》2009 年第 3 期。

《扬雄投阁的文化美学与生命悲情》，孙少华著，《山西师大学报》2009 年第 6 期。

《扬雄文学思想对东汉文论的影响》，汪耀明著，《重庆教育学院学报》2010 年第 1 期。

《论唐宋间的"尊扬"思潮与古文运动》，刘成国著，《文学遗产》2011 年第 3 期。

《"游目汉庭中"：陶渊明与扬雄之关系发微——以〈饮酒〉其五为中心》，范子烨著，《四川师范大学学报》2013 年第 2 期。

《中国古典诗歌中的扬雄典事及其主导取向——以扬雄的儒学境遇为参照》，侯文学著，《陕西师范大学学报》2013 年第 2 期。

后 记

从在祁师和晖先生的指导下研读扬雄《法言》，撰写《扬雄美新新论》（《四川社科界》1994年第2期）一文算起，关注扬雄，阅读《法言》和《太玄》，对扬雄学术思想发生兴趣，迄今已有二十余年的时间。自信有一定学术热情和研究兴趣的我，还是迟迟不敢对扬雄问题的综合研究下手。虽然时时心存此想，但又常常是在做与不做之间徘徊。细细想来，原因有三：其一，这些年来，在读书治学问题上，我总是抑制不住自己的好奇心，常常见异思迁，往往是耗上几年时间去经营一些不期而遇的"胡思乱想"的问题，反把读书求学时代就已经发生浓厚兴趣的扬雄研究给搁置下来了。其二，亦许这才是最根本的原因，就是扬雄著作的艰深。不用说《太玄》，就是仿《论语》而著的《法言》，要完全读明白，亦不是一件容易的事情。避重就轻，避难就易，是人之常情。我以为，要作出对扬雄其人其学其思想做全面系统研究的决定，是需要勇气的。长期以来，我缺乏这份勇气，望而生畏，亦就避而远之了。其三，正如我在"绪论"中所说，在学术研究中，我不大看好"作者简介—思想内容—艺术特色—地位影响"之类的模式化的平面研究，推崇以问题切入对象的研究，追求"一句话结论"，企望学术高度与学术深度的统一。长期以来，对扬雄研究，我手足无措，因为我实在找不到一个恰当的问题切入到扬雄其人其学这样一个学术综合体中去，自然无法实现学术高度与深度的统一，亦就得不到"一句话结论"。所以，二十余年来，对于扬雄研究，我始终处于若即若离、做或者不做的徘徊状态中。

当我在学术研究的道路上东游西逛、迷途忘返的时候，感谢胡师大雷先生收留了我，使我迷途知返，并有勇气面对扬雄研究这样一个心仪已久而又久久不敢触摸的学术课题。胡门读博三年，收获良多。先生以为，学术研究应当达到高度与深度的统一，研治中国古典文学，应当是作品、理论和文献的结合。这些治学经验，使我对过去的读书治学有了深刻的反思，并成为今后治学之指引。入学之初，先生便与我讨论论文选题，诸如"六朝地记研究""晚清民国的魏晋想象研究""传统中国语境中的孤独诗学研究""《说苑》《新序》故事源流考论"等课题，都曾提出来交流过，但又因为种种原因而放弃。其实，我最想提出来作为博士论文选题的是"边省地域与文学生产——文学地理学视野下的黔中古近代文学生产和传播研究"，这是当时我正在做的一项国家社科基金课题。想偷懒走捷径，一举两得，用一个成果对付两件事情。当我把这个想法提出来时，被先生拒绝了。先生认为基于我当时的学术背景和工作条件，应该选择一个有一定难度的课题，做一篇拿得出手的博士论文，不必因为急于毕业而用现有成果交差。感谢先生给予我的信心和压力，使我在三年时间内顺利完成博士论文和国家社科基金课题的研究工作。

之所以最终确定以"扬雄与六朝之学"作为论文选题，一是基于我的学术经历中有这方面的基础，写过关于扬雄的研究论文，出版过专著《汉晋文化思潮变迁研究》，可以接着做。二是先生以为，学术研究应该知难而上，不宜因其难度而有意回避。感谢先生的鼓励，否则我是没有这份勇气的。论文虽然做得不尽如人意，诸多问题尚未完全展开，但毕竟已经动手去做了，有了一些心得体会，对"六朝之学始于扬雄"这样一个学术新观点，有了比较充分的信心，故而颇感欣慰。

人到中年，重返校园读书问学，实为人生中的一大幸事，而诸多亲人和师友的关爱与帮助，使我铭刻在心。老实说，当时已过不惑之年的我，是否需要读博？是否能够读博？于我自己而言，是很犹豫的。感谢妻子陈慧平女士的坚定态度，感谢女儿汪叙辰的积极鼓励，让我重返校园，又一次获得读书问学的机会。三年的校园生活，王德明师的慈善与宽怀，使我倍感亲切，他关于唐宋诗歌字法句法之细致入微的阐释，深契我心，引发了我企望以新批评之文本精读和结构主义诗学解读中国古典诗歌作品的冲动。杜海军师宽厚慈详，长者风范，他关于桂林石刻的搜集、整理和研究，令我钦仰不已，触动了我搜集、整理贵州古近代碑刻文献的想法。在此，谨向王德明师、杜海军师致敬。向关心、帮助我的学习和论文写作的莫道才师、李乃龙师、刘汉忠师等前辈致敬。三年的学生生活，韦臻兄的茶艺、吕维兄的厨艺，滋润和丰富我们的校园生活，令我钦佩，使我感念。保胜兄勤奋好学，他搜集的诸多电子书，使我受益无穷。韦臻兄驾车率领我等师兄师弟在桂林城里城外漫无目的的游荡，或深夜煮茶，围炉夜话，对床夜语，都将成为此生之美好回忆。

通过本书的研究，我自己对"六朝之学始于扬雄"这样一个学术新论点，有了比较充分的信心，但是，这个论点能否为学术界普遍接受？尚需进一步论证，还有大量的工作要做。所以，我过去二十多年的学术研究重点经营的三块学术阵地（一是以"正统论"研究为中心的学术阵地，二是以贵州地域文化和地方文学为中心的研究阵地，三是汉晋文化与文学研究阵地。详见本书"绪论"）中，相对薄弱的"汉晋文化与文学研究"阵地，又成为我近期关注的重点，相关的两项重要课题进入我的学术视野。一是"两汉之际政治与文化的综合研究"，二是"中国文学古典美的建构、解构与重构"。前者是 2017 年立项的国家社科基金课题，以两汉之际的扬雄、刘歆和王莽为中心，通过对扬雄的思想与文学的革新、刘歆学术文化的变革和王莽政治上的改革的综合研究，呈现两汉之际在中国历史上的重大转折意义，提出"两汉之际"在中国古代史上实可与"殷周之际"和"唐宋之际"相提并论的三大重要转折时刻的假说。后者关于中

后记 / 407

国文学"古典美"的研究，是我近期正在撰写的《温柔敦厚：中国古典诗学理想》一书的主要内容，提出中国文学中的"古典美"建构于扬雄、理论表述于刘勰、解构于韩愈、重构于顾随的新观点，呈显扬雄在中国文学"古典美"建构中的意义。两项课题均以扬雄研究为中心，目的是为了进一步呈现扬雄在中国文化史上的重要意义，进一步坐实我所提出的"六朝之学始于扬雄"这个学术新观点。

目标既已确立，目的能否达到？目前尚难预料。不过，我正在朝着这个方向去努力。当然，亦真诚希望得到师友的帮助和读者的批评。

汪文学

二〇一八年五月九日于花溪

"汪文学学术作品集"后记

十年前，出版个人学术论文集《汉唐文化与文学论集》，我写过一篇"后记"，名为"读书·教书·著书——十三年学术研究和教书育人之回顾与展望"。整整十年过去了，如今又提笔撰写个人学术作品集之"后记"，对二十三年之学术历程进行回顾和总结。十年一个轮回，十三年做一次反思，二十三年做一次总结，是巧合还是命定？这不好说。但这次总结与前次不同，前次只是一个阶段性的反思，故而简略；此次则是一个转折性的总结，所以务求详尽。以下，便是我对自己二十三年治学经历之回顾与学术工作之反思，以及今后研究方向的展望。

一

过去在大学里从教的时候，我对学生尤其是刚走进大学校门的新同学，特别强调大学四年的学习生活于人生发展的意义。我以为，大学四年的学习，奠定一个人一生的文化背景，确定其人生发展之方向，决定其人生发展的高度。因此，我常常建议我的学生：你必须学有所长，你必须在这四年做出你的人生规划，并按照自己的兴趣和根据自己的人生规划学习。

其实，这亦是我的经验之谈。我是 1987 年上的大学，回顾大学四年的学习生活，我只记得做了两件事情：一是写小说，二是学习中国古代文学。大学一、二年级，我的主要工作是写小说。整整两年，我写短篇，写中篇，还写过长篇。记得当时写得很入迷，除了上课之外，几乎所有课余时间都用在了这上面。大学三、四年级，我的主要工作是学习中国古代文学。之所以放弃写小说，一方面是因为写了两年，没有作品发表过，不免有些丧气；另一方面则是因为我对中国古代文学这门课程发生了浓厚兴趣。不过，现在想来，前两年的写作训练亦没有白费，它在一定程度上培育了我的文字表达能力，养成了我勤于写作的习惯。之所以放弃小说写作转而专心学习中国古代文学，缘于杨树帆先生在"先秦文学"课程上讲的第一课"先秦神话"。先生古今中外旁征博引讲述"神话"的定义、研究方法和研究动态，深深地吸引了我，使我放弃小说的写作，转而重点学习中国古代文学。就是这一节课，改变了我的学习兴趣，确定了我的人生方向。因此，在大学三、四年级这两年中，我把所有课余时间都用在了中国古代文学的学习上，整天就泡在图书馆里读书和抄材料，真是达到了如饥似渴的地步。

我大学四年就做了这两件事，但就是这两件事奠定了我的知识背景，决定了我的人生方向。我于 1991 年大学毕业后顺利考上中国古代文学专业的研究生。与现在硕士研究生的批量招生和规模培养不同，我们那个时代硕士研究生招生数量很少，三位导师带两个学生，就像师傅带学徒一样，完全是手把手的带着读书、写笔记和做论文。导师祁和晖先生，主要从事汉唐文学和巴蜀地域文化研究，精研杜诗。先生待我如子，对我关爱有加，其治学上开阔的境界和独特的视角，使我受益匪浅。在我的治学经历中，博览群书之习惯，跨学科的研究取径，多半得自于先生的教诲和启发。导师何宁先生，主要从事先秦两汉诸子研究，精研《淮南子》，著成《淮南子集释》这样的名山事业。先生秉承乾嘉学派的治学方法，主张一辈子读通一部书。其治学之谨严、待人之宽厚，长者风范，仙风道骨，尤为后学所景仰。很长一段时间，我想做《法言》《人物志》等书之集释或笺注，就是受先生治学精神之影响。导师王发国先生，主要从事中国古代文学理论之研究，精研钟嵘《诗品》，其关于《诗品》之考证著述，尤为学界所推崇。我之所以还能做一些考证性的论文，就是直接受益于先生的教育。

作为一位学者，研究方向或者研究课题的选择，与个人兴趣和性格大有关系。记得我在硕士论文选题时，最先尝试的是做初唐诗研究。我大略花了半年多的时间，通读了初唐近百年的诗歌。但是，读完之后，我没有找到任何感觉，亦没有找到研究的切入点，并且发现自己不适合做纯粹的诗词研究。我认为，做纯粹的诗词研究，研究者应当具备较为发达的形象思维能力，具备诗性气质，最好是能够写诗，对诗歌写作本身有比较真切的体验和理解。我不会写诗，形象思维能力较差，这亦是我在小说创作的道路上走不下去的主要原因。自信抽象思维能力比较发达，并且愿意下功夫，比较适合做文化思想史方面的研究。因此，我最后以汉唐文化思想方面的课题作为硕士论文选题，写成"汉唐雄风共性论——唐人慕学汉人风范之历史文化心态研究"一文，约有十五六万字。我是基于王勃提出的"唐承汉统"说，研究唐诗中以汉代唐的原因，探讨唐人慕学汉人之历史文化心态，由此奠定了我侧重从思想文化之角度研究中国传统文化的方向。

在我的学术生涯中，自谓对学术有浓厚的兴趣，有一定的学术精神和学术理想，既能做一些细密的考证，亦能做一点宏观的研究，与三位恩师的教益有直接的关系。三年硕士研究生阶段的学习，坚定了我以学术研究为终身职志的选择，奠定了我侧重于从思想文化之角度切入中国传统文化研究的学术取向。所以，硕士研究生学业完成后，我便毫不犹豫地选择去高校从事中国古代文学的教学和研究工作，并且最终如愿以偿。

二

1994 年我硕士研究生毕业，进入贵州民族大学中文系从事中国古代文学的教学研究工作。我提交给时任系主任李华年先生审查的入职材料，是一本约有五万字的"读扬雄《法言》笔记"。先生对我关爱有加，使我记忆犹新的，是在我刚进校不久，先生对我的一次谈话。大意有两点：一是一定要把课程讲好，这是在高校立足之根本；二是一定要把学问做好，这是在学界立身之根本。二十余年的教学和科研实践，我算是没有辜负先生的期望。自信比较擅长讲课，亦还能够得到学生的欢迎。如果说有什么秘诀的话，那就是我喜欢将自己的读书心得和研究成果带入课堂，以培养学生的学习兴趣、学术想象力和创造力为教学目的，因而深受学生的欢迎。自信对学术研究有浓厚兴趣，有较强的学术精神和学术理想，二十余年先后出版十余种著述，在几个学术专题之研究上，提出了个人的学术见解，亦获得学术界的认同。大体做到以教学促进科研，以科研带动教学，使教学与科研相得益彰。

记得在1994年的夏天，因阅读冯天瑜先生的《中华文化史》而对"正统论"课题发生兴趣。书中零星讨论的"正统论"问题，引起我的注意，并意识到这是一个对中国古代政治文化产生过重大影响而又被学术界严重忽略的课题。于是搜集相关材料，撰成《中国古代正统观论纲》一文，于1995年5月在贵州省中华文化研究会召开的"传统文化与时代精神"学术会上交流，得到与会专家的认可，于是立意开展系统深入的专题研究。从搜集资料到完成定稿，历时五年，命名为《正统论——发现东方政治智慧》，于2001年交由陕西人民出版社出版。这是我的第一部学术著作，书中提出的"正统论是具有古代中国特色的权力合法性理论"的观点，至今依然自信是对"正统论"研究的重要补充。

从事人文社科的学术研究，学术积累不可或缺。但是，一个重要学术课题的捕捉，机缘亦是至关重要的。记得在1998年2月，我在《读书》杂志上读到葛兆光先生的《知识史与思想史——思想史的写法之二》一文，其中关于"东汉博学通儒的知识主义倾向，使得当时知识阶层的知识取径大大拓展"，进而"瓦解了儒家经典作为知识的唯一性"，使"各种杂驳的知识就成了人们阅读的热门"一段文字，引起我的极大兴趣。联想到我曾经关注过的在东汉中后期知识界备受关注的"通人"群体，使我意识到东汉中后期知识界盛行的尚通意趣对汉晋文化思潮变迁的重要影响。因此，从汉末魏晋六朝时期知识界盛行的尚通意趣的角度，研究汉晋文化思潮之变迁，成为我当时关注的重点课题。大约花了两年多时间，完成书稿的写作，命名为《汉晋文化思潮变迁研究——以尚通意趣为中心》，于2002年交由贵州人民出版社出版。葛兆光先生的这篇文章，是激发我写作这本书的重要机缘。如果没有这篇文章的启发，我不会想到写作这本书。书中提出的"尚通意趣是汉晋文化思潮变迁之关键"的观点，至今依然自信是解释汉晋文化思潮变迁的重要视角。

学术研究的开展和学术课题的捕捉，还与个人的人生经历有关系。

我出生在一个传统农村家庭中，少时于我影响最深，让我最感亲近的是祖父母。记得在小时候，祖父经常带着我走亲访友。在那时的农村，酒席是四方桌，什么身份坐什么位置，是有相当讲究的。通常的规矩是：祖孙同凳，父子不同席。这个规矩在乡下讲得很严，我多次亲眼看见村中的年轻人因为不懂得这个规矩，坐错了位置，而被人嘲笑。我一直不明白其中的原因，祖父亦未能给我做出明白的解释，好像亦没有人能够说得清楚。祖父享年七十有五，他是在一个特别阴冷的冬天的傍晚，突然中风倒地，就在那天深夜，他靠在我的肩头上离开了人世。祖父去世后，我一直想写点文字纪念那段影响我一生的人伦经历。天生稚拙而沉静的我，最终未能写出这篇纪念文字，倒是由此激发了我对祖孙关系和父子伦理的学术思考，并试图对"祖孙同凳，父子不同席"的礼俗现象做出解释，最终著成《中国古代父子疏离、祖孙亲近现象初探》一文，作为我对祖父母的一种理性的追忆或怀念。这段人生经历和这篇论文的写作，激发了我对人伦关系的研究兴趣。大约从2002年秋天开始，我花了近两年的时间，对传统中国人伦关系进行通盘诠释，撰成《传统人伦关系的现代诠释》一书，交由贵州民族出版社出版。

在《传统人伦关系的现代诠释》中，我对中国传统社会的人伦关系，进行了饶有兴趣的现代诠释。虽然夫妇关系的探讨在书中占有较大的篇幅，但是，我仍感意犹未尽。因为在我看来，两性关系包括夫妇关系和情人关系。此书限于篇幅和体例，于夫妇关系有较详尽的讨论，而于情人关系则是语焉不详。因此，从那时起，我便萌生出写一部专门讨论两性情爱关系的专著的想法。于是，从2007年春开始，我花了近四年的时间，集中精力开展传统中国社会男女两性情爱关系的研究，著成《诗性风月——中国古典文学中的情爱》一书，交由中央编译出版社出版。应该说，这本书是顺着《传统人伦关系的现代诠释》

一书的学术理路延伸出来的。实际上，此书的研究和写作已经大大超出我最初的设想，一不小心就写出了四十多万字，并且还意犹未尽，许多话题还萦绕在头脑里，欲罢不能，欲弃不忍。有些问题已经初步涉及，但是尚欠深入，或者未能做出令人信服的解释。

因此，由两性情爱关系之研究引申出来的"性别诗学研究"，进入我的学术视野，于是著成《中国古代性别与诗学研究》一书，于2012年交由台湾花木兰文化出版社出版。因研究性别诗学，而延展到对中国古代文学之"古典美"与"现代性"的思考，"中国古典诗学理想"课题又进入我的学术视野，于是便有《温柔敦厚：中国古典诗学理想》一书的写作。

三

学术研究方向和研究课题的选择，还与个人的工作经历有关。我于2006年从中文系调到学校图书馆工作，主要从事地域文献的搜集、整理和研究，构建图书馆的馆藏特色；于2010年又从图书馆调到文学院工作，主要从事以地域性、民族性和应用性为特色的中国语言文学学科建设。于是，地域文化、区域文学和地方文献的研究，又逐渐进入到我的学术视野。

众所周知，近代以来出版的中国文学批评史，基本上皆以中土主流精英的经典理论为研究对象，很少涉及地域文献，特别是边省地方文献中的文论材料。当然，代表一个时代文学思想之主体特色和重要成就的，主要还是文化中心地区的主流知识精英之观点。但是，撰写"中国文学批评史"，建构"华夏民族文学理论体系"，除了重点考察主流知识精英的文学观念，亦必须关注文化边缘地区的士子对文学的看法；除了重视中土主流人士之文学理论，亦应当兼顾边省少数民族民间艺术家的文学思想。如此"重写"的"中国文学批评史"和重建的"华夏民族文学理论体系"，才是名副其实的。于是，辑录和校释贵州古近代地方文献中的文学理论资料，编著《贵州古近代文学理论辑释》一书，就是在这种背景下，基于这样的学术理念，利用在图书馆工作的便利条件做出来的。

因为编著《贵州古近代文学理论辑释》一书，接触到大量的贵州地域文献，尤其是其中关于边省地域影响文学生产和传播的史料，引起我的注意，于是撰写《地域环境对黔中明清文学创作的影响研究》一文，发表在《江汉论坛》2009 年第 5 期，并被《中国社会科学文摘》2009 年第 9 期转载。于是，便以这篇论文为基础，计划开展边省地域对文学生产和传播的影响研究，并于 2012 年以"边省地域对文学生产和传播的影响研究——以贵州明清文学为例"为题，申请并获得国家社科基金立项资助。此项工作，历时三年有余，著成《边省地域与文学生产——文学地理学视野下的黔中古近代文学生产和传播研究》一书，于 2016 年交由上海古籍出版社出版。

虽然我的学科背景是中国古代文学，但却时常保持着对文学人类学、文学地理学和文学伦理学等交叉学科的浓厚兴趣，特别是近年来渐成时尚的关于地域学或地方性知识的研究，虽然距离我的学科背景相当遥远，但还是深深地吸引着我。比如赵世瑜先生的著作《小历史与大历史：区域社会史的理念、方法与实践》一书，就使我大开眼界，恍然大悟：原来学问可以这样做，原来学问必须这样。无论是作为方法论还是作为研究对象的区域社会史研究，其追求"回到历史现场"的治学理念，其"以民俗乡例证史，以实物碑刻证史，以民间文献证史"的研究方法，其"进村找庙，进庙找碑"的治学路径，的确在史学研究领域树立起一种新的研究"范式",具有相当重要的启示意义。尤其是对于像我这样从事从文献至文献的中国古代文学研究者来,确有耳目一新之感。

区域社会史研究尤其重视地方性资料的发现与整理,地方性知识的搜集与描述。实际上,区域社会史的研究就是通过地域性资料的解读和地方性知识的阐释,以建构地方经济社会的发展历史。贵州区域社会史研究,首先面临的突出问题,就是地方性资料的严重欠缺。贵州地域人文传统的欠缺和单薄,乃至出现"千年断层"现象;贵州文化长期以来一直处于被忽略、被轻视和被描写的地位,主要就是因为贵州地域文献资料长期以来没有能够得到有效的搜集、整理和传承。由于地方文献资料的严重短缺,必然出现人文传统的"千年断层";地方文献的大量散佚,体认和构建地域人文传统缺乏必要的支撑,其文化形象就一直处在被忽略、被轻视和被描写的地位。因为缺乏足够的文献资料,所以不能建构起自我的人文传统和塑造出自我的文化形象,缺乏"我者"的自我"描写",亦就必然陷入"他者"的"描写"之中,其"被描写"的地位就不可避免。在"被描写"的过程中,因为对象不能提供足够的文献资料,"被描写"的真实性、全面性和正确性就大打折扣,被歪曲、被忽略和被轻视亦就在所难免。基于这样的研究现状,沿着这样的学术思路,搜集、整理贵州地域文献资料,就成为我和我的研究团队特别重视的基础工作,于是编校《道真契约文书汇编》,整理严修《蟫香馆使黔日记》,主编"中国乌江流域民国档案丛刊""贵州古近代名人日记丛刊""中国西南布依摩经丛刊"等大型地域文献,就逐渐地开展起来。

2012 年,我负笈桂林,在胡大雷先生的指导下攻读博士学位,撰写题为"扬雄与六朝之学"的博士论文。游学胡门三年,其时先生正主持国家社科基金重大招标课题"桂学研究"的研究工作。先生关于"桂学"的研究和学科体系的建构，深深地吸引了我，激发我构建"黔学"学科的强烈愿望。亦就是从这时起，我不再满足于做贵州地域文化课题的个案研究和贵州地方文献的个别整理，而是产生了更大的学术理想，就是力图构建具有特色的中国地域之学——黔学，建构以黔学研究、贵州精神和多彩贵州三位一体的当代贵州精神文化体系。

黔学能否为"学"？这是首先必须解决的问题。我认为，"多山多石"的山国地理和"不边不内"的通道地位，以及"割川、滇、湘、粤之剩地"而构成的区域地理和因之而形成的"五方杂处"的地域文化，及其以"大杂居，小聚居"为特点的民族分布格局和因之而形成的"和而不同"的民族文化，使贵州的地理特征、地域区位、人文风尚、地域文化和民族性格皆自成一体，与其他地域相比，皆有相当明显的特殊性和独立性。所以，以自古及今与黔地、黔人相关的精神文化为核心内容，建构一门有别于其他地域之学的黔学，不仅是可能的，而且亦是有学理依据的。黔学的学科基础和学理依据，成为当时我特别关注的课题。

大体上说，贵州精神是灵魂，多彩贵州是形象，黔学研究是基石。三者相辅相成，相得益彰，是构建当代贵州精神文化体系的三大要素。所以，我以为，摆脱长期以被轻视、被忽略和被描写的尴尬地位，重塑贵州人文形象，重建黔人的文化自信，增强贵州多民族的文化凝聚力和地域认同感，构建当代贵州精神文化体系，是当代贵州经济社会发展建设中必须面对和着力解决的问题。目前手上正在开展的"贵州地域文化精神研究"和"作为地域空间的贵州形象史研究"等课题，就是在这种学术兴趣之趋动下开展起来的。

四

回顾过去二十余年的学术经历，或是由于个人的学术兴趣，或是因为某种偶然的机缘，或者缘于个人的人生经历，或者由于工作之需要，我在几项学术专题上做了一些研究，积累了一些心得体会，养成了个人的学术习惯，发表了一些个人看法，提出了一些学术观点。就学术习惯而言，以下两点，于我而言是比较受益的。

其一，端正书写的习惯。我的这种习惯的养成很早，大约是在小学二、三年级的时候，至今依然保持。自认为个人在学术研究上有一点成绩，与这个习惯大有关系。

记得那是在四十多年前一个晚春的周末，我随父亲去乡公所的医务室上班，父亲为乡亲们看病拿药，我闲着无事，就在乡公所的楼上楼下、室里室外闲逛。大厅左侧宣传栏上张贴的一些考试试卷吸引了我，那是当时乡村干部的时事政治考试试卷，经过红笔批改，还号有分数，现在我还记得第一道题目是"党的十一大总路线是什么"，第二道题目是"新时期的总任务是什么"。到底是出于什么目的，我至今依然没有想清楚，反正当时我产生了偷走这些试卷的强烈冲动。我装着若无其事的样子，楼上楼下、室里室外逛了一圈，在确认不会被发现的情况下，迅速扯下这些试卷，立即将它揉成一团，塞进裤裆里，偷偷地"跑"回家。那一年我八岁，小学三年级学生，这是我一生中干的第一件"偷鸡摸狗"的事情。回到家，我躲在房间里，仔细"研究"这些试卷，通过精心的比照，花了两天的时间，整理出一份"标准"答案。不知出于什么原因，我很入迷，反反复复地抄写、背诵这份试卷，持续了差不多两年，几乎是一天抄写一遍。至今在我右手中指指节上的那颗胡豆大小的老茧，就是那时握笔给磨出来的。现在想起来，这件在别人看来毫无意义的事情，对我后来的读书生活发生了重要影响，使我养成工整书写的学习习惯，养成做事认真和爱好整洁的生活习惯。

现在的年轻人都不再用钢笔书写，许多专家学者和年轻人一样，把电脑作为书写的工具。用电脑书写，有方便快捷、便于修改的好处。但是，长期以来，我还是坚持用钢笔书写，大到几十万字的学术专著，小到几千字的学术论文，我都坚持用钢笔在三百字的方格稿纸上一丝不苟地书写。只有这样，我的头脑才是清楚的，思维才是敏捷的，思路才是连贯的。朋友们都笑话我落伍了，但我还是固执地坚持着。我亦这样要求我的孩子和学生。亦许这种做法真的已经落伍，但我还是固执地认为：认真书写对年轻人的成长很重要。我甚至常常偏执地以学生的书写态度论定他的生活态度和工作作风。我以为：你不一定能成为书法家，但你必须提笔书写。一提笔写字，你就得认真。这是一种态度，是学习的态度，亦是生活的态度。

在如今这个信息化时代，资料的获取极其便利，网络环境下的资料搜寻更是方便快捷。再要求学生抄书和背书，的确有些不合时宜。不过，于我个人而言，抄书是有益的，背书是有趣的。从小养成的抄书习惯，一直保持到读研究生那个时候。如今的我已渐渐失去了抄书的热情，虽然为了进行专题研究仍在做一些资料摘录式的读书笔记。但是，我仍然要求我的孩子和学生，在读书阶段应当养成抄书和背书的习惯，应当养成认真书写的习惯。

其二，博览群书的习惯。这种习惯的养成，始于读硕士研究生那几年，至今依然保持。我始终认为，只有博览群书，才能触类旁通，才能博而返约。许多重要的学术突破，往往是在学科边缘之际或交叉学科之间。只有博览群书，才能捕捉到有价值的学术课题，才能触类旁通，进而提升研究之高度、扩展研究之宽度、掘进研究之深度。个人在学术上能够捕捉到一些有价值的课题，能够有一些心得体会和学术见解，多半缘于这个习惯。

我的专业背景是中国古代文学，研究方向是汉魏晋南北朝文学。但是，长期以来，我一直在做着所学专业以外的事情。比如，《正统论——发现东方政治智慧》一书，据说这项研究应该属于政治学的范畴。《汉晋文化思潮变迁研究》一书，据说这本书又属于思想史的范畴。《传统人伦关系的现代诠释》一书，按照学科分类，应当属于伦理学的范畴。《贵州古近代文学理论辑释》一书，这显然属于文献学的范畴。《诗性风月——中国古典文学中的情爱》一书，书名是责任编辑基于图书销售之需要而改定，实际上是关于传统中国文化语境中的两性情爱关系之研究，虽然书中引用了大量的古代文学材料，但本质上不是关于古代文学的研究，其学科归属很难确定。另外，目前正在着手的"两汉之际政治与文化的综合研究""作为地域空间的贵州形象史研究""贵州地域文化精神研究"等等课题，其学科归属亦很不明确，或者大体可以归入历史学领域。

其实，我的学科疆界划分观念比较淡薄，当我对某个问题发生兴趣，认为它值得研究，并且手边又有一些材料可以利用，以为通过自己的努力又能够做得出来的时候，我便毫不犹豫地去做了，根本不曾想到它到底属于哪个学科门类，所以常常是一不小心就迈进了别人的地盘上去了。这样的做法，说得好听一点，是知识渊博，兴趣广泛。说得不好听一点，是没有专业方向，是杂家，因此亦就不成其为家。其实，从内心里我很尊敬和佩服那些一辈子只研究一本书或一个人的学者，就像我的老师何宁先生，一辈子就做《淮南子》研究，做成《淮南子集释》这样的名山事业；像我的老师王发国先生，一辈子就以钟嵘《诗品》为中心开展中国古代文学理论研究，做成《诗品考索》这样的不朽著作；或者像我的老师祁和晖先生那样，执着于杜甫诗歌的研究；像我的博士导师胡大雷先生，专注于先秦两汉魏晋南北朝文学和文献的研究，成为当代学界在该领域的领军人物。但是，我总是抑制不住自己的好奇心，因为博览群书，常常见异思迁，往往胡思乱想。有时亦扪心自问：耗上几年的时间去经营一些不断涌现出来的一个又一个"胡思乱想"，是不是代价太大？带着这样的疑惑，我曾专程去拜访一位我向来尊重的前辈学者，他的一番点拨让我茅塞顿开，豁然开朗。他说：学问之道当由博返约、由广入专。四十不惑。四十岁以前不妨博览群书，广泛涉猎；四十岁以后应当从事专门之学，以自成一家。遗憾的是，当我准备收住这些"胡思乱想"，打算专注于中国古代文学之研究时，我却离开了学术界，转行做了公务员。看来，此生只能做一个学术杂家了。

五

回顾过去二十余年的学术经历，总结过去的学术研究，反思已往的治学追求和学术理想，下述三个问题常常萦绕于心，这不仅是我过去二十余年的治学心得，亦可能成为影响我今后学术生涯的重要因素。

其一，学术创新与问题意识之关系。创新是学术研究之灵魂，没有创新价值的学术研究就是伪学术，就是制造学术垃圾。我深信，新材料的发现和新方法、新视角的运用是推动学术创新的重要途径。同时，新问题的捕捉，亦是促进学术创新的重要动力。比如，一条大家都耳熟能详的史料摆在面前，有的人匆匆读过，不曾有任何发现，而有的人却能从常见的材料中发现新问题、大问题，通过研究进而推动学术发展。这关键在于学者是否具备独到的学术眼光和敏锐的学术洞察。有学术眼光和敏锐洞察力的学者，常常具有强烈的问题意识，因而能够在常见材料中捕捉到有价值的学术新问题，开展具有创新价值的学术研究。所以，学术研究之成败得失，往往与学术选题有特别密切的关系。一般而言，选题水平与学者的学术素养有关，与学者是否具备敏锐的学术洞察力有关。

学者必须具备强烈的问题意识。问题意识推动学术创新，在他人没有问题的地方发现问题，在他人信以为真的地方产生怀疑，这就是问题意识，这就是学术精神。我甚至以为，学者的学术生命应该由问题构成，一辈子解决几个学术难题，在几个学术大问题上有独特见解，便算是没有枉费此生。更进一步，就个人兴趣而言，我更追求对一个个具体的学术问题作深度的开掘，提出个人的独立见解，而不大乐于做面上的陈述，如文学史、文化史、思想史之类。当然，真正有价值的文化史或文学史之类的著作，必定是在著作者经历了若干个案问题之研究后所撰著。在问题研究中，我追求"一句话结论"的学术境界，即一部数十万字的研究著作，最终当能用一句话来概括结论，如此方才算有见解，有结论。即使这个见解有问题，这个结论有偏颇，亦略胜于通过数十万字的讨论而没有任何结论的著作。比如，在《正统论——发现东方政治智慧》中，讨论唐宋以来影响广泛的"正统论"，与以梁启超、饶宗颐为代表的学者以"正统论"为中国古代史学理论之观点不同，我提出"正统论是古代中国政治权力合法性理论"的观点，基本实现了"一句话结论"的学术追求。在《汉晋文化思潮变迁研究——以尚通意趣为中心》中，讨论汉晋文化思潮之变迁，得出"尚通意趣是汉晋间学风、士风、文风变迁之关键"的结论，亦大体实现了"一句话结论"的学术追求。在《扬雄与六朝之学》中，我用了近三十万字的篇幅，研究扬雄影响六朝之学的个人可能性，讨论扬雄对六朝之学的具体影响，提出"六朝之学始于扬雄"这个观点，亦算是得出了"一句话结论"。其他如《诗性风月——中国古典文学中的情爱》《边省地域与文学生产——文学地理学视野下的黔中古近代文学生产和传播研究》等等，亦大体实现了"一句话结论"的学术追求。总之，我并不反对其他形式的学术表述，仅是出于个人学术兴趣而偏爱以问题切入研究的学术表达，乐于以问题意识构建自己的学术生命，偏爱"一句话结论"的学术研究模式。

其二，学术高度与研究深度的统一。2012年，我负笈桂林，游学胡门。大雷先生以为：学术研究当是高度与深度的统一，即以某人或某书为出发点，研究一个时代、一种思潮或者一个流派，既有微观的研究以示其深度，又以宏观的展现以示其高度。大雷先生的用意，我能理解，传统中国的学问博大精深，过于宏观的论述往往流于空疏，过于细微的研究容易陷入琐碎。你必须成为某一局部领域的研究者，你必须是古代某位学者文人或专书的研究专家，你在学术界才有立足之地。宏观的研究应当从某人或某书出发，才能达到高度与深度的统一。

学术研究的深度与高度之统一，就是以小见大的问题。在《汉晋文化思潮变迁研究——以尚通意趣为中心》一书中，我从当时知识界流行的尚通意趣这个被一般学者忽略的视角，对汉晋八百年间文化思潮之变迁，进行通盘诠释。虽然不是以专书或专人为出发点，但亦基本上做到了小题大做，算是既有高度、亦有深度的作品。又如《扬雄与六朝之学》一书，就是基于高度与深度相统一的治学理念展开的。若专注于扬雄之研究，亦许有深度，但可能没有高度；若专注于六朝之学的研究，则有可能流于空疏，有高度而无深度。而研究扬雄与六朝之学之渊源影响关系，则或可能达到高度与深度的统一。

其三，阵地战或者游击战的问题。我常常将学术研究比喻成行军打仗。打仗有两种类型：一是阵地战，二是游击战。正规军一般打的是阵地战，虽然偶尔亦打游击战。学术研究亦是如此，以学术为职志之学者往往打的是阵地战，即以一两个学术问题为中心向周边延展，或者以一个问题为起点向前延伸。虽然亦偶尔对其他问题发生兴趣，打打游击，但其重点则主要是在一两个阵地上。

回顾过去二十余年的学术研究，我打的是阵地战，主要是在三个阵地上经营。一是以"正统论"研究为起点的学术阵地。在2002年出版的《正统论——发现东方政治智慧》一书，我从权力合法性理论的角度，对古代中国上层政治权力和政治秩序展开研究。为了全面认识古代中国社会的结构特点，必须对民间社会秩序和网络有一个全面的研究。于是，我又潜心于传统社会人伦关系的研究，著成《传统人伦关系的现代诠释》一书，这是学术研究的自然拓展。在本书中，我用一章的篇幅讨论传统社会的婚姻关系和爱情理想，但因论题、体例和篇幅的限制，许多问题尚未完全展开讨论，尤其是爱情理想和情人关系。于是，我又专注于传统社会情爱关系之研究，企图通过传统中国人的情爱生活视角，研究华夏族人的文化心理和诗性精神，著成《诗性风月——中国古典文学中的情爱》一书。传统中国人的情爱生活中有浓厚的诗性精神，传统中国人的诗学理想有明显的女性化特征，于是性别诗学又进入到我的学术视野，因而有了《中国古代性别与诗学研究》一书。再进一步，因对中国古代诗学之研究，古代诗学之"古典美"与"现代性"问题引起我的关注，于是就有了《温柔敦厚：中国古典诗学理想》一书。此研究阵地，将来可能发生的延展，目前尚难预料。

二是汉晋文化与文学研究领域。我在2000年前后约有近三年的时间，着力于从汉末魏晋时期知识界普遍流行的尚通意趣之视角，对汉晋八百年间学术文化思潮之变迁，作通盘的诠释，撰成《汉晋文化思潮变迁研究——以尚通意趣为中心》一书，以为"魏晋之学始于汉末"，提出"尚通意趣是汉晋间学风、士风、文风转移之关键"的新说。因为讨论汉晋文化思潮之变迁，注意到扬雄在其中所起到的关键作用，故撰成《扬雄与六朝之学》一书，深化或部分修正了"魏晋之学始于汉末"的观点，提出"六朝之学始于扬雄"的新说。

　　三是以贵州地域文化为中心的研究阵地。作为一位贵州本土学者，关注和研究本土地域文化，是责任和担当，亦是情理中事。我用了近三年的时间从贵州古近代地方文献中辑录文学理论资料，进行分类整理和诠释研究，著成《贵州古近代文学理论辑释》一书。因此项工作而涉猎较多的地方文献，在偶然情况下发现一批数量可观且自成体系的民间契约文书，于是又有近两年时间投入到契约文书的整理工作中，著成《道真契约文书汇编》一书。为了构建黔学学术体系，黔学文献的搜集整理成为我特别关注的问题。因此，我用了近两年的时间点校整理严修《蟫香馆使黔日记》，还持续主编"中国乌江流域民国档案丛刊""贵州古近代名人日记丛刊""中国西南布依摩经丛刊"等大型地域文献。因为辑释贵州古近代文学理论资料，从地域角度思考文学的生产和传播，文学地理学研究进入我的学术视野，于是又有近两年的时间投入到边省地域对文学生产和传播的影响研究中，著成《边省地域与文学生产——文学地理学视野下的黔中古近代文学生产和传播研究》一书。如果说前两个阵地主要还是基于个人的学术兴趣，那末在这个阵地上的耕耘，除了学术兴趣外，还有基于重建乡邦文化的社会责任和学术担当。

　　以问题意识推动学术创新，以问题研究构建学术生命。追求学术高度与研究深度的统一，偏爱既有高度又有深度的学术研究。认真经营几个学术阵地，以一两个学术问题为中心向周边延展。以上三点，是我过去二十余年的学术追求，亦是我今后的学术理想。

六

在过去的学术经历中，我养成的一个习惯，就是每隔一段时间要做一次学术总结和研究规划。回顾过去的研究，分析其得与失；检点当下的工作，清理研究进展和思考问题；谋划未来的工作，规划读书方向和研究课题。总之，力图使自己的研究工作有目的地进行，有计划地开展。

回顾过去二十余年的学术经历，我的学术研究主要是打阵地战，侧重在上述三个阵地上工作。因为在学术研究上主张打阵地战，未来的学术规划，是接着做还是另起炉灶？我主张接着做。如果另起炉灶，重新开辟一个新阵地，则将面临诸多问题：一是知识储备不足，白手起家，做起来将会捉襟见肘，无法得心应手；二是我依然还对上述三个阵地保持着高度的兴趣，以为还有足够的空间可以耕耘；三是人到中年，精力有限，不想阵地过多，战线太长，只想在这三个阵地上持续耕耘下去。

首先，基于"正统论"研究构建起来的学术阵地，其延展之方向和结果，已经大大超出我最初的预料。从注目于中国古代政治权力合法性理论的研究（《正统论——发现东方政治智慧》），延展到探讨传统中国社会的民间秩序和人际伦理（《传统人伦关系的现代诠释》）；因不满足于当下人伦关系之研究对两性情爱关系的普遍忽略，而专题探讨传统中国语境中的两性情爱关系（《诗性风月——中国古典文学中的情爱》）；因对两性情爱关系之诗性特征的重视，而延伸到性别诗学之研究（《中国古代性别与诗学》）；因性别诗学研究之延展，而对中国古代诗学之"古典美"与"现代性"发生兴趣，于是又有关于中国古典诗学之理想品格的研究（《温柔敦厚：中国古典诗学理想》）。这是学术理路上的自然延伸和学术兴趣上的自然拓展，但是，从权力合法性理论之研究扩展到中国古典诗学之探讨，这是我最初没有预料到的。

从目前个人的学术兴趣来看，此学术阵地仍将沿着中国古代诗学的方向继续延展，一些相关的新课题，渐次进入我的学术视野，成为我当下特别关注、近期可能开展的研究课题。一是"想象的诗学——传统中国语境中的孤独诗学研究"。关注孤独诗学研究，始于2012年年初阅读台湾学者蒋勋先生的《孤独十讲》，比较详细的研究方案在2012年6月就已经写出来了。在孤独中想象，因孤独而回忆。孤独中的人，最擅想象，最喜回忆。孤独诗学的研究，实际上包括想象诗学和回忆诗学两个方面。这是一个有趣的学术课题，遗憾的是在很长一段时间都腾不出手来做。二是文学伦理学研究。十多年前，我便对文学伦理问题发生兴趣，试图以"传统中国语境中的文学伦理问题研究"为题开展专题研究，研究工作虽然没有实质性地开展起来，但基本构想已大体形成，研究思路亦比较明晰，问题清单已大体列出。基于文学创作者、文学题材、文学风格、文学欣赏、文学功能这五个层面建构一门文学伦理学，并以中国古代文学为例，展开传统中国语境中的文学伦理问题研究，是我当下特别想做的课题。

其次，在汉晋文化与文学研究阵地上，探讨汉晋文化思潮变迁发展之"内在理路"，提出"魏晋之学始于汉末"，起于汉末魏晋之尚通意趣（《汉晋文化思潮变迁研究——以尚通意趣为中心》）。据此延展开来，进一步探讨在尚通意趣之影响下，扬雄在汉晋文化思潮变迁中的关键作用，提出"六朝之学始于两汉之际，始于扬雄"的观点（《扬雄与六朝之学》）。这是学术研究向纵深发展的必然结果。

就目前的情况看，此学术阵地的拓展，以下两项课题引起我的极大兴趣。其一是"两汉之际政治与文化的综合研究"。因深入研究扬雄的学术思想和文学创作的创新意义，注意到两汉之际，扬雄在思想和文学上的革新、刘歆在学术上的变革和王莽在政治上的改革，实为同一历史文化背景下的时代性大变革。因此，在"六朝之学始于扬雄"这个观点之基础上，"两汉之际政治与文化的综合研究"进入我的学术视野。该课题意在通过两汉之际政治、文化、学术、思想和文学的综合研究，揭示两汉之际在中国文化史上的重大转折意义，以为"两汉之际"实可与"殷周之际""唐宋之际"并列为中国古代历史上的重大转折时刻。其二是"顾随诗学研究"。在对扬雄文学深入研究的过程中，我注意到扬雄在中国古代文学"古典美"之建构上的重要意义，由此而思考中国古代文学"古典美"之建构、解构与重构问题，认为中国古代文学之"古典美"建构于扬雄、理论阐释于刘勰、解构于韩愈、重构于顾随，于是"顾随诗学研究"课题进入到我的学术视野。发现顾随在中国诗学史上的价值，通过对其以诗心和诗情为核心的"情操诗学"理论进行初步探讨，以为顾随是中国晚清民国时期最具系统性和原创性的诗歌理论建构者，其"情操诗学"理论就是对沦落了千余年的中国古典诗学理想品格的重构或再造。

第三，在地域学研究阵地上，从辑释贵州古近代文学理论资料开始（《贵州古近代文学理论辑释》），逐渐侧重贵州地域文献资料的搜集和整理，于是便有对契约文书的关注（《道真契约文书汇编》），对日记文献的重视（《蟫香馆使黔日记》），对档案文献的偏爱（《中国乌江流域民国档案丛刊·沿河卷》，对民族文献的珍视（《中国西南布依摩经丛刊》）等等。因辑释贵州古近代文学理论资料，从地域角度思考文学的生产和传播，文学地理学研究进入我的学术视野，于是便有对边省地域于文学生产和传播之影响的研究（《边省地域与文学生产——文学地理学视野下的黔中古近代文学生产和传播研究》）。因搜集和整理贵州地域文献资料，研究贵州地域文学和区域文化，构建具有特色的中国地域之学——黔学，就成为我在相当长一段时期特别关注的问题。

地域文化与文学的研究空间相当广阔，在贵州区域文化与地方文学这个学术阵地上要做的事情还很多。目前重点关注以下几项课题：一是地域文献的搜集整理，比如"中国乌江流域民国档案丛刊""贵州古近代名人日记丛刊""中国西南布依摩经丛刊"等大型地域文献的搜集、整理和出版，还得持续下去。"中国西南苗疆走廊稀见文献资料丛刊""中国清水江、都柳江、盘江流域民国档案丛刊"等大型地域文献的搜集和整理，正在筹划中。二是黔学学术体系和学术品牌的营建，尚需进一步努力，一部名为"黔学十论"的著作正在谋划之中，重点解决"黔学"何以成为学？"黔学"能否成为学？"黔学"的学术体系和理论架构等基础性问题。三是有关贵州地域文化的几项专题研究，如"国家视野下的地域文化形象构建研究——以贵州地域文化形象构建为例""贵州地域文化精神研究"等课题，正在开展之中。其他如"南明王朝与明清之际贵州社会格局和士人心态研究""苗族的历史记忆与文化心性——基于蚩尤传说的研究""山地爱情——贵州山地民族的爱情文化解读""晚清诗学大背景下的郑珍诗学研究"等等，亦渐次进入我的学术视野，成为我近期可能开展的研究课题。

如前所说，人到中年，精力有限，不想阵地过多，战线太长，主要还是打算在原有的几个学术阵地上持续耕耘。但是，基于当下我从事的文化和旅游工作，文化旅游课题应该亦必须成为我今后重点关注的对象。目前这方面的具体研究计划尚未形成，但是，诸如基于乡土文化的中国乡村旅游研究、贵州山地旅游文化品格之构建研究、贵州人文景观之文化构成与地域分布研究、基于文化线路的古苗疆走廊的人文资源和旅游价值的研究，等等课题，亦渐次进入我的学术视野，成为我今后学术工作的一个重要组成部分。

汪文学

二〇一八年五月二十日于贵阳花溪